SC-122
Präsenzregal R.311

Lehr- und Handbücher zu Tourismus, Verkehr und Freizeit

Herausgegeben von
Universitätsprofessor Dr. Walter Freyer

Bisher erschienene Werke:

Althof, Incoming-Tourismus
Dreyer, Kulturtourismus
Dreyer/Krüger (Hrg.), Sporttourismus
Freyer, Tourismus, 5. Auflage
Sterzenbach, Luftverkehr

Kulturtourismus

Herausgegeben
von

Prof. Dr. Axel Dreyer

unter Mitarbeit von

Prof. Dr. Christoph Becker, Peter Becker, Dr. Klaus A. Dietsch,
Dr. Renate Freericks, Prof. Dr. Walter Freyer,
Dipl.-Geogr. Susanne Höcklin, Prof. Dr. Karsten Kirsch,
Prof. Dr. Manfred G. Lieb, Prof. Dr. Wolfgang Nahrstedt,
Dipl.-Kff. Bettina Rothärmel, Dr. Jürgen Schwark,
Dipl.-Tour. Betriebsw. Carl-Hans Weber, Dr. Gabriele Weishäupl,
Dipl.-Geogr. Thomas Wolber, RA Dr. Frank Zundel

R. Oldenbourg Verlag München Wien

Die Deutsche Bibliothek - CIP-Einheitsaufnahme

Kulturtourismus / hrsg. von Axel Dreyer. Unter Mitarb. von
Christoph Becker ... - München ; Wien : Oldenbourg, 1996
  (Lehr- und Handbücher zu Tourismus, Verkehr und Freizeit)
  ISBN 3-486-23480-3
NE: Dreyer, Axel [Hrsg.]; Becker ..., Christoph

© 1996 R. Oldenbourg Verlag GmbH, München

Das Werk einschließlich aller Abbildungen ist urheberrechtlich geschützt. Jede Verwertung außerhalb der Grenzen des Urheberrechtsgesetzes ist ohne Zustimmung des Verlages unzulässig und strafbar. Das gilt insbesondere für Vervielfältigungen, Übersetzungen, Mikroverfilmungen und die Einspeicherung und Bearbeitung in elektronischen Systemen.

Gesamtherstellung: R. Oldenbourg Graphische Betriebe GmbH, München

ISBN 3-486-23480-3

Inhaltsübersicht

	Seite
Die Idee	1
Danke!	2

Teil A: Einführung in die Thematik des Kulturtourismus
1. **Die Kulturreise**
   - Gedanken zur Charakterisierung einer Reiseform *(Nahrstedt)* — 5
2. **Der Markt für Kulturtourismus** *(Dreyer)* — 25

Teil B: Erscheinungsformen des Kulturtourismus
1. **Städtereisen** *(Weber)* — 51
2. **Studienreisen** *(Dietsch)* — 71
3. **Sprachreisen** *(Kirsch)* — 101
4. **Thementourismus**
   - am Beispiel des Lutherjahres *(Schwark)* — 117
5. **Themenstraßen**
   - am Beispiel der "Straße der Romanik" *(Becker)* — 137

Teil C: Spezialprobleme des Management und Marketing im Kulturtourismus
1. **Marketing-Management im Tourismus**
   - gezielte Vermarktung kulturtouristischer Leistungen *(Dreyer)* — 153
2. **Event-Management im Tourismus** - Kulturveranstaltungen und Festivals als touristische Leistungsangebote *(Freyer)* — 211
3. **Management von Musical-Unternehmen**
   - am Beispiel der *Stella Musical AG* *(Rothärmel)* — 243
4. **Festivalmanagement**
   - am Beispiel der Passionsspiele in Oberammergau *(Lieb)* — 267
5. **Stadtfeste**
   - am Beispiel des Münchner Oktoberfestes *(Weishäupl)* — 287
6. **Museumsmanagement** *(Becker/ Höcklin)* — 299
7. **Kulturtourismus in einer Stadt**
   - der Weg zu einem Konzept am Beispiel von Weimar *(Wolber)* — 325
8. **Reiseleitung im Kulturtourismus** *(Freericks)* — 345
9. **Rechtsprobleme im Kulturtourismus und Veranstaltungsmanagement** *(Zundel)* — 363

Autorenverzeichnis	389
Literaturverzeichnis	393
Stichwortverzeichnis	407

Inhalt

Seite

Die Idee   1

Danke!   2

Teil A: Einführung in die Thematik des Kulturtourismus

1. Die Kulturreise
- Gedanken zur Charakterisierung einer Reiseform *(Nahrstedt)*   5
1.1 Kulturreise: Trendsetter neuer Reisekultur   5
1.2 Historische Einordnung   5
1.3 Neue Reisequalität   8
1.4 Deutschlandreise   9
1.5 Volksreise   10
1.6 Kulturdidaktik - Kulturmanagement   10
1.7 Kommunikativer Tourismus?   11
1.8 Qualitätssprung und Wertewandel   12
1.9 1000 Jahre sind ein Tag   15
1.10 Neue regionale Identität   17
1.11 Vermittlung zwischen Globalisierung und Individualisierung   18
1.12 Zusammenfassende Begriffsbestimmung   20
1.13 Perspektivische Konsequenzen   22
1.14 Neue vita activa   23

2. Der Markt für Kulturtourismus *(Dreyer)*   25
2.1 Kultur im Aufwind   25
2.2 Marktstrukturen im Kulturtourismus   26
    2.2.1 Erscheinungsformen des Kulturtourismus   26
    2.2.2 Marktpotentiale und Nachfrageentwicklung   27
    2.2.3 Kulturtouristische Leistungsträger und Leistungen   34
2.3 Umwelt- und Sozialverträglichkeit des Kulturtourismus   42
    2.3.1 Kulturtourismus und Akkulturation   42
    2.3.2 Ansätze zur Verbesserung der Umwelt- und Sozialverträglichkeit   44
2.4 Trends im Kulturtourismus   47

Teil B: Erscheinungsformen des Kulturtourismus

1. Städtereisen *(Weber)*   51
1.1 Grundlagen und Rahmenbedingungen von Städtereisen   51
1.2 Bausteine erfolgreicher Städtereisen   52
    1.2.1 Attraktivitätsfaktoren eines Städtereiseziels   52
    1.2.2 Beratung und Buchung   55
    1.2.3 Verkehrsmittel   56
    1.2.4 Hotellerie und Gastronomie   61
    1.2.5 Reiseleitung   65
    1.2.6 Veranstaltungen und Special Events   66
1.3 Produkt- und Programmgestaltung   68
1.4 Die Zukunft des Produkts Städtereise   69

2. Studienreisen *(Dietsch)*   71
2.1 Einführung   71
2.2 Merkmale von Studienreisen   73
    2.2.1 Historische Entwicklung der Studienreise   73
    2.2.2 Die erste Begriffsbestimmung   75
       2.2.2.1 Studienreisen sind Gruppenreisen   76
       2.2.2.2 Die Teilnehmerzahl ist begrenzt   77
       2.2.2.3 Studienreisen haben einen festen Verlauf   78
       2.2.2.4 Studienreisen werden fachlich qualifiziert geführt   79
    2.2.3 Modifizierte Definition der achtziger Jahre   79
       2.2.3.1 Studienreisen haben ein festgelegtes Thema   80
       2.2.3.2 Die Bedeutung möglichst gleichartiger Interessenlagen
             der Teilnehmer   81
    2.2.4 Die in die Zukunft weisende Definition   81
       2.2.4.1 Die Studienreise ist eine Urlaubsreise   82
       2.2.4.2 Das Reiseziel als "Gastgeberland"   83
2.3 Aktuelle Zahlen zum speziellen Markt   84
    2.3.1 Nachfrageschwund durch Krisen   85
    2.3.2 Stärken der Studienreise bei Konjunkturschwächen   85
    2.3.3 Der Trend zu Fern-Studienreisen   86
2.4 Die Zielgruppe   86
2.5 Produkt- und Preispolitik   87
    2.5.1 Allgemeines   87
    2.5.2 Das Produktprogramm aktueller Studienreiseformen
          - am Beispiel von *Studiosus* Reisen   88
    2.5.3 Der Reiseleiter als zentrale Figur   94
       2.5.3.1 Grundvoraussetzungen   94
       2.5.3.2 Schulung und Ausbildung   96
       2.5.3.3 Berufsbild   97
    2.5.4 Von der Idee zur Durchführung   98
    2.5.5 Kalkulationsgrundlagen   99

3. Sprachreisen *(Kirsch)* — 101
3.1 Bedeutung der Sprachkompetenz — 101
3.2 Sprache als Transporteur — 102
3.3 Zielgruppen der Sprachreiseveranstalter — 104
3.4 Produktpolitik der Sprachreiseveranstalter — 106
    3.4.1 Hauptleistungen — 107
    3.4.2 Zusatzleistungen — 110
3.5 Preispolitik — 114
3.6 Checkliste zur Angebotsprüfung eines Sprachreiseveranstalters — 115

4. Thementourismus
- am Beispiel des Lutherjahres *(Schwark)* — 117

4.1 Einleitung — 117
4.2 Methodisch-didaktische Konzeption — 121
4.3 Ansätze verschiedener Anbieter und Vermittler im Tourismus — 129
4.4 Exemplarische Marketingmaßnahmen
    des Tourismusverbandes Sachsen-Anhalt — 132

5. Themenstraßen
- am Beispiel der "Straße der Romanik" *(Becker)* — 137

5.1 Touristische Straßen — 137
5.2 Kulturelle Dimensionen der "Straße der Romanik" — 139
5.3 Reiseziele und Reisemotive in Sachsen-Anhalt — 141
5.4 Produktpolitik: Zielsetzung und Organisation der "Straße der Romanik" — 143
5.5 Messepolitik als Teil der Distributionspolitik — 145
5.6 Kommunikationspolitik für die "Straße der Romanik" — 146
5.7 Wirtschaftliche Effekte — 149
5.8 Zusammenfassung und Ausblick — 150

Teil C: Spezialprobleme des Management und Marketing im Kulturtourismus

1. Marketing-Management im Tourismus
- gezielte Vermarktung kulturtouristischer Leistungen *(Dreyer)* — 153

1.1 Grundlegendes — 153
1.2 Situationsanalyse — 155
    1.2.1 Interne Analyse:
        Stellenwert des Marketing in der Unternehmenspolitik — 155
    1.2.2 Marktanalyse — 159
        1.2.2.1 Gegenstände und Methoden der Marktforschung — 159
        1.2.2.2 Reiseentscheidungen als Ergebnis
            eines Kaufverhaltensprozesses — 161

1.3 Strategische Planungsphase 169
    1.3.1 Ziele und Zielgruppen 169
    1.3.2 Ausgewählte Strategien im Kulturtourismus 171
        1.3.2.1 Basisstrategien 171
        1.3.2.2 Wettbewerbsstrategien 172
1.4 Operationale Planungsphase 176
    1.4.1 Produktpolitik (oder Leistungspolitik) 177
        1.4.1.1 Produktgestaltung 177
        1.4.1.2 Leistungsprogrammpolitik 177
        1.4.1.3 Markenpolitik 182
        1.4.1.4 Servicepolitik 184
        1.4.1.5 Besonderheiten in der Produktpolitik:
                Merchandising/ Licensing 189
    1.4.2 Preis- und Konditionenpolitik 191
    1.4.3 Distributionspolitik 194
        1.4.3.1 Vertriebswegegestaltung 194
        1.4.3.2 Verkaufsförderung 197
        1.4.3.3 Messepolitik 198
    1.4.4 Kommunikationspolitik 198
        1.4.4.1 Einführung 198
        1.4.4.2 Werbung 200
        1.4.4.3 Public Relations 202
        1.4.4.4 Sponsoring 203
        1.4.4.5 Product Placement 204
        1.4.4.6 Neue Kommunikationsdienste 204
    1.4.5 Spezielle Marketing-Mixes im Tourismus 206
1.5 Fazit 209

2. **Event-Management im Tourismus** - Kulturveranstaltungen
   und Festivals als touristische Leistungsangebote *(Freyer)* **211**
2.1 Event-Tourismus wird immer bedeutender 211
2.2 Events im Tourismus 212
    2.2.1 Anlässe von Events 214
    2.2.2 Entstehung von Events: natürliche oder künstliche Events
          (auch "echte" oder "Pseudo-Events") 218
    2.2.3 Häufigkeit von Events: einmalig, regelmäßig oder permanent? 219
    2.2.4 Dauer der Events 220
    2.2.5 Größe 221
2.3 Touristische Bedeutung und Zielsetzungen von Events 225
    2.3.1 Außengerichtete Ziele 226
    2.3.2 Innengerichtete Ziele 228

2.4 Besonderheiten des touristischen Event-Management 230
    2.4.1 Event-Besonderheiten 230
    2.4.2 Potential- oder Vorbereitungsphase im Event-Management 233
    2.4.3 Die Durchführungs- oder Prozeßphase im Event-Management 238
    2.4.4 Die Ergebnis- oder Nachbereitungsphase im Event-Management 239
2.5 Fazit: immer mehr professionelles Event-Management
    statt Freizeit-Management 242

3. Management von Musical-Unternehmen
    - am Beispiel der *Stella Musical AG (Rothärmel)* **243**
3.1 Einführung 243
    3.1.1 Zum Standort der Unternehmensgruppe *Stella* 244
    3.1.2 Zur Struktur der Unternehmensgruppe *Stella* 246
3.2 Marktchance Musical-Reisen 248
    3.2.1 Zur Zielgruppe der Musical-Besucher 248
    3.2.2 Die Bedeutung der Musicals für den Tourismus der Standorte 250
    3.2.3 Die Bedeutung der Musicals für die Reisebranche 252
    3.2.4 Die Dynamik des Musical-Marktes 254
3.3 Ausgewählte Probleme des Musical-Marketings 255
    3.3.1 Produktpolitik 256
        3.3.1.1 Die Kernprodukte 256
        3.3.1.2 Das Produktprogramm 258
    3.3.2 Preis- und Konditionenpolitik 259
        3.3.2.1 Preispolitik 259
        3.3.2.2 Konditionenpolitik 260
    3.3.3 Distributionspolitik 260
        3.3.3.1 Vertriebsorganisation 260
        3.3.3.2 Vertriebswegegestaltung 262
        3.3.3.3 Verkaufsförderung 263
    3.3.4 Kommunikationspolitik 265
        3.3.4.1 Öffentlichkeitsarbeit 265
        3.3.4.2 Werbung 265
3.4 Fazit 266

4. Festivalmanagement
    - am Beispiel der Passionsspiele in Oberammergau *(Lieb)* **267**
4.1 Einleitung 267
4.2 Der theoretische Bezugsrahmen
    - Bestandteile einer touristischen Attraktion 268
4.3 Festivalarten und ausgewählte Beispiele für Festivals 268
4.4 Die Passionsspiele in Oberammergau 272
    4.4.1 Zentrale Elemente der Passionsspiele 272
    4.4.2 Die organisatorische Struktur 274
    4.4.3 Die Produkt- und Preispolitik der Passionsspiele 275

4.4.4 Die Organisation des Veranstaltungsablauf	278
4.4.5 Die Zielgruppen der Passionsspiele	280
4.4.6 Die Distributionspolitik für die Passionsspiele	281
4.5. Zusammenfassung: Die Passionsspiele in Oberammergau als Beispiel für Festivals	283

5. Stadfeste

- am Beispiel des Münchner Oktoberfestes *(Weishäupl)*	**287**
5.1 Einführung	287
5.2 Die Geschichte des Oktoberfestes	287
5.3 Das Oktoberfest als Wirtschaftsfaktor	288
5.4 Die Organisation des Oktoberfestes	291
5.5 Zur Entwicklung eines umweltverträglichen Festes	293
5.6 Die kommerzielle Vermarktung des Oktoberfestes	294
5.6.1 Logo und Merchandising	294
5.6.2 Verkaufsförderung und Public Relations	295

6. Museumsmanagement *(Becker/ Höcklin)*   299

6.1 Museen im Aufwind	299
6.1.1 Kritische Würdigung aktueller musealer Trends	300
6.1.2 Die Bedeutung der Museumsentwicklung für Stadt und Tourismus	301
6.1.2.1 Zur Bedeutung musealer Einrichtungen für den Kulturtourismus	303
6.1.2.2 Vorschläge zur Zusammenarbeit zwischen Museen und Touristikern	304
6.2 Management als aktuelle Antwort auf die Museumssituation	304
6.3 Situationsanalyse der deutschen Museumslandschaft	307
6.3.1 Die museale Entwicklung im Rückblick	307
6.3.2 Definition und Aufgaben heutiger Museen	308
6.3.3 Charakteristika der deutschen Museumslandschaft im Überblick	310
6.3.3.1 Regionale Verteilung der Museumseinrichtungen in Deutschland	310
6.3.3.2 Museumsarten und ihre Häufigkeit	311
6.3.3.3 Museen und ihre Trägerschaft	312
6.3.3.4 Zielgruppen der Museen	313
6.4 Umsetzung durch museales Marketing-Management	315
6.4.1 Grundlagen	316
6.4.2 Ausstellungsmanagement als Teil der Produktpolitik	317
6.4.3 Aspekte der Kommunikationspolitik	319
6.4.4 Kooperation der Museen mit Institutionen ihres Umfeldes	321
5. Ausblick: Museumsmanagement - ein Thema der Zukunft?	322

7. Kulturtourismus in einer Stadt
- der Weg zu einem Konzept am Beispiel von Weimar *(Wolber)* 325
- 7.1 Einleitung 325
  - 7.1.1 Historische Entwicklung 326
  - 7.1.2 Entwicklung des Tourismus in Weimar 327
- 7.2 Nachfragestruktur 329
- 7.3 Städtetouristisches Potential 332
  - 7.3.1 Erreichbarkeit 332
  - 7.3.2 Beherbergung 332
  - 7.3.3 Gastronomie 333
  - 7.3.4 Tagungs- und Kongreßeinrichtungen 334
  - 7.3.5 Kultur 334
    - 7.3.5.1 Kulturelle Einrichtungen 335
    - 7.3.5.2 Kulturelle Veranstaltungen 335
    - 7.3.5.3 Kulturträger 336
- 7.4 Vom kulturellen Potential zum kulturtouristischen Angebot 338
  - 7.4.1 Organisatorische Anforderungen 338
  - 7.4.2 Konzeptionelle Anforderungen 339
  - 7.4.3 Konzeptionelle Ansätze in Weimar 339
    - 7.4.3.1 Goethe-/Schillermuseumskonzept 340
    - 7.4.3.2 Verkehrskonzept 341
    - 7.4.3.3 Kunstfest Weimar 341
    - 7.4.3.4 *WeimarCard* 342
  - 7.4.4 Europäische Kulturhauptstadt 1999 als Chance 342

8. Reiseleitung im Kulturtourismus *(Freericks)* 345
- 8.1 Einführung 345
- 8.2 Stellenwert und Verständnis von Kulturtourismus 346
  - 8.2.1 Positive Effekte des Kulturtourismus 347
  - 8.2.2 Wachstumsperspektiven des Kulturtourismus 347
- 8.3 Reiseleitung - Tätigkeitsfeld und Aufgaben 349
  - 8.3.1 Diverse Typen der Reiseleitung 352
  - 8.3.2 Reiseleitung als Qualitätsmerkmal 354
  - 8.3.3 Aufgaben und Kompetenzen der Reiseleitung 356
- 8.4 Ausbildungssituation von Reiseleitern 358
- 8.5 Perspektiven 360

9. Rechtsprobleme im Kulturtourismus
und Veranstaltungsmanagement *(Zundel)* 363
- 9.1 Vertragsgestaltungen im Kulturtourismus 364
  - 9.1.1 Reisevertragsrecht als lex specialis 364
  - 9.1.2 Allgemeines Vertragsrecht 370

9.2 Haftungsrisiken im Kulturtourismus 371
   9.2.1 Verkehrssicherungspflichten der Veranstalter 371
   9.2.2 Haftung für Reiseleiter, Reiseführer, Animateure etc. 374
   9.2.3 Halterhaftung für Gerätschaften 375
9.3 Zulässigkeit einer Haftungsbeschränkung 376
9.4 Versicherungsrecht 382
   9.4.1 Veranstalter-Haftpflichtversicherung 382
   9.4.2 Unfallversicherung 382
   9.4.3 Veranstaltungs-Ausfall-Versicherung (VAV) 382
9.5 Resümee 386

Autorenverzeichnis 389

Literaturverzeichnis 393

Stichwortverzeichnis 407

Die Idee

Der Kulturtourismus mit seinen wesentlichen Ausprägungen - Städtereisen, Reisen zu Musicals und Veranstaltungen, Studienreisen etc. - gehört zu den boomenden Reisearten in Deutschland. Die wirtschaftliche Bedeutung für die Städte, aber auch für ländliche Regionen steigt. Und dies in einer Zeit, in der rund zwei Drittel der Deutschen im Urlaub ihrem Land den Rücken kehren, so daß der Standort Deutschland auch touristisch gesehen Schwächen zeigt. Dennoch wurde in der Fachliteratur dem Thema Kulturtourismus aus wirtschaftlicher Sicht bisher kein Raum gewidmet. Diese Lücke wird mit dem vorliegenden Buch geschlossen, das einen Beitrag dazu leisten will, die kulturbezogenen Tourismusformen zu strukturieren, Anregungen zu bieten und damit auch den Incoming-Tourismus zu stärken.

Kultur und der Kulturtourismus besitzen außerordentlich viele Facetten, die sehr unterschiedliche Kenntnisse erfordern, so daß es sinnvoll erschien, Experten aus den einzelnen Bereichen zu Wort kommen zu lassen. Nachdem die Idee einmal geboren war, fiel es dem Herausgeber nicht schwer, kompetente Autoren zu finden, die die relevanten Themenbereiche abdecken. Spontan erklärten alle beteiligten Autoren ihre Bereitschaft zur Mitarbeit und lösten ihre Zusagen später auch mit der termingerechten Lieferung der Beiträge ein.

Schwerpunkte des Buches liegen auf der Bearbeitung von Management- und Marketingproblemen. Im ersten Teil werden von *Nahrstedt* nicht nur die begrifflichen Grundlagen geklärt, sondern er leistet auch einen wesentlichen Beitrag zum Thema Reisen in Deutschland, ehe der Herausgeber den Markt des Kulturtourismus analysiert. Auf Grundlage dieses Beitrages werden in Teil B die Reisearten - Städtereisen, Studienreisen, Sprachreisen und Themenreisen - genauer beleuchtet.
Teil C beginnt mit grundsätzlichen Beiträgen zum Marketing-Management und zum kulturtouristisch besonders relevanten Event-Management *(Freyer)*, die durch die Analyse der Rechtsproblematik von *Zundel* abgerundet werden. Exemplarisch wird das Management von Musical-Unternehmen, Festivals, Stadtfesten und Museen unter die Lupe genommen sowie das übergreifende Kulturkonzept der Stadt Weimar beschrieben. Da im Kulturtourismus die Reiseleitung eine besondere pädagogische Rolle spielt, hat dieses Thema darüber hinaus einen eigenen Beitrag erhalten.

Mit dieser umfassenden Darstellung des Kulturtourismus wurde die Idee verwirklicht, Studierenden der Tourismuswirtschaft, Tourismusfachleuten in Städten und Gemeinden und anderen engagierten Praktikern ein Lehr- und gleichzeitig Handbuch zum Kulturtourismus zur Verfügung zu stellen, das zu den maßgeblichen Themen Stellung bezieht.

Danke!

Ein Buch in der vorliegenden Form benötigt viele denkende Köpfe und helfende Hände. Ich danke insbesondere Dipl.-Hdl. Kathrin Bockelmann für die Durchsicht des Manuskriptes und viele wertvolle Anregungen. Mitgewirkt haben außerdem Ute Amsel, Corinna Flentge, Jobst Meyer und Ulrich Zock.
Gerne hebe ich an dieser Stelle die hervorragende und unbürokratische Zusammenarbeit mit dem Lektoratsleiter des Oldenbourg-Verlags Martin Weigert sowie seiner Mitarbeiterin Cosima Meyer hervor. So bereitet das Schaffen Freude!

Ein ganz besonderer Dank gilt aber meiner Familie. Meinen Eltern Gisela und Rolf Dreyer, die mich seinerzeit in dem Vorhaben, die wissenschaftliche Laufbahn einzuschlagen, hervorragend unterstützten und so indirekt die Herausgabe des Buches erst ermöglichten und last but not least meiner Frau Gerstin, die eigene Interessen für die Sache bereitwillig zurückstellte.

Axel Dreyer (Wernigerode)

Teil A:

Einführung in die Thematik des Kulturtourismus

1. Die Kulturreise
- Gedanken zur Charakterisierung einer Reiseform
von Dr. Wolfgang Nahrstedt, Professor für Freizeitpädagogik und Kulturarbeit an der Universität Bielefeld

1.1. Kulturreise: Trendsetter neuer Reisekultur?

Nach Bildungsreise und Studienreise nun die Kulturreise: Neuer Werbegag touristischer Marktstrategen oder tatsächlich Trendsetter einer neuen Reisekultur? Das ist die Frage. Sie wurde bereits am 4. November 1992 auf der Tagung "Perspektiven des Kulturtourismus" in Wilhelmshaven gestellt.

Läßt sie sich tatsächlich mit den Formeln von Opaschowski beantworten: Der Massentourismus holt die elitäre Kultur vom Sockel. Kultur wird nun der unersättlichen Vergnügungslust der Massentouristen vorgeworfen. Kultur als letzte Attraktion nach dem totalen Ausverkauf der Umwelt?

Die These läßt sich umdrehen! Statt „Verfreizeitung" von Kultur geht es um die Kultivierung von Freizeit und Tourismus. Nicht das Vertreiben von Freizeit und Urlaubszeit, sondern die Wiedergewinnung von historischem Bewußtsein scheint die Grundlage für einen neuen Kulturtourismus. In der Diskussion wurde ein qualitativer Kulturbegriff eingefordert. Versuchen wir ihn! *Nerger* hat von der "zeitlosen Chance" des Kulturtourismus im Fremdenverkehr gesprochen. Ist es nicht gerade umgekehrt: Ist der Begriff Kulturtourismus nicht gerade sehr zeitbezogen? Nicht: Wieviel Tourismus verträgt die Kultur? Statt zu fragen „ Wieviel Tourismus verträgt die Kultur" sollten wir die Frage formulieren „Wieviel Kultur - und welche - kann Freizeit und Tourismus heute eigentlich zugemutet werden?"

1.2. Historische Einordnung

Nach der Erinnerung von Mitarbeitern taucht der Begriff Kulturtourismus in der zweiten Hälfte der 80er Jahre wie nebenbei in der Branchensprache und auf Tourismustagungen auf. Auch international kommt der Ausdruck "Cultural Tourism" in Mode. Die *TUI* bringt 1991 den Prospekt "Kultur und Erleben" heraus. In der Zeitschrift *Freizeitpädagogik (FZP 1/92, 74)* ist dann der Begriff "Kulturtourismus" als Tagungstitel für 1991 belegt. Seit 1991 gibt es auch die Regionalagentur für Kulturtourismus in Aurich *(Uda von der*

Abb. 1:

Kulturreise
Neuer Reisetyp zwischen Vereinigung und europäischer Integration ?

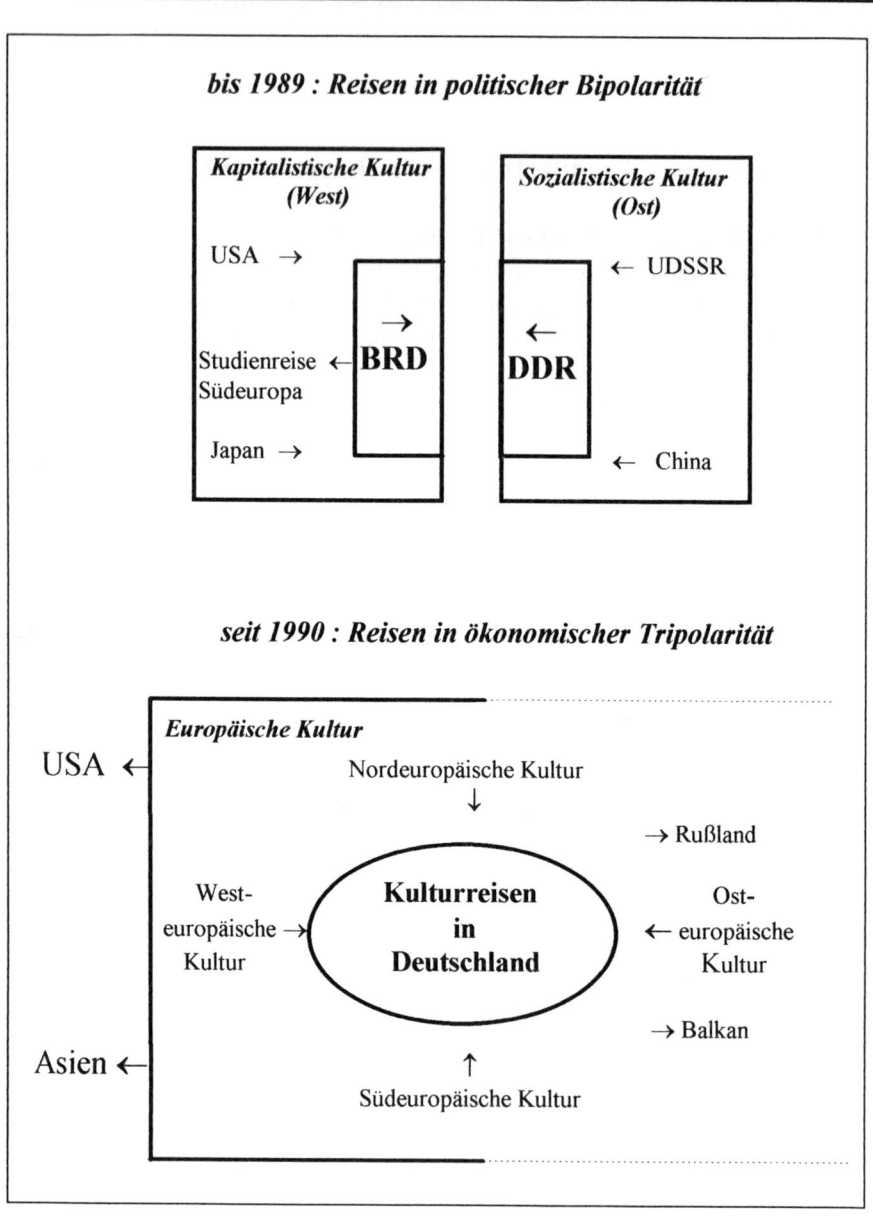

bis 1989 : Reisen in politischer Bipolarität

Kapitalistische Kultur (West)	*Sozialistische Kultur (Ost)*
USA →	← UDSSR
Studienreise ← →BRD Südeuropa	←DDR
Japan →	← China

seit 1990 : Reisen in ökonomischer Tripolarität

Europäische Kultur

USA ←

Nordeuropäische Kultur ↓

→ Rußland

West- europäische → Kultur

Kulturreisen in Deutschland

Ost- ← europäische Kultur

→ Balkan

Asien ←

↑ Südeuropäische Kultur

Quelle: eigene Darstellung, Nahrstedt 1995.

Nahmer). Im Jahre 1992 wird der Begriff bereits mehrfach zum Tagungsthema. In der Bibliothek der Universität Bielefeld ist der Begriff jedoch noch in keinem Buchtitel zu finden.
Manifest wird der Begriff damit offensichtlich um 1990. Ein Zusammenhang mit der deutsch-deutschen Vereinigung läßt sich herstellen. Zur Präzisierung des Begriffs Kulturtourismus gehe ich damit von einer Vereinigungs- bzw. Deutschlandhypothese aus *(siehe Abb. 1).*

These dieses Beitrags ist daher: Die Wiederentdeckung deutscher Kultur als Begründung eines neuen Typs von Deutschlandreise stellt die historische Schlüsselerfahrung bei der Bildung des neuen Begriffs Kulturtourismus. Sie steht in Verbindung mit einer Reihe weiterer "postmoderner" Umbrüche im sozialen Gefüge (Freizeitzuwachs, Wertewandel, Soziokultur, Bildungsanstieg, Ver*single*ung, Europäische Integration, Globalisierung usw.). Deren Einfluß ist später zu betrachten. Die Regionen der Ex-DDR bemühen sich seit der "Wende" um die Entwicklung zu neuen Reiseländern. Ihr Angebot ist Landschaft und Kultur, altdeutsche Kultur in besonderem Maße. Dies provoziert auch die alten Reiseländer.

Deutsche Identität über Kultur ist plötzlich wieder gefragt. Dresden und Leipzig, Potsdam und Rostock werden wiederentdeckt. Erinnerungstourismus beherrscht das Bild. Winckelmann (Stendal), Bismarck (Schönhausen) und Fontane (Brandenburg) werden erneut ausgegraben. "Ein Land macht Geschichte": So lautet der Slogan auf dem Imageprospekt von Sachsen-Anhalt. Die "Straße der Romanik" durch älteste deutsche Gemäuer gehört zu den jüngsten touristischen Kreationen. Das "Romantische Deutschland" empfiehlt die *Deutsche Zentrale für Tourismus (DZT)* als neuen Werbespot fürs Ausland *(Wolff 1992, Allstedter Konferenz des Tourismusverbandes Sachsen-Anhalt e.V.).*

Damit läßt sich der Begriff Kulturtourismus und die neue (deutsche) Kulturreise von den älteren Begriffen Bildungs- und Studienreise nun durch folgende Merkmale abgrenzen *(Abb. 2):*

Abb. 2:
Bildungsreise - Studienreise - Kulturreise

Kennzeichen	Bildungsreise	Studienreise	Kulturreise
a) Entstehung	19. Jahrhundert	1967	1990
b) Ursprung	Aufklärung	Studentenbewegung Bildungsreform	Deutsch-deutsche Vereinigung
c) Vorbild	Goethe	Heine	Fontane
d) Verkehrsmittel	Bahn	Bus	Rad / Fuß
e) Reiseziel	Italien	Ausland	Deutschland
f) Inhalte	Klassik	Kunstgeschichte	Deutsche Geschichte
g) Lernziel	Bildung	Information	Neue Identität
h) Zielgruppe	Bildungsbürger	Neuer Bildungsbürger	Neuer Bundesbürger
i) Schicht	Elite	Mittelschicht	Breite Kreise
k) Kohorte der Kultureisenden	Erholungsreisende	Erlebnisreisende	Kulturreisende

Quelle: eigene Darstellung, Nahrstedt 1995.

1.3 Neue Reisequalität

Gemeinsam ist allen drei Begriffen, daß sie ein erhöhtes touristisches Anspruchsniveau zumindest signalisieren. Die Bildungsreise folgt dabei aber noch einem älteren bildungsbürgerlichen Muster auf Goethes Spuren, wie es sich trivialisiert besonders im historischen Teil der Polyglott-Reiseführer hält *(siehe Abb. 2 Zeile c - künftig kurz: Abb. 2c).*

Die Studienreise ist die bereits - schon vom Begriff her - aktivierte und modernisierte, pauschal-touristisch organisierte, professionalisierte und vermarktete Form der Bildungsreise, wie sie vor allem *Marco-Polo-Reisen* und *Studiosus Reisen*, beide München, anbieten. Ein Hauch von Studentenbewegung und Gesellschaftskritik schwingt in dem Produkt des einstigen AStA-Kulturreferenten *Dr. Werner Kubsch* (dem Gründer von *Studiosus*) noch nach. Vorbild mögen hier *Heinrich Heines* kritischen Reisetagebücher gewesen sein. Moderne arrivierte Mittelschichten, die neuen Bildungsbürger, die aus der Bildungsreform der 60er Jahre hervorgegangen sind, gehören zu den Hauptzielgruppen *(Abb. 2h).*

Die Kulturreise ist die jüngste Kreation. Sie folgt weniger Goethes und Heines, sondern eher Fontanes Spuren. Man reist mit dem eigenen PKW oder dem Bus, aber auch tendenziell mit dem Fahrrad, der Bahn und ebenfalls schon wieder mit dem Rucksack zu Fuß *(Abb. 2d: hier können nur Tendenzen angedeutet werden)*. Die Kulturreise kommt damit auch der Tendenz zur Individualisierung und "Ver*single*ung" in der Gesellschaft entgegen, z.B. in kleiner Gruppe, zu zweit oder auch allein. Sie ist offenbar noch spezieller als die Studienreise. Während die Studienreise auch die Lebensweise der Bereisten vermitteln sollte, konzentriert sich die Kulturreise auf die Objekte, die Zeugnisse deutscher Geschichte, auf die romanischen Dome, die Backsteingotik, den prostestantischen Barock.

Die Kulturreise ist auch eine logische Folge des sanften Tourismus, denn sie "hebt" das "Sanfte" in sich auf. Jetzt werden die Gründe wichtig, die Voraussetzungen für die Gefährdungen von Umwelt und Gesellschaft, die früheren Wertentscheidungen in der westlichen Kultur. Bleiben sie für die Zukunft gültig? Das wird die Grundfrage des KulturTourismus!

1.4 Deutschlandreise

Während Bildungs- und Studienreise vor allem nach Italien und in andere mediterrane Länder führen, ist die Kulturreise ein neudeutsches Produkt. Die Kulturreise ist vor allem Deutschlandreise *(Abb. 2e)*. Sie führt den "Wessi" nach Osten. Aber die Rückwirkung auf die alten Bundesländer ist unübersehbar. Eine neue kulturelle Provokation weckt die Kommunalpolitiker und Tourismusmanager aus schon geglaubter Gästesicherheit.

Damit hängen thematische Unterschiede zusammen. Während die Bildungs- und Studienreise vor allem die ältere und angeblich so viel hellere Kunstgeschichte von den Griechen und Römern bis zum Trecento und Quadrocento der Toskana verfolgen, beginnt die Kulturreise mit der ältesten Kunst des "deutschen Mittelalters" auf deutschem Boden (Abb. 2f). Sie führt über die "Straße der Romanik" zu den dörflichen Feldsteinkirchen der Altmark, den norddeutschen Hansestädten mit ihren wuchtigen Stadttoren, mächtigen Hallenkirchen und Rathäusern in Backsteingotik, über die Lutherkirche in Wittenberg zum Dresdner Barock, zum Schloßpark in Sanscouci, über die Musik von Bach, Telemann und Händel zu den neogotischen Postämtern der Wilhelminischen Zeit.

1.5 Volksreise

Vermutet werden kann, daß damit die Kulturreise gegenüber den mehr elitären Bildungs- und Studienreisen die Tendenz zu sehr viel breiter angelegten Volksreisen erkennen läßt *(Abb. 2i)*. Den Marketingexperten wird dies freuen - aber wohl auch den Historiker, vielleicht sogar den Politiker: auf jeden Fall den Pädagogen! Das deutsche Volk macht sich erneut auf den Weg zur Suche der eigenen gemeinsamen Identität. Die Kulturreise wird damit - wie der Kulturbegriff - vielleicht zu einer typisch deutschen Reiseform - mit allen darin liegenden Gefahren, aber auch Chancen und Herausforderungen.

Mir wurde dies zuerst bewußt im Februar 1990, als ich zum erstenmal in meinem Leben auf den Spuren von Heinrich Heine den Brocken bestieg - besteigen konnte - und zehntausende (ich wiederhole: zehntausende) mit mir. Eine wahre Völkerwanderung aus Sachsen, Schwaben, Bayern, Hanseaten erklomm an diesem schönen Winterwochenende den deutschesten der Berge. Nun hatten wir ihn wieder, den Berg der Brockenhexe, der Walpurgisnacht, des Dr. Faust und Mephisto. Nur wenige werden die Sagen und Legenden noch genau gekannt haben. Auch ich habe sie mir erst danach wieder angelesen. Aber im Unterbewußtsein, Halbbewußten waren diese Spukgestalten deutscher Vergangenheit noch sichtbar wirksam. Damit - denke ich - hat Kulturtourismus zu tun.

Möglicherweise hat dies auch mit der Suche nach neuen sozialen Integrationsmustern zu tun. Nachdem Familie, Arbeit und Nachbarschaft immer weniger der sozialen Integration dienen, erfolgt nun die Flucht in die Vergangenheit, die Rückkehr zum Ursprung, in den Mutterschoß der eigenen Geschichte. Es wird mit an den Kulturschaffenden und Tourismusmanagern liegen, ob und wie fruchtbar dieser Schoß für eine neue Zukunft wird.

1.6 Kulturdidaktik - Kulturmanagement?

Kulturtourismus wird damit für den Anbieter auch eine Aufgabe, die über das normale bisherige touristische Angebot hinausführt. Emotionen und Nostalgie, Wiedererinnerung und Identität, aber auch die Frage nach der Stellung des neuen Deutschlands in europäischer Mittellage gerade im Hinblick auf die jüngsten Wellen rechtsradikalen Ausländerhasses: Diese Elemente werden für Kulturreisen relevant und leicht prekär. Eine neue Didaktik touristischer Vermittlung von Land und Leuten, von Geschichte und

Kultur, von Sehenswürdigkeiten und Zeugen deutscher Vergangenheit und Gegenwart wird erforderlich. Professionelle Reisekultur, Reiseleitung und länderkundliche Animation ist hier besonders gefordert. Dies auch deshalb, weil das neue Interesse an deutscher Kultur die Fragen nach dem Umgang mit anderer Kultur, Multikultur, Interkultur, europäischer Kultur, Weltkultur neu stellt.

Schon längst ist Deutschland ein Einwanderungsland. Schon lange leben wir in einer multikulturellen Gesellschaft. Das neue Interesse an deutscher Kultur sollte den deutschen Hang zur Überheblichkeit kennen, die Kommunikation mit anderen Kulturen aktivieren und das Bewußtsein von einer menschlichen Gesamtkultur stärken: gerade durch Reisen auch in Deutschland!

1.7 Kommunikativer Tourismus?

Kulturtourismus bezeichnet so den Übergang zu einer neuen Qualität des Tourismus. Nach der Phase der Erholungs- und Konsumreisen beginnt nunmehr eine Phase, in der der Mensch beim Reisen beginnt, sich selbst und sein Werk, seine Produkte und seine Kultur, aber auch die Schäden an sich selbst und seiner Umwelt wiederzuentdecken. Sowohl Leistungen als auch die Probleme und Perspektiven der Menschheit werden Gegenstand des Tourismus und der Touristik. Damit wird Tourismus auch ein pädagogischer Gegenstand. **Reisen heißt Lernen**, nicht nur Lernen von Geschichte, sondern auch Lernen von Gegenwart und Zukunft. Diese neue Qualität möchte ich mit dem Begriff "kommunikativer Tourismus" definieren.

Kultur verstehe ich hier aber als Kommunikation über Sinn. Kulturtourismus führt zur Auseinandersetzung mit Sinn, wie ihn Menschen in Vergangenheit und Gegenwart entwickelt haben und künftig entwickeln könnten. Die Begegnung mit Kultur kann zum Anknüpfen an abgebrochene Sinntraditionen führen oder auch neue Sinntradtionen stiften. Die Auseinandersetzung mit Sinn, einem Thema, den eigenen Problemen und denen der Mitreisenden sowie den Perspektiven für das Reiseland erfordern verstärkt pädagogische Vermittlungskonzeptionen. Kulturtourismus bedeutet den Übergang zu einem pädagogisch gestützten kommunikativen Tourismus *(siehe Abb. 3).*

Abb. 3:
Ausdifferenzierung durch Wertewandel im Tourismus 1950-2000

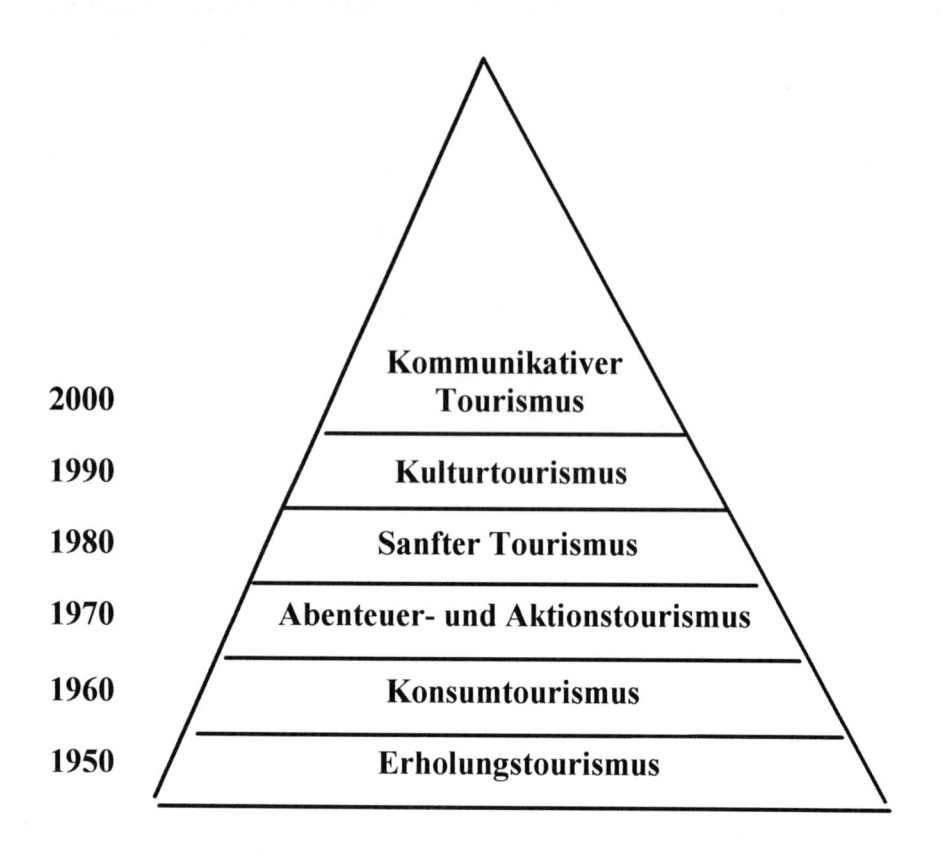

2000	Kommunikativer Tourismus
1990	Kulturtourismus
1980	Sanfter Tourismus
1970	Abenteuer- und Aktionstourismus
1960	Konsumtourismus
1950	Erholungstourismus

Quelle: eigene Darstellung, Nahrstedt 1995.

1.8 Qualitätssprung und Wertewandel

Der Begriff Kulturtourismus signalisiert damit zugleich einen Qualitätssprung in der Freizeit- wie Tourismusentwicklung. Freizeit und Tourismus wurden Leitbegriffe der gesellschaftlichen Entwicklung seit den 50er Jahren. Der *Studienkreis für Tourismus* wurde in den 60er Jahren gegründet, die *Deutsche Gesellschaft für Freizeit (DGF)* 1970 (nach Vorläufern seit den 50er Jahren). Erst in den 70er Jahren wurde das Thema Kultur aktuell, entstanden die soziokulturellen Zentren, wurde die *Kulturpolitische*

Gesellschaft 1976 gegründet, entstand in ihr in den 80er Jahren der *Arbeitskreis Kulturpädagogik (Zacharias)*.

Der neue Massentourismus seit dem 19. Jahrhundert war zunächst Erholungstourismus der Arbeitnehmer, wurde zum Konsum-, Erlebnis- und Aktiv-Urlaub seit den 60er Jahren. Seit den 90er Jahren beginnt sich das Blatt zu wenden. Kultur und Kulturtourismus sind angesagt. Was bedeutet dies?

Im Tourismus wiederholt sich der Qualitätssprung zwanzig Jahre nach der Freizeitentwicklung in den Kommunen. Was dort in den 70er Jahren sich als Soziokultur vollzog, wird in den 90er Jahren eine Bewegung zum Kulturtourismus. Tausend Jahre wurden die Menschen in Westeuropa zur Produktion erzogen. Nunmehr schlägt der Wertewandel bis in den Tourismus durch *(siehe Abb. 4)*.

Abb. 4:

Funktionen des Tourismus

```
              /\
             /  \
            /Weiter-\
           /entwicklung\
          /der Menschheit\
         /────────────────\
        / Völkerverständigung \
       /  (interkulturelles Lernen)  \
      /──────────────────────\
     /        Bildung          \
    /──────────────────────────\
   /         Erlebnis             \
  /────────────────────────────\
 /          Konsum                  \
/──────────────────────────────\
/       Unterhaltung                  \
/────────────────────────────────\
/          Erholung                      \
──────────────────────────────────
```

Quelle: eigene Darstellung, Nahrstedt 1995.

Dieser Wertewandel könnte mit einer Lebenslauf- sowie mit einer Generationshypothese verknüpft werden, wie es in der Wertewandel- *(Inglehart 1989)* und Kulturwandeltheorie *(Göschel 1991)* erfolgt . Die Generation, die zwischen 1950 und 1960 mit Erholungsreisen in das wachsende Freizeit- und Reisesystem hineinwuchs, forderte nach 20 Jahren Freizeit- und Reiseerfahrung in mediterranen Kulturländern zwischen 1970 und 1980 höhere Freizeitqualität mit Erlebnisreisen im Auslandtourismus und mit Soziokultur in den eigenen Städten ein, sucht nun diese Qualität auch in der Deutschlandreise nach weiteren 20 Jahren *(Abb. 2k)*. Verstärkt wird dies durch die Soziokulturgeneration, die nun ihren Kulturanspruch in die Reisequalität mit einbringt.

Nach tausend Jahren Produktion wird nun Reproduktion, nach Arbeit Muße, nach Produktion Kommunikation, nach vita activa wird vita contemplativa ein Gegenstand für Politik, Ökonomie und auch Pädagogik. Tausend Jahre hat das Abendland Kathedralen, Burgen, Städte und schließlich Industrieanlagen produziert. Seit 100 Jahren werden sie Objekt für Anschauung, Sightseeing, potentielle Reflexion und Proflexion.

Kulturtourismus ist ein Tourismus der Reflexion und Kommunikation. Nach dem Massentourismus und dem sanften Tourismus ist nun ein kommunikativer Tourismus angesagt. *Kommunikativer Tourismus* bedeutet, daß Touristen sich mit ihrer Umwelt, den Mitreisenden, den Bereisten in Verbindung setzen (können). Ziele sind im Kulturtourismus Vergangenheit, Gegenwart und Zukunft. Mit dem Kulturtourismus wird neben der Dimension des Raums, hier erstmals die Dimension der Zeit in ihrer gesamten Fülle aufgenommen. Die präsentierte Vergangenheit wird angeschaut. Die bestehende Gegenwart wird bewußt. Mögliche Zukunft aber wird Gegenstand der Kommunikation, Reflexion und Proflexion.

Die Entwicklung des Tourismus bedeutet, daß der Mensch zu einer ursprünglichen Lebensweise zurückkehrt. Der post-moderne Neo-Nomade verläßt die einseitige arbeitsorientierte Seßhaftigkeit und beginnt, sich seine Produkte im Weg durch die Geschichte anzuschauen. Aus dem homo faber wird der homo ludens, von der vita activa kehrt der Mensch, zumindest zeitweise, zur vita contemplativa zurück. Kulturtourismus kennzeichnet so eine neue Phase in der Menschheitsgeschichte.

Kultur ist der Weg des Menschen zu sich selbst. Kultur ist nicht nur Produkt und Selbstverwirklichung, sondern sie ist auch historisches Zeugnis, Gegenstand der Betrachtung sowie Medium der Selbsterkenntnis und Selbstvergewisserung. Kulturtourismus bezeichnet so den historischen Schritt von der Produktion zur Reflexion. Bisher schienen die Ziele klar. Fortschritt war die Devise. Nun folgt Selbstbesinnung - müßte zumindest folgen. Kulturtourismus könnte ein Weg des Menschen zur Neubesinnung auf den weiteren Weg des Einzelnen wie der Gesamtheit werden *(Abb. 5)*.

Abb. 5:

Wertehierarchie touristischer Infrastruktur

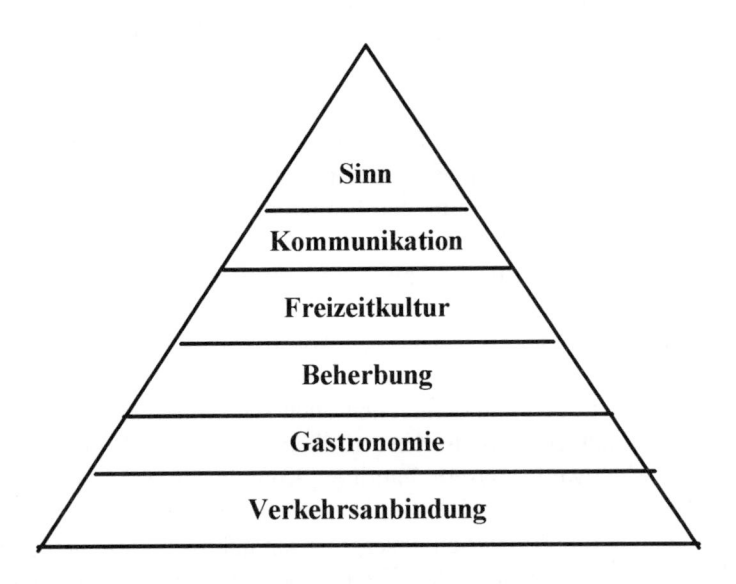

```
           /\
          /  \
         /Sinn\
        /------\
       /Kommuni-\
      /  kation  \
     /------------\
    / Freizeitkultur\
   /----------------\
  /    Beherbung     \
 /--------------------\
/     Gastronomie      \
------------------------
   Verkehrsanbindung
```

Quelle: eigene Darstellung, Nahrstedt 1995.

1.9 1000 Jahre sind ein Tag

Im Rahmen des Altmark-Projektes haben *Ute Mohrmann* und der Autor die Funktion des Tourismus im Hinblick auf Vergangenheit und Zukunft diskutiert. *Ute Mohrmann* hatte erklärt: "Wir teilen als Ausgangspunkt ein Verständnis von Tourismus als 'historische Form der Entfaltung menschlicher Wesenszüge', als 'historische Form der Ausgestaltung spezifischer menschlicher Verhaltensweisen wie des Neugier- und Aneignungsverhaltens auf einer Stufe des relativen gesellschaftlichen Reichtums' *(Kramer 1982, S. 10)*. Diese Sicht auf Tourismus schließt die Reduktion des Tourismus auf ein nur menschliches Grundbedürfnis aus. Vielmehr zielt sie auf den Wandel der Ausgestaltung von zutiefst legitimen 'Bedürfnissen wie Regeneration, Umweltaneignung und Neugierverhalten' *(Kramer 1982, S. 10)*. Der Ansatz begegnet der globalen Tourismuskritik und läßt die dringende Suche nach der

Sozial- und Umweltverträglichkeit des Tourismus, auch nach alternativen Formen gerade in einer vom Tourismus weitgehend unberührten Region, offen. Diese Anregungen hat insbesondere der Volkskundler und Kulturwissenschaftler *Dieter Kramer* in seinem Buch 'Der sanfte Tourismus' vermittelt (1983). (...) Dabei geht es ihm vor allem um die Frage 'nach der kulturellen Bedeutung des Tourismus für seine Träger, nach dem mit ihm verbundenen Formen der Umweltaneignung und des Beziehungsreichtums, nach seinen Erlebnisformen und seinem Beitrag zur Persönlichkeits- und Bewußtseinsbildung' *(Kramer 1982, S. 1)" (Mohrmann 1991, 173f).*

Der Gedankengang von *Ute Mohrmann* läßt sich aufgreifen und folgendermaßen kommentieren: "*Ute Mohrmann* hat in ihrem Beitrag zu den ersten Bielefelder Tourismustagen 1990 in Anlehnung an *Dieter Kramer* den 'Tourismus als historische Form der Entfaltung menschlicher Wesenszüge' bestimmt. Ich würde diesen Gedanken gern weiter entwickeln und grundsätzlicher fassen: **Tausend Jahre sind ein Tag.**
In Salzwedel und Stendal, in Osterburg, Seehausen und Gardelegen, in Tangermünde und Bismark schaut der Tourist an einem Tag an, was in tausend Jahren europäischer Geschichte gewachsen ist. Tausend Jahre lang haben unsere Vorfahren und schließlich auch wir Mitteleuropa mit Burgen, Klöstern, Stadtmauern, gotischen Kathedralen und Rathäusern, mit Bauernhöfen, Handwerkshäusern, Fabriken, Kombinaten und LPGs dekoriert. In tausend Städten an tausend Tagen schauen wir uns heute mit Sightseeing und Tagesausflug die Produktion unserer tausendjährigen Geschichte an. Der Mensch ist das Bewußtsein der Welt. Nach tausend Jahren materieller Produktion folgen tausend (?) Jahre der Kontemplation. Was bedeutet dies? Was wird dies bewirken?

Hegel hat angenommen, daß in der menschlichen Geschichte das Sein zur eigenen Anschauung bzw. der Weltgeist zum Bewußtsein seiner selbst gelangt. Bleibt diese Idee weiterhin faszinierend? Ich denke, daß wir den Tourismus nicht allein als eine ökonomische Selbsterhaltungsstrategie einzelner Regionen, auch nicht nur als eine kulturelle, ökologische oder auch soziale Stabilisierungsstrategie anschauen dürfen. Der Tourismus mit seiner kontemplativen Dimension setzt nicht nur historisch, sondern vor allem zukunftsbezogen einen neuen Schritt zu menschlicher Weiterentwicklung. Der Tourismus verstärkt menschliche Kontemplation, d.h. aber Theoria (Seins- bzw. 'Gottes-Schau').

Wir befinden uns auf dem Wege zu einer Weltgesellschaft. Die Geschichte hilft uns, das Bewußtsein davon zu stärken. Die Altmark war die Wiege Preußens. Wer wußte dies schon? Der Tagestourist kann dies in der Altmark erleben. Er kann die letzten tausend Jahre anschauen, bestaunen, überdenken. Aber auch die jüngste Geschichte liegt offen. Was haben 45 Jahre DDR gebracht? Wohin wird die Zukunft in Westeuropa wie in Osteuropa führen?

Der Tourismus ist ein offenes Bildungssystem. Er ermöglicht learning by going, **learning by travelling**. Er führt in Selbstbestimmung die Menschen an Zeugnisse bisheriger Menschlichkeitsentwicklung heran. Er überläßt den Touristen, wie sie damit umgehen. Sie können den bisherigen Menschheitserfahrungen begegnen, sie können es aber auch lassen. Der engagierte Touristiker möchte, daß sich der Tourist in Begegnungsmöglichkeiten mit Vergangenheit, Gegenwart und Zukunft auseinandersetzt. Insofern wird er sich überlegen müssen, welche Vorgaben durch ihn erforderlich werden. Der Tourismus ist ein noch offenes System. Die Touristen können sich in ihm frei bewegen. (...) Versuchen wir, die Altmark in diesem Sinne 1991 weiterzuentwickeln zu einem Pilotprojekt für einen offenen umwelt-, sozial- und kulturfreundlichen Tourismus *(vgl. Nahrstedt 1991, 270-272)*. Die These dieses Beitrags geht also in die Richtung: Die Begegnung des Menschen mit Kultur auf Reisen bedeutet nicht nur Rückblick, sie zwingt ihn auch zur Frage nach der Zukunft, sie wird auch zum Suchen nach einem Ausblick.

1.10 Neue regionale Identität

Jede Region kann sich in den Trend zum Kulturtourismus selbst einbringen. Sie übernimmt damit eine internationale sowie individuelle Funktion. Kulturtourismus bedeutet den Weg zu einer neuen Identität und Ökonomie.

Kulturtourismus weist auf eine neue Dialektik zwischen Ökonomie und Kultur hin. Zum Thema "Tourismuskultur - Kulturtourismus" fand vom 11.-13. April 1991 in Frankfurt/Main die zweite Tagung der *Kommission Tourismusforschung in der Deutschen Gesellschaft für Volkskunde (DGV)* statt. Gegenstand war der seit Jahren expandierende Städte- und Kulturtourismus 'als integraler Bestandteil der Lebensweise prosperierender Industriestaaten'". Über diese Tagung heißt es in der *FZP 1/92*: "*Dieter Kramer* (...) verwies auf die Relevanz des Tourismus für die Kommunen, die wegen der steigenden Einnahmen unmittelbar durch die Touristen einerseits und der Steigerung der Attraktivität für Investoren durch Imagebildung und -pflege andererseits an der Förderung des Städte- und Kulturtourismus interessiert sind. Bislang vorgelegte Studien vermittelten (jedoch) lediglich positive Aspekte. Dabei würden solche Probleme wie die oft ein akzeptables Maß überschreitende Abnutzung besuchter Kulturstätten und die

Beeinträchtigung der Wohn- und Lebensumwelt der 'Bereisten' ausgespart. Gerade die durch 'Inszenierungen' touristisch erzeugte Scheinwelt, die für die 'Gastgeber' aus existentiellen Gründen als Realwelt rezipiert wird, scheint mir für weitere kulturanthropologisch-volkskundliche Forschungen wesentlich: die Untersuchung der Lebensweise der 'betroffenen' Menschen. Ebenso relevant erscheint die Erforschung der Motivationen für Städte- und Kulturreisende. Würde die Begegnung mit originalen Kunstschätzen und Kulturstätten als Möglichkeit der Persönlichkeitsentwicklung geschätzt (wozu sie eigentlich zweifellos geeignet ist), müßte die Frage nach dem Tourismusbedürfnis vertieft werden. Die Realität widerspricht jedoch der Annahme solcher Motivation. Der von *Kramer* in die Diskussion getragene theoretische Aspekt, die Tourismusbedürfnisse seien nicht abstrakt, sondern gesellschaftlich determiniert, bildeten m.E. eine Basis für die wissenschaftliche Auseinandersetzung mit dem Phänomen des Reisens" *(Irene Ziehe, FZP 1/92, 74).*

Aus der Dialektik zwischen Ökonomie und Kultur sind Konsequenzen für die Tourismusforschung, aber auch für die Tourismuspolitik zu ziehen. Tourismuspolitisch ist ein Weg zu wählen, der beiden Seiten gerecht wird. Weder darf Kultur für kommerzielle Interessen geopfert noch kann der ökonomische Aspekt in der kulturellen Aufbereitung und Weiterentwicklung im Tourismus außer acht gelassen werden.

1.11 Vermittlung zwischen Globalisierung und Individualisierung

Die Aufbereitung von Landschaften und Kulturbeständen für den Tourismus ist einzuordnen in die gegenwärtige Diskussion über Globalisierung. Die These des Autors dazu geht dahin, daß touristische Regionen heute eine wichtige Zwischenstellung zwischen den beiden widersprüchlichen Tendenzen zur Globalisierung und zur Individualisierung erhalten. Darüber wurden auf dem zweiten und dritten Zwickauer Freizeittag einige Gedanken entwickelt *(Nahrstedt 1992a, 35f):* "Eine Gesetzmäßigkeit postmoderner Modernisierung besteht in der Transformation von lokalen Traditionen in Freizeitkultur und Freizeitstilen. Dies läßt sich in Australien in besonderer Weise am Zusammenwachsen der technischen Weltkultur und der lokalen Ur-Kultur der Aboriginals studieren. Die Kommerzialisierung und Technisierung der Welt führt zu einer Globalisierung der Weltkultur. Eine kommerzialisierte und technisierte Weltkultur drängt auf Vereinheitlichung. Diese Vereinheitlichung wird im wesentlichen durch die modernen und postmodernen Elemente vorangetrieben, wie:

- Verkehrssystem (PKW, Bus, Stadtbahn, Eisenbahn, Schnellbahn, Flugzeug)
- Kommunikationssystem (Rundfunk, Fernsehen, Kino, Telefon, Fax, BTX)
- Computerisierung, Automatisierung
- Mobilisierung, Flexibilisierung/ "Verfreizeitung"
- Einheitliche Architektur aus Beton, Glas, Hochhäusern, Boulevards, Stadtautobahn, Schnellbahntrassen, Plätzen, künstlichen Seen, Springbrunnen, Lichtreklamen
- Hotelketten (z.B. Hilton), Restaurantketten (z.B. McDonald), Supermärkte

Die lokalen Kulturen und Traditionen basieren hingegen vor allem auf Unterschieden in Sprache, Religion, Baustil und Wohnform, Nahrungsmitteln, Ernährungsweisen, Küchen, Produktionsformen, Tanz, Musik, Tracht, Malerei, Literatur, ganz allgemein auf unterschiedliche Rituale.

Diese Unterschiede lokaler Kultur werden schrittweise in die Weltkultur integriert. Dabei ergeben sich Kompromißformen, die zu Ausdifferenzierungen von Lebensstilen führen. Die lokale Kultur wird dadurch zur Folklore. Lokale Kultur und Folklore erhalten sich insbesondere über ihre "Verfreizeitung". Sie werden Freizeitformen und Freizeitstile im Rahmen der Weltkultur. Die Frage für die Erhaltung lokaler Kultur besteht darin, inwieweit sie der Weltkultur mit ihrer Tendenz zur Vereinheitlichung Widerstand entgegenstellen kann. Vermag sie sich als ein besonderer vor allem freizeitlicher Lebensstil gegenüber anderen Lebens- und Freizeitstilen zu behaupten? Oder läßt sie sich auch als neues Element in die Weltkultur einfügen? So werden etwa die regional und national unterschiedlichen 'Küchen' zu weltweiten Variationen im Angebot der nationalen Gastronomie. Man geht in den USA, in Europa oder anderswo 'italienisch', 'griechisch', 'chinesisch' oder 'mexikanisch' essen.

Die Weltkultur integriert dabei insbesondere über zwei Freizeittendenzen den lokalen Alltag und die regionalen Kulturen:
1. werden die oben angeführten Elemente der Weltkultur zunehmend Bestandteil jeder Infrastruktur, in der das tägliche Leben, in dem jeder Alltag verbracht wird. Die Weltkultur prägt die Grundstruktur der Wohnumwelten in allen Teilen der Welt (Vereinheitlichung).
2. führt der Tourismus zu einer Revitalisierung regionaler Kultur im Rahmen der Weltkultur. Der Tourismus stärkt erneut die Traditionen als Sehenswürdigkeit und Folklore. Der Tourismus sucht das Besondere im Allgemeinen und wirkt dabei auf eine Aktivierung lokaler Lebensstile hin.

Touristen wollen das Besondere der Region sehen, das sich aus der Tradition heraus noch erhalten hat. Der Tourismus fördert somit eine Reaktivierung von Traditionen.

1.12 Zusammenfassende Begriffsbestimmung

Nach der historischen Einordnung der Entstehung des Begriffs Kulturtourismus läßt sich seine Bedeutung verallgemeinern. Folgende vier Ebenen bzw. Fassungen des Begriffs lassen sich dann unterscheiden *(Abb. 6)*.

Abb. 6:

Von der Kulturreise zur Reisekultur

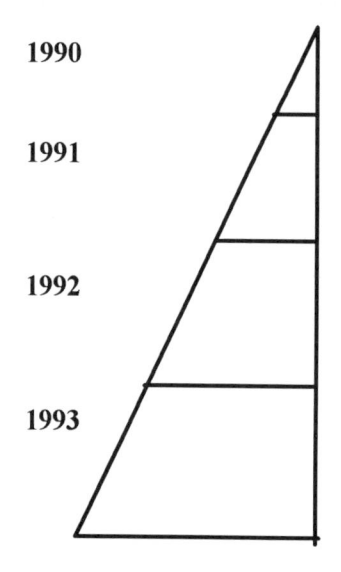

1990 — **1. Kulturreise =** Neue Deutschlandreise

1991 — **2. Speziell auf „Kultur"gerichtete Reise =** Oberbegriff für Kultur- / Bildungs- / Studienreise = *Kulturtourismus*

1992 — **3. Kultur im Tourismus =** z.B. Museumsbesuch während der Erholungsreise

1993 — **4. Reisekultur =** Tourismus als Teil der Weltkultur mit Anspruch auf Qualitätssteigerung

Quelle: eigene Darstellung, Nahrstedt 1995.

1. **Im engsten Sinne** bezeichnet der Begriff Kulturreise eine ganz bestimmte **neue Form des Deutschlandtourismus**. Er entstand mit der deutsch-deutschen Vereinigung 1990. Er konzentriert sich auf Zeugnisse der deutschen Geschichte zunächst in den neuen Bundesländern, rückwirkend aber immer stärker auch in den alten Bundesländern. Dadurch grenzt sich die Kulturreise von der traditionellen Bildungs- und Studienreise ab, deren Reiseziel vor allem die (Kunst-)Geschichte anderer Länder (insbesondere

Italiens) darstellt. Kulturtourismus in diesem engsten und speziellsten Sinne meint also eine neue kulturelle Deutschlandreise, eine Deutschlandkulturreise. Ein neues Interesse an historisch begründeter deutscher Identität im neuen Europa läßt sich als ein zentrales Reisemotiv vermuten. Dieses Motiv wird durch einen starken "Erinnerungstourismus" sowie durch Neugierverhalten gegenüber bisher nicht oder schwer erreichbaren deutschen Ostgebieten ergänzt. Dieser Kulturtourismus, diese neue kulturelle Deutschlandreise wird von breiten Schichten der Bevölkerung ausgeübt. Die Zielgruppe für diesen deutschen Kulturtourismus ist breiter als für die bisherige Bildungs- und Studienreise. Die kulturelle Deutschlandreise wird häufig individuell oder in kleinen Gruppen mit PKW, aber zunehmend auch mit Bahn, Rad und zu Fuß betrieben. Sanfter und Kulturtourismus verbinden sich. Der Kulturtourismus hebt den sanften Tourismus in sich auf. Der Kulturtourismus hat jedoch auch neue Impulse für den Bustourismus ausgelöst.

2. **In einer weiteren Fassung** bezeichnet der Begriff Kulturtourismus jede **auf "Kultur" (in einem breiten Verständnis) ausgerichtete Reise**. Er wird damit zu einem Oberbegriff für ein bestimmtes (neues) Segment im Tourismus. **Bildungs-und Studienreisen werden dann zu besonderen Formen dieses Segments**.
Dem vorliegende Buch liegt in erster Linie diese Definition zugrunde.

3. **In einem noch weiteren Sinne** bezieht der Begriff Kulturtourismus auch das Element "Kultur im Tourismus" mit ein. Als Kulturtourismus wird dann **jede Form von Tourismus bezeichnet, in die kulturelle Angebote integriert sind.** Durch diese Ausweitung des Begriffs wird das Bewußtsein verstärkt, daß fast jede Reise, auch die Erholungs-, Konsum- und Erlebnisreise, mehr oder minder kulturelle Elemente enthält (z.B. Besichtigungen von Sehenswürdigkeiten, Museumsbesuch) oder zumindest enthalten kann. Strategisch präzisiert dann der Begriff Kulturtourismus die Frage: Wieviel Kultur verträgt der Tourismus bzw. diese Reise(-form)? Oder: Wieviel Kulturelemente sollte Tourismus enthalten? Der erweiterte Begriff Kulturtourismus bewirkt damit zugleich eine Erweiterung des Kulturbegriffs für den Tourismus. Er verdeutlicht, daß grundsätzlich alle touristischen Formen es immer mit Kultur zu tun haben, daß auch Lebensweise, Sitten, Gebräuche, Speisen und Getränke Elemente der Kultur des Gastlandes sind.

4. **Im weitesten Sinne** wird der Begriff identisch mit "Reisekultur". Der Begriff Kulturtourismus verstärkt das **Bewußtsein, daß Tourismus immer selbst bereits Kultur ist und zwischen Kulturen des Herkunftslandes der Reisenden wie des Gastlandes der Bereisten vermittelt** (vermitteln sollte). Kulturtourismus in diesem weitesten Verständnis faßt Tourismus als eine Form der Weltkultur auf. Damit ist zugleich der Anspruch auf Qualität verbunden. Der Kern von Kultur läßt sich als (ästhetische) Kommunikation über Sinn bezeichnen. Der Begriff Kulturtourismus im weitesten Sinne verstärkt den Anspruch an alle Formen des Tourismus, die Voraussetzungen für die Kommunikation zwischen den Reisenden, zwischen Reisenden und Bereisten und damit zwischen Reisenden/Bereisten und der Umwelt in Natur wie Kultur im Gastland zu qualifizieren. Ziel des Kulturtourismus als eines "kommunikativen Tourismus" ist somit Völkerverständigung, Friedenssicherung, sanftes Reisen, ein globales Bewußtsein: Global denken, lokal handeln! Wir sitzen alle im selben Boot! Wir haben nur diese Erde und eine gemeinsame historisch gewachsene Kultur. Nur sie erhält uns als Menschen überlebensfähig: Bewahren wir sie!

1.13 Perspektivische Konsequenzen

Für "Perspektiven des Kulturtourismus" lassen sich daraus folgende Schlußfolgerungen ableiten:

a) Kulturtourismus als eine neue Form der kulturellen Deutschlandlandreise bedeutet eine neue Herausforderung für die neuen und die alten Bundesländer. Tourismus kann mehr sein als Erholung, Unterhaltung, Sightseeing und Geldverdienen. Tourismus heute erhält eine deutsche, europäische und globale Funktion. Sie gilt es zu optimieren.

b) Die Kulturreise läßt sich in einem weiteren Sinne fassen als eine besonders auf "Kultur" ausgerichtete Reise. Bildungs-, Studien- und die neue kulturelle Deutschlandreise bilden ein neues touristisches Segment. Dieses Segment wird durch die neue kulturelle Deutschlandreise als eine besonders auf Deutschland, deutsche Geschichte und die Kommunikation über deutsche Identität ausgerichtete Studienreise ergänzt. Kulturreisen in diesem Sinne sind als besonderes Segment des touristischen Angebots (in ihrer Differenzierung) zu entwickeln. Für die einzelnen Regionen wird dabei wichtig, den für sie angemessenen Begriff von "Kultur" und "Kulturreise" für das Marketing zu präzisieren.

c) Alle Formen des Tourismus können durch Elemente von "Kultur" angereichert und qualifiziert werden. "Kultur im Tourismus" wird ein neues Thema zur Weiterentwicklung von Angebot und Marketing. Die einzelnen Regionen müssen klären, welche Elemente sie mit welchen Tourismusformen verbinden wollen und vermarkten können.

d) Im weitesten Sinne meint der Begriff Kulturtourismus Tourismuskultur. Kulturtourismus weist damit auf ein neues Anspruchsniveau für Tourismusplanung, Tourismusmanagement und Tourismusmarketing hin. "In der Gesellschaft gibt es keine leeren Flächen; wo keine Kultur ist, wächst Unkraut". Dies sagte ein Teilnehmer aus Rostock. Kulturtourismus bekämpft Unkraut. Tourismus ist selbst ein Element der Weltkultur. Tourismus dient Zielen wie dem multikulturellen Denken, der interkulturellen Verständigung (Völkerverständigung), der Friedenssicherung, dem sanften Reisen, einem globalen Bewußtsein. Der Begriff Kulturtourismus bestimmt damit eine Perspektive für Tourismuspolitik und Tourismusmarketing: Auch Tourismus hat diese Ziele angemessen zu berücksichtigen.

1.14 Neue vita activa

Bisher wurde der Kulturtourismus als Gegenstück zur bisher dominanten Arbeitskultur interpretiert. Aber muß dies so bleiben? Kulturtourismus könnte neue Aktivität entbinden, wenn Kultur fremder Regionen nicht nur betrachtet, sondern zum Ausgangspunkt intensiver Beschäftigung wird. *Dieter Kramer (1983)* weist auf die Alpenvereine und den Verein der Naturfreunde hin. Sie haben Landschaften nicht nur bewandert, sondern sich auch um die Erhaltung und Verbesserung gekümmert - und zwar nicht nur im Urlaub, sondern jahraus, jahrein. Kulturtourismus könnte damit zu einer **neuen Solidarität zwischen den Reisenden und Bereisten** führen, zu festeren Formen raumübergreifender Kooperation. Die "Reisende Hochschule Tvind" (Dänemark) ist ein weiteres Beispiel für ein neues Verständnis von aktivem Kulturtourismus. Studierende der Hochschule beschäftigen sich ein Jahr lang mit dem Reiseland. Sie bereiten die Reise ein Vierteljahr vor, bleiben ein halbes Jahr im Land, arbeiten, leben und reisen dort, werten dann im anschließenden Vierteljahr die Reise aus.

Der Kulturtourismus steht erst am Anfang. Er öffnet neue Dimensionen für das Reisen. Ein engerer Wechselbezug zwischen Reise und Alltag deutet sich an. Neue Maßstäbe für das Reiseverhalten werden möglich. Entwickeln wir sie!

2. Der Markt für Kulturtourismus
von Dr. Axel Dreyer, Professor für Tourismuswirtschaft und Marketing an der FH Harz

2.1 Kultur im Aufwind

Mit der wachsenden Freizeit der Deutschen, deren Ursachen andernorts hinreichend diskutiert worden sind, hat neben anderen Beschäftigungen auch das Interesse an Kultur eine neue Dimension erhalten. War das kulturelle Interesse früher vor allem von Bildungsmotiven bestimmt, so besteht heute eher eine Freizeitkultur mit Schwerpunkten auf Unterhaltung, Geselligkeit und Erlebnis. Beispielsweise dominierte kulturell in Deutschland bis in die 70er Jahre hinein das traditionelle Theater mit wechselnden Spielplänen, auf denen überwiegend klassische Schauspiele, Operetten und Opern standen. Heute werden zusätzlich zu den traditionellen Theaterformen immer neue kulturelle Angebote kreiert, von denen sich insbesondere die großen, standortfesten Musical-Produktionen enormen Zulaufs erfreuen.

Veranstaltungen und Ereignisse sind es, die das kulturelle Interesse der Bevölkerung hervorrufen, und so ist es nur folgerichtig, daß inzwischen auch die Opernstars dieses Geschäft für sich erkannt haben. Trotz Eintrittspreisen in dreistelligen DM-Beträgen locken Placido Domingo, José Carreras oder Montserrat Caballé Tausende in die Freiluftarenen und machen sogar Sportveranstaltungen ernsthafte Konkurrenz.

Mit dieser Entwicklung hat sich aber auch die Einstellung gewandelt, Kultur sei ein reines Zuschußgeschäft. Sicher bedürfen traditionelle, insbesondere Minderheiten interessierende, aber für das kulturelle Spektrum eines Landes dennoch wichtige Kultureinrichtungen weiterhin der Subventionen des Staates, aber mit der wachsenden Kulturnachfrage und der Professionalisierung der Angebote arbeiten immer mehr Kulturanbieter wirtschaftlich. So existieren in Hamburg z.B. neben drei Staatstheatern und sieben staatlichen Museen noch 45 Privattheater, 40 private Museen, 100 Galerien und 100 Buch-, Zeitungs- und Zeitschriftenverlage. Zusammen genommen gibt es in Hamburg ca. 45.000 Arbeitsplätze im Kulturbereich *(vgl. Opaschowski 1993, S. 198).*

Kulturangebote sind für die Städte ein bedeutender Standortfaktor geworden. Einerseits können Unternehmen ihren Mitarbeitern ein attraktives Wohnumfeld bieten, andererseits induziert urbane Attraktivität

Besucherströme und sorgt für tourismuswirtschaftliche Primär- (Ausgaben für Hotelübernachtungen etc.) und Sekundäreffekte (Ausgaben für Souvenirs etc.).

Kulturangebote werden für den Tourismus systematisch erschlossen. Vielleicht machten folkloristische Heimatabende den Anfang. Inzwischen werden interessante Ausstellungen genutzt oder eigens kreiert, um Touristen gezielt anzulocken, und Sehenswürdigkeiten werden per Werbung potentiellen Zielgruppen empfohlen. Dabei geschieht es immer häufiger, daß die Kapazitätsgrenze bezogen auf die mögliche Zahl der Besichtigungen und das damit verbundene Erleben von Attraktionen erreicht wird.

Beispiel: "In Weimar, der Stadt der deutschen Klassik, kursiert neuerdings in Museumskreisen das Wort: 'Drängeln bei Goethe ist wieder angesagt'. Jede halbe Stunde wird die Besucherschleuse für 200 Personen im Goethewohnhaus geöffnet: Auf 400 qm Fläche drängeln sich in Spitzenzeiten etwa 400 Besucher, ein Besucher pro qm. Alle wollen Goethe authentisch er-leben und be-greifen. Die Folge: Die Stiftung Weimarer Klassik hat mit dem Problem der sogenannten Durchlaßfähigkeit zu kämpfen. In ihrer Raumnot wird bereits über eine Lösung nachgedacht: Wege und Zeiten sollen genau reglementiert und die Besucher im Eiltempo durchgeschleust werden. Vom mündigen Museumsbesucher müßte man sich dann für immer verabschieden. Dabei wäre das Problem viel einfacher zu lösen gewesen, wenn Goethe weitsichtiger geplant hätte: Der Herr Geheimrat hat einfach zu klein gebaut ..." *(Opaschowski 1993, S. 199)*.

2.2 Marktstrukturen im Kulturtourismus

2.2.1 Erscheinungsformen des Kulturtourismus

Im Rückblick auf die zusammenfassenden Begriffsbestimmungen zu Kultur und Reisen in Kapitel 1.12 muß betont werden, daß die Betrachtungen zur Marktstruktur und die Ausführungen im Teil B dieses Buches auf folgender Definition von Kulturtourismus basieren:

> Mit Kulturtourismus werden alle Reisen bezeichnet, denen als Reisemotiv schwerpunktmäßig kulturelle Aktivitäten zugrunde liegen.

Die Genauigkeit dieser Definition leidet unter den unterschiedlichen Auffassungen der Reisenden von Kultur. Daß die Reise zu den Opernfestspielen in Verona zur Kategorie des Kulturtourismus zählt ist unbestritten Wie steht es jedoch mit einer Reise zum Oktoberfest in München? Hat das Oktoberfest etwas mit Kultur zu tun? Objektiv hängt die Beantwortung der Fragen mit der Definition von Kultur im allgemeinen, der die Ausführungen unter Punkt 2.2.1 gewidmet sind, zusammen. Aus wirtschaftlicher Sicht muß jedoch der Kunde in den Mittelpunkt der Überlegungen gerückt werden. Vom Standpunkt der touristischen Leistungsträger ist es also entscheidend, wie die Touristen diese Frage für sich selbst beantworten. Und da gibt es - je nach Zielgruppen - unterschiedliche Ansichten. Es ist also festzuhalten:

> Tourismuswirtschaftlich werden alle Aktivitäten als kulturell bezeichnet, die der Reisenden als solche empfindet.

Ebenso wie diese Definition einen Spielraum eröffnet, lassen sich verschiedene Tourismusarten nicht eindeutig auf die Intensität kultureller Aktivitäten im Angebot festlegen. So stehen **Städtereisen** nicht unbedingt mit kulturbezogenen Reisemotiven in Verbindung, sondern Geschäftsreisen oder auch Shopping-Touren sind von Bedeutung.

Als weitere - in diesem Falle klassische - Ausprägung des Kulturtourismus gilt die **Studienreise**. Einen anderen Bereich stellt der **Bildungstourismus** dar, für den später der **Sprachreisemarkt** genauer analysiert wird, der aber auch Reisen zu kreativen Workshops mit Malen, Tanzen und Musizieren und andere Formen der Weiterbildung umfaßt *(vgl. Ganser 1991, S. 117).*

Begrifflich im deutschen Sprachraum noch wenig verankert ist der **Thementourismus**, der - eben bei entsprechenden Themen - auch kulturelle Bezüge aufweist. So positioniert die *Deutsche Zentrale für Tourismus* Deutschland im Ausland 1996 mit dem "Lutherjahr" und 1999 mit dem "Goethejahr".

2.2.2 Marktpotentiale und Nachfrageentwicklung

Aktuelle Daten aus der Marktanalyse Urlaub und Reisen 1995 belegen ein nachhaltiges Interesse an den verschiedenen kulturbezogenen Reisearten. Gefragt wurde danach, ob in den nächsten drei Jahren eine bestimmte Reiseform geplant ist. Allerdings läßt die Vorgabeliste der Antwortkategorien keine eindeutigen Aussagen zu den einzelnen Urlaubsformen zu. Aus Sicht der Befragten ist nämlich keine klare Trennung zwischen Städtereise, Studienreise und der wiederum alles umfassenden Kulturreise möglich. Unter dieser gegebenen Unsicherheit gibt die nachstehenden Abbildung 1 Hinweise auf das Potential der Reisenden für unterschiedliche Reiseformen. Mit 56,5% (35,4 Mill.) war nur das Interesse an Strand-/Bade-/Sonnenurlaub noch größer als das an Städtereisen.

Abb. 1:
Planung kulturbezogener Urlaubsformen in den nächsten drei Jahren

Bevölkerung 62,7 Millionen n = 7.780	bestimmt/ wahrscheinlich		auf keinen Fall	
	%	Mill.	%	Mill.
Städtereise	39,5	24,8	36,7	23,0
Kulturreise	13,1	8,2	60,3	37,8
Studienreise	11,7	7,3	63,9	40,1

Vorgabeliste/ Mehrfachnennungen möglich.
Quelle: Urlaub + Reisen 1995 in FVW 7/1995, S. 51

Bei genauer Betrachtung der Auswertungen von *Urlaub + Reisen 1995* sind spezifischere Angaben zu den Personenkreisen möglich, die in den nächsten drei Jahren eine **Kulturreise** planen. Erstaunlicherweise sind **die 20- 29jährigen** überproportional interessiert, was wohl mit der "Verjüngung" der kulturellen Angebote zusammenhängt. Damit korrespondiert, daß **Ledige** stärker vertreten sind, während bei Familien das Interesse an Kulturreisen schwächer ausgeprägt ist. Weitere Schwerpunkte in der Beschreibung der **Zielgruppen potentieller Kulturreisender**:

- höhere Beamte, Freiberufler und leitende Angestellte
- Personen in der Ausbildung
- Personen mit Abitur bzw. Hochschulabschluß
- Haushaltsnettoeinkommen über 5.000 DM

Unterdurchschnittlich oft planen Personen aus den neuen Bundesländern eine Kulturreise, während in den alten Bundesländern die Rheinland-Pfälzer besonders interessiert sind. Detailliertere Erhebungen zum Kulturtourismus wird es erst in der Urlaub + Reisen-Analyse ab 1996 geben, wenn dort zusätzliche Fragen zu diesem boomenden Marktsegment gestellt werden.

a) Städtereisen

Städtereisen eines Veranstalters sind nicht per se dem Kulturtourismus zuzurechnen, sondern nur dann, wenn ein bestimmter Teil der Reiseausschreibung von den Reisenden als kulturelles Angebot aufgefaßt wird. Es ist auf die Hauptmotive für die Reise abzustellen, und daher zählen nach dem Selbstverständnis des Verfassers Städtereisen, die nur zum Zwecke des Einkaufsbummels unternommen werden, nicht zum Kulturtourismus, selbst wenn dabei ganz beiläufig die Stadt kennengelernt wird. Vermutlich käme auch niemand auf die Idee, seine Reise in das Spielerparadies Las Vegas als Kulturreise zu betrachten, obwohl dort sogar Abend für Abend die Möglichkeit besteht, die Größen des Showgeschäfts live zu erleben.

Städtereisen sind im Normalfall **Standortreisen**, bei denen eine interessante Stadt den Anlaß zum Verreisen bietet. Die Attraktivität einer Stadt drückt sich aus in
- kulturellen Angeboten
- Events
- Stadtbild
- Historie
- Einbettung in schöne Landschaft

Städtereisen befinden sich bei den Deutschen seit einigen Jahren deutlich im Aufschwung. Insbesondere die Verbindung mit Events, wie z.B. Musicalbesuchen, hat den deutschen Städten zu einem touristischen Schub verholfen. Nach Schätzungen von Insidern führt inzwischen fast die Hälfte der über Veranstalter abgewickelten Städtereisen in deutsche Großstädte. Die Liste der Städte-Wunschziele der Deutschen sieht folgendermaßen aus:

1. Berlin   23,5%
2. München 15,5%
3. Paris   11,7%
4. Hamburg 11,4%
5. Dresden   8,0%

(Urlaub + Reisen 1995, zitiert in Touristik Report 1995, S. 43).

Dem ungebrochenen Markttrend zu Städtereisen folgend hat das als Studienreise-Veranstalter positionierte Unternehmen *Studiosus* aus seinen traditionellen Studienreise-Angeboten einen Städtereisekatalog entwickelt, der den kulturellen Charakter des Stadtbesuchs deutlich unterstreicht.

Aber nicht nur die Veranstalter, sondern auch die Städte entwickeln immer stärkere Aktivitäten. 1995 gründeten 30 Städte auf Initiative des *Instituts für Bildungsreisen (IFB)* einen gemeinsamen Vermarktungsverbund namens "Art Cities in Europe", über den Hotels in Verbindung mit Tickets für anfangs ca. 150 Kultureinrichtungen und -veranstaltungen gebucht werden können *(vgl. o. V., City-Trips: Der Boom nimmt kein Ende, 1995, S. 43 und FVW 10/1995, S. 54).*

Abb. 2:
Teilnehmerzahlen von Veranstaltern für Städtereisen 1993/94

	Anreisemöglichkeiten (Anteile in Prozent)	Teilnehmer 1993/94
ADAC	Überwiegend Eigenanr. bei Auslandreisen: Flug 5–30.	16 300
Airtours	überwiegend Flug	85 000
Ameropa-Reisen	Bahn	138 000
Athena	Flug 100	–
DER-Tour (»Happy Weekend« u. »Städtereisen«)	Eigenanreise 85, IT-Linienflug 10, RIT-Bahnfahrkarten 5	455 000
Gebeco	Flug 100	ca. 12 000
A. Graf Reisen	Bus 100	37 979
Hafermann	Bus 95, eigene Anr./Flug 5	51 700
Hetzel	Flug 70, Eigenanr. 30	8 000
Hirsch-Reisen	Bus 95, Flug 5	13 500
IFB (alle Bereiche)	Bus 70, Flug/Eigenanr. 30	100 000
Ikarus Tours	Flug 100	6 200
ITS	Flug und Eigenanreise	40 000
KKM-Reisen	Flug und Eigenanreise	–
LMS-Reisen*)	Bus 55, Flug 32 Eigenanr. 13	26 800
Meier's	Flug und eigene Anreise	14 000
NUR Touristic	Flug 65, eig. Anreise 35	70 000
Phoenix Reisen	Flug überwiegend, Eigenanr. unter 10	10 634
Studiosus	Flug und Bus	7 350
TRD-Reisen	Bus 80, Flug 5, Eigenanr. 15	Inl.: 5 800 Ausl.: 12 500
TUI	Flug und eigene Anreise	–
Wolters Reisen	Flug, eig. Anr., Schiff	–

* Jan.–Dez. 94

Die Teilnehmerzahlen beziehen sich, wenn nicht anders angegeben, auf den jeweiligen Bereich Städtereisen der Veranstalter.
Quelle: FVW 10/1995, S. A 14

Bei der Beschreibung der Zielgruppen für Städtereisen fällt auf, daß es wenig gravierende Unterschiede zwischen der Struktur der Städtekurzreisenden und der Gesamtstruktur der Bevölkerung in Deutschland gibt. Zwar sind die 14-29jährigen überdurchschnittlich an Städtereisen beteiligt (vgl. *Urlaub + Reisen 1995* und die Zusammenstellung in Abb. 3), aber für die Veranstalter dürften sie weniger interessant da sein, da sich hinter dieser Zahl ein hohes Maß an Individualreisenden verbergen wird. Außerdem ist, wie schon bei den Kulturreisenden, erkennbar, daß Städtereisende über eine bessere Schulbildung und ein höheres Haushaltsnettoeinkommen verfügen.

Abb. 3:

Struktur der Städtereisenden

Soziodemographische Merkmale	Bevölkerung insgesamt 62,73 Mill. Anteil in %	Städtekurzreisende 1994 insgesamt 10,45 Mill. Anteil in %
Herkunft		
Alte Bundesländer	80	80
Neue Bundesländer	20	20
Alter		
14–29 Jahre	25	29
30–39 Jahre	17	15
40–49 Jahre	15	16
50 Jahre und älter	43	40
Haushaltsnettoeinkommen (in DM)		
bis 1999	14	12
2000–3999	50	46
4000 und mehr	36	42
Schulbildung		
Hauptschule	58	42
Realschule	23	25
Abitur	19	32

Quelle: Urlaub und Reisen 1995, zitiert nach FVW 10/1995, S. 60

Zu den Problemen des Städtetourismus zählt die besondere Neigung der Reiseinteressierten zu ohnehin im Trend liegenden kurzfristigen Buchungen und kurzen Reisen (z. B. verlängertes Wochenende), worauf in Kapitel 2.3.2 näher eingegangen wird.

b) Studienreisen

Erst wenn bestimmte Merkmale einer Pauschalreise gemeinsam auftreten, wird von einer Studienreise gesprochen. Diese Merkmale sind:

- Gruppenreise
- begrenzte, (für die jeweilige Reise) ideale Teilnehmerzahl
- fester Reiseverlauf
- fachlich qualifizierte Reiseleitung
- festgelegtes Thema
  und in Zukunft noch verstärkter:
- Reiseziel wird als Gastgeber verstanden

Studienreisen haben längst ihr angestaubtes Image verloren. Die Veranstalter entwickeln aktiv unterschiedliche Formen der Studienreise und versuchen mit differenzierten Produkten ein breites Spektrum an Zielgruppen zu erfassen. Dabei müssen sie beachten, daß das Ursprungsprodukt mit seinem qualitativen Anspruch nicht so sehr aufgeweicht wird, daß die eigenständige Marktposition verloren geht.

Marktführer *Studiosus* (73210 verkaufte Studienreisen und 249,9 Mill. DM Umsatz im Geschäftsjahr 1993/94) kreierte eigens einen Katalog ("Young Line") für die Zielgruppe der 25-30jährigen. Mit ca. 1300 Buchungen in 1995 bleibt dieser Markt eine Nische, die jedoch mit Blick auf die Bemühungen zur Schaffung eines Stammkundenpotentials und zur Kundenbindung nicht zu unterschätzen ist. Immerhin haben 90% der jungen Leute erstmals eine Studienreise gebucht, und sie werden bei künftigen Buchungen diesen Erstkontakt nicht vergessen haben.

Das Marktsegment Studienreisen ist aufgrund der Qualitätsorientierung der Angebote und der Positionierung bei einkommensstärkeren Zielgruppen, die weniger sensibel auf sinkende Realeinkommen reagieren (müssen), nicht sehr anfällig für Konjunkturschwankungen. Darüber hinaus signalisieren die Absichtserklärungen der Deutschen (siehe Abb. 1) ein Marktpotential von bis zu 7 Millionen Urlaubern bei einem von den Veranstaltern bisher realisierten Volumen von ca. 250.000 Buchungen im Jahr. Zwar lassen diese Zahlen positive Marktentwicklungen vermuten, daraus jedoch den Schluß zu ziehen, daß die Studienreiseveranstalter weitere 6,75 Millionen Reisen verkaufen könnten, ist aus diversen Gründen falsch: Erstens liegen nur undifferenzierte Absichtserklärungen vor, zweitens ist nicht alles eine Studienreise im Sinne der Veranstalter, was der Urlaubswillige darunter versteht, und drittens wird ein großer Teil des Marktpotentials durch Individualreisen abgedeckt. *(Vgl. Lettl-Schröder 1995, S. 4 und o.V., 1995, Auf schmalem Grat, S. 39).*

Über die Rangfolge der Wichtigkeit von Zielgruppen gibt eine Untersuchung von Opaschowski zum Reiseverhalten Aufschluß. Bei möglichen Mehrfachnennungen entschieden sich für die Aussage "im Urlaub möchte man in erster Linie Kultur und Kunst erleben" einzelne Personenkreise folgendermaßen *(vgl. Opaschowski 1992, S. 68):*

1. Jungsenioren 20%
2. Familien mit Jugendlichen 19%
3. Ruheständler 18%
4. Junge Erwachsene 17%
5. Singles 17%
6. Paare 14%
7. Familien mit Kindern 11%
8. Jugendliche 6%

Die Gründe für den Antritt einer Kultur- oder Studienreise sind vielfältig, weshalb auch von einem Motivbündel gesprochen werden kann. Welche der Motive wichtiger (fett gedruckt) oder weniger bedeutsam sind, geht u.a. aus Untersuchungen des Studienkreises für Tourismus hervor (siehe Abb. 3).

Abb. 3   **Urlaubsmotive der Studienreisenden**

Reisemotive	Studienreisende %	alle Reisenden %
den Horizont erweitern	**77**	**26**
andere Länder erleben	**72**	**35**
neue Eindrücke gewinnen/ etwas anderes kennenlernen	**71**	**23**
unterwegs sein	44	25
abschalten ausspannen	36	72
frische Kraft sammeln	29	57
auf Entdeckungsreise gehen/ Außergewöhnlichem begegnen	28	11
Zeit füreinander haben	26	50
viel ruhen, nichts tun	8	39

Quelle: Studienkreis für Tourismus, zitiert nach Gayler 1991, S. 118f.

c) Sprachreisen

Sprachreiseveranstalter richten sich vor allem an die Zielgruppe der bildungswilligen berufstätigen Erwachsenen und an 11-20jährige Schüler sowie Jugendliche. Für Schüler werden Aufenthalts-Sprachreisen von bis zu einem Jahr angeboten, bei denen die Unterbringung zumeist in Gastfamilien erfolgt. In einem anderen Sprachreisesegment werden stärker urlaubsorientierte Formen der Sprachvermittlung angeboten.
Der Veranstaltermarkt wird geprägt durch Spezialveranstalter, die ausschließlich Sprachreisen anbieten.

d) Themenreisen

Der Ursprung des Begriffs Thementourismus geht wohl auf *Walt Disney* zurück, der seine Idee eines Vergnügungspark 1955 mit der Eröffnung des "Themenparks" *Disneyland* in der Nähe von Los Angeles verwirklichte. Konstitutives Merkmal dieses und anderer Vergnügungs- und Freizeitparks ist die thematische Geschlossenheit. Der ganze Park oder aber einzelne, in sich geschlossene Teile sind auf ein Thema, bestimmte Motive, Figuren etc. zugeschnitten *(vgl. Kagelmann 1993, S. 407).*

Analog dazu zeichen sich Themenreisen durch eine ebensolche thematische Geschlossenheit aus, wobei der kulturelle Anspruch und die Herkunft der Themen sehr unterschiedlich sein kann.

Beispiele: "Die Schlösser an der Loire", "Auf den Spuren Martin Luthers", "Weinreise an die Mosel" oder "Entlang der Straße der Romanik".

Vorteile themenorientierter Reiseangebote liegen vor allem darin, über das jeweilige Thema Zielgruppen genauer als bei anderen Reisen focussieren zu können und die Reisemotive besser zu erkennen. Damit können Reiseverläufe exakter auf die Erwartungen der Reisenden ausgerichtet werden, und die Chance auf zufriedene Kundschaft wächst.

2.2.3 Kulturtouristische Leistungsträger und Leistungen

a) Reiseveranstalter

In Anlehnung an *Pompl* können die Reiseveranstalter nach Größe, Marktareal, Spezialisierungsgrad und wirtschaftlichem Status klassifiziert werden (Abb. 4), wobei im Kulturtourismus alle Arten von Veranstaltern existieren. Abgesehen vom Städtetourismus geht die Tendenz allerdings deutlich hin zu kleineren Spezialanbietern, deren Absatzgebiet national ausgerichtet ist.

Abb. 4:

Klassifikation von Reiseveranstaltern

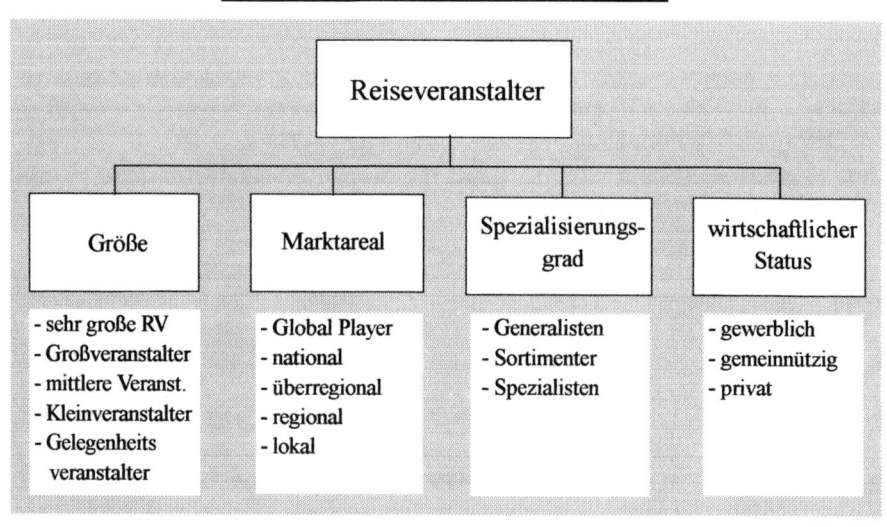

```
                        Reiseveranstalter
         ┌──────────────┬──────────────┬──────────────┐
       Größe        Marktareal    Spezialisierungs-  wirtschaftlicher
                                        grad             Status
```

Größe	Marktareal	Spezialisierungsgrad	wirtschaftlicher Status
- sehr große RV	- Global Player	- Generalisten	- gewerblich
- Großveranstalter	- national	- Sortimenter	- gemeinnützig
- mittlere Veranst.	- überregional	- Spezialisten	- privat
- Kleinveranstalter	- regional		
- Gelegenheitsveranstalter	- lokal		

Quelle: In Anlehnung an Pompl 1994, S. 36

b) Tourismusverbände

Das Engagemant der Toursimusverbände für den Kulturtourismus ist vielfältig. Für die *Deutsche Zentrale für Tourismus (DZT)*, den *Deutschen Fremdenverkehrsverband (DFV)* und die Landestourismusverbände zählt die Pflege kultureller Eigenheiten von Land und Regionen sowie das Aufzeigen von Möglichkeiten, sich mit Hilfe dieser Besonderheiten zu vermarkten, zu den wichtigsten Aufgaben.

Beispiele:
- Für das Lutherjahr produzierte die *DZT* u.a. spezielle Imagebroschüren in vier Sprachen, einen Sales-Guide sowie Plakate. Die Zusammenarbeit zur Vermarktung erstreckt sich auf sechs Landes- und Regionalverbände, 34 Städte, den *Deutschen Reisebüroverband (DRV)* und den *Bundesverband mittelständischer Reiseunternehmen (asr)*, die *Evangelische Kirche Deutschlands* sowie zahlreiche Einrichtungen, die einen besonderen Bezug zu Luther aufweisen und eigene Verkaufshilfen erstellt haben. Das Angebot umfaßt u.a. Rundreise-Programme, Konzerte, Festivals, Ausstellungen bis hin zu einem Folder des ADAC für Ausflüge auf den Spuren Luthers.

- Der *Tourismusverband Sachsen-Anhalt* iniitierte zusammen mit dem Wirtschaftsministerium die "Straße der Romanik". Ein Stamm von zeitweise über 40 angestellten Arbeitskräften (Arbeitsbeschaffungsmaßnahmen) sorgte für den Aufbau des touristischen Netzwerks und begleitet die touristische Gestaltung und Pflege der Sehenswürdigkeiten.

c) Destinationen

In den Städten und Regionen wird "kulturelle Basisarbeit" geleistet, zu der z.B. die Herausgabe von Veranstaltungskalendern zählt, die die touristische Attraktion erhöhen sollen. Vielfach schließen sich Orte oder kulturelle Institutionen aus marktstrategischen Gründen zu themenbezogenen Kooperationen zusammen.

Beispiele:
- **Magic 10 - The German Cities**: Dieser Zusammmenschluß soll vor allem den Incoming-Tourismus fördern. Der Gruppe gehören die Städte Berlin, Dresden, Düsseldorf, Frankfurt/Main, Hamburg, Hannover, Köln, Leipzig, München und Stuttgart sowie die Deutsche Lufthansa AG, die DZT und die Deutsche Bahn AG an.

- **Historic Highlights Of Germany**: Mit ähnlichen Zielsetzungen wie die Magic 10 kooperieren Augsburg, Bonn, Bremen, Freiburg, Heidelberg, Lübeck, Münster, Potsdam, Regensburg, Rostock, Trier und Würzburg.

- **Arbeitsgemeinschaft der UNESCO-Weltkulturgüter in Deutschland**: Die Auszeichnung durch die UNESCO als "Weltkulturerbe" stellt für die Vermarktungsstrategie einen USP (unique selling proposition = einzigartiger Verkaufsvorteil) dar, da bisher nur 15 Städte bzw. Einrichtungen in Deutschland dieses Prädikat erhielten. Die Gründe für die Aufnahme in die Liste des schutzwürdigen kulturellen Erbes der Menschheit sind unterschiedlich und bieten eine gute Grundlage für die Argumentation in der Werbung. Die Liste der Weltkulturerbe:
  - Hansestadt Lübeck (Altstadt)
  - Aachen (Aachener Dom)
  - Speyer (Speyerer Dom)
  - Pfaffenwinkel (Wallfahrtskirche "Die Wies")
  - Brühl (Schlösser Augustusburg und Falkenlust)
  - Trier (Römische Baudenkmäler, Dom und Liebfrauenkirche)
  - Hildesheim (Dom und Michaeliskirche)
  - Potsdam (Schloß Sanssouci und Park)
  - Berlin (Glienicker Brücke und Pfaueninsel)
  - Lorsch (ehemalige Benediktiner-Abtei mit ehemaligem Kloster Altenmünster)
  - Goslar (Altstadt und Bergwerk Rammelsberg)
  - Heilbronn (Kloster Maulbronn)
  - Bamberg (Altstadt)
  - Quedlinburg (Altstadt)
  - Völklingen (Völklinger Hütte)

d) Kulturelle Veranstaltungen

Veranstaltungen werden als Medium zur Vermarktung und Positionierung von Destinationen immer bedeutsamer. Ereignisse (auch als Events bezeichnet) lassen sich grundsätzlich einteilen nach
- Anlässen bzw. Inhalten
- Häufigkeit und Dauer
- Größe
- touristische Bedeutung und Zielsetzung.

Die Definition tourismusrelevanter Zielgruppen erfolgt über den Anlaß bzw. den Inhalt eines Events, während sich die tourismuswirtschaftliche Relevanz stärker an der Größe, Häufigkeit und Dauer orientiert.

Kulturelle Event-Anlässe lassen sich strukturiert einteilen in
- Musik-, Theater-, Literatur-, Film- und sonstige Kunst-Events,
  (**Beispiele**: Schleswig-Holstein-Musikfestival, Verhüllung des Reichstags)
- religiöse und traditionsbezogene Events,
  (**Beispiele**: Papst-Audienz auf dem Petersplatz, Stadtfeste)
- Massenmedien-Events
  (**Beispiel**: "Oscar"-Verleihung)
- Wissenschafts-Events
  (**Beispiele**: Kongresse, Vorträge)

Events stellen einen Motor in der Tourismusentwicklung der Städte dar. Inzwischen genügen Stadtrundfahrten und Möglichkeiten zum Shopping nicht mehr, sondern andere Erlebniswerte drängen in den Vordergrund. In der Folge haben die großen Reiseveranstalter eigene Event-Kataloge auf den Markt gebracht und auch die bekannten Reisemagazine surfen auf der Welle des Zeitgeistes. So widmet z.B. die Zeitschrift "Holiday" in ihrer November/ Dezember-Ausgabe 1995 den Events sieben Seiten.

Der Kulturbezug der Events ist unterschiedlich. Beispielsweise offenbaren sich auf dem Sektor der Stadtfeste gravierende Unterschiede. Einst zur Erbauung der Einheimischen und zur Pflege kultureller Eigenheiten ins Leben gerufen, sind heute viele Stadtfeste stark kommerzialisiert worden. Die wirtschaftlichen Vorteile sind in den Vordergrund solcher Veranstaltungen gerückt worden, worunter die kulturelle Qualität vielfach leidet. So verdrängen z.B. Imbiß- und Getränkestände kulturelle Angebote von Vereinen und lokalen Organisationen.

Das aus touristischer Sicht wohl bedeutendste Stadtfest in Deutschland ist das Münchner Oktoberfest (siehe C.5.), auch wenn sich über den kulturellen Beitrag anhand der diesem Buch zugrundeliegende Kulturdefinition streiten läßt. Die mit München in Verbindung stehende "Wies´n" bsitzt jedenfalls weltweiten Bekanntheitsgrad.

Abb. 5:
Touristisch relevante Festivalarten mit Beispielen

Festival-art	Opern- und Operetten-Festspiele	Theater-Festspiele	Rock-, Pop-, Jazz-, Western-Musikfestivals	Filmfestivals
Beispiele	◊ Bayreuth: Wagner-Festspiele ◊ Bregenz: Festspiele (Seebühne) ◊ Salzburg: Festspiele ◊ Verona: Opern-Festspiele	◊ Bad Gandersheim: Domfestspiele ◊ Bad Segeberg: Karl-May-Festspiele ◊ Ober-ammergau: Passionsspiele	◊ Roskilde: Rockfestival ◊ Turku: Ruisrock-Festival ◊ Den Haag: North Sea Jazzfestival ◊ Montreux: Jazzfestival	◊ Cannes: Film-festspiele ◊ Berlin: Berlinale

Quelle: Dreyer (1996)

Einen besonderen Rang im Kulturtourismus nehmen wiederkehrende Festivals ein. Wie an der beispielhaften Aufzählung ersichtlich ist, unterscheiden sich die Festivals stark voneinander. Alleine der zeitliche Rahmen, in dem die zum Fest gehörenden Veranstaltungen liegen, reicht von ca. einer Woche bis zu mehreren Monaten (insbesondere über den Sommer hinweg).

Zielgebiete verfolgen mit dem Einsatz kultureller Veranstaltungen im Tourismusmarketing unterschiedliche Ziele, über die Abbildung 6 einen guten Überblick gibt.

Abb. 6:
Ziele von Destinationen im Marketing mit Veranstaltungen

Ziele	Erklärungen/ Beispiele
Steigerung des Bekanntheitsgrades	Es können Synergieeffekte zwischen der Werbung/ PR für Veranstaltungen und der allgemeinen Tourismuswerbung des Ortes ausgenutzt werden
Verbesserung des Images	Bei wiederkehrenden bzw. Mega-Events wird das Ortsimage durch die Thematik der Veranstaltung mit geprägt.
Aktualisierung/ Erhöhung der Attraktivität	Events vermitteln den Eindruck, daß eine Destination "mit der Zeit geht".
(Neu-) Positionierung	Hannover erwartet durch die Veranstaltung der EXPO 2000 eine neue und andere Qualität im Städtetourismus. Dieses Ziel steht in unmittelbarem Zusammenhang mit der Erschließung neuer Zielgruppen.
Erschließung neuer Zielgruppen	Die Kreation neuer Veranstaltungen bietet thematisch so viel Flexibilität, daß mit neuen Events auch neue Zielgruppen erreicht werden können.
Aufwertung der Nebensaison	Mit Veranstaltungen können auch in unattraktiven Reisezeiten Reiseanreize geschaffen werden.
Förderung und Erhaltung der Kultur	Umstrittenes Ziel, da dem Anreiz zur Förderung die Gefahr der Kommerzialisierung gegenübersteht.
Beschleunigung der Stadtentwicklung	Termine von Veranstaltungen sorgen dafür, daß infrastrukturell daraufhingearbeitet wird, wie das z. B. mit dem Ausbau der Verkehrsinfrastruktur zur EXPO 2000 in Hannover der Fall ist.

e) Musicals

"Sitdown-Productions" (Produktionen mit jahrelanger Laufzeit in festen Häusern) haben sich einen festen Platz in der Kulturlandschaft und Tourismusstruktur einiger Städte erobert. *(Genaue Information in C.3.).* Diese Musicals sind ebenso wie Events auf ein Gesamterlebnis ausgerichtet. Sie finden in eigens dafür konzipierten Häusern statt. Unter einem Dach offeriert z.B. das Stuttgarter Freizeit- und Erlebniscentrum ein Erlebnisbad, Hotelanlage, Shoppingmöglichkeiten, gastronomische Angebote und eine "musical hall", in der "Miss Saigon" gespielt wird. Während eine solche Angebotskomination in Deutschland bisher wohl einmalig ist, ist die weltweit größte Agglomeration dieser Art im einstigen reinen Spielerparadies Las Vegas, das sich mehr und mehr zum Show- und auch Familienparadies verwandelt, zu finden.

In der Tourismusbranche werden Musicalreisen 1995 als Renner bezeichnet. Immer mehr Städte setzen auf dieses Marktsegment. Daher ist schon heute absehbar, daß es über kurz oder lang zu einer größeren Konkurrenzsituation der Musical-Standorte untereinander kommen wird und es in absehbarer Zeit nicht mehr so einfach für Städte sein dürfte, Investoren für derartige Projekte zu finden. Die Profilierungsmöglichkeiten über "sitdown-productions" sind derzeit hervorragend, werden jedoch schwieriger werden.

f) Beherbergungsbetriebe

Der Bauboom in der Hotelbranche im letzten Jahrzehnt hat inzwischen in den Städten teilweise zu einem Überangebot und damit zu einer Verschärfung des Wettbewerbs geführt. Diesem begegnen insbesondere die größeren Hotels, indem sie eigene Angebotspakete für die Vermarktung schnüren. Hierbei spielt der Kulturtourismus eine wichtige Rolle.

g) Museen

Neben den häufig eine Reise auslösenden Events besitzen Museen im Kultur- und Städtetourismus zunehmende Bedeutung. Seit das Museumsmanagement begonnen hat, sich vom "Glasvitrinen-Denken" zur Besucherfreundlichkeit zu entwickeln, ist ein deutlicher Aufwärtstrend erkennbar geworden. Es zeigt sich, daß auch Museumsbesuche zu einem - im Zeitgeist wohl überlebensnotwendigen - Erlebnis werden können, ohne daß gleich die Authentizität von Exponaten in Frage gestellt werden muß.

Eine in Deutschland noch unterentwickelte Museumsform ist das "living museum", das versucht, rein museale und traditionelle Kulturinteressen mit den Besucherwünschen nach Erlebnis und Geselligkeit zu verbinden.

Beispiel: Das Fort Edmonton, Alberta, Kanada, wurde am authentischen Ort rekonstruiert bzw. nachgebaut. Häuser von Handwerkern und Familien aus der Pionierzeit können besichtigt werden. In den Häusern agieren Menschen. Es werden z.B. Kekse auf althergebrachte Weise gebacken, und das Sozialleben der Familien zur Blütezeit des Forts wird für die Besucher erlebbar und nachvollziehbar gespielt.

g) Reiseleitung

Während auf der einen Seite stets die Interessen der Reisenden als Handlungsmaxime touristischer Leistungsträger angesehen werden müssen, so ist es auch erstrebenswert, für die Aufgabenstellung von Reiseleitern weitergehende Zielsetzungen ins Auge zu fassen. Für kulturbezogene Reiseformen lassen sich idealtypische Ziele über die den Reiseteilnehmern zu vermittelnden Inhalte und Fähigkeiten formulieren.

Die Reiseteilnehmer sollen historische, politisch-gesellschaftlich-soziale, wirtschaftliche, religiöse und geographische Grundstrukturen des bereisten Landes ebenso wie die kulturellen Hintergründe der Kunst kennen. Sie sollen sich der geschichtlich bedingten Relativität der eigenen Wertvorstellungen und Verhaltensweisen bewußt werden, neue Formen der Lebensbewältigung kennenlernen und positive Impulse für den eigenen Lebensentwurf erhalten. Die Einordnung der besichtigten Monumente (z. B. historisch, kunstgeschichtlich, geographisch) soll ihnen ermöglicht werden. Ihnen soll die Fähigkeit vermittelt werden, "sehen zu lernen" und sich in einer neuen Stadt zurechtzufinden.

Reiseleiter sollen die Reisenden motivieren, sich fremden Denk- und Lebensweisen zu öffnen und diese zu akzeptieren. Erstrebenswert ist es, für den Abbau möglicher Vorurteile zu sorgen und darüber hinaus Toleranz und Völkerverständnis anzubahnen. Denkbar ist dies nur, wenn Reiseleiter den Abbau von Kommunikationsbarrieren erreichen und die Reisenden in die Lage versetzen, Sensibilität für Stimmungen und Atmosphärisches zu entwickeln.

Trotz der Ernsthaftigkeit der vorstehenden Ziele darf ein wirklich guter Reiseleiter nie die Vermittlung von Freude und Spaß an den Besichtigungen und an der Reise als solcher haben aus den Augen verlieren. Das Zielbündel wäre nicht vollständig ohne die Aufgabe, bei den Reisenden die Bereitschaft

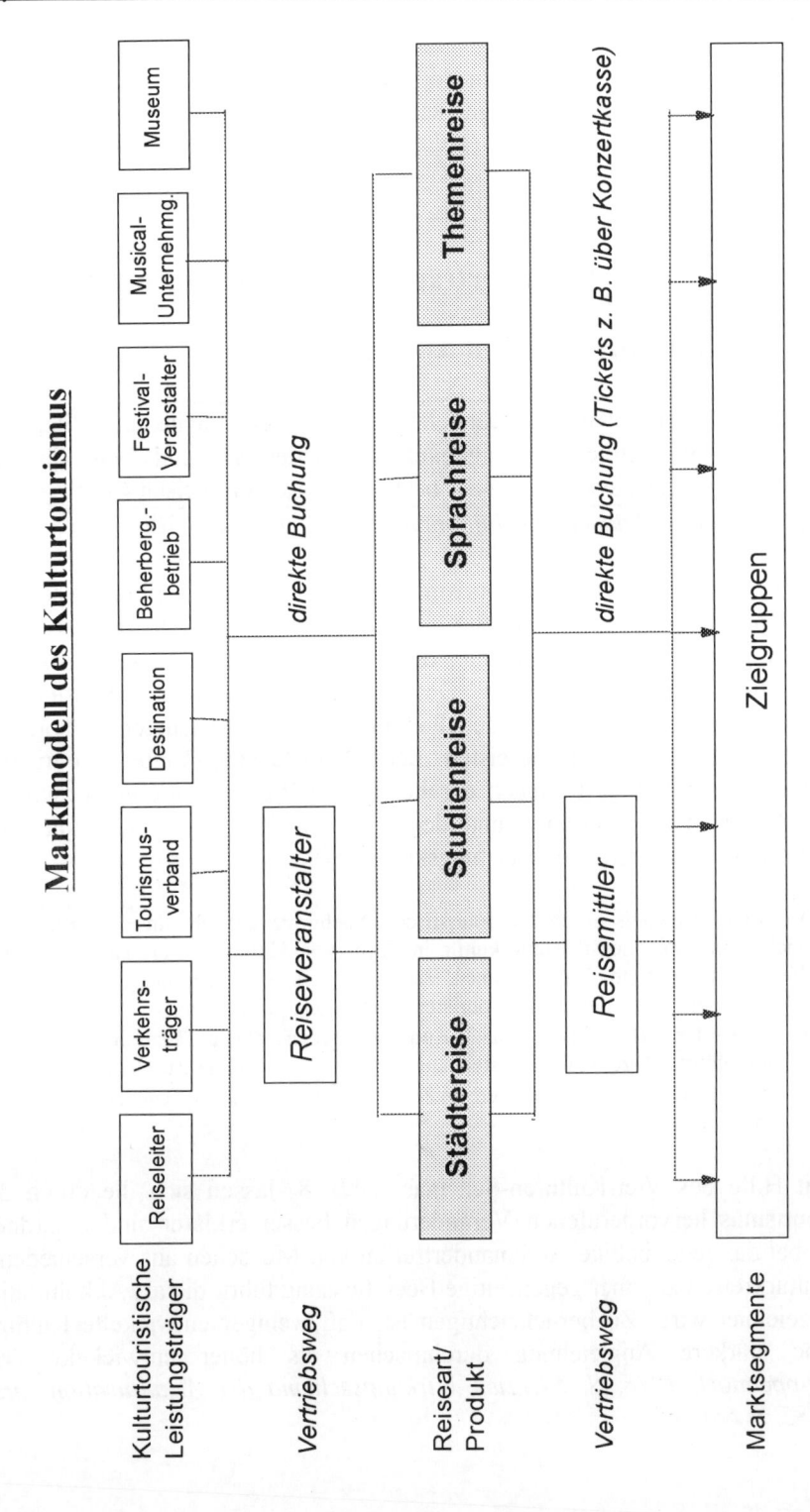

Dreyer: Der Markt für Kulturtourismus 41

Marktmodell des Kulturtourismus

| Kulturtouristische Leistungsträger | Reiseleiter | Verkehrsträger | Tourismusverband | Destination | Beherberg.-betrieb | Festival-Veranstalter | Musical-Unternehmg. | Museum |

Vertriebsweg: *Reiseveranstalter* — direkte Buchung

Reiseart/Produkt: **Städtereise** | **Studienreise** | **Sprachreise** | **Themenreise**

Vertriebsweg: *Reisemittler* — direkte Buchung (Tickets z. B. über Konzertkasse)

Marktsegmente: Zielgruppen

zu entwickeln, sich für eine gesunde Umwelt einzusetzen, die Bedeutung eines umwelt- und sozialverträglichen Tourismus zu erkennen sowie sich dementsprechend zu verhalten. *(Vgl. Schmeer-Sturm 1991, S. 391).*

2.3 Umwelt- und Sozialverträglichkeit des Kulturtourismus

2.3.1 Kulturtourismus und Akkulturation

> Allgemein ist unter Kultur zu verstehen, was aus der Entwicklung, Pflege und Veredlung menschlicher Fähigkeiten entstanden ist und was für eine menschliche Gemeinschaft in einer bestimmten Region typisch ist.

(Vgl. diverse lexikalische Definitionen und Thiem 1994, S.30).

Nach *Thiem* induzierten der Tourismus in der Kultur der Quellregion sowie in der Kultur der Zielregion neue Kulturen, nämlich die **Ferienkultur** in der Quellregion und die durch den Incoming-Tourismus entstehende **Dienstleistungskultur** in der Destination. Demnach beeinflussen sich kulturell nicht nur die aus der Ferienkultur hervorgegangenen Touristen (Nachfrager) und die Bereisten der Dienstleistungskultur (Tourismusanbieter), sondern es bestehen darüber hinaus Wechselwirkungen zwischen der Kultur der Quellregion und deren Ferienkultur sowie der Kultur der Zielregion und deren Dienstleistungskultur.

> **Beispiel**: Angeregt durch die touristische Nachfrage entsteht aus der Kultur der Zielregion eine Dienstleistungskultur in Form von Hotels, Restaurants, kulturellen Veranstaltungen etc. Dabei können Veranstaltungen entweder ihren ursprünglichen Charakter erhalten oder für die Touristen neu "inszeniert" werden.
> - So werden z.B. auf Bali je nach Audienz unterschiedliche Tänze und Zeremonien vorgeführt: kürzere für Touristen, ausführlichere für religiöse Zuschauer.
> - In Honolulu wird den Touristen ein Zerrbild traditioneller Tänze in der "Kodak Hula Show" präsentiert.

Mit Hilfe des Vier-Kulturen-Schemas (Abb. 8) lassen sich die durch den Tourismus hervorgerufenen Veränderungen besser erklären und einordnen, wobei das regelmäßige Aufeinandertreffen von Menschen aus verschiedenen Kulturkreisen zu einer gegenseitige Beeinflussung führt, die als Akkulturation bezeichnet wird. Zu berücksichtigen ist, daß weniger entwickelte Kulturen eine stärkere Angleichung durchmachen als höher entwickelte *(vgl. Krippendorf, 1978, S. 59; zum Wirkungsschema der Akkulturation Luem 1985, S. 68).*

Die aus dem Verhalten von Touristen und diesen Zusammenhängen entstandene soziologische Tourismuskritik füllt eigenständige Bücher. Da das vorliegende Werk sich insbesondere wirtschaftlichen Fragestellungen widmet, kann unter Hinweis auf relevante Literaturquellen nur auf einige sozio-kulturelle Problembereiche und Lösungsansätze eingegangen werden.

Abb. 8:

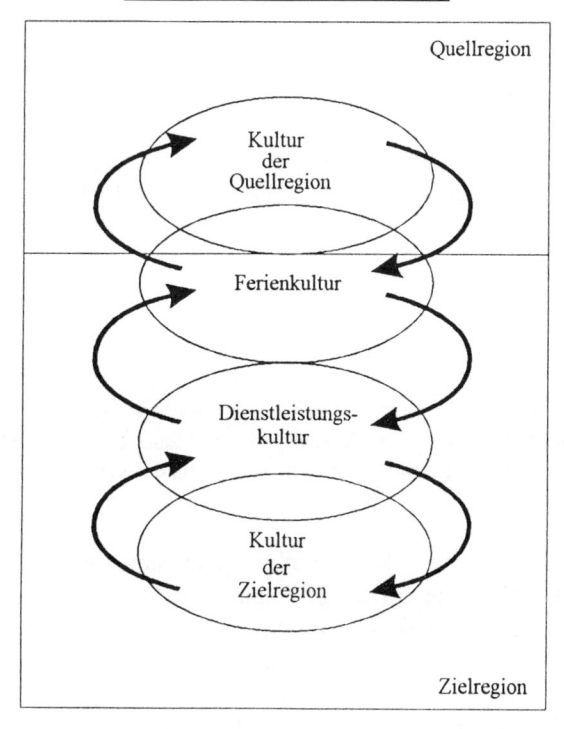

Das Vier-Kulturen-Schema

Quelle: Thiem (1994), S. 42

In jüngeren Veröffentlichungen haben sich u.a. *Freyer* mit einem sehr umfassenden Überblick und *Thiem* in einer intensiven Auseinandersetzung zur Frage von Tourismus und kultureller Identität thematisch mit der Tourismuskritik befaßt *(vgl. Thiem 1994 und Freyer 1995, S. 370ff).*

2.3.2 Ansätze zur Verbesserung der Umwelt- und Sozialverträglichkeit

Städtereisen sind in erster Linie Kurzreisen von bis zu vier Tagen Dauer und induzieren daher ein hohes Maß an Verkehr. Auto und Flugzeug sind die Verkehrsmittel, in denen am häufigsten angereist wird. Durch die Kürze der Reise steigt die Gefahr, daß Sehenswürdigkeiten nur kurz angeschaut, aber nicht erlebt und erfahren werden. Überspitzt kann es sogar soweit führen, daß Attraktionen nur im Vorbeifahren fotografiert werden ("Abhaktourismus") und der Reisende erst zuhause anhand der Fotos feststellt, wohin die Reise eigentlich geführt hatte...

Besucherkonzentrationen haben darüber hinaus zu teilweise nicht mehr vertretbaren Belastungen bevorzugter Besichtigungsobjekte geführt und im übrigen dafür gesorgt, daß ein tatsächliches Erleben unmöglich geworden ist *(vgl. Steinecke/ Steinecke 1991, S. 102).*

Beispiele:
- Mehr als eine halbe Million Touristen besuchen jährlich die ägyptischen Königsgräber und sorgen durch Blitzlicht-Fotografien (inzwischen verboten) sowie Körperausdünstungen für bleibende Schäden an den Kunstschätzen.
- Die Basilica di San Marco in Venedig ist in besuchsstarken Zeiten (März bis Oktober) häufig nur im Spalier mit anderen Touristen quasi "im Vorbeigehen" zu betrachten.

In einer Welt, die durch Kommunikationsmedien und immer kürzere Flugzeiten sehr klein geworden ist, sind für Deutsche vor allem die entlegeneren Reiseziele wirklich attraktiv. Destinationen in der Karibik boomen als Sonnenziel unerfüllter Träume nach Palmen, blauem Himmel und endlosen weißen Stränden. "Mal eben" für ein langes Wochenende nach Mallorca - es gibt auch schon Tagesreisen dorthin! - oder auf die Kanaren zu reisen ist kein seltenes Angebot mehr. Auch bei Studienreisen locken ferne Ziele.

Alle Vorteile des erheblich verringerten Treibstoffverbrauchs bei den Flugzeugen der neuen Generation werden durch die enorme Erhöhung des Fernreiseaufkommens wettgemacht. Ein Abhören der Verkehrshinweise an einem durch einen Feiertag verlängerten Wochenende oder eine Fahrt mit der *Deutschen Bahn* am Sonntagabend weisen auf den drohenden Verkehrsinfarkt hin.

Betrachtet man die Entwicklung der letzten zehn Jahre und obige verkürzte Aufzählung, dann wird deutlich, daß der Tourismus in all seinen Spielarten eine Grenze erreicht hat. Reisen ist niemals "sanft", auch wenn Tourismusverantwortliche sowie -kritiker glauben machen wollen, daß es so etwas gibt; denn Reisen verbraucht Ressourcen. In unserer Gesellschaft ist Mobilität ein hohes Gut, das jedoch vielfach zu preiswert zu haben ist, weil weder dieser Ressourcenverbrauch noch die volkswirtschaftlichen ökologischen Folgeschäden auch nur annähernd im Preis der Fortbewegung enthalten sind.

Die Mobilität wird auf Dauer keinesfalls beliebig zu erhöhen sein, sondern es ist vielmehr auf lange Sicht mit einer Reduzierung der Reisemöglichkeiten zu rechnen. Die Frage ist, auf welche Weise eine Umkehr in unserem Denken erreicht werden kann. Soll nicht der Staat (z.B. durch Benzinpreiserhöhungen) lenkend eingreifen, müßte jeder einzelne mit seiner Reise- oder auch Nicht-Reiseentscheidung dazu beitragen. Für bewußten Reiseverzicht einer Mehrheit in der Bevölkerung gibt es bis heute allerdings keinen Hinweis. Menschen neigen zunächst dazu, ihre individuellen Ziele - und bei diesen steht Reisen als Wunsch ganz oben auf der Skala - zu verwirklichen, so daß es umfangreicher Aufklärungsarbeiten bedarf, einen solchen erstrebenswerten Zustand freiwilligen Verzichts durch Einsicht zu erreichen. Nur darf es dafür aus Sicht der Umwelt dann noch nicht zu spät sein...

Einige Hinweise, wie im Hinblick auf das ökologische und soziologische Bewußtsein Verhaltensänderungen durch Einsicht unterstützt werden können, werden im folgenden erläutert *(vgl. Thiem 1994, S. 221ff)*. Dabei stehen nicht Überlegungen wie "Verpflegung in landestypischen Restaurants ist 'sanft'" im Vordergrund, sondern die globale Fragestellung, wie langfristig und nachhaltig touristische Verhaltensweisen geändert werden können.

- **Massentourismus:**
  Die Vorteile des Massentourismus müssen anerkannt werden.

Touristen in großen Konzentrationen sind berechenbarer und leichter lenkbar als Individualtouristen. Es ist einfacher, organisatorische Vorkehrungen für ihren Urlaub zu schaffen, so daß im Ergebnis Touristen durch die Wahl von Ballungszentren auf den Weg in die unberührte Natur verzichten und diese damit schonen.
Dennoch muß auf lange Sicht auch der Massentourismus reduziert werden. Denkbare Ansätze sind bereits vorhanden. So kann z.B. die Qualität von Angeboten durch Kontigentierung (z.B. Begrenzung des Verkaufs von Liftkarten in Skigebieten) gefördert werden.

- **Erlebnis:**
  Die Fähigkeiten zum individuellen Erleben müssen gesteigert werden.

Dieser hohe Anspruch ist in kulturtouristischen Reiseformen bei Einsatz von Reiseleitern am ehesten zu verwirklichen. Dem pädagogischen Geschick der Reiseleiter obliegt es, Anreize zu individuellem Erleben zu vermitteln. Auf Dauer könnte so erreicht werden, daß erlebte Erfahrungen vor dem Besuch ausgefallener Reiseziele rangieren und daß dem "Abhaktourismus" (von Sehenswürdigkeiten) Einhalt geboten werden kann.
Angebote wie Fahrrad-Studienreisen können hier als Beispiel für den richtigen Weg angesehen werden.
Für die Zukunft ist bedeutsam, daß die Fähigkeiten zum individuellen Erleben auch in Zentren des Massentourismus geschult werden (z.B. durch Informationsbroschüren, durch pädagogisch geschulte Personen, durchgeführte Besichtigungen, besondere Animationsformen).

- **Authentizität:**
  Die Bedeutung der Authentizität muß abnehmen.
  Das Verständnis für die Situation in Zielregionen muß hohen Prestigewert erhalten.

In den Quellregionen des Tourismus gilt es als erstrebenswert, abseits der Touristenpfade zu wandeln, um die "echte" Kultur der Einheimischen besser kennenzulernen. Es herrscht die Motivation vor, auch noch den entlegensten Winkel der Erde zu erobern.
Andererseits verkaufen touristische Leistungsanbieter (in der Dienstleistungskultur der Zielregion) - weil es gewünscht wird - Veranstaltungen als "authentisch", die dieses Etikett keinesfalls verdienen.
Eine Lösung aus dem Dilemma ist nur denkbar, wenn bei den Reiseinteressierten die Authentizität als Reisemotiv an Bedeutung verliert. Hierzu könnten die Massenmedien mit ihrer Art der Berichterstattung sowie die Reiseveranstalter - bei langfristiger strategischer Denkweise - mit ihrer Produkt- und Kataloggestaltung beitragen.

- **Kulturelle Identität:**
Das touristische Angebot und die Kultur der Zielregion sollen nicht verschmelzen.

Der Tourismus als Wirtschaftsfaktor bringt einer Zielregion zahlreiche Vorteile, birgt aber auch sozio-kulturelle Gefahren, die zum Teil bereits Erwähnung fanden. Daher ist es für einen nachhaltigen Tourismus unabdingbar, daß touristische Unternehmen dazu beitragen, die kulturelle Identität einer Zielregion nicht wesentlich zu beeinflussen.
Die gemeinsame Erarbeitung einer Tourismusphilosophie für die Destination (Leitbild) ist hilfreich zur Berücksichtigung der vielschichtigen Interessenlagen.

2.4 Trends im Kulturtourismus

Mit den diskutierten Zielen eines umwelt- und sozialverträglichen Tourismus stimmen die tatsächlichen Trends im Kulturtourismus nicht unbedingt überein. Zwar ist auf Seiten der Veranstalter der Wille, zu nachhaltigen Formen des Tourismus zu gelangen, im Rahmen veröffentlichter und zum Teil auch schon "gelebter" Unternehmensgrundsätze erkennbar, die Trends auf Seiten der Nachfrage laufen gut gemeinten Ansätzen jedoch zuwider.

- **Es werden noch mehr Events als Anlaß für Städtereisen geschaffen.**

Der wichtigste Trend im Kulturtourismus betrifft die Städtereisen. Insbesondere die Nachfrage nach Kurzreisen mit einem Event als Reiseanlaß ist groß. Da die Städte dies erkannt haben und angesichts leerer Kassen nach Einnahmequellen suchen, werden sie verstärkt auf Events zur Profilierung setzen.

- **Städte bieten verstärkt Pauschalprogramme an.**

Die Tourismusorganisationen der Städte werden verstärkt dazu übergehen, Pauschalangebote selbst zu erstellen, um das Vermarktungspotential voll auszunutzen. Die Möglichkeiten, diese Angebote über Informations- und Reservierungssysteme per Computer buchbar zu machen, steigen und fördern damit den Trend.

- **Städtische und staatliche Kultureinrichtungen "entdecken" den Besucher.**

Kulturelle Einrichtungen, ob Museen, Bibliotheken oder Theater sind gefragter denn je. Dennoch wächst auf Dauer der Wettbewerb um die Gunst der Besucher, deren Wünsche dabei stärker ins Blickfeld rücken. Informationen, Darbietungen und Öffnungszeiten werden besucherfreundlicher.

Nachdenkenswertes zum Schluß...

Rom im November: Für Deutsche wurde die Ewige Stadt zum Einkaufsparadies
Die Via Condotti verkommt zum Basar

ROM. "Hier, Jürgen. Kuck mal die Seidentücher. Und so billig." Die Schaufensterfront von Ferragamo in der Via Condotti ist selbst im November fest in deutscher Hand. Die Gäste aus dem Norden sind problemlos zu identifizieren. Denn jetzt, bei 14 bis 16 Grad Wärme, wo sich die älteren feinen Damen Roms längst in Pelze hüllen, und die Männer mit Mantel und Schal unterwegs sind, hasten die kälteerprobten Germanen immer noch in dünnen Freizeitjäckchen und Pullovern herum.
Ein wenig Kultur, dann Beutezug
Die starke Mark und die schlappe Lira haben Rom vom erhabenen Kulturziel in ein profanes Shoppingparadies verwandelt. Wohl absolvieren die überwiegend deutschen Gäste noch hurtig einen Galopp durch die Historie der Ewigen Stadt - Kolosseum und Forum Romanum, Petersdom und Piazza Navona. Aber dann geht's ab in die Geschäfte. Nein, nicht wie früher in die preiswerten Kaufhäuser Rinascente oder Standa, sondern hinein in die Edelschuppen von Armani und Cerruti, Gucci und Missoni, Valentino und Zegna. Pullis und Kleider, Jacken und Taschen, Hemden und Schmuck - die Auslagen quellen förmlich über. Und dann diese ungeheure Zahl von Schuhgeschäften - sind die Leute hier etwa Tausendfüßler?
Überall sind die Preise um mindestens 30 Prozent gesenkt, und wer in D-Mark bezahlt, bekommt noch zusätzlich - und oft unaufgefordert - einen Rabatt. Sogar Handeln kann man. Was ist aus Rom geworden? Das Straßengewirr unterhalb der Spanischen Treppe, von den Italienern hochmütig lässig als "elegantissima" bezeichnet, verkommt allmählich zum Basar.
Im "Cafe Grecco", wo schon Goethe Stammgast war, kostet der Cappuccino umgerechnet stattliche acht Mark - ohne Trinkgeld. Deshalb überwiegt auch hier wohlhabende deutsche Kundschaft. Von Kultur redet wohl kaum jemand. Die unzähligen alten Zeichnungen an den Wänden bleiben unbeachtet.
"Das kostet bei uns ..."
Die Gäste lassen sich leicht erschöpft in die tiefen Sofas fallen und garnieren Berge von Plastiktüten um die Tischbeine herum. Dann beginnt das Nachrechnen, die Bilanz der Beutezüge: Mensch, das kostet bei uns..." Oder: In D-Mark sind das..." Fröhlich erhitzte Gesichter rundherum.
Die Römer ertragen den Ansturm scheinbar gleichmütig. Welche Völkerscharen sind nicht schon im Lauf der Geschichte über die Stadt am Tiber hinweggebrodelt? Rom wird irgendwann auch wieder das stolze Rom. Spätestens wenn die Einheitswährung Ecu kommt und die D-Mark weich wird.

Quelle: Schimpf (1995), S. 3

Teil B:

Erscheinungsformen des Kulturtourismus

1. Städtereisen

*von Carl-Hans Weber, Dipl. Touristik-Betriebswirt,
Geschäftsleiter Touristik des Reiseveranstalters "E und H Reisen", Könnern*

1.1 Grundlagen und Rahmenbedingungen von Städtereisen

Städtereisen haben sich in den letzten Jahren zu einer der beliebtesten Reiseformen entwickelt und verzeichnen dynamische Zuwächse. Dieser für Touristikunternehmen, Leistungs- und Verkehrsträger, Hotels, Gaststätten und Veranstalter von Events gleichermaßen interessante Markt ist - neben anderen Faktoren - vor allem auf veränderte gesellschaftliche Rahmenbedingungen zurückzuführen. Die Zunahme der frei verfügbaren Zeit sowie die Verlagerung von traditionellen Werten und Lebensinhalten auf persönliche Freizeit- und Entwicklungsbedürfnisse hat dies unterstützt.

Aktuelle Trends im Freizeit- und Tourismussektor, wie zum Beispiel

- Trend zu anspruchsvollen Reiseangeboten
- Trend zu kürzeren (aber häufigeren) Reisen
- Trend zu spontaneren Reiseentscheidungen

sowie Motive und Einstellungen von Reisenden in Richtung Erlebnis, Exklusivität, Kultur und Komfort lassen sich idealerweise bei Städtereisen wiederfinden *(vgl. Opaschowski 1989, S. 160 ff.)*.

Angefangen von ersten "Städtereisen" im Altertum, die hauptsächlich dem Handel und der Politik dienten, hat sich im Laufe der Zeit in nahezu jeder Stadt eine touristische Angebots-Infrastruktur entwickelt, die in den Genuß eines beträchtlichen Marktvolumens kommt. So umfangreich wie die Zahl der Anbieter sind auch die Produkte an sich: von der selbstorganisierten Reise bis hin zu all-inclusive-Packages, von der bezüglich Komfort und Preisniveau niedrig angesetzten "Stippvisite" bis hin zur exklusiven Flugreise.
Der größte Teil aller Städtereisen wird jedoch im Rahmen einer organisierten Gruppenreise durchgeführt, so daß darin beträchtliche Chancen für die Tourismusindustrie zu sehen sind.

Abb. 1:

Bausteine erfolgreicher Städtereisen

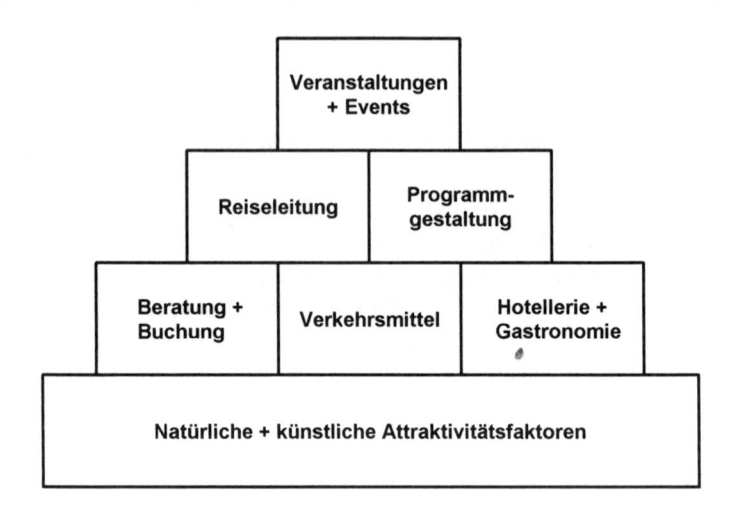

```
                    ┌─────────────────┐
                    │ Veranstaltungen │
                    │    + Events     │
                    └─────────────────┘
              ┌──────────────┬──────────────┐
              │ Reiseleitung │  Programm-   │
              │              │  gestaltung  │
              └──────────────┴──────────────┘
         ┌────────────┬──────────────┬────────────┐
         │ Beratung + │Verkehrsmittel│ Hotellerie+│
         │  Buchung   │              │ Gastronomie│
         └────────────┴──────────────┴────────────┘
    ┌─────────────────────────────────────────────────┐
    │ Natürliche + künstliche Attraktivitätsfaktoren  │
    └─────────────────────────────────────────────────┘
```

1.2 Bausteine erfolgreicher Städtereisen

1.2.1 Attraktivitätsfaktoren eines Städtereise-Ziels

Das Interesse von Reisenden, eine bestimmte Stadt zu besuchen, liegt meistens in verschiedenen Faktoren begründet. Bevor diese greifen können, müssen allerdings grundsätzliche Voraussetzungen gegeben sein, die überhaupt erst die touristische Vermarktung einer Stadt ermöglichen.

- **Sicherheit**

Dazu gehört an erster Stelle ein gesichertes politisches Gefüge. In den letzten Jahren haben mehrere attraktive Reiseziele aufgrund politischer Unruhen oder kriegerischer Auseinandersetzungen ihre Bedeutung auf der touristischen Landkarte verloren. In anderen Fällen wurde der Toursimus zumindest kurzfristig beeinträchtigt.
  Beispiele: Bombenattantate auf die Pariser U-Bahn im Herbst 1995, Giftgasanschläge in Tokio.

- **verkehrliche Ereichbarkeit**

Des weiteren ist die infrastrukturelle, insbesondere verkehrstechnische Erschließung bei Städtereisen von großer Bedeutung. Um im modernen

Städtetourismus bestehen zu können, muß das Reiseziel gut und schnell per Flugzeug, Bahn, Auto bzw. Bus erreichbar sein, und es muß eine problemlose innerstädtische Beförderung, zum Beispiel mit öffentlichen Verkehrsmitteln, gegeben sein.

Hauptfaktoren für die Wahl eines Städtereise-Ziels sind jedoch die natürlichen und künstlichen Attraktivitätsfaktoren.

Abb. 2:
Attraktivitätsfaktoren

```
                    Attraktivität eines Städtereise-Ziels
                                   │
           ┌───────────────────────┼───────────────────────┐
           ▼                       ▼                       ▼
       Rahmen-                Natürliche              Künstliche
     bedingungen         Attraktivitätsfaktoren   Attraktivitätsfaktoren
           │                       │                       │
           ▼                       ▼                       ▼
- Politisches Gefüge       - Lage                  - Sehenswürdigkeiten
- Verkehrstechnische       - Klima                 - Veranstaltungen
  Erschließung             - Natur-                - Hotellerie/
                             besonderheiten          Gastronomie
                           - intakte Umwelt        - Image
```

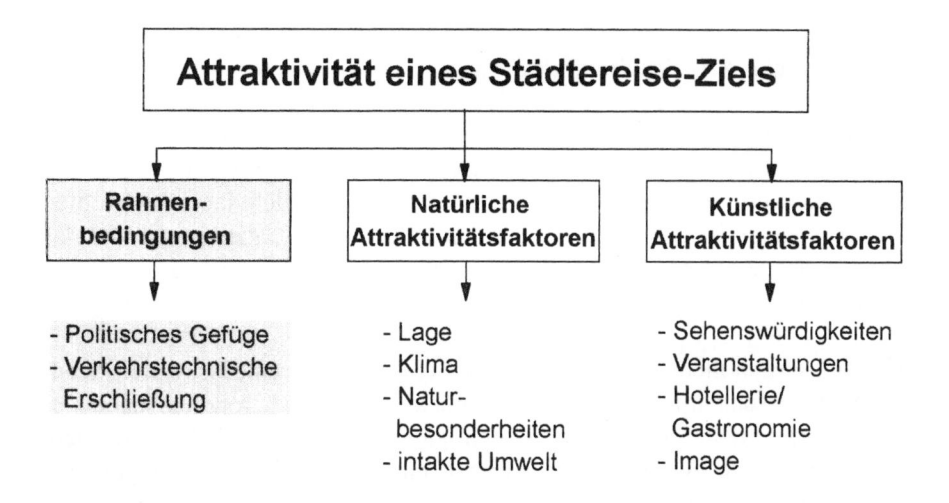

(1) Natürliche Attraktivitätsfaktoren

Während bei den klassischen Urlaubsreisen die natürlichen Attraktivitätsfaktoren im Mittelpunkt stehen, geben sie bei der Entscheidung für oder gegen ein Städtereise-Ziel seltener den Ausschlag. Trotzdem sollte man ihre Bedeutung auch für den Städtetourismus nicht unterschätzen, denn die Lage einer Stadt oder ihre natürlichen Reize lassen sich immer gut vermarkten (zum Beispiel „die malerische Lage am Bosporus", „durchzogen vom bunten Band der Seine", „mit einem imposanten Panorama der Alpenkette im Hintergrund").

Klimatische Faktoren werden von Städtereisenden weniger als von anderen Urlaubern beachtet, wobei extreme Wärme- oder Kältezeiten von den Besuchern möglichst gemieden werden. Die Hauptreisezeiten für die meisten mitteleuropäischen Städte liegen im Frühjahr und Herbst. Gutes - zumindest trockenes - Wetter ist für den Erfolg einer Städtereise und die Gästezufriedenheit ein entscheidender Faktor, da vieles im Freien bzw. zu Fuß unternommen wird. In Ausnahmefällen können gewisse Wetterarten jedoch auch zum Markenzeichen einer Stadt werden, wie zum Beispiel Nieselregen und Nebel in London.

Auch das gewachsene Umweltbewußtsein der Bevölkerung spiegelt sich bei Städtereisenden wieder. Ansprüche an natürlich bzw. historisch gewachsene Städte, Grünflächen, Parkanlagen, Sauberkeit usw. belegen dies.

(2) Künstliche Attraktivitätsfaktoren

Die wichtigsten Anreize zum Besuch einer Stadt sind jedoch im Bereich der künstliche Attraktivitätsfaktoren zu finden. Kunst und Kultur in Verbindung mit Sehenswürdigkeiten, Denkmälern, Museen usw. bilden dabei die größten Anziehungspunkte. Das Wandeln auf den Spuren der Vergangenheit und das Erleben des Zaubers der Geschichte sind zudem Hauptbestandteile jeder Städtereise.

Allerdings kann nicht jede Stadt aber auf eine Reihe beeindruckender kunst- und kulturgeschichtlicher Zeugnisse zurückblicken, und trotzdem haben es viele dieser Städte geschafft, ein gefragtes touristisches Ziel zu werden. Durch geschicktes Veranstaltungs-(Event-)management kann ein Städtereise-Ziel enorm an Attraktivität gewinnen.

Die Vermarktung von Städten darf sich jedoch nicht nur an vorhandenen kulturellen Schätzen orientieren, sondern es müssen auch moderne Grundsätze des Marketing berücksichtigt werden.
„Gebucht wird, was 'in' ist", lautet ein wichtiger Grundsatz der Reisemittler-Branche und zielt damit auf das Image einer Destination ab. Dieses Image muß von langer Hand vorbereitet und aufgebaut werden und bedarf daher langfristig angelegter Vermarktungsstrategien.

Beispiele:
- Der Kurdirektor von St. Moritz, *H. P. Danuser*, hat es durch die konsequente Verfolgung eines durchdachten, langfristigen Marketingkonzepts geschafft, seinen Ort zu einer Weltmarke zu machen. Der Slogan „Top of the World" steht dabei als Werbe- und Leitsatz über allen Bemühungen und vermittelt den Besuchern den heutzutage so wichtigen Eindruck, etwas Besonderes und ganz Exklusives gebucht zu haben *(vgl. Seitz 1991, S. 575 ff)*.

- Eine ähnlich erfolgreiche Imagepflege kann die schweizerische Stadt Luzern verzeichnen. Ein veraltetes Marketingkonzept und sinkende Besucher- und Übernachtungszahlen stellten den Ausgangspunkt für eine Neupositionierung im Markt dar; man etablierte die sogenannte „Japan Hochzeit". Unzählige junge japanische Paare reisen mitsamt ihrer Familien nach Luzern, um dort im typischen schweizerischen Rahmen eine Hochzeit zu feiern, die in ihrem Heimatland mit weitaus höheren Kosten verbunden gewesen wäre. Nicht allein die japanischen Besucher, sondern vor allem das daraus resultierende internationale Interesse der Öffentlichkeit und der TV- und Print-Medien führten zu einem neuen, attraktiven Image von Luzern *(vgl. Seitz 1991, S. 621 ff).*

Darüber hinaus machen auch Hotellerie und Gastronomie einen Teil der Attraktivität einer Stadt aus (siehe 1.2.4). In vielen Städtereisen-Programmen sind der Besuch typischer Restaurants und Gaststätten sowie die Übernachtung in besonderen Hotels ein wesentlicher Bestandteil.

1.2.2 Beratung und Buchung

Bereits im Vorfeld einer Städtereise sind die Beratung und Buchung wichtige Erfolgsfaktoren. Ganz gleich, ob sich der Reisegast im Reisebüro informieren und beraten läßt oder ob das durch den immer stärker werdenden Direktvertrieb (unter Ausschaltung der Reisemittler) geschieht, eine individuelle, fachlich fundierte und zielgruppengerechte Ansprache der Kunden ist äußerst wichtig.

Obwohl Städtereisen nicht zu den besonders beratungsintensiven Produkten gehören, verlangen Kunden zunehmend detaillierte Informationen über kulturelle Highlights, Öffnungszeiten von Museen, Eintrittspreise, Verkehrsmittel usw. Sofern in dieser Phase entsprechende Hinweise gegeben werden können - vielleicht sogar gepaart mit einigen „Insider-Tips" - ist eine positive Unterscheidung von den Mitbewerbern möglich.

Der zukünftige Reisegast muß von Anfang an das Gefühl haben, professionell beraten zu werden und bei der Reise in eine unbekannte Stadt mit dem Reiseveranstalter einen zuverlässigen und sicheren Partner zu haben.
Um diesen Zustand zu gewährleisten, sind nicht nur die direkt am Verkauf beteiligten Reisebüro-Mitarbeiter gefordert, sondern auch die Veranstalter, indem sie ihre Produkte im Katalog/ Prospekt entsprechend beratungsfreundlich und informativ gestalten. Auch die touristischen Leistungsträger vor Ort und die offiziellen Touristik- und Verkehrsämter müssen dies - zum Beispiel durch den Einsatz von Verkaufshandbüchern (Sales Guides) und vor allem durch Informationsreisen - berücksichtigen.

Normalerweise wird der Verkäufer den zukünftigen Reisenden von der jeweiligen Stadt dann besonders gut überzeugen können, wenn er selbst von ihr begeistert ist. Die größten Erfolgsaussichten zur Überzeugung des Expedienten haben dabei Informationsreisen. Auch wenn Broschüren und Prospekte noch so verkaufsfördernd gestaltet sind, können Sie nicht die persönliche Erfahrung und das Erlebnis des Reisebüro-Mitarbeiters ersetzen. Die Informationsreise ist ein probates Mittel, um die verschiedenen Facetten und Möglichkeiten einer Stadt aufzuzeigen und daraus eine verbesserte, qualifiziertere Beratung im Reisebüro umzusetzen.

Insbesondere für die Reisebüro-Branche sind Städtereisen ein wichtiger Umsatzträger, der zunehmend an Bedeutung gewinnen wird. Aufgrund internationaler Reservierungssysteme (CRS) sind Reisebüros in der Lage, Einzelleistungen wie Flug, Unterbringung, Veranstaltungen etc. zu kombinieren, und somit den Reisenden ein maßgeschneidertes Produkt zu bieten *(vgl. FVW 10/95, S. A 12)*. Es sollte jedoch berücksichtigt werden, daß das Reisebüro dabei über die normale Vermittlertätigkeit hinaus zum Veranstalter wird, wodurch sich zahlreiche rechtliche und haftungstechnische Konsequenzen ergeben (zu Rechtsfragen siehe Beitrag C.9 und die einschlägige Literatur zu Reiseveranstaltungen).

1.2.3 Verkehrsmittel

Bei der Verkehrsmittel-Auswahl ist für Städtereisende ein breites Angebot vorhanden. Städtereisen werden praktisch mit allen gängigen Verkehrsmitteln angeboten: Auto, Bahn, Flugzeug, Schiff und Bus.

(1) Auto-Eigenanreise

Insbesondere bei inländischen Reisezielen erfreut sich die Eigenanreise per Auto großer Beliebtheit. Flexibilität vor Ort und die allgemein sehr hohe Akzeptanz dieses Verkehrsmittels (zumindest in Deutschland) sprechen dafür. Während bei Auto-Reisen in ausländische Städte bei vielen Reisenden eine gewisse Verunsicherung in bezug auf veränderte Verkehrsverhältnisse (z.B. Linksverkehr in London), hohes Diebstahlrisiko, Vandalismus, Unfall-, Versicherungs- und Schadensersatzrisiken, mangelnde bzw. teure Parkmöglichkeiten usw. auftritt, können inländische Städtereiseziele den Autofahrern mehr Sicherheit bieten.

Selbst wenn dieses Sicherheitsgefühl nur unbewußt die Entscheidung des Reisenden bei der Wahl des Verkehrsmittels oder des Reiseziels beeinflußt, sollten Veranstalter, Leistungsträger und touristische Stellen, sofern sie die Auto-Reisenden als eine relevante Zielgruppe anvisieren, auf deren Bedürfnisse Rücksicht nehmen. Wichtige Bestandteile der Reiseunterlagen sind dabei zum Beispiel Stadtpläne, Anfahrtsbeschreibungen zum Hotel oder zu speziellen Veranstaltungen, Parkplatzmöglichkeiten (insb. am Hotel) usw.

(2) Bahn

Im Schienenverkehr werden Städtereisen häufig als sog. „Rail Inclusive Tour" (R I T) angeboten. Dabei handelt es sich um eine „Eisenbahn-Pauschalreise, die mindestens noch die Unterkunft enthält ... sowie mit beliebig vielen anderen touristischen Leistungen erweitert werden kann" *(Schröder 1991, S. 164).* Während die Bahn lange Zeit als Verkehrsmittel für Rucksacktouristen galt, die ihre Städtereise selbst organisierten und möglichst billig reisen wollten, hat sich das Image der Bahnreise inzwischen positiv verändert.

In diesem Zusammenhang sind vor allem die Entwicklung von Hochgeschwindigkeitszügen wie dem ICE in Deutschland oder dem TGV in Frankreich zu nennen, aber auch zeitlich getaktete Städteverbindungen, die innerhalb Deutschlands durch Intercity-Züge (IC) oder Eurocity-Züge (EC) bedient werden. Moderne Züge, teilweise mit verstellbaren Sitzen, Restauration, Klimatisierung, Audio- und Videoprogrammen verbunden mit hohen Geschwindigkeiten und seltenen Stops sorgen für Komfort und Zeitersparnis.
Aus diesen Gründen eignet sich mittlerweile der Zug für Städtereisen als fast ideales Verkehrsmittel. Sofern die Unterkunft nicht in unmittelbarer Nähe des Bahnhofes ist, wird es jedoch von vielen Anbietern unterlassen, zumindest Gepäcktransfers in die Leistungen zu inkludieren.

(3) Flugzeug

Das Pendant zur R I T ist im Flugbereich die IT-Reise. Dabei kommen, abweichend von den regulären Linienflugpreisen, Sondertarife (sog. IT-Tarife) zum Einsatz, die jedoch nur in Verbindung mit einem Pauschalarrangement angewendet werden können. Ohne an dieser Stelle auf die einzelnen Bestimmungen näher einzugehen sei darauf hingewiesen, daß außer dem Linienflug mindestens die Unterkunft oder eine weitere touristische Leistung im Reisearrangement enthalten sein muß und daß es verschiedene Mindest-bzw. Höchstaufenthaltszeiten (je nach Abflug und Wochentag) gibt.

Städte-Flugreisen verzeichnen hohe Zuwachsraten, was unter dem Gesichtspunkt nicht verwunderlich ist, daß für viele Deutsche das Fliegen reisetechnisch zu einem Grundbedürfnis geworden ist *(vgl. FVW 10/95, S. A 14).* Aufgrund der Liberalisierung des Luftverkehrs und der damit verbundenen drastischen gesunkenen Flugpreise ist das Produkt Städte-Flugreise keineswegs mehr eine elitäre Reiseform, sondern für eine breite Schicht erschwinglich geworden. Selbst weite Entfernungen können per Flugzeug innerhalb kürzester Zeit zurückgelegt werden. Zudem profitieren Städte-Flugreisen vom hohen Imagewert des Flugzeuges, dem guten Service und einem immer dichter werdenden Streckennetz, das sogar Regionalflughäfen mit Weltstädten verbindet.

Eine Sonderform der Flug-Städtereise sind Stopover-Programme, die ebenfalls im Trend liegen und bei denen ein längerer Flug unterbrochen und mit einem Land- bzw. Städteprogramm verbunden wird.
Beispiel: Typische Stopover-Städte auf der Australienroute ex Frankfurt sind Bangkok oder Singapur.

(4) Schiff

Das Schiff ist kaum als klassisches Verkehrsmittel für Städtereisen zu bezeichnen. Es stellt eher, speziell bei den erdgebundenen Reisen, ein Bindeglied zwischen anderen Verkehrsmitteln dar. Mittlerweile haben jedoch Reedereien und Fährgesellschaften die Zeichen der Zeit und die Trends im Städtetourismus erkannt und bieten spezielle Städte-Pauschalarrangements, die nicht nur die Schiffsreise beinhalten, sondern auch die Unterkunft vor Ort in verschiedensten Hotelkategorien oder weitere Leistungen (z.B. Transfers, Stadtrundfahrten, Ausflüge, Besichtigungen). Damit haben manche Unternehmen, die bislang nur als Fährgesellschaft oder Reederei tätig waren, eine Entwicklung zum Reiseveranstalter mit full-service vollzogen. Relevante Reiseziele sind in diesem Zusammenhang insbesondere skandinavische Städte und die Verbindungen nach Großbritannien.

Eine besondere Reiseform stellen sog. „Mini-Kreuzfahrten" dar, die für Städtereisen sehr geeignet sind. Die An- und Abreise geschieht meistens über Nacht an Bord; der Aufenthalt in der Stadt beträgt dann einen vollen Tag, vom Anlegen des Schiffes am frühen Morgen bis zum Ablegen am späten Nachmittag oder Abend. Zusätzliche Verkaufsargumente sind dabei der Komfort an Bord und vor allem reichhaltige Spezialitätenbuffets am Morgen und Abend. Darüber hinaus bieten viele Schiffe ein breitgefächertes Unterhaltungsprogramm an Bord mit Kasino, Disco, Bar usw. Beliebte Städtereiseziele für diese „Mini-Kreuzfahrten" sind zum Beispiel Oslo, Göteborg und London.

(5) Bus

Das wohl idealste und am häufigsten verwendete Verkehrsmittel für Städtereisen ist der Omnibus *(vgl. Schröder 1991, S. 175).* Dennoch mußte die Busbranche in den letzten Jahren ziemliche Einbrüche hinnehmen, die insbesondere aufgrund der zunehmenden Konkurrenz des Flugzeugs bei den Haupturlaubsreisen spürbar zum Tragen kamen. Bei genauerem Hinsehen verzeichnet der Bus jedoch wachsende Marktanteile bei den im Trend liegenden Kurz- und Städtereisen *(vgl. RDA aktuell 7/95, S. 8).*

Die Gründe für die Attraktivität des Verkehrsmittels Bus bei Städtereisen liegen nicht mehr nur im günstigen Preis (lange Zeit eines der Hauptargumente für Busreisen), sondern in zunehmenden Qualitäts- und Komfortaspekten. Die rasante Entwicklung im Omnibusbau machte aus dem „Arme-Leute-Verkehrsmittel" früherer Tage ein modernes, mit allem Komfort ausgestattetes Fahrzeug.

Von vielen Veranstaltern werden mittlerweile bei Städtereisen ausschließlich Fahrzeuge der Vier- bis Fünf-Sterne-Kategorie eingesetzt. Diese sind in puncto **Komfort** und Service den gängigen Flugzeugtypen gegenüber häufig gleichwertig, wenn nicht sogar überlegen. Große Sitzabstände, Klimaanlage, beschlagfreie Panoramascheiben, Leselampen, WC, Bordservice mit kalten und warmen Getränken sowie kleinen Imbissen usw. lassen beim Reisenden kaum Wünsche offen.

Vom Veranstalter können Städtereisen mit dem Bus außerdem flexibler und mit weitaus mehr **Service** vor Ort gestaltet werden - angefangen mit der zentralen Einstiegsstelle (teilweise sogar Abholung von der Haustür), verbunden mit dem Wegfall z.T. zeitaufwendiger Flughafentransfers bis hin zu einer intensiveren und persönlicheren Betreuung der Fahrgäste.

Ein entscheidendes Argument vieler Reisegäste, die bei einer Städtereise dem Bus den Vorzug vor der Bahn oder dem Flugzeug geben, dürfte der Service und die **Betreuung** vor Ort sein. Die meisten ("Nicht-Bus-")Veranstalter von Städtereisen scheinen auf die selbständigen, erfahrenen Reisegäste zu zielen und schließen in ihren Pauschalen oft nur Flug- bzw. Bahnreise und Unterbringung ein. Weitere Leistungen, wie z.B. Transfers vom Flughafen oder Bahnhof ins Hotel und zurück, Reiseleitung, Stadtrundfahrt, Veranstaltungen etc., werden häufig gar nicht in das Städte-Arrangement eingebaut.

Im Rahmen einer Busreise fühlt sich der Reisegast rundherum **abgesichert**. Er hat einen festen Ansprechpartner (Busfahrer, Reiseleiter) und die Gewißheit, vor Ort nicht alleine (bzw. „verlassen") zu sein. Stadtrundfahrten, Abendprogramm oder Ausflüge sind in vielen Fällen Teil des Leistungspaketes der Städte-Busreise oder werden vor Ort an interessierte Gäste verkauft.

Für das Kennenlernen und Besichtigen einer Stadt ist der Bus - gerade bei **Gruppenreisen** - optimal geeignet. Innerhalb relativ kurzer Zeit können die Gäste von einer Sehenswürdigkeit zur nächsten, zu verschiedenen Besichtigungen oder zu speziellen Abendveranstaltungen gefahren werden. Das soll jedoch nicht heißen, daß die Stadt nur hinter den Scheiben des Busses erlebt wird, sondern der Bus zur Überbrückung einzelner Etappen und Vermittlung eines Gesamteindrucks genutzt wird.

Daß selbst mittelständische Busreise-Veranstalter im Vergleich zu führenden Städte-Flugreise-Veranstaltern beträchtliche Teilnehmerzahlen aufweisen können, zeigt die Veranstalterdokumentation der *FVW (FVW 10/1995, S. A 14)*. So befördern die regional tätigen mittelständischen Busreiseveranstalter *Graf Reisen* (37.979 Gäste) und *Hafermann Reisen* (51.700) zusammen mehr Städtereisende mit dem Bus als z.B *Airtours*, einer der führenden Städtereiseveranstalter, in ganz Deutschland mit dem Flugzeug (85.000 Gäste) *(siehe auch A.2, Abb. 2)*. Im Vergleich der Eigenanreisen mit dem Auto kommt z. B. der regional tätige Busreise-Veranstalter *E u. H - Reisen* (7.950 Kunden) auf etwa die Hälfte aller Auto-Städtereisenden des *ADAC* in ganz Deutschland (16.300).

Die Nachteile des Busses gegenüber dem Flugzeug treten insbesondere bei größeren Entfernungen zu Tage. Die Kombination verschiedener Verkehrsmittel wird hier als eine der Lösungen angesehen.

(6) Städtereisen in Kombination verschiedener Verkehrsmitel

Städtereisen werden meistens als Kurzreisen mit einer Dauer von drei bis fünf Tagen gebucht. Damit die An- und Abreise möglichst zeitsparend ist und der Aufenthalt vor Ort intensiv gestaltet werden kann, empfiehlt sich die Kombination verschiedener Verkehrsmittel. Am gebräuchlisten und mit großen Zukunftschancen im Markt bedacht sind Flug - Bus - Kombinationen *(vgl. RDA aktuell 7/95, S. 8).*

Die Reisegäste werden evtl. schon mit dem Bus von ihrem Heimatort zum Flughafen befördert, wobei eine Reisebegleitung zur Erledigung der Formalitäten den Servicegedanken nochmals unterstreicht. Am Zielflughafen steht bei Ankunft der Passagiere der Bus mit der Reiseleitung bereit und übernimmt den Transfer zum Hotel. Vor Ort kann dann ein intensives Städteprogramm durchgeführt werden. Denkbar wäre auch die Zusammenlegung zweier Teilgruppen, die mit unterschiedlichen Verkehrsmitteln angereist sind.

Die Teilnahme an den einzelnen Programmpunkten in der Stadt kann auf individueller Basis erfolgen, so daß sich Gäste, die die Stadt eigenständig entdecken möchten oder Wiederholungsbesucher sind, nicht einem „Gruppenzwang" unterwerfen müssen.

Ein optimales Städtereisen-Konzept verbindet die Vorteile der einzelnen Verkehrsmittel und schaltet damit deren Nachteile aus. *(Vertiefend Barkowski/ Dreyer 1996).*

1.2.4 Hotellerie und Gastronomie

Neben den auf den vorherigen Seiten beschriebenen Verkehrsträgern sind die Betriebe der Hotellerie und Gastronomie zusammen mit Veranstaltern vor Ort (z.B. von Musicals, Konzerten, Shows) ein weiterer grundlegender Bestandteil der Städtereise. Sie werden auch als touristische Leistungsträger bezeichnet.

- **Rechtsbeziehungen**

Im Rahmen einer Pauschalreise fungieren die Leistungsträger lediglich als Erfüllungsgehilfen des Reiseveranstalters, so daß vertragliche Beziehungen nicht zwischen dem Kunden und dem Leistungsträger, sondern ausschließlich zwischen dem Leistungsträger und dem Reiseveranstalter bzw. zwischen dem Kunden und den Reiseveranstalter zustande kommen *(siehe Abb. 3 ud vertiefend Zundel in Abschnitt C.9).*

Abb. 3:

Rechtsverhältnisse im Überblick

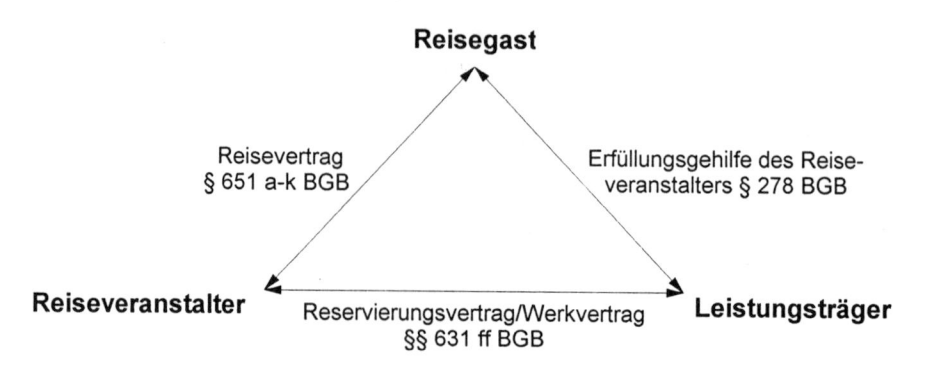

```
                        Reisegast
                         /\
                        /  \
           Reisevertrag /    \ Erfüllungsgehilfe des Reise-
           § 651 a-k BGB      veranstalters § 278 BGB
                    /          \
                   /            \
         Reiseveranstalter ──────── Leistungsträger
                 Reservierungsvertrag/Werkvertrag
                          §§ 631 ff BGB
```

- **Zusammenarbeit mit Betrieben der Hotellerie und Gastronomie**

Bei der Auswahl seiner Vertragspartner kommt dem Reiseveranstalter daher eine besondere Sorgfaltspflicht zu - insbesondere im sensiblen Hotel- und Verpflegungsbereich.

Beispiel: Man denke nur an das legendäre „Balkonsturzurteil", bei dem ein Reiseveranstalter die Konsequenzen für den Sturz eines Gastes von einem unzureichend gesicherten Balkon in einem Vertragshotel tragen mußte.

Jeder Veranstalter einer Städtereise sollte sich genauestens über **Qualität, Komfort, Service, Ausstattung, Sicherheit sowie Lage** seines Hotels überzeugen und sich keinesfalls von glänzenden Hotelprospekten oder wortreichen Agenturempfehlungen blenden lassen.

Speziell in Großstädten sind selbst staatlich überwachte, offizielle Hotelklassifizierungen alleine nicht aussagekräftig. Sie geben zwar Auskunft über eine bestimmte Mindestausstattung, sind jedoch in puncto **Servicebereitschaft, Freundlichkeit, Sauberkeit, Atmosphäre** relativ nichtssagend.

Persönliche Besuche sowie eine langfristige **partnerschaftliche Zusammenarbeit** sind die beste Gewähr für zuverlässige Vertragspartner. Obgleich das Produkt Städtereise noch stärker von der Attraktivität der Sehenswürdigkeiten und des Programms „lebt", ist das Hotel bzw. die Hotelqualität bei Urlaubsreisen ein wichtiges Entscheidungskriterium für den Gast. Eine gute Unterbringung und Verpflegung stellt nämlich die Grundlage für den Erfolg einer Städtereise dar - wenngleich die effektiv im Hotel verbrachte Zeit relativ gering bemessen ist. Für die Zukunft ist zu erwarten, daß bei Städtereisen die Ansprüche der Gäste an das Hotel steigen werden. Exklusive und komfortable Häuser der Drei- bis Fünf-Sterne-Kategorie liegen voll im Trend und fördern das Image eiensReiseangebots.

Da mittlerweile in fast allen Städtereise-Zielen ein Überangebot an Hotels der gehobenen bzw. Luxuskategorie besteht, ist die Ausgangsposition für Reiseveranstalter bei Vertragsverhandlungen relativ günstig. Beste Einkaufspreise lassen sich unter Berücksichtigung städtespezifischer Saisonzeiten erzielen.

Im Gegensatz zu den Badezielen liegen bei Städtereisen die klassischen **Saisonzeiten** anders, da die Hotels in den Metropolen die Touristen hauptsächlich als Ergänzung zu ihren Haupt-Umsatzträger, dem Geschäftsreiseverkehr, sehen. Für Hotels in Großstädten sind Reisegruppen vor allem bei Berücksichtigung folgender Punkte äußerst attraktiv:

- Anreise Freitag - Abreise Montag
- Vermeidung von Messe- bzw. Kongreßzeiten
- Buchung von Schulferien- bzw. Feiertagsterminen

In zunehmendem Maße gewinnen **Hotelkooperationen und -ketten** im Städtetourismus an Bedeutung. Deren Vorteile liegen für den Reiseveranstalter auf der Hand:
- einfache Abwicklung (mehrere Häuser in verschiedenen Städten können über eine Zentrale reserviert werden)
- gleichbleibender Standard / gleiche Qualität in allen Häusern
- Bekanntheit und Zuverlässigkeit der Marke

Genau wie Incoming-Agenturen verschiedene Servicefunktionen für einen Reiseveranstalter bei einer Städtereise übernehmen, gehen viele Hotels und Hotelketten dazu über, dem Gast bzw. dem Reiseveranstalter ganze Packages anzubieten. Neben der Unterbringung und Verpflegung beinhalten diese Pauschalarrangements zum Beispiel auch die Reservierung von Stadtrundfahrten, Theater- oder Musicalkarten, Museumsbesuchen usw.

Die Auswahl der Vertragspartner sollte sich trotzdem an objektiv meßbaren Kriterien orientieren. Ein geeignetes Mittel dazu stellen Checklisten dar, deren Vorteile im Hotel- und Restaurantmanagement zum Beispiel in der Objektivierung, Qualitätssicherung und Zeitersparnis liegen *(vgl. Schaetzing 1992, S. 274f f)*.. Die folgende Abbildung zeigt eine Basis-Checkliste des Reiseveranstalters *E u. H - Reisen* zur Beurteilung und Auswahl von Hotels, die bei Bedarf auch erweitert wird (z.B. für ökologische Bewertungen).

Abb. 4:

Basis-Checkliste zur Beurteilung und Auswahl von Hotels

Hotelname:		Stockwerke:
Straße:		Bettenzahl:
Ort:		Kategorie:
Tel.:		Transferzeit:
Fax:		
Ansprechpartner:	Einkäufer/ PM:	letzte pers. Besichtigung am

Lage des Hotels:		**Umgebung:**
Entfernung zum Strand: ___m		☐ Hauptstraße
Entfernung zum Ortszentrum: ___m		☐ Verkehrsmittel
sonstige Entfernungen: ___ / ___ m		☐ Grünanlagen
Art des Hotels:	**Zielgruppe:**	☐ Berge / ☐ See
☐ einfach	☐ Singles	☐ Sonstiges:
☐ modern	☐ Familien mit Kindern	☐ Sonstiges:
☐ komfortabel	☐ Senioren	☐ Sonstiges:
☐ gepflegt	☐ Gruppen	
☐ ruhig	☐ Andere:	
☐ landestypisch	☐ Andere:	
☐ Sonstiges:	☐ Andere:	
Zimmerausstattung:	**Hotelausstattung:**	**Zusatzangebote:**
☐ Bad	☐ Hallenbad	☐ Minigolf
☐ Dusche	☐ Pool	☐ Tischtennis
☐ WC	☐ Sauna/ Dampfbad	☐ Tennis
☐ Balkon/ Terrasse	☐ Solarium	☐ Segeln
☐ Radio	☐ Whirlpool	☐ Reiten
☐ TV	☐ Garten	☐ Tauchen
☐ Sat-TV	☐ Spielplatz	☐ Folklore
☐ Telefon	☐ Liegestühle	☐ Animation
☐ Grandlit	☐ Fernsehraum	☐ Sonstiges
☐ Einzelbetten	☐ Aufenthaltsraum	☐ Sonstiges
☐ Sitzgruppe	☐ Bar	
☐ Minibar	☐ Frühstücksraum	
☐ Kochgelegenheit	☐ Restaurant	
☐ Klimaanlage	☐ Sonstiges	
☐ Heizung	☐ Sonstiges	
☐ Teppich		
☐ Meerblick		
☐ Zustellbett		
☐ Zustand der Einricht.:		
☐ Nichtraucherzimmer		
☐ Sonstiges		

Beurteilung der Verpflegung:				
	Art	Menge	Qualität	Zubereitung
Frühstück				
Mittag				
Abendessen				
Atmosphäre/ Personal/ Service/ Weitere persönliche Eindrücke:				

Weitere Veranstalter:

1.2.5 Reiseleitung

Die Reiseleitung nimmt eine zentrale Position innerhalb einer Städtereise ein und ist maßgeblich an deren Erfolg oder Mißerfolg beteiligt. Umso bedauerlicher ist es, daß es in einem so wichtigen Tourismusland wie Deutschland immer noch kein Berufsbild des Reiseleiters gibt. Anzuerkennen sind in diesem Zusammenhang lediglich die Bemühungen des Präsidiums der deutschen Touristikwirtschaft, mit der Schaffung des „Reiseleiterzertifikats" einen Qualifikationsnachweis zu ermöglichen.

In der breiten Palette der verschiedenen Reiseleiterarten - vom Animateur bis zum wissenschaftlichen „Dozenten" - tendieren die Anforderungen bei Städtereisen in Richtung Studienreiseleiter. Gegenüber den Unterhaltungsfunktionen, die je nach Niveau der Reise bzw. je nach Zusammensetzung der Reisegruppe nicht ganz außer acht gelassen werden sollten, bevorzugt der Gast bei Städtereisen vor allem fachlich qualifizierte Reiseleiter. „Er erwartet, daß er sich um keinerlei organisatorische Probleme kümmern muß und daß die Reise mehr oder weniger reibungslos verläuft, daß der Reiseleiter eventuell auftretenden Schwierigkeiten gewachsen ist und für schnelle Abhilfe sorgen kann" *(Vogel 1993, S. 516 f)*. Ein wesentlicher Grund, warum viele Gäste eine Stadt im Rahmen einer organisierten Gruppenreise besuchen, liegt auch in der Person der Reiseleiters, dem man vertrauen und sich „anvertrauen" kann.

In einer Umfrage unter 500 Städtereisenden (Wien, Paris, London) des Reiseveranstalters *E u. H - Reisen* wurden folgende Merkmale eines Reiseleiters als besonders wichtig angesehen:

Abb. 5:
Qualitätserkmale eines Reiseleiters au Sicht der Reisenden

Merkmal	Nennungen	%
1. Organisationstalent	498	99
2. Kenntnisse über die Stadt sowie Land & Leute	476	95
3. Insider-Wissen	402	80
4. Freundlichkeit / Aufgeschlossenheit / Hilfsbereitschaft	393	78
5. Sprachkenntnisse	324	64
6. Verständliche Vermittlung auch komplexer Sachverhalte	302	60

(n = 500; Mehrfachnennungen möglich)
Quelle: eigene Darstellung

Als besonders angenehm werden von Seiten der Reisegäste Informationen empfunden, die über das normale Maß der geschichtlichen und kulturellen Erläuterungen hinausgehen. Es gelingt sozusagen ein Blick „hinter die Kulissen einer Stadt und deren Bewohner". Ganz sicher macht sich die Einstellung des Reiseleiters zu „seiner" Stadt bei der Reisegruppe bemerkbar: Werden einzelne Sehenswürdigkeiten einfach nur emotionslos abgehakt oder ist eine gewisse Begeisterung zu spüren, die sich schnell überträgt?!

Neben diesen rein fachlichen Qualifikationen steht die perfekte Organisation ganz oben in der Erwartungshaltung. Gerade bei einer Städtereise muß selbst bei genauester Vorbereitung mit den verschiedensten Unwägbarkeiten gerechnet werden. Angefangen von plötzlichen Wetterkapriolen über Staus und Streiks bis hin zu überbuchten Hotels muß der Reiseleiter flexibel und schnell eine Lösung aller Probleme liefern und den Gästen in jeder Situation das Gefühl vermitteln, sich in sicheren Händen zu befinden.

1.2.6 Veranstaltungen und Special Events

Immer mehr Städte greifen auf Veranstaltungen und Special Events zurück, um die Attraktivität für die Besucher zu steigern. Da gibt es zum einen die Städte, die zwar mit reichlich Sehenswürdigkeiten ausgestattet sind, aber durch Maßnahmen und Investitionen in diesem Bereich neue Gäste gewinnen möchten oder Gäste, die die Stadt bereits kennen, zu einem weiteren Besuch motivieren. Zum anderen haben Städte, die nicht sehr reich mit Attraktionen ausgestattet sind (häufig Städte die erst in neuerer Zeit entstanden sind oder zerstört wurden), die Möglichkeit, Städtetourismus für sich nutzbar zu machen, der sonst aufgrund der vorhandenen Substanz nicht existent wäre.

In jedem Fall möchte man neue Einnahmequellen erschließen und erhofft sich zusätzlichen Umsatz für die im Tourismus tätigen Betriebe. Auch wenn Veranstaltungen oder besondere Ereignisse meist nur vorübergehender Natur sind (abgesehen von den "Sitdown-productions" im Musicalbereich), haben sie bei geschickter Vermarktung eine langanhaltende Wirkung und einen hohen Erinnerungseffekt. *(Aufgrund der Bedeutung der Events siehe in diesem Buch vertiefende Beiträge in Teil C).*

Bei der Vorplanung einer Veranstaltung oder eines Special Events sollte unbedingt berücksichtigt werden, daß die Ansprüche der Besucher immer größer werden und daß nur professionell und perfekt organisierte Ereignisse, die zumeist mit einem hohen finanziellen Aufwand behaftet sind, im Markt

Weber: Städtereisen 67

Abb. 6:
Beispiel eines Städtereise-Angebots mit Veranstaltungsbesuch

Quelle: *Dertour*-Katalog, Städtereisen 1995, S. 83

bestehen können. Auch das Risiko eines Flops (mit der damit verbundenen Negativwerbung) sollte genau abgewogen werden. Darüber hinaus besteht die Gefahr, daß die echten kulturellen Highlights einer Stadt gegenüber den nur zeitweilig vorhandenen Attraktionen verblassen und in den Hintergrund treten.

1.3 Produkt- und Programmgestaltung

Im hart umkämpften Markt der Städtereisen mit seinen vielen Anbietern unterscheiden sich die verschiedenen Angebote bezogen auf Reiseziel, Transport und Unterbringung kaum mehr. Der Preis wird daher oft zum entscheidenden Auswahlkriterium des Reisegastes und drückt im Wettbewerb die Kalkulationsspanne des Veranstalters.
Eine qualitäts- und serviceorientierte Differenzierung gegenüber Mitbewerbern ist jedoch schon mit einfachen Mitteln über eine sinnvolle Programmgestaltung möglich und verleiht dem Produkt Städtereise den im Marketing so oft beschworenen „Zusatznutzen", mit dessen Hilfe eine gewisse Alleinstellung im Wettbewerb erreicht werden kann. Die Reiseentscheidung erfolgt dann stärker über das Produkt als über den Preis.

Es ist auffällig, daß bei mehrtägigen Städtereisen spätestens ab dem dritten Reisetag viele Reisebusse vor den Hotels ohne für Besichtigungen eingesetzt zu werden. Warum wird den Gästen so oft ein standardisiertes "08/15"-Programm geboten, anstatt nach kreativen Alternativen, neuen Ideen oder interessanten Ausflugszielen zu suchen? In den pulsierenden Metropolen Europas mit ihrem unbegrenzten Freizeit- und Unterhaltungsangebot dürfte das im heutigen Informationszeitalter kein Problem mehr sein.

Sicherlich ist dabei zu berücksichtigen, daß den Gästen genügend Individualität und Zeit für persönliche Erkundungen gelassen wird. Auch dürfen sie nicht das Gefühl haben, für Leistungen zu bezahlen, die sie eigentlich gar nicht interessieren.

Beim "Vor-Ort-Verkauf" von Zusatzleistungen im Reiseprogramm, der für viele Reiseveranstalter eine wichtige Einnahmequelle darstellt, sollte darauf geachtet werden, daß das Preis - Leistungsverhältnis ausgewogen ist. Häufig werden von seiten der Veranstalter, Agenturen oder Reiseleiter Programmpunkte empfohlen, die aufgrund einer hohen Provision hauptsächlich ihnen selbst aber weniger den Gästen nutzen.

Im Rahmen einer Städtereise mit dem Bus sollte sich zum Beispiel jeder Reiseveranstalter verdeutlichen, daß aufgrund gleichbleibender Fixkosten die Kostenersparnis, wenn ein Bus einen ganzen Tag vor dem Hotel steht, nur geringfügig größer ist, als wenn ein halbtägiger Ausflug in die nähere Umgebung unternommen wird. Der Nutzen und die Zufriedenheit der Reisegäste wird jedoch ungleich höher sein und damit steigt z.b. strategisch die Chance auf Gewinnung von Stammkunden.

Das Interesse an Städtereisen ist vor allem bei Personen bis 29 Jahren und ab 50 Jahren besonders stark ausgeprägt. Überdurchschnittliches Einkommen und eine gute Schulbildung sind weitere Kennzeichen und machen die Städtereisenden zu einer im Tourismusmarkt sehr gefragten **Zielgruppe** *(siehe auch A.2, Abb. 3).*

Bei den inländischen **Reisezielen** liegt die Hauptstadt Berlin an erster Stelle, mit deutlichem Abstand vor München und Hamburg. Überraschend gute Ergebnisse verzeichnen die Städte in den neuen Bundesländern, vor allem der sechste Platz von Leipzig ist bemerkenswert.

1.4 Die Zukunft des Produkts Städtereise

Auch in der Zukunft werden sich Städtereisen weiterhin großer Beliebtheit erfreuen und als Ergänzung zur Urlaubsreise *(vgl. FVW 10/95, S. 59)* gebucht. Bei der Gestaltung und Vermarktung von Städtereisen dürften sich jedoch aufgrund aktueller Entwicklungen Veränderungen ergeben. Städtereisen sind nicht nur eine Angelegenheit der Reisenden oder der Tourismusindustrie, sondern auch der Bereisten, wobei der Umweltgedanke zusätzlich eine Rolle spielt. Wer jemals zu Ostern in Paris war, wird nachvollziehen können, welche Belastungen für Bewohner, Umwelt und Bauwerke durch massenhaften Städterourismus entstehen können. Es gibt bereits Bestrebungen einzelner Metropolen, dem organisierten Massen-Städtetourismus Zügel anzulegen. Daß damit eine Gratwanderung ausgelöst wird, ist offensichtlich, denn die wirtschaftliche Bedeutung von Städtereisen für die Zielgebiete ist zum Teil extrem hoch.

Alle am Tourismus Beteiligten, vom Reiseleiter bis zum Produktmanager, sollten die Chance sehen, ihre Reisegäste für eine neue Stadt und damit auch für eine unbekannte Kultur begeistern zu können. Wenn dadurch das eine oder andere Vorurteil abgebaut wird und ein bißchen zur Völkerfreundschaft beigetragen werden kann, wäre dies ein äußerst erstrebenswerter Nebeneffekt einer Städtereise - gerade in der heutigen Zeit.

2. Studienreisen
von Dr. Klaus A. Dietsch, Studiosus Reisen München

2.1 Einführung

»Die Studienreise ist tot, es lebe die Studienreise« ist ein bei den Spezialveranstaltern beliebter Lockruf. Warum sollte sie eigentlich gestorben sein? Wer hätte ihr ein zweites Leben verliehen? Die moderne Studienreise, ein »Gesamtkunstwerk« aus intensivem Erleben, neugierigem Kennenlernen, bereicherndem Urlaub, aktiver Gestaltung und erfrischendem Spaß, das ein mitreißender Reiseleiter moderiert und vermittelt, ist weder tot noch wiedergeboren, sondern die logische Konsequenz einer langen historischen Folge. Sie zählt - als Bildungsreise - zu den ältesten Reiseformen und als »Urlaub voller Leben« zu den jüngsten zugleich. Diese Spannbreite kommt nicht von ungefähr, denn in der Entwicklung des Reisens zählten die Bildungs- und später die Studienreisen nicht nur zu den Trendsettern, sondern sie galten bis in die Zeit des unkontrollierten Massentourismus als das Reisen schlechthin. Ein hohes Maß an Innovation sowie am Erspüren und Umsetzen des Zeitgeists ist nötig, damit die Studienreise immer auf der vordersten Welle der Entwicklung schwimmen kann.

Indessen: Der Lockruf macht einen scheinbar wunden Punkt der Studienreise deutlich. Der Begriff ist bis heute nicht klar definiert. Veranstalter wie Verbraucher assoziieren damit Unterschiedliches. Wenn sogar einige Studienreise-Spezialisten unsicher sind und den Terminus nur halbherzig oder gar nicht verwenden, weil sie ihn als unzeitgemäß verwerfen, muß das auch den Verbraucher verwirren. Mit einem diffusen Begriff läßt sich nichts Konkretes aussagen und das qualitativ hochwertige Produkt »moderne Studienreise« also auch nicht richtig positionieren.

Die Definitionsschwierigkeiten haben Tradition. Ist die Studienreise eine bloße Rundreise, bei der man Sehenswürdigkeit nach Sehenswürdigkeit abhakt? Gilt sie als altbackener Bildungsurlaub einer kleinen Elite? Geißelt man sie zu Recht als "Trümmertour"? Wie steht es um das vielbelächelte »Rollende Seminar«? Über nur wenige Begriffe lassen sich so viele bunte Klischees ausgießen wie über den Terminus Studienreise, wobei alle dieser Hohn grundsätzlich unterschiedliche Reiseformen trifft. Wie schon der Name anklingen läßt, meldet die Rundreise den geringsten Anspruch an die »Bildung« an, soll heißen an die durchs Reisen gewährte Vermittlung von

Kunst und Kultur, von Land und Leuten. Die Rundreise **kann** bilden, **muß** aber nicht. Anders hingegen die weiteren drei Reiseformen. Bereits ihre Namen signalisieren dem Reisegast, daß er hier erwarten darf, Kenntnisse über Gegenwart und Geschichte des Reiselandes zu erwerben oder bereits vorhandenes Wissen zu erweitern. Allerdings haben die Veranstalter auch zugelassen, daß sich mit diesen Begriffen Verstaubtheit und Antiquiertheit verbinden konnten.

Wie Umfragen ergaben, will der Reisegast von heute seinen »Horizont erweitern«, etwas »für Kultur und Bildung tun«, »ganz neue Eindrücke gewinnen, etwas anderes kennenlernen« und »andere Länder erleben, viel von der Welt sehen« *(Reiseanalyse des Studienkreises für Tourismus, Starnberg 1988)*. Von Jahr zu Jahr finden mehr Menschen, alte wie junge, Geschmack an dieser »Bildung im Urlaub« und bekennen sich dazu. Fast 7 Millionen Deutsche - von insgesamt mehr als 40 Millionen reisenden Bundesbürgern - bezeichnen ihre jährliche, große Urlaubstour subjektiv als »Studienreise« oder »Bildungsreise« *(Reiseanalyse 1994)*. Um den Personenkreis, den die Anwürfe und vorurteilsbeladenen Klischees am ehesten betreffen könnten, einzuengen, gilt es stärker zu polarisieren. Von den rund 6,4 Millionen deutschen »Studien- oder Bildungsreisenden« fährt nämlich nur ein Bruchteil, circa 250.000 Personen *(Märkte + Tendenzen, Gruner + Jahr, 1994)*, mit einem Veranstalter auf eine organisierte Gruppenreise. Die überwiegende Mehrheit macht sich individuell auf den Weg - vielleicht noch immer aus der unbegründeten Furcht heraus, sie müßte sonst unter sengender Sonne auf den Steinstufen klassischer Stätten brüten und dabei eine nicht enden wollende Suada des Herrn Professors über sich ergehen lassen.

Diese überwiegende Mehrheit würde es strikt von sich weisen, wenn jemand ihre Reise als "Trümmertour" oder als bildungselitären Urlaub abqualifizierte. Dabei schauen sie sich in den von ihnen bevorzugten Ländern rund ums Mittelmeer, wie z. B. in Griechenland oder auf Sizilien, vorrangig umgestürztes, altes Gestein an und lesen in ihren Kunstreiseführern vor allem über Entstehung, Sinn und Zweck der alten Kulturgüter. Was also unterscheidet ihre individuelle Trümmmertour von der viel belächelten Studienreise? Nur die Anzahl der zusammen reisenden Personen. Und das genau ist der Punkt. Die - haltlos unbegründete - Diffamierung der Studienreise betrifft nur die Studienreise als Gruppenreise, auf gar keinen Fall aber den individuell organisierten Bildungstrip.

Daraus folgt: Es gibt für die Studienreise-Spezialisten noch viel zu tun, denn die erfreulich hohe Zahl der an Bildung interessierten Reisenden stellt ein ungeheures Kundenpotential dar, das für die Studienreise mobilisiert werden könnte. Wer hier künftig nicht die richtigen Signale setzt, beraubt sich der Möglichkeit einer Marktausweitung.

Die beste Voraussetzung für die optimale Ausschöpfung dieses Markts böte die Tatsache, daß die Studienreise-Veranstalter mit einer Zunge über die moderne Studienreise als ein ganz klar umrissenes Produkt redeten. Denn nur eine deutlich definierte, für die Zukunft konzipierte Reiseform hat überhaupt Chancen, fest im Markt verankert zu werden. Diese einfache Tatsache ist aber zugleich die schwierigste, solange **jeder Veranstalter seine individuelle Interpretation der Studienreise propagiert.** Solange werden sich auch jene falschen Bilder hartnäckig halten, die eine Studienreise als im Übermaß mit Kunstgeschichte und Ruinen beschäftigt zeichnen oder den Reiseleiter als eine in das langweilig-leblose Herunterleiern trockener Fachvorträge verliebte Person verleumden. Auch das ganz und gar nicht der Wirklichkeit entsprechende Vorurteil, daß das Durchschnittsalter einer Studienreise-Gruppe auf jeden Fall die 70 Jahre übersteige, hat sich bis heute noch nicht ausrotten lassen.

2.2 Merkmale von Studienreisen

2.2.1 Historische Entwicklung der Studienreise

Der Begriff Studienreise kann mittlerweile auf ein reifes Alter von knapp 200 Jahren zurückblicken. Sein naher Verwandter, die Bildungsreise, ist übrigens noch weit älter, denn deren historisch faßbare Wurzeln reichen in das Ägypten des 15. Jahrhunderts v. Chr. zurück! Die Studienreise hat sich in diesen 200 Jahren stets den sich verändernden Anforderungen und Erwartungshaltungen angepaßt. Heute entspricht sie in keiner Weise mehr dem ursprünglichen Bild, eher stellt sie inzwischen ihre eigene Antithese dar. Sie ist in den 200 Jahren nicht nur nicht gealtert, sondern zeigt sich bestens entstaubt und verjüngt.

In der ersten Hälfte des 18. Jahrhunderts wurde der Begriff Studienreise als Synonym für die wissenschaftliche Forschungsreise eingeführt. Die Teilnehmer - meist Akademiker und ihre Schüler - reisten organisiert in ein als klassisch bekanntes, aber persönlich noch zu entdeckendes Gebiet, um eine ihnen fremde Kultur kennenzulernen und wissenschaftlich zu erarbeiten.

Ganz so eingeengt akademisch sah man die Studienreise nicht mehr, als der Begriff in den zwanziger Jahren des 20. Jahrhunderts durch *Dr. Hubert Tigges* mit neuem Leben erfüllt wurde. Der Wuppertaler hatte sich am 5. April 1928 mit einer kleinen Gruppe zu einer siebentägigen Wanderfahrt von Elberfeld nach Simonskall in der Eifel aufgemacht und damit den Startschuß für die moderne Bildungs- oder Studienreise abgefeuert, die man per Ausschreibung oder Katalog zum pauschalen Preis (von damals 25 DM!) buchen konnte.

Auch die nach dem Krieg wiederbelebte Studienreise der fünfziger und sechziger Jahre, eine gehobene Form der Besichtigungs-Rundreise, war mehr eine touristische als eine nüchtern-wissenschaftliche Veranstaltung. Noch immer galt allerdings: Der Reiseleiter war akademisch ausgebildet und häufig ein Griechisch- oder Latein-Studienrat; die Reiseteilnehmer setzten sich in der überwiegenden Mehrheit aus dem humanistisch orientierten Bildungsbürgertum zusammen; man reiste, um als menschheitsgeschichtlich bedeutend erkannte, antike Kulturen kennenzulernen und sie durch Vorträge möglichst verständlich nahegebracht zu bekommen.

Diese Studienreisen der Nachkriegsjahrzehnte entsprachen aufs beste den heute ironisierend vorgebrachten Schemata wie »Volkshochschule auf Rädern«, »rollendes Seminar« oder »das fliegende Klassenzimmer« (selbst wenn es sich um eine Busreise handelte). Mit unverkennbarer Lehrer-Attitüde dirigierte der Reiseleiter die staunend-ehrfürchtige Gruppe über das Forum in Rom, durch die Uffizien in Florenz, in die griechischen Tempel auf Sizilien oder auf die Akropolis in Athen - die damals wie heute bevorzugten Studienreisen-Ziele. »Lehrer« ist deshalb auch die angemessene Bezeichnung für den Typus des Reiseleiters der ausgehenden fünfziger und der gesamten sechziger Jahre.

Ein Jahrzehnt später galt der »Lehrer« zwar immer noch viel, schließlich besaß er ja durch seine Ausbildung einen wesentlichen Informationsvorsprung, von dem die Studienreisen-Teilnehmer nur allzu gern profitierten. Aber die strohtrockene Lehrer-Attitüde reichte nicht mehr aus, um die veränderten Erwartungen der Reisegäste voll zu befriedigen. Einerseits legten die Studienreisenden nach wie vor größten Wert auf das fachliche Wissen, andererseits aber überhaupt keinen Wert mehr auf die oberlehrerhafte Art der Wissenvermittlung oder die Beschränkung der Belehrung auf alles »Klassische«. Sie wollten die Informationen dem Inhalt nach zuverlässig, der Form nach lässig-locker serviert bekommen, sozusagen journalistisch. Der Reiseleiter mutierte zum Reporter. Er hatte nicht mehr vorrangig über das Antike, sondern über das Aktuelle, über Land und Leute,

Gegenwart mit Bezug zur Geschichte, Flora und Fauna, Kunst und Küche gleichermaßen Bescheid zu wissen und darüber im gegebenen Moment flüssig zu berichten. Die Reiseteilnehmer spürten sehr schnell, daß sie in dieser entrümpelten Form der Studienreise das Angenehme mit dem Nützlichen verbinden konnten - das erfrischende Reiseerlebnis mit der Erweiterung ihres Wissens.

Die Veränderungen in der Studienreisen-Szene setzten sich in den achtziger Jahren verstärkt fort. Jetzt betrafen die Veränderungen nicht nur die Art der Wissensvermittlung, sondern ganz besonders die Klientel. Studienreisen beschränkten sich nun nicht mehr auf das sogenannte Bildungsbürgertum. Der Urlauber im allgemeinen erschien plötzlich stärker kulturinteressiert und besser vorgebildet. Die Studienreisen-Gruppen wurden von Jahr zu Jahr heterogener, die Reisegäste kamen aus den unterschiedlichsten Gesellschaftsschichten und zeigten einen graduell sehr unterschiedlichen Bildungsstand.

Natürlich können in solchen Gruppen zentrifugale Kräfte stärker wirken als in einer homogenen Ansammlung gleichgesinnter Bildungstouristen. Als große die Reisegruppe einigende Klammer fungierten das gemeinsame Interesse am Zielgebiet, das Schwerpunktthema der Reise und die Konzentration auf den Reiseleiter. Er mußte die Aufmerksamkeit der Teilnehmer wachhalten oder immer wieder neu schüren. Das Motivieren, die Animation, fiel dem Reiseleiter als dritte Aufgabe neben der Wissensvermittlung und der Organisation unterwegs zu. Unter der einigenden Klammer aber schwelten die Einzelinteressen der jeweiligen Teilnehmer weiter. Sie zu kanalisieren, sie im gegebenen Moment aufzugreifen und zum Gruppeninteresse zu machen oder sie geschickt umzubiegen und abzuleiten, wurde zur vierten Aufgabe des Reiseleiters. Er war also nicht mehr nur als lehrender Reporter, Organisator und Animateur gefragt, sondern sah sich plötzlich auch in die Rolle eines Psychologen gedrängt. Er hatte die Gruppe zu informieren, zu lenken und anzuspornen, aber auch zu besänftigen.

2.2.2 Die erste Begriffsbestimmung

Jahrzehntelang kamen die Studienreise-Spezialisten ohne eine klare Definition dessen aus, was eine Studienreise zur Studienreise macht. Die Veranstalter konnten sich sicher sein, daß der Begriff beim Reiseteilnehmer bestimmte positive Erwartungen auslöste. Man durfte sich auf köstliche Reiseerlebnisse freuen und erhielt die Chance, sich dabei auch noch Wissen anzueignen. Nach den langen Entbehrungen, die die erste Hälfte dieses

Jahrhunderts prägten, hatte sich im Bürgertum eine tiefe Sehnsucht nach Freiheit, fremden Ländern, Bildung, Ästhetik, Wärme, landschaftlicher Schönheit, gleißendem Meer etc. breitgemacht. Die Studienreise der fünfziger und sechziger Jahre versprach hier primär Erfüllung und wurde deshalb nicht weiter in Frage gestellt.

Erst in den achtziger Jahren sahen sich die Studienreise-Experten zu einer Begriffsbestimmung gezwungen. Einerseits mußten sie auf die kraß veränderte Erwartungshaltung des inzwischen sehr mobilen Publikums reagieren, dessen Sehnsucht nach fremden Ländern ziemlich umfangreich bedient worden war und das nun nach speziellen und ausgefallenen Reisereizen suchte. Andererseits galt es, sich deutlich abzusetzen von touristischen Mitbewerbern, die mit der eleganten Bezeichnung Studienreise ihre eher schlichten Rundreisen aufzuwerten gedachten. 1983 einigte sich die »Arbeitsgemeinschaft Studienreisen«, ein loser Interessenverband von sieben Spezialisten, auf folgenden gemeinsamen Nenner:

»**Eine Studienreise ist eine Gruppenreise mit begrenzter Teilnehmerzahl, festgelegtem Reiseverlauf sowie deutschsprachiger, fachlich qualifizierter Reiseleitung.**«
(Pressemitteilung der Arbeitsgemeinschaft, November 1983)

Aus dieser nur rudimentären Definition ragen ein paar Begriffe heraus, die das nackte Skelett einer Studienreise darstellen (das Fleisch drumherum formt und formuliert jeder Studienreisen-Veranstalter individuell). Es sind die Termini Gruppenreise, begrenzte Teilnehmerzahl, fester Verlauf und qualifizierte Reiseleitung.

2.2.2.1 Studienreisen sind Gruppenreisen

Wer sich für eine Studienreise entscheidet, weiß, daß er in einer Gruppe unterwegs sein wird. Nicht von ungefähr begründen viele, die die Studienreise - ohne sie je zu erlebt zu haben - als »fahrbares Altersheim« oder »Kaffeekränzchen« abqualifizieren, ihre Ablehnung gerade damit, daß sie auf gar keinen Fall in einer Gruppe verreisen möchten. Für viele Teilnehmer allerdings ist die Gruppe der Grund für ihre Reiseentscheidung,
- weil sie sich die fachkompetente Führung wünschen,
- weil sie sich der sicheren Organisation anvertrauen wollen,
- weil sie sich in der Gruppe geborgen fühlen und
- weil sie sich über ihre Reiseerlebnisse sofort an Ort und Stelle mit jemandem austauschen können.

Ferner verspricht die Gruppe Anregung und vermittelt neue Kontakte oder gar Freundschaften. Auch die Studienreisen-Veranstalter arbeiten mit diesem Element und stellen die Freude am Gruppenerlebnis und am Zusammensein mit gleichgesinnten Reiseteilnehmern durchaus in den Vordergrund ihrer Kundenansprache.

Auf die Zusammensetzung der Reisegruppe nimmt der Veranstalter im allgemeinen minimal Einfluß, eigentlich nur in jenen Fällen, wenn das Zielgebiet oder die Studienreiseform besondere Anforderungen an die physische Kondition der Teilnehmer stellen. So setzen z. B. die durchschnittliche Höhe und der damit verbundene Sauerstoffmangel den Teilnehmern einer Tibet- oder Anden-Reise ganz natürliche Grenzen, genauso wie auch eine Rafting-Einlage bei einer Nepal-Reise zu einer Auslese zwingt.

2.2.2.2 Die Teilnehmerzahl ist begrenzt

Zum Bemessen der **Gruppengröße** gibt es viele Kriterien; das einfachste davon: Die **Kapazität der Transportmittel oder der Unterkünfte** setzt Grenzen. Um ihren Reisegästen jedoch ein optimales Gruppenerlebnis zu ermöglichen, richten sich fast alle Studienreisen-Veranstalter nicht nach dem maximal Möglichen, sondern nach dem möglichst Idealen. Diese **Selbstbeschränkung** macht aus vielen Gründen Sinn. Eine ausgewogen kleine Gruppe ist mobil, kann schnell und flexibel agieren und auch auf eventuelle Programmveränderungen reagieren; die Reiseorganisation unterwegs läßt sich zügiger abwickeln als bei einer Mammutgruppe; und auch dem direkten Kontakt der Teilnehmer zum Reiseleiter und der Intensität der Besichtigungen kommt es zugute, wenn die Gruppe überschaubar ist.

Natürlich hat sich die Teilnehmerzahl auch an der speziellen Reiseform zu orientieren. Es liegt auf der Hand, daß eine reine Museumsreise, wenn sie optimal geführt werden soll, eine sehr viel kleinere Gruppe erfordert als z. B. eine Studien-Rundreise, die in einem Überblick mit Land und Leuten bekannt macht. Hatte sich ursprünglich die 32 als durchschnittliche und maximal übliche Teilnehmerzahl bewährt, so empfanden viele Kunden dies nach und nach als zu hoch und begannen, den Luxus einer Studienreise alsbald auch an der »kleinen Gruppe« zu messen. Dazu brauchten sie sich nur die im Katalog ausgeschriebene maximale Teilnehmerzahl herauszusuchen. Die Veranstalter pendelten sich im Lauf der achtziger Jahre auf 20 bis 26 Teilnehmer pro Gruppe ein. In den neunziger Jahren fiel dieser Pegel bei manchen

Studienreisearten auf maximal 20, bei Exklusiv-Studienreisen gar auf höchstens 15 Teilnehmer pro Gruppe.
Daß die Gruppenstärke den Reisepreis beeinflußt, ist jedermann klar. Die Qualität eines Studienreisen-Veranstalters bemißt sich u. a. auch daran, ob er die **ideale Relation von Geld und Gruppengröße** hat austarieren können und ob er den Kunden davon zu überzeugen vermochte, daß das Preis-Leistungs-Verhältnis bei ihm stimmt.

2.2.2.3 Studienreisen haben einen festen Verlauf

Grundsätzlich gehört zu einer Studienreise als Pauschalreise der feste Reiseverlauf, der im Katalog, in einem Sonderprospekt oder als Fotokopie ausgeschrieben und somit dem Reisegast vor seiner Buchungsentscheidung bekanntgemacht wurde. Der Reiseverlauf ist Teil des Reisevertrags und begründet einen von den Teilnehmern einklagbaren Anspruch auf Erfüllung. Der Reiseverlauf benennt präzise, lückenlos und im Detail die einzelnen Tagesvorhaben, zählt die wesentlichsten Besichtigungspunkte und Unternehmungen auf und verdeutlicht dem Reisegast durch Zusatzinformationen wie »orientierende Rundfahrt«, »Führung durch...«, »Zeit zur freien Verfügung« oder »Gelegenheit zu...« die Art der vorgesehenen Aktivitäten *(vgl. Günter 1991, S. 34)*. Ferner macht er die vom Veranstalter zu erbringenden Leistungen wie die Art des Transports, der Unterbringung und der Mahlzeiten deutlich.

Ursprünglich sah der Reiseverlauf einer Studienreise einen fast täglichen Wechsel des Ortes und der Unterkunft vor, denn den Teilnehmern ging es darum, möglichst viel von ihrem Zielgebiet in möglichst konzentrierter Form kennenlernen. Dieser Sehnsucht hat sich inzwischen der Wunsch beigesellt, eine Studienreise auch als erholsamen Urlaub oder als »Urlaub voller Leben« zu genießen. Die Veranstalter waren also aufgefordert, Studienreiseprogramme zu entwickeln, bei denen der Streß des täglichen Orts- und Hotelwechsels abgebaut wurde oder ganz entfiel. Zum zweiten mußten sie ihre Angebote durch die Integration von individuell zu nutzender Freizeit in den Reiseverlauf aufwerten. Zum dritten war der längerfristige Aufenthalt in Standquartieren gefragt, von denen aus Wander- oder Fahrradexkursionen unternommen werden konnten, die der Studienreise den Touch eines Aktiv-Urlaubs verliehen.

2.2.2.4 Studienreisen werden fachlich qualifiziert geführt

Eine Studienreise steht und fällt mit der Qualifikation des Reiseleiters. Nicht nur, daß er die Gruppe während der gesamten Reisedauer begleitet, sich um die Organisation unterwegs kümmert, als Animateur das Interesse der Teilnehmer anregt und als Psychologe Konflikte in der Gruppe beschwichtigt oder löst, darüber hinaus und ganz besonders ist er Vermittler. Ihm obliegt es, den Reisegästen das Zielgebiet in seiner ganzen Vielfalt verständlich zu machen, über Gegenwart und Geschichte, über Land und Leute wie über Flora und Fauna etc. umfassend und faszinierend zu informieren. Von Land zu Land unterschiedlich stehen ihm dabei manchmal lokale Hilfskräfte zur Verfügung.

Um ein Zielgebiet gründlich verständlich machen zu können, benötigt der Studienreiseleiter spezielle Fähigkeiten und Kenntnisse. Manche kann er sich erwerben, manche liegen in der Persönlichkeit begründet. Erlernbar ist die fachliche Qualifikation, die in den ersten Nachkriegsjahrzehnten als »wissenschaftliche« Qualifikation sogar noch schärfer gefaßt war. Studienfächer, die zum Reiseleiter in Europa prädestinieren, sind Kunstgeschichte (mit all ihren speziellen Fachrichtungen), Anglistik, Byzantinistik, Geschichte, klassische Archäologie, klassische Philologie, Musik, Romanistik etc.; ein stabiles Fundament für Führungen von Fern-Studienreisen bilden u. a. Amerikanistik, Arabistik, Ethnologie, Indologie, Islamwissenschaft, Japanologie, Orientalistik oder Sinologie.

2.2.3 Modifizierte Definition der achtziger Jahre

In den achtziger Jahren war die Studienreise zu einem Markenprodukt avanciert. Der Begriff an sich - so diffus er auch war - signalisierte Qualität, die ihren Preis kostete, und Status; denn nicht jedermann konnte oder wollte sich den »Luxus« einer Studienreise leisten. Um ihr Hochpreis-Produkt gegenüber billigeren Rundreisen schärfer zu konturieren und eine bestimmte Klientel gezielt anzusprechen, mußten sich die Veranstalter Neues einfallen lassen. Und so formulierte man nicht als allgemeingültige, aber zeitgemäße Definition:

> **»Eine Studienreise ist eine Gruppenreise mit festgelegtem Reisethema, qualifizierter Reiseleitung und entsprechend begrenzter Zahl der Teilnehmer mit möglichst gleichartiger Interessenlage.«** *(Albrecht 1991, »Handbuch für Studienreiseleiter«, S. 192)*

Neu daran sind das festgelegte Reisethema und der Wunsch nach einer möglichst gleichartigen Interessenlage der Teilnehmer. Beide Kriterien dienen dazu, den exklusiven Charakter der Studienreise zu betonen und zu erhalten.

2.2.3.1 Studienreisen haben ein festgelegtes Thema

War in den Jahrzehnten zuvor noch die große Überblicks-Studienreise Programm, so hat sich das Gewicht in den achtziger Jahren auf **Studienreisen in regional begrenzte Kulturlandschaften** verlagert.

> **Beispiel:** Natürlich gibt es auch heute noch für all jene, die erstmal einen Querschnitt eines Landes kennenlernen wollen, die »Große Italien-Reise«, andererseits aber hat sich das Angebot auch auf dem »Stiefel« zunehmend breiter aufgefächert - was jedoch einer Konzentrierung gleichkommt. So kann der Reisegast »Erlebnis und Muße in der Toskana« oder »Sizilien - Auf Goethes Spuren« genießen.

Diese Angebotsausweitung gilt auch für die Fern-Studienreise. Der Kunde kann einem Land in einer das Wesentliche betonenden Zusammenschau nahekommen, wie beispielsweise bei einer rund dreiwöchigen Studienreise »China - Die klassische Route« oder bei einer gut vierwöchigen, umfassenden Reise »Indien-Nepal«. Er kann sich aber auch auf einzelne Teilregionen kaprizieren und binnen zweier Wochen »Südchina mit Yangzi-Kreuzfahrt« erleben oder zwei Wochen lang »In Sikkim wandern«.

Neben der Regionalisierung ist seit den achtziger Jahren auch eine verstärkte **thematische Spezialisierung** der Studienreise festzustellen. So kann der Reisegast nicht nur in den »Karneval in Venedig« oder »die Romanik des Burgund« eintauchen, an der »Trüffel- und Olivenernte in der Toskana« teilnehmen und »Tanzende Derwische beim Festival in Konya« besuchen, sondern auch »die Frühjahrsblüte auf den Kanarischen Inseln« oder »die Bergwelt Marokkos« genießend kennenlernen.

An der Regionalisierung der Programme und der Formulierung der thematischen Schwerpunkte beweist sich die ganze Phantasie eines Studienreisen-Veranstalters. Wie weit er hierbei das Wesentliche herauszupicken und dem Kunden als Angelpunkt seines Programms zu vermitteln vermag oder ob er seine Routen sich im summarischen Überblick erschöpfen läßt, gibt dem Studienreise-Interessenten Aufschluß über das Niveau des Anbieters. Der Studienreise-Gast weiß selbstverständlich zwischen einer Besichtigungsfahrt zum Abhaken von Sehenswürdigkeiten und einer fachlich qualifiziert geführten Studienreise mit thematischen

Schwerpunkten, wie z. B. »Das romanische Burgund«, »Die Backsteingotik in Norddeutschland« oder »Der Weg des Buddhismus in China«, zu unterscheiden. Er ist auch bereit, den enormen qualitativen Unterschied, der sich im Preis deutlich niederschlagen muß, zu honorieren. Dennoch steht der einzelne Veranstalter vor dem Problem, seinem Kunden plausibel zu machen, weshalb gerade in seinem Katalog dieser relativ hohe Pauschalpreis ausgeschrieben ist. Daß Qualität Geld kostet, ist eine Binsenweisheit. Aber wie soll sie dem Kunden vermittelt werden?

2.2.3.2 Die Bedeutung möglichst gleichartiger Interessenlagen der Teilnehmer

Zur Frage der Qualität gehört auch der Wunsch nach einer möglichst gleichartigen Interessenlage der Teilnehmer. Ob der einzelne Reisegast seine Studienreise als positiv oder negativ empfindet, hängt wesentlich von der Harmonie ab, die während der Gruppenreise herrscht. Der gefürchtete »Gruppenkoller« zerstört jedes individuell-positive Reiseerlebnis. Ist die Ausgangsbasis für die Studienreise, das Interesse am Zielgebiet und am Schwerpunktthema, bei allen Reisegästen gleichermaßen ausgeprägt, stehen die Chancen, daß auch alle erfüllt, erfreut und erholt zurückkehren, besser als bei einer extrem heterogenen Gruppe.

2.2.4 Die in die Zukunft weisende Definition

Ganz neu muß die Studienreise der neunziger Jahre definiert werden. Im Zeitalter des unkontrollierten Massentourismus hat sich immer klarer herausgestellt, daß die Reiseindustrie zwei Gesichter zeigt. Sie kann nützen, aber genauso auch schaden. An deutschen Fachhochschulen wird mehrheitlich über das Letztere geforscht, und es werden bereits Horrorszenarien für den Tourismus des 21. Jahrhunderts entworfen. Schon ist von „künstlichen Erlebniswelten" und „Reisen auf Bezugsschein" die Rede, um die wenigen Ressourcen dieses Globus vor dem gierigen Zugriff der inzwischen größten Industrie der Welt zu retten. Wer den Tourismus objektiv betrachtet, sieht die Gefahr.

Schaden können auch Studienreisen, nicht nur der Massentourist, dem inzwischen alles verfügbar gemacht wurde, der ungehindert überall hintransportiert wird und der sogar im entlegensten Winkel der Welt tut und läßt, was er glaubt, daß gut für ihn sei. Hier können verantwortliche

Studienreisen-Veranstalter Einhalt gebieten, Zeichen setzen, mit gutem Beispiel vorangehen und die Studienreise als eine Reiseform etablieren, die auch im 21. Jahrhundert noch ihre Existenzberechtigung hat.
Gedanken über den Zusammenhang von Tourismus und Umweltzerstörung macht man sich seit rund 15 Jahren. Erste Ausflüsse waren der »Sanfte Tourismus« und der »Öko-Tourismus«. Inzwischen ist mit der Maßlosigkeit der Reiseindustrie auch die Zerstörung der Umwelt und der Untergang kleiner, versprengter Kulturen und Gesellschaftsstrukturen immer schneller vorangeschritten. Um sich gegriffen hat auch die Inflationierung des Begriffs »umweltverträgliches Reisen«; es gibt kaum jemanden, der nicht dieses bisher ungeschützte Label für sein Produkt reklamierte. Da gilt es, auf die praktische Umsetzung und nicht nur auf die Werbebroschüren der Veranstalter zu achten.

Gedanken für die Formulierung und die Umsetzung des künftig geforderten umweltverträglichen und sozialverantwortlichen Tourismus hat sich auch der Marktführer bei Studienreisen, Studiosus Reisen München, gemacht. Dort arbeitet man seit langem an Lösungen, die über den »Sanften Tourismus« hinausgehen und die gemeinsame Verantwortung der Tourismusindustrie beschwören. Eingeflossen sind diese Überlegungen in die hauseigene, alle Mitarbeiter verpflichtende Definition, die weit über die üblichen Formulierungen hinausgeht, die bisher in Studienreise-Handbüchern zu finden sind:

> **»Die Studienreise ist eine intelligente Form der Urlaubsreise, die ein intensives Auseinandersetzen mit dem Gastgeberland ermöglicht, indem sie die Vergangenheit nachempfinden läßt, den Bezug zu gegenwärtiger Lebenssituation und Kultur aufzeigt und dieses Erlebnis an Ort und Stelle vermittelt. Dabei versucht sie, die ursprüngliche soziokulturelle Situation und die Umweltbedingungen des Gastlandes zu schonen und - wenn möglich - sogar zu fördern.«** *(Unternehmensleitbild von Studiosus Reisen München, 1995)*

2.2.4.1 Die Studienreise ist eine Urlaubsreise

Eines springt bei dieser Definition sofort ins Auge: Sie räumt mit Vorurteilen auf und faßt vieles neu. Die Studienreise wird hier nicht mehr nur als Pauschalreise angesehen, als die sie selbstverständlich im selben Maße weiterhin Bestand hat. Denn sie stellt auch künftig ein Leistungspaket dar, in das Verkehrsmittel, Unterkunft und Verpflegung, Eintritte und Trinkgelder sowie - last but not least - die Reiseleitung verschnürt sind. Die Studienreise wird hier nicht mehr auf ihr Dasein als Gruppenreise reduziert, obwohl sie auch das in Zukunft bleibt. Erstmals aber hält diese Definition fest, daß eine Studienreise eine Urlaubsveranstaltung ist, Spaß machen darf und sowohl durch geistige Anregung als auch körperliche Aktivität zur Erholung beiträgt. Der Studiosus-Slogan »Urlaub voller Leben« bringt auf den Punkt, was eine in Zukunft erfolgreich zu vermarktende Studienreise sein soll.

Die meisten Veranstalter haben diesen **Trend zu aktiven Reiseelementen** erkannt und zu nutzen verstanden. So bereichern neben dem seit Jahren eingeführten Wandern und Radfahren (weltweit und europanah angeboten) inzwischen Trekking, Mountainbiking, Kanuwandern, Segeln, Tauchen und Reiten die Studienreisen-Palette. Landesspezifisch lockern auch nichtsportliche, ausgefallene Extras wie etwa Goldwaschen, Vogel- oder Walbeobachtung die Studienreise-Programme auf *(Lettl-Schröder 1995)*

2.2.4.2 Das Reiseziel als »Gastgeberland«

Zukunftweisend ist, daß in dieser Definition beim Reiseziel vom »Gastgeberland« gesprochen wird. Dadurch erklärt der Veranstalter unmißverständlich, daß er den Reiseteilnehmern vermitteln will, sie besuchten das Zielland als Gäste und möchten sich bitte entsprechend zurückhaltend, aber doch aufgeschlossen benehmen. Es wird also nicht an die »sportliche Einstellung« der Teilnehmer appelliert, mit der die Veranstalter bisher gerne eventuell auftauchende Probleme in touristisch noch wenig erschlossenen Regionen gemeistert wissen möchten. Im Gegenteil. Der Gast soll nicht nur Verständnis für schwierige Situationen aufbringen, sondern sich ganz allgemein umsichtig verhalten, Rücksicht auf die Interessen der einheimischen Bevölkerung und auf deren Eigenständigkeit nehmen; er soll die Regeln, Sitten und Bräuche sowie die kulturelle Eigenart des Gastlandes respektieren. Das gilt für die Länder der sogenannten Dritten Welt ganz besonders, aber auch für alle anderen Länder, deren westlicher Standard oft vergessen macht, daß man sich im Ausland befindet.

Studienreisen sind besonders geeignet, Respekt und Verständnis für das »Andere« zu wecken. Denn bei dem intensiven Auseinandersetzen mit dem Gastland, das dem Kunden ein tiefes Verstehenlernen seines Reiseziels garantiert, spielt der Reiseleiter eine zentrale Rolle. Er oder sie kann dazu beitragen, beim Reisenden das Bewußtsein für umweltverträgliches und sozialverantwortliches Verhalten zu schärfen. Ganz pointiert herausgehoben wird diese Intention nochmals dadurch, daß die Definition über den

Gedanken an die bloße Schonung der soziokulturellen Situation und der Umweltbedingungen hinausführt zu einer eventuell möglichen Förderung derselben. Laut *Studiosus* bezieht die zeitgemäße Studienreise ihre Berechtigung daraus, im Sinne einer echten Völkerverständigung Brücken zu schlagen über äußere und innere Grenzen hinweg sowie die kulturelle Vielfalt und die natürliche Schönheit dieser Erde als für alle Menschen und für deren Nachkommen erhaltenswerte Güter bewußt zu machen.

2.3 Aktuelle Zahlen zum speziellen Markt

Das Volumen des deutschen Studienreisen-Markts schätzen Analysten auf rund **250.000 Reiseteilnehmer pro Jahr** pro Jahr *(Märkte + Tendenzen, Gruner + Jahr, 1994)*. Diesen »Kuchen« teilen sich circa **35 mittelständische Unternehmen**, die ausschließlich Studienreisen veranstalten und diese Bezeichnung eventuell sogar im Namen führen. Seit ein paar Jahren drängen prominente Pauschalreiseveranstalter in diesen Spezialistenmarkt vor. Der mit Abstand größte deutsche Studienreisen-Veranstalter *ist Studiosus Reisen München*. Die Firmengruppe beförderte im Geschäftsjahr 1994 gut 88.600 Personen, davon nahmen mehr als 73.200 an einer Studienreise teil, die anderen konzentrierten sich auf die den Studienreisen verwandten Kurz- und Sprachreisen sowie auf spezielle Gruppenreisen. Auch für 1995 veröffentlichte der Marktführer positive Zahlen: Sieben Prozent Zuwachs bei den Teilnehmern und 13 Prozent beim Umsatz.

Von den ausschließlich auf dem Fernreise-Sektor tätigen Veranstaltern hörte man für das abgeschlossene Tourismusjahr 1994 sehr divergierende Zahlen. Während *Marco Polo Reisen, Kronberg*, zwei Prozent Plus bei den Teilnehmern und drei Prozent beim Umsatz angab und sich *Ikarus Tours, Königstein*, mit jeweils einem Prozent beschied, lief *Windrose Fernreisen, Berlin*, mit Zuwächsen von 21 Prozent bei den Teilnehmern und 23 Prozent beim Umsatz allen davon. Gute Zahlen meldeten auch Spezialisten, die sich auf besondere Nischenprodukte kaprizieren, wie *Natur Studienreisen* (plus 10 Prozent Teilnehmer, 8 Prozent Umsatz) oder Hauser Exkursionen (8 Prozent mehr Teilnehmer, 10 Prozent mehr Umsatz). *(Lettl-Schröder 1995)*

2.3.1 Nachfrageschwund durch Krisen

Diese Zahlen darf man nicht als absolut betrachten, man muß sie wichten. Umsätze und Teilnehmerzahlen hängen in für manchen Spezialisten erschreckendem Maße vom Zielgebiet ab.

Beispiel: Ein Veranstalter mit Schwerpunkt Indien kann nach einem Jahr wie 1994, als wegen der Pest das gesamte Geschäft im vierten Quartal wegbrach, ruiniert sein. Hieße sein zweites »Standbein« dann auch noch Jemen, hätte er ganz gewiß Konkurs anmelden dürfen; dort wütete 1994 der Bürgerkrieg.

In manchen klassischen Studienreise-Zielen, wie in Ägypten und in der Türkei, vertreiben seit Jahren politisch motivierte Exzesse die Touristen. Rußland und die GUS-Staaten kommen politisch und wirtschaftlich nicht zur Ruhe; auch hier findet seit dem Zusammenbruch der »roten Systeme« kein nennenswerter Tourismus statt. Derartige Rückgänge in einigen Zielgebieten, die durch politische Probleme oder Gesundheitsrisiken verursacht werden, sind nur in den wenigsten Fällen durch Zuwächse in anderen Destinationen zu kompensieren. Veranstalter mit breiter Programmpalette tun sich verständlicherweise beim Minimieren des Risikos leichter.

Touristisch wegbrechenden Zielgebieten standen in der ersten Hälfte der neunziger Jahre glücklicherweise doch auch immer wieder einige sich erfreulich entwickelnde Destinationen gegenüber. Wie die negative Tendenz bei jenen hängt auch die positive bei diesen unmittelbar mit den nationalen, politisch-wirtschaftlichen Vorgängen zusammen. So konnten sich z. B. Länder wie die Baltischen Staaten, die sich nach dem Zusammenbruch der Sowjetunion schnell konsolidierten, reger Nachfrage erfreuen. Ein zweites Beispiel liefert Südafrika. Die politische Klarheit, die das Land nach den Wahlen 1994 ausstrahlte, ließ die Buchungszahlen für diese Destination im Jahr 1995 rapide nach oben schnellen. Dieser positive Sog erfaßte auch gleich die Nachbarländer wie Namibia oder Botswana.

2.3.2 Stärken der Studienreise bei Konjunkturschwächen

Hängen "Wohl und Weh" der Studienreisen - wie aller touristischen Angebote - unmittelbar von Ruhe oder Unruhe in den Zielländern ab, so zeigt sich diese Reiseform bei Konjunkturschwächen weniger anfällig. Auch für 1995 prognostizierte die alljährliche FVW-Umfrage *(Lettl-Schröder 1995)* einen dauerhaft positiven Trend zur Studienreise. Von *Athena Weltweit, Hamburg*, bis zu *Yeti Tours, Stuttgart*, zeigten sich die Veranstalter optimistisch und konnten - mit Ausnahme der aktuellen Krisenherde - für die meisten Ziele eine positive Entwicklung registrieren. Bei allen Befragten klangt durch, daß man in die ökonomische Stabilität der kaufkräftigen Klientel vertraue.

2.3.3 Der Trend zu Fern-Studienreisen

Deutlich festzustellen ist der Trend zur Fern-Studienreise. Zwar liegen immer noch die traditionellen Studienreisen-Länder wie Italien und Griechenland vorn, gefolgt von der Iberischen Halbinsel, Großbritannien und Frankreich. Rüde Preiserhöhungen im griechischen Tourismusgewerbe haben für 1995 einen Nachfrageschwund von eklatanten 25 Prozent bewirkt. Mehr und mehr Kunden zieht es aber in die Ferne - und die kann gar nicht weit genug entfernt sein. Voll im Trend liegen Australien/Neuseeland und der Pazifik. Einen Boom zeitigt auch der Ferne Osten, in dem China mit Teilnehmer-Zuwächsen bis zu 60 Prozent zu den absoluten Siegern gehört. Kenner bevorzugen Südostasien und picken sich hier wiederum die touristisch noch wenig entwickelten Länder Vietnam und Laos heraus. Dem schon seit einigen Jahren großen Run nach Nordamerika folgte Mitte der neunziger Jahre die steigende Nachfrage nach Destinationen in Südamerika. Mit Zuwächsen von weit über 50 Prozent legte auch das gesamte südliche Afrika überraschend stark zu.

2.4 Die Zielgruppe

Der durchschnittliche Studienreisende ist
- über 45 Jahre alt,
- gehört der gehobenen sozialen Schicht an,
- ist alleinstehend,
- verfügt über eine höhere Bildung und
- ist reiseerfahren.

Wenn man genauer analysiert, sind Frauen auf Studienreisen geringfügig mehr vertreten als Männer. Der Altersdurchschnitt schwankt je nach Produkt. Es liegt in der Natur der Sache, daß Fans von Wander- oder Fahrrad-Studienreisen das Durchschnittsalter senken, während Teilnehmer von Busreisen zu europäischen Zielen es kräftig anheben. Leicht nachvollziehbar ist, weshalb mehr Ältere als Jüngere sich für eine Studienreise entscheiden: Sie bietet hohe organisatorische Sicherheit bei gleichzeitig hohem Komfort

(Günter 1991, S. 43). Da die Studienreise in der Öffentlichkeit fälschlicherweise noch immer im Ruch steht, ein »fahrbares Altersheim« zu sein, verbuchen alle Studienreise-Veranstalter jede Senkung des Altersdurchschnitts als großen Erfolg und geben sich reichlich Mühe, Studienreiseformen zu entwickeln, die verstärkt Kunden unter 50 Jahren anlocken könnten.

Das Spektrum an Zielgruppen ist breit. Amüsant liest sich eine Sammlung, in der die Veranstalter die eigene Zielgruppe beschreiben. Von »flexibel, neugierig und interessiert an Ländern, Menschen, Natur und Kultur« spannt sich der Bogen bis zu den »offenen Kosmopoliten« *(o. V. - Spektrum - 1995, S. 10).* Da der Begriff Studienreise in der touristischen Marktforschung jedoch nicht klar definiert ist, lassen sich auch die Zielgruppen nicht hundertprozentig festmachen. Licht in das Dunkel der Zielgruppen werfen Analysen. Sie zeigen die Motivationen und die Erwartungen, die die Studienreisenden mit dem Produkt verbinden. So geht es den meisten - wie schon zu Beginn des Essays notiert - darum, den Horizont zu erweitern, andere Länder zu erleben und kennenzulernen, neue Eindrücke zu gewinnen, unterwegs zu sein. Da Begriffe wie Ausspannen oder Nichtstun von Studienreisenden relativ wenig genannt werden, kann man sich einer Zielgruppen-Beschreibung getrost nähern, die die Flexibilität und das Interesse an fremden Kulturen, Menschen und Natur in den Mittelpunkt stellt.

Dieses Interesse haben Millionen Deutsche, sagen Marketing-Experten. Aber nicht alle wollen ihr Reiseerlebnis pauschal organisiert wissen. Das wiederum ist allerdings keine Frage des Alters. Auch die Jüngeren und ganz Jungen sind an Studienreisen interessiert; sie bevorzugen aber ganz offensichtlich die preiswerten Angebote zumeist gemeinnütziger Jugendreise-Veranstalter. Wenn die Zielgruppe schon einigermaßen, obschon nicht im engsten Sinne, eingegrenzt und mit einem Millionenmarkt beziffert wurde, ist es wohl an den Veranstaltern, den potentiellen Kunden adäquate Produkte anzubieten oder die bereits auf den Markt zugeschnittenen Produkte deutlicher als bisher zu definieren und zu positionieren.

2.5 Produkt- und Preispolitik

2.5.1 Allgemeines

Mit der Reiseerfahrung sind auch die Erwartungen und Ansprüche der Studienreise-Teilnehmer gewachsen; Ansprüche, die an Qualität der Reise,

Kompetenz des Reiseleiters, gebotenen Leistungen, Transport, Unterkünfte, Verpflegung und Programm sowie an die Infrastruktur des Zielgebiets gestellt werden. Dem müssen die Veranstalter Rechnung tragen und ihre Angebote ständig variieren, differenzieren und aktualisieren. Da der Globus so gut wie rundum entdeckt ist, gibt es kaum neue Ziele zu erschließen; schon gar nicht, wenn man an die Verantwortung der Tourismus-Gewaltigen appelliert, sie mögen nicht auch noch den letzten Winkel der Erde und die kleinste bisher nicht vermarktete Kultur ihrer verborgenen Stille entreißen.

Um die Stammkunden bei der Stange zu halten und gleichzeitig neue Kunden zu akquirieren, müssen sich die Veranstalter also andere Reize ausdenken, neue Reiseformen etwa, aktuelle Programme für junge Leute oder junge Familien, aktive Urlaubsformen etc. Da die Bestandteile einer Studienreise bei allen Veranstaltern gleich sind, können sich die Mitbewerber nur über die Produktqualität und -gestaltung voneinander abgrenzen, Zielgruppen für sich gewinnen und eventuell eine Alleinstellung im Markt erreichen. Da *Studiosus* seit einigen Jahren erfolgreich mit neuen thematischen Ausrichtungen und maßgeschneiderten Angeboten für spezielle Kundenkreise aufwartet, »eine Strategie, die zunehmend auch von den Mitbewerbern übernommen wurde« *(Bremkes 1995),* soll das Programmangebot hier als über *Studiosus* hinausweisendes Beispiel herangezogen werden.

2.5.2 Das Produktprogramm aktueller Studienreiseformen
- am Beispiel von *Studiosus* Reisen

Unter dem Oberbegriff Studienreise versammeln sich bei *Studiosus* elf Reiseformen. Zu der modernen Studienreise als qualifiziert geführter Rundreise gesellen sich die FreizeitPlus-Studienreise, Studienferien, Familien-Studienferien, Wander-Studienreisen, Fahrrad-Studienreisen, Natur-Studienreisen, Studienexpeditionen, Studien-Kreuzfahrten, Exklusiv-Studienreisen und - als jüngstes Kind - die Young Line. Sie alle wurden im eigenen Haus entwickelt und erfüllen das gestellte Ziel, den »Urlaub voller Leben«. Laut der *Studiosus*-Philosophie sollen Studienreisen weg vom bloßen Betrachten der Geschichte und ihrer Zeugnisse hin zu tatsächlich Gelebtem und Lebendem führen. Fremde Traditionen zeigen sich dadurch in völlig neuem Licht, sind in das Leben der heutigen Menschen eingewoben. Einige Formen der Studienreise sind darüberhinaus direkt mit aktivem Handeln verbunden, wie Wandern und Radfahren.

(1) Die moderne Studienreise

Die moderne Studienreise ist alles andere als eine entrümpelte Trümmertour. Sie beruht auf einem ganz eigenen Konzept, in dessen Mittelpunkt nicht die Ruinen vergangener Kultur stehen, sondern die Vermittlung des »Hier und Heute«, dessen Wurzeln tief in die Vergangenheit zurückgreifen und das ohne diese Herkunft nicht denkbar ist. Vom Zeitgenössischen aus stellt der Reiseleiter die Verbindung zur Vergangenheit her. Klassische Sehenswürdigkeiten werden dabei mit gegenwärtigen Eindrücken verwoben und erhalten dadurch eine völlig neue Aktualität.

Um den unterschiedlichen Erwartungen der Reisegäste entgegenzukommen, hat *Studiosus* die moderne Studienreise für eine differenzierte Zielgruppenansprache nochmals untergliedert: Kunden, die nicht den größten Wert der Studienreise dem Komfort beimessen, aber dennoch die gewohnt gute Qualität an Führung und Leistungen genießen wollen, sind bei der "SparVariante" gut aufgehoben. Hierbei wohnen die Gruppen in guten, aber nicht luxuriösen Hotels, die Mindestteilnehmerzahl liegt bei 15, die maximale bei 35 Gästen. Natürlich gibt es auch heute noch Studienreisende, die gerne in kleineren Gruppen von Gleichgesinnten besonders gründlich und ausführlich vor allem in Geschichte und Kultur eines Landes eintauchen wollen. Für sie hält *Studiosus* die sogenannte "IntensivVariante" bereit; bei ihr besteht die Gruppe aus maximal 20 Teilnehmer, denen ein erweitertes Besichtigungsprogramm mit kulturhistorischem Schwerpunkt geboten wird.

(2) Studienreisen mit Freizeit-Plus

Die FreizeitPlus-Studienreisen gewähren - wie der Name signalisiert - mehr freie Zeit für Muße oder eigene Aktivitäten der Teilnehmer. Jahrelange direkte Befragungen von Kunden und Auswertungen von Kunden-Fragebögen haben gezeigt, daß großer Bedarf danach besteht, im Rahmen einer Studienreise **Zeit zur freien Verfügung** zu haben, für private Restaurantbesuche, Einkäufe, vertiefende Museumsbesuche oder ganz einfach zum Erholen. Großer Wert wird dabei auf die Hotel-Auswahl gelegt; die Häuser müssen sich durch angenehme Lage und landestypisches Interieur auszeichnen und möglichst auch attraktive Anlagen und Möglichkeiten zu körperlicher Betätigung besitzen. Da es sich um Rund- und nicht um Aufenthaltsreisen handelt, hat der Veranstalter, um das Programm entspannter zu gestalten, auch darauf geachtet, die Hotelwechsel möglichst gering zu halten.

(3) Studienferien

Wer **Hotelwechsel** überhaupt für **überflüssig** und den Urlaub unnötig belastend hält, findet seine Wünsche durch die Studienferien erfüllt. Bei ihnen wird das Hotel tatsächlich zum »Zuhause«, denn bei den meisten Reisen wohnt man für die Reisedauer in ein und demselben Hotel, höchstens beim Insel-Hüpfen, wie z. B. in Griechenland muß man zwischendurch die Koffer packen, aber das auch nur einmal. Bei diesen Aufenthaltsreisen erlebt man das Zielgebiet durch sternförmige Ausflüge zu den kulturellen und landschaftlichen Höhepunkten. Von Land zu Land und von Reise zu Reise unterschiedlich unternimmt man die Ausflüge per pedes, Rad oder Reisebus.

(4) Studienferien für junge Familien

Voll im Trend liegen die Studienferien für Familien **mit Kindern** ab vier Jahren. Sie wurden konzipiert für alle Eltern, die bisher vergeblich versucht haben, zusammen mit ihren Kindern einen Urlaub zu verbringen, der sich nicht im Strandleben erschöpft, sondern das Urlaubsland in seiner ganzen Vielfalt nahebringt. Bei diesem »Reisekompromiß« machen die Eltern manchmal gemeinsam mit den Kindern spannende und gleichwohl entspannende Ausflüge, manchmal auch ohne sie, aber zusammen mit dem Reiseleiter, der dann Führungen in gewohnter Studienreisen-Qualität bietet. In dieser Zeit amüsieren sich die Kinder bei Spiel und Sport mit fachlicher Betreuung im Hotel. Einige Tage wiederum gehören ganz den Kindern, die dann auf ihre spezielle Art mit dem Reiseleiter das Land entdecken, während die Eltern Freizeit und Freiheit genießen. Kinder sehen, denken und erleben ja ganz anders als Erwachsene; das wiederum wissen und beherzigen die eigens hierfür geschulten Reiseleiter. Es versteht sich von selbst, daß auch die Hotels speziell familiengerecht ausgewählt wurden.

(5) Wander-Studienreisen

Zur Entwicklung der Wander-Studienreisen, einer der frühesten Studienreiseformen mit Aktivurlaub-Charakter, haben vor allem die Unternehmen *Studiosus* und *Baumeler* beigetragen. Wander-Studienreisen sind eine Verschmelzung der modernen Studienreise mit der reinen Wanderreise, um die Vorteile beider zu kombinieren. So erleben die Teilnehmer eine Landschaft mit allen Sinnen, müssen aber auch nicht auf das kulturelle Erlebnis verzichten.

Aus dem Wandern wurde aber keine Weltanschauung gemacht; deshalb sind die Etappen selten länger als zwei bis drei Stunden und kaum jemals strapaziös. Im übrigen wird in den Katalogen bei jeder Reise die Wanderdauer und der Schwierigkeitsgrad durch Symbole deutlich gemacht. Obwohl der sportliche Aspekt vollkommen nebensächlich ist, zählt am Abend schon auch ein wenig die »Leistung«, denn schließlich hat man ja etwas »geschafft«.

Inzwischen blickt diese Studienreise-Variante auf mehr als 20 Jahre zurück. Uneingeschränkt aktuell sind aber noch immer das unbeschwerte Wandern ohne Gepäck - aber mit viel Naturerlebnis - und die »hautnahe« Annäherung an die Sehenswürdigkeiten. Ebenfalls aktuell sind die Destinationen. Welche Region auch immer sich weltweit und europanah dazu eignet, es gibt für sie bestimmt unterdessen eine Wander-Studienreise, wenn nicht sogar mehrere Varianten. Da sich Besichtigungen und Entspannung bei dieser Reiseform ideal die Waage halten, haben mittlerweile zahlreiche Studienreise-Veranstalter diese Kombination im Angebot.

(6) Fahrrad-Studienreisen

Auch die Fahrrad-Studienreisen wurden entwickelt, um die moderne Studienreise mit aktiven Reiseelementen zu bereichern und dem Bedürfnis der Klientel, sich im Urlaub zu betätigen, nachzukommen. Sie stellen - wie die Wander-Studienreisen - eine wohlausgewogene Mischung aus Aktivität, kulturellen Erlebnissen und Urlaubsspaß dar. Auch hier geht es nicht um sportliche Höchstleistungen, sondern um das »menschliche Maß«, in dem man Natur und Landschaft erlebt. Es wird auch nicht die gesamte Reiseroute mit dem Fahrrad bewältigt, sondern man durchrollt landschaftlich besonders schöne Strecken in unanstrengenden Etappen. Übrigens ist der Begleitbus immer irgendwo in der Nähe, so daß Teilnehmer, denen das Pedaltreten zu viel wird, schnell überwechseln können. *(Ausführliche Informationen zu den verschiedenen Formen des Radtourismus bei Dreyer/ Krüger 1995.)*

(7) Natur-Studienreisen

Manchem Studienreisenden mag die Nähe zur Natur, wie sie die Wander- oder Fahrrad-Studienreisen vorsehen, nicht genügen. Er möchte Natur nicht allgemein erleben, sondern ganz speziellen geologischen Formationen oder landestypischer Flora und Fauna begegnen - und sie fachlich qualifiziert vermittelt bekommen. Hier bieten sich die Natur-Studienreisen an, die die Vielfalt der Natur, von Tier- und Pflanzenwelt sowie Erd- und Entwicklungsgeschichte aufzeigen. In dieser Marktnische haben sich einige Spezialveranstalter gut eingerichtet. Ihre Palette reicht von speziell von Zoologen geführten Tierbeobachtungsreisen über »sanfte Reisen« in Naturschutzparks bis hin zum Besuch von Naturschutzprojekten internationaler Organisationen.

(8) Studien-Expeditionen

Etwas mehr Anforderungen an den Sports- und den Teamgeist der Reisegäste stellen die Studien-Exkursionen. Sie führen meist in abgelegene Länder und Regionen. Oft kommt man dabei nur mit Geländewagen durchs Land, manchmal wird in Zelten oder Lodges übernachtet. Bei dieser naturnahen Reiseform in touristisch wenig erschlossene Gebiete ist es besonders notwendig, genau jene Grenze zu respektieren, die unsere Welt von bisher unberührten Ethnien und ökologischen Nischen trennt. *Studiosus* verzichtet bewußt auf Ausflüge und Expeditionen in verschlossene Refugien, weil man um deren Schutzwürdigkeit weiß *(Unternehmensleitbild von Studiosus Reisen München, 1995)*.

(9) Studien-Kreuzfahrten

Als eine der komfortabelsten Reiseformen schlechthin gilt die Studien-Kreuzfahrt. Das schwimmende Hotel garantiert Erholung, und die Landausflüge sorgen für Erlebnisse. Aber sie haben - wie die Studienreise - immer noch mit hartnäckigen Vorurteilen zu kämpfen. Anscheinend unausrottbar fest hält sich das Klischee, man müsse bei der Passagebuchung den Smoking und den Nerz vorweisen. Daß dies nur für die allerwenigsten Kreuzfahrtenangebote gilt, hat sich nicht zur Genüge herumgesprochen. Auf die Studien-Kreuzfahrten trifft es prinzipiell nicht zu. Hier liebt man es leger. Wodurch denn trüge die Abendgarderobe zur Erhöhung des Reiseerlebnisses auf dem Amazonas, dem Nil, der Wolga oder dem Yangzi bei? Auch in der Ägäis und vor Alaska, in der Antarktis und der Südsee stehen andere Reiseinhalte im Vordergrund als schöne Roben. Studien-Kreuzfahrten sind Studienreisen mit einem ungewöhnlichen Transportmittel und abseits der üblichen Wege. Dennoch sind sie Studienreisen: Sie stellen Land und Leute, Landschaft und Tierbeobachtung in den Vordergrund. Das Erlebte wird an

Bord durch die fachliche Kompetenz der Reiseleiter abgerundet und in den thematischen Gesamtzusammenhang der Reise gestellt.

(10) Exklusiv-Studienreisen

Exklusiv-Studienreisen sind »Reisen auf die feine Art«. Nach dem Motto »Weniger ist mehr« wurde die Höchstteilnehmerzahl auf 15 begrenzt. Dem Wunsch einer fest umrissenen Klientel zufolge ist der Reisekomfort gehoben. Man wohnt in ausgewählt guten, teils luxuriösen Hotels, legt bei manchen Reisen längere Überlandfahrten kurz mit dem Flugzeug zurück und genießt - landesbedingt - etliche Extras, wie z. B. im kulinarisch berühmten China mehrere Spezialitätenessen.

(11) Young Line

Als voller Erfolg stellte sich schon kurz nach ihrer Einführung zum Reisejahr 1995 die speziell auf ein junges Publikum, das normalerweise nicht ins Reisebüro geht, zugeschnittene **Young Line** heraus, die Studienreise für junge Leute zwischen 20 und 35. Offenbar war sie für diesen Kundenkreis maßgeschneidert, denn sie wurde im Handumdrehen akzeptiert, was ein paar nüchterne Zahlen zeigen: Bereits in der ersten Hälfte 1995 buchten über 1200 Personen eines der 11 Programme. Die Auswahl ist breit gefächert. Es geht zu den Kykladen und auf einen Kaiki-Törn in die Ägäis, in die Toskana, nach Andalusien und Portugal; sowohl Irland und Island als auch Marokko stehen auf dem Programm. Wen es noch weiter treibt, der kann Sri Lanka kennen- und verstehen lernen, Indonesien und die USA.

Den Buchungen zufolge interessierten sich auch die jungen Leute besonders für die klassischen Studienreise-Ziele. Rang 1 der Nachfrage nahmen die Kykladen ein, auf den zweiten Platz kam die Toskana, Andalusien folgte auf dem dritten. Auch bei dieser Form der Studienreise stehen die Reiseroute und ein Großteil der Besichtigungen fest, aber jeder Tag hat genügend »Luft« für individuelle und spontane Entschlüsse. Betreut wird die Gruppe von einem gleichaltrigen »insider«, der hier bewußt nicht als Reise**leiter** fungiert, sondern als Reise**begleiter**.

Eine Befragung der jungen Kunden brachte an den Tag, daß sie weg wollen von der Oberfläche, vom beliebig austauschbaren Strandurlaub, daß sie fremde Länder rundum erleben wollen und intelligente Reiseangebote erwarten. Sie haben großes Interesse an Land und Leuten, das gestillt sein will - unter dem Motto »mehr Gegenwart, weniger Geschichte«. Die Young Line erschöpft sich - wie alle modernen Studienreisen - nicht in der Jagd nach Sehenswürdigkeiten, sie reduziert sich aber auch nicht auf einen bloßen Fit´n Fun-Trip. Auf die Mischung kommt es an. In der Praxis hat sich gezeigt, daß die jungen Leute an örtlichen Discos wenig Interesse hatten, daß sie statt dessen aber die Reisebegleiter an kulturhistorisch wichtigen Stätten länger und intensiver ausfragten als die etwas bejahrteren Studienreisenden.

Dem Reisen in der Gruppe stehen die jungen Leute sehr positiv gegenüber. Sie schätzen daran - das verdeutlichten Interviews - vor allem die Sachkompetenz des Reisebegleiters und die Sicherheit einer großen Reiseorganisation. Jeder Young Line-Teilnehmer darf die hamletsche Frage »Alleinsein oder Nichtsein« für sich selbst beantworten. Man kann seine Erlebnisse mit anderen teilen, neue Freunde gewinnen, man kann aber auch oft die Gruppe Gruppe sein lassen und auf eigene Faust etwas unternehmen. Auch hier zeigte die Praxis, daß dieses Angebot gar nicht so oft wie erwartet wahrgenommen wurde. Last but not least kommt dem individuellen Erleben bei Young Line zugute, daß die Reise durch ein Bausteinsystem flexibel gestaltet werden kann.

2.5.3 Der Reiseleiter als zentrale Figur

Die Qualität einer Studienreise definiert sich nicht zuletzt durch die Qualität des Reiseleiters. Er ist nicht nur der Erfüllungsgehilfe des Veranstalters, dessen Unternehmensphilosophie er vor Ort in die Tat umsetzt, sondern zugleich auch dessen **Visitenkarte und die zentrale Figur der Studienreise**, »der gestaltende Mittler zwischen den Kulturen und Welten, zwischen Vergangenheit und Gegenwart« *(Vetter 1992, S. 303)*. Er muß die Studienreise zu einem Gesamtkunstwerk machen, in dem sich das Urlaubsereignis, die Information und die ganzheitliche Sichtweise eines Landes oder einer Region zu einem unverwechselbaren Ereignis vereinigen.

2.5.3.1 Grundvoraussetzungen

Um diesem hehren Anspruch genügen zu können, muß der Studienreiseleiter einige Kriterien erfüllen. Die äußerlichen Grundvoraussetzungen, um sich als Reiseleiter zu bewerben, sind »ein Mindestalter von 23 Jahren, Abitur und ein abgeschlossenes oder fortgeschrittenes Studium, das im Zusammenhang mit der Reiseleitertätigkeit zu sehen ist. Perfekte Kenntnisse der deutschen Sprache sowie gutes sprachliches Ausdrucksvermögen werden ebenso gefordert« *(Kölnsperger 1995, S. 13).* Fundamental wichtig sind ferner eine sehr gute Allgemeinbildung, Landeskenntnis und Beherrschung der Landessprache sowie Organisationstalent. Vereint der Reiseleiter diese Fähigkeiten in sich, kann er allemal eine Studienreise der traditionellen Art führen, bei der es vor allem auf Wissensvermittlung ankommt.

Auf eine moderne Studienreise kann man ihn jedoch noch nicht schicken. Sie erfordert neben dem rein faktischen Wissen »psychologisches Einfühlungsvermögen, die Fähigkeit, gruppendynamische Prozesse zu erkennen und zu beherrschen, Grundkenntnisse in der Methodik und Didaktik sowie pädagogisches Geschick« *(Kubsch 1991, S.427).* Diese Voraussetzungen sind nur zum Teil erlernbar, einige muß der Reiseleiter persönlich mitbringen. Als »begnadet« stellt sich ein Studienreiseleiter aber erst heraus, wenn man ihm ferner Kreativität, bestimmte Charaktereigenschaften und Temperamente zusprechen kann. So sollte er nichts dagegen haben, rund um die Uhr belastbar und präsent zu sein oder als »Mädchen für alles« zu dienen. Er muß mitreißend schauspielern und animieren können und die Liebe zu »seinem« Land wie Herzblut verströmen. Ihm obliegt es, »seiner« Reise ein bestimmtes Leitmotiv zu geben, einen roten Faden durch den gesamten Verlauf der Reise zu ziehen und auch interkulturelle Bezüge zwischen dem Gastland und dem Herkunftsland der Teilnehmer herzustellen.

Das ist einerseits ein schwieriges Unterfangen, andererseits aber auch für jeden Studienreiseleiter **die** Chance, aus der im Katalog ausgeschriebenen Reise ein ganz eigenständiges Produkt zu zaubern, dem er seinen individuellen, unverwechselbaren Stempel aufdrückt. Das mindert die vom Veranstalter versprochene Reisequalität keinesfalls, sondern bereichert sie - im Gegenteil - sogar noch um das an die Person gebundene Erlebnis. Ein Studienreiseleiter, der das schafft, wird nicht nur ein verläßlicher Organisator und Reisebegleiter, sondern auch ein exzellenter **Moderator, Regisseur und Akteur seines Gesamtkunstwerks Studienreise** sein. Und dann genügt er auch den heutigen Ansprüchen. Nebenbei bemerkt ist dieser Studienreiseleiter auch der beste Verkaufsförderer.

Die Anforderungen an die Wissensvermittlung gehen weit darüber hinaus, nur punktuell Inhalte weiterzureichen, die jeder Reiseteilnehmer in einem aktuellen Reiseführer nachlesen kann. Ohne eine Erwähnung geht es natürlich nicht, aber der Studienreiseleiter sollte diese »Banalitäten« nur zum Anlaß nehmen, kulturelle Zusammenhänge aufzuzeigen. Seine Rede sei dabei verständlich, spannungsvoll und gut moduliert, um das Interesse der Teilnehmer immer wieder neu zu fesseln. Das Ideal bei Führung und Vortrag ist ein ausgewogenes Verhältnis von »behutsamer Dominanz und einfühlsamer Begleitung« *(Kölnsperger 1995, S. 13)*. Auf gar keinen Fall besteht heute noch ein Bedürfnis nach dem Reiseleiter als »wandelndes Lexikon«. Selbstverständlich erwarten die Teilnehmer ein fast enzyklopädisches Hintergrundwissen; hören wollen sie davon jedoch nur in einer maßvollen Dosierung.

Nicht zu vergessen: der Dienstleistungsaspekt. Eine Studienreise, gleich welcher Reiseform, ist eine Dienstleistung, bei der die Teilnehmer eine reibungslos funktionierende Organisation, am besten eine, von der sie gar nichts merken, erwarten dürfen. Auch sie bestimmt das Qualitätsniveau des Veranstalters. Deshalb muß er gesteigerten Wert darauf legen, daß seine Studienreiseleiter ihre Führungen, Pausen und Referate in einer zeitlich zufriedenstellenden Abfolge planen. Das gleiche gilt für den Wechsel zwischen Programm und Freizeit. In spielerischer Leichtigkeit sollten die Teilnehmer nicht nur das Gastland erleben, sondern auch die Inhalte aufnehmen.

2.5.3.2 Schulung und Ausbildung

Um dem Idealbild des Studienreiseleiters möglichst nahe zu kommen, führen einige Veranstalter in regelmäßigen Abständen Seminare und Schulungen durch, in denen die Reiseleiter einerseits mit den neuesten Erkenntnissen auf wissenschaftlichem, reisetechnischem, reiserechtlichem und psychologischem Gebiet vertraut gemacht werden, andererseits aber auch und gerade durch den Erfahrungs- und Gedankenaustausch voneinander lernen. Bei *Studiosus* finden solche ein- und mehrtägigen Schulungen oder Weiterbildungsveranstaltungen jährlich einmal statt, um die Reiseleiter immer auf dem neuesten Stand zu halten. Spezielle Kurse für Rhetorik und Stimmbildung, Kunstgeschichte für Nicht-Kunsthistoriker oder länderbezogene Seminare werden mehrmals pro Jahr angeboten. Im Lauf der Zeit können so alle Reiseleiter - es handelt sich um rund 700 - einbezogen werden.

Das Unternehmen *Studiosus* investiert viel auch in die Aus- und Weiterbildung der ausländischen Studienreiseleiter, um in den Ländern, in denen eine Führung durch deutsche Reiseleiter nicht erlaubt ist, wie z. B. in Griechenland und der Türkei, die optimale Reiseleitung in *Studiosus*-Qualität gewährleisten zu können. Durch Seminarreisen u. a. nach Deutschland lernen

die ausländischen Kollegen die Mentalität und den Bildungshintergrund ihrer Reiseteilnehmer besser zu verstehen.
Eine spezielle Zielsetzung verfolgt der *Studienkreis für Tourismus und Entwicklung, Starnberg,* mit seinen Motivations-Seminaren für Reiseleiter. Sie sollen dabei lernen, sich ihrer Schlüsselrolle als Kulturvermittler bewußt zu werden und sie aktiv auszuüben. Die Reiseleiter werden als Bindeglied zwischen zwei Kulturen, der des Gastlandes und der des Herkunftslandes, betrachtet. Forschungen haben ergeben, daß viele Reisende das Gastland mit den Augen des Reiseleiters sehen, sein Urteil als Landeskenner übernehmen und sich nach seinem Verhalten gegenüber den Einheimischen richten.

Diese Reiseleiter-Fortbildung erfolgt in zwei Stufen, bei einem fünftägigen Einführungs- und einem gleichlangen Aufbauseminar. Rund 20 Teilnehmer arbeiten mit drei bis vier Trainern. Die mehr theoretische Einführung geschieht in Deutschland, die praktisch ausgerichteten Aufbauseminare werden in den entsprechenden Zielländern abgehalten. Zum Schluß winkt das Zertifikat »Interkultureller Lehrer«, das bereits einige *Studiosus*-Reiseleiter erworben haben.

2.5.3.3 Berufsbild

In Deutschland gibt es bisher kein festgelegtes Berufsbild des Studienreiseleiters. Dennoch arbeiten viele von ihnen schon seit Jahren sehr erfolgreich in diesem Beruf. 300 der etwa 700 Studienreiseleiter bei *Studiosus* sind so häufig beruflich unterwegs, daß sie ihre Haupteinkünfte im wesentlichen aus dieser Quelle beziehen. Rund 50 von ihnen haben Festverträge, die sie über große Zeiträume an das Unternehmen binden. Bei allen anderen Reiseleitern, die nicht nur sporadisch tätig sind, werden feste Arbeitsverträge, die die entsprechenden Sozialleistungen inkludieren, für die jeweiligen Reisen geschlossen.
Da die Studienreiseleiter immer eine akademische Ausbildung besitzen, werden sie auch gemäß den vergleichbaren Berufen der entsprechenden Fachrichtungen honoriert. Sowohl die höhere Entlohnung der Studienreiseleiter als auch die Aus- und Weiterbildungskosten schlagen sich auf den Reisepreis nieder. Studienreisen müssen deswegen einem anderen Preissegment angehören als schlichte Rundreisen *(Kölnsperger 1995, S. 13).*

Mehr als die Hälfte der *Studiosus*-Reiseleiter ist übrigens weiblich. Etwa 80 Prozent der Reiseleiter sind zwischen 25 und 35 Jahre alt. Sehr viele der Stamm-Reiseleiter arbeiten bereits seit mehr als 10 Jahren bei *Studiosus*. Das signalisiert eine hohe Identifikation und eine tiefe Loyalität zum

Unternehmen; beides ist auch für die Stabilität der Studienreiseleiter von großer Bedeutung. Obwohl sie alle nicht die Sicherheit eines klar definierten Berufsbildes genießen, glauben sie jedoch alle an ihre »Berufung«.

2.5.4 Von der Idee zur Durchführung

Jedes Angebot beginnt mit einer Idee. Die Idee zu einer Studienreise erwächst aus mehreren Komponenten, als da sind: Marktbeobachtung, Analyse weltweiter touristischer Möglichkeiten, Vorschläge von Studienreiseleitern und Sachbearbeitern, Wünsche von Kunden, Veröffentlichungen der Fremdenverkehrsämter, Berichte über neue Entdeckungen, Hinweise auf besondere Veranstaltungen wie folkloristische Feste etc. Nicht alle Komponenten müssen dabei immer zusammenkommen, als ideelle Anregung genügt oft sogar nur ein kleiner Hinweis.

Wenn sich der Veranstalter entschließt, die Idee in ein Reiseprogramm umzusetzen, reicht er die Verantwortung dafür an einen Touristiker in der Abteilung Planung und Durchführung weiter. Dieser wird nun in enger Zusammenarbeit mit Agenturen im Zielgebiet, mit Hotels und Transportunternehmen alle Möglichkeiten zur Verwirklichung der Reiseidee erörtern und auf ihre Praktikabilität prüfen.

Dabei steht die zeitliche Terminierung unter Berücksichtigung der Ferienzeiten und Feiertage im Gastland als auch im Herkunftsland des Veranstalters im Mittelpunkt. Die Feiertage und Festivals mit folkloristischen Veranstaltungen im Zielgebiet zu kennen, ist wichtig; Feiertage können den Reiseablauf empfindlich stören (geschlossene Museen etc.), Festivals vermitteln lokales Brauchtum und sind unbedingt einzubeziehen. Genauso wichtig ist die Kenntnis der Ferien und Feiertage im Herkunftsland. Auch Studienreisende, die noch im Berufsleben stehen, wollen Urlaubstage sparen und buchen lieber einen Termin, der möglichst viele Feiertage enthält.

Die Reisedauer richtet sich primär nach dem geographischen Verlauf und dem Thema der Reise. Einfluß auf sie wird allerdings auch der Preis nehmen, denn die Reise soll ja verkaufbar sein. Da bei den Studienreisenden der Trend zum mehrmaligen Urlaub pro Jahr geht, wird sich ein Veranstalter bemühen, kürzere Reisen zu entwickeln. Als ideal haben sich Reisen im Samstag-Sonntag-Rhythmus, also acht- oder 15tägige Programme erwiesen. Die Vierwochen-Studienreise gibt es kaum noch. Sie findet vor allem bei Rentner/Pensionären und Freiberuflern Anklang, die entweder über genügend freie Zeit verfügen oder speziell auf die Relation von Reisepreis und Entfernung des Reiseziels achten.

2.5.5 Kalkulationsgrundlagen

Die Reiseplanung endet mit der Kalkulation des Reisepreises. In sie müssen verschiedene Kriterien einfließen:

1. die Kosten pro Teilnehmer für Unterkunft, Verpflegung, Eintrittsgelder, Gebühren und Deckungsbeiträge für die Bürokosten.
2. die Allgemeinkosten; sie umfassen u. a. Transportmittel, Reiseleitung, Vorbereitungsspesen, Inspektionen und Risikobeiträge für Haftungen und Gewährleistungsansprüche.
3. einen vertretbaren Aufschlag für Werbungskosten, Provisionen für Reisebüro-Buchungen sowie die eigenen Ertragserwartungen und Steuern.

Die Kosten der unter 1. aufgeführten individuellen Ausgaben sind leicht zusammenzustellen. Die Allgemeinkosten werden addiert und durch die erwartete Mindestteilnehmerzahl dividiert. Beide Summen zusammen ergeben die Nettokosten, zu denen die Umlage für Werbungskosten sowie die Gewinnerwartung vor Steuern prozentual anteilig hinzugerechnet wird. *(Ein Kalkulationsbeispiel ist im Abschnitt zur Preispolitik bei Dreyer auf S. 191 dieses Buches zu finden.)*

Vor jeder Reise ist eine erste Nachkalkulation nötig; sie orientiert sich an der endgültigen Teilnehmerzahl und dem Tageswechselkurs. Diese Nachkalkulation dient als Berechnungsgrundlage für die dem Reiseleiter mitzugebenden Devisen. Darüber hinaus verfügt der Reiseleiter natürlich auch über einen Sicherheitsbetrag, mit dem er unvorhergesehene Kosten begleichen und Notfälle lindern kann *(Kubsch 1991, S. 418ff)*. Die endgültige Nachkalkulation erfolgt nach Abschluß der Reise.

3. Sprachreisen

von Dr. Karsten Kirsch, Professor für Betriebswirtschaftslehre und Tourismus an der FH Harz

3.1 Bedeutung der Sprachkompetenz

Die Sprache ist wohl das wichtigste Kulturgut des Menschen, und die einmal erworbene Sprachkompetenz ist Grundlage für alles menschliche Denken und Lernen. Sprachkompetenz verstanden als Fähigkeit zur sinnhaften Verknüpfung von Wörtern ist nicht auf die kindliche Entwicklungsphase beschränkt, sondern auch im höheren Alter ist jeder normale Mensch in der Lage, sofern er befähigt ist, weitere Sprachen zu lernen.

Erleichtert wird dieses Lernen durch das Vorhandensein grammatikalischer Regeln, die jeder Sprache eigen sind, auch dann, wenn eine Sprache kein endgültiges System darstellt, sondern sich ständig dem gesellschaftlichen Kommunikatonsbedürfnis anpaßt.

Die Beherrschung der eigenen Sprache, insbesondere der Schriftsprache, ist sehr oft Voraussetzung für den sozialen Aufstieg, die zusätzlich erworbene Fähigkeit, mit einer fremden Sprache umzugehen, fördert in gleicher Weise das berufliche Fortkommen; mindestens erhöht sich also die persönliche Wohlfahrt.

Es wird heute als selbstverständlich unterstellt, daß in der Schule und Hochschule die wichtigsten Sprachen in der Lehre angeboten werden, die die Schüler, Studierenden und „im Beruf Stehenden" - z.B auch im vereinten Europa - brauchen.
Dabei konzentriert sich das sprachliche Angebot in gleicher Weise wie die Nachfrage auf die weltgängigen Sprachen, woraus eine Erweiterung der intellektuellen Mobilität fast von alleine folgt. Fremdsprachliche Kompetenz führt aber auch fast von selbst zu höherer räumlicher Mobilität, wobei sich parallel zur Erfahrung mit der Sprache die Auseinandersetzung mit dem Kulturkreis entwickelt, die vor allem durch das Reisen gefördert wird.

Die **Notwendigkeit der fremdsprachlichen Kompetenz** ergibt sich aber wesentlich durch die Internationalisierung und Globalisierung der Wirtschaft, die sich ja nicht auf internationale Arbeitsteilung allein beschränkt, sondern auch in der industriellen oder Dienstleistungsstandortwahl des ausländischen

Unternehmens ihren Niederschlag findet. Insofern ist nur zu verständlich, daß sich die Nachfrage nach Sprachreisen nicht nur auf Erwachsene beschränkt, sondern in hohem Maß auch Schüler und Studierende einbezieht. Eine vom *Fachverband Deutscher Sprachreiseveranstalter* erhobene Befragung hat für 1992 folgende Ergebnisse:

- Der prozentuale Anteil von Erwachsenen (48,6%) und Schülern (51,4%) an Sprachreisenden ist fast gleich.
- Der Anteil der Schüler als Lernende im Mutterland England ist höher, als der der Erwachsenen; diese zieht es im Verhältnis wesentlich häufiger in „nichttraditionelle" Sprachlernzielgebiete wie USA oder auch Malta.
- So reisten 87,7% der Schüler zu Englischkursen; dabei verteilten sich 76,4% in Großbritannien auf England, Schottland, Wales; 18,3% gingen nach Malta, und nur 5,1% haben sich für Nordamerika entschieden.
- Die Verteilung bei den Erwachsenen ergibt, daß 67,5% zu Englischkursen gefahren sind, wobei 44,9% Großbritannien buchten, 41,6% nach Malta reisen, 13% nach Nordamerika und 0,8% nach Australien/Neuseeland.
- Höher ist auch der Anteil der Erwachsenennachfrage bei „nichttraditionellen" Sprachen wie Italienisch, Spanisch, Griechisch, Portugiesisch. Von den Erwachsenen, die beispielsweise Spanisch (4,7%) nachfragten, fuhren knapp 10% nach Mexiko.

Die Konzentration auf die Weltsprachen verstellt aber sehr leicht den Blick für die Notwendigkeit, künftige gesellschaftliche Entwicklungen einzubeziehen, so daß z.B. Chinesisch oder Russisch einen ganz anderen Stellenwert erhalten, was besonders durch den Aufbau und die Weiterentwicklung Osteuropas oder durch Konfliktlösungsstrategien in der dritten Welt deutlich wird.

3.2 Sprache als Transporteur

Sprachkompetenz in Form des Aneinandereihens von Vokabeln reicht aber - selbst bei sinnhafter Verknüpfung - nicht aus, um akzeptierter Partner einer internationalisierten Beziehung zu sein. Sprachkenntnisse sind nur ein Einstieg in die Erschließung einer neuen Welt, mit ihren Beiträgen für Wissenschaft, Wirtschaft und Kultur. Mithin hat Sprache die Funktion eines Transporteurs in die jeweilige Gesellschaft und macht es grundsätzlich erst möglich, sich mit der Gesellschaft ernsthaft auseinanderzusetzen.

Fremdsprachen können auf mehrfache Weise erlernt werden:

a) im eigenen Land durch einen „gelernten" Einheimischen
b) im eigenen Land durch einen „native speaker"
c) im fremden Land durch dortige „Gelernte"

Von der Möglichkeit a) wird außerordentlich oft Gebrauch gemacht. Schulen vermitteln auf diese Weise durch sprachkompetente Lehrer das Grundwissen; in höheren Klassen wird auch vertiefte Stoffvermittlung betrieben, vor allem in kleinen Gruppen, wenn die Sprache als Wahlfach gewählt wurde.

Alternative b) ist seltener anzutreffen; sie wird vor allem in Hochschulen praktiziert und von privaten Sprachschulen angeboten.

Alternative c) erfordert vom Nachfrager räumliche Mobilität, erhöhten finanziellen Einsatz und die Bereitschaft, sich in einem abgegrenzten zeitlichen Rahmen intensiv mit der fremden Sprache auseinanderzusetzen.

Nun ist das Ziel, muttersprachliche Kompetenz zu erlangen, für Fremdsprachenlerner eher unrealistisch *(vgl. Kasper,G., 1994, S.34ff)*, wobei sehr wohl die Frage gestellt werden muß, ob ein solches Ziel überhaupt als geeignete Richtschnur für nichtmuttersprachliche Sprecher gelten kann; gerade sprachliche Nicht-Konvergenz dient zur Abgrenzung von anderer Kultur, und so wird auch der Fremdsprachenlerner seine kulturell geprägten Vorstellungen, Erwartungen und Handlungsmuster in die jeweilige Gesprächssituation einbringen, ohne von der erlernten Sprache beeinflußt zu werden. Der Deutsche wird demnach die Verhandlung zwar auf Englisch, aber nach deutschem Muster führen.

Ebenso wie es problematisch erscheint, völlig in der fremdsprachlichen Kultur aufgehen zu können, wird es für den Lernenden auch schwierig sein, regionale Eigenheiten der Sprache oder soziale Sprachunterschiede zu erfassen oder die sprachliche Entwicklung unter dem Generationeneinfluß nachzuvollziehen.

Dennoch ermöglicht erst das Lernen der fremden Sprache die Erfahrung kultureller Unterschiede und damit die Chance einer genaueren Analyse sowie Relativierung der eigenen kulturellen Normen und Sozialsysteme.

Damit fällt die **Sprachreise in die Kategorie der Bildungsreisen**. Bildung als Urlaubsmotiv hat einen zunehmend hohen Stellenwert neben anderen

Initialgründen wie Spaß, Freizeit, Natur, Kontakt etc.. Bildungsreisen stellen eine angenehme und streßfreie Form des Lernens dar, und Lernen wird zum Erlebnis. Daneben ist es aber für einen Urlaub wichtig, die oben genannten Aspekte in den Urlaubsrahmen einzubinden, um das Urlaubserlebnis auch für sich selbst als solches nachvollziehbar zu machen. An folgenden Beispielen sei diese These verdeutlicht:

- Wer Sonne und Wärme mit einem Sprachaufenthalt verknüpfen will, wird sich ein Angebot aussuchen, das eine Sonnengarantie verspricht. Hierzu bieten Mittelmeerländer wie Spanien, Italien, Frankreich sehr gute Voraussetzungen, „zwei Fliegen mit einer Klappe zu schlagen".
- Wer neben Sprachbildung das Urlaubsmotiv Natur in den Mittelpunkt seines Urlaubserlebens stellt, wird seinem Ziel möglicherweise in den skandinavischen Ländern oder in Irland oder in Schottland näherkommen.
- Wer letztlich das Sportmotiv in seinen Urlaub mit einbezieht, wird sich ein Angebot suchen, das zahlreiche Aktivitäten anbietet und es möglich macht, die freie Zeit individuell zu gestalten.

3.3 Zielgruppen der Sprachreiseveranstalter

Die Sprachreiseveranstalter müssen während der Phase der Produktgestaltung ständig Überlegungen anstellen, welche Zielgruppe sie mit ihrem Angebot ansprechen wollen. Zielgruppen können mittels soziodemographischer und angebotsbezogener Merkmale, Diffusions- und Informationsmerkmalen sowie Merkmalen des „inneren Handelns" *(vgl. Nieschlag, Dichtl, Hörschgen 1994, S. 583)* definiert werden. Beispiele für soziodemographische Merkmale sind das Geschlecht, das Alter, die Bildung, die berufliche Position und das Einkommen. Produktkenntnis, Produktkäufer und Wiederholungskäufer zählen zu den angebotsbezogenen Merkmalen.
Unter Diffusions- und Informationsmerkmalen sind die Einstellung zur Werbung, die Lernmotivation und der Informationsbedarf zu verstehen. Die Einstellung zum Produkt und der Motivationsgrad stellen Merkmale des „inneren Handels" dar.

Genauere Kenntnisse über diese Merkmale ermöglichen es den Reisveranstaltern, sich besser und intensiver mit den Wünschen und Anforderungen der Verbraucher auseinanderzusetzen. Sie können sich daraufhin auf bestimmmte Kundenschichten und deren Bedürfnisse konzentrieren, was allerdings auch eine Spezialisierung ihres Angebots zur Folge hat.

Ein Reiseveranstalter muß sich über die eindeutige Bestimmung der Zielgruppe, über deren Potentiale sowie über die Möglichkeiten zur Steuerung dieser Gruppe im klaren sein. Viele Sprachreiseveranstalter sehen als ihre Zielgruppe ausschließlich die Sprachreisenden an. Eine solche oberflächliche Charakterisierung des Kundenpotentials reicht aber für eine tiefergreifende Segmentierung des Marktes nicht aus; eine deutliche Abgrenzung gegenüber konkurrierenden Sprachreiseveranstaltern ist nicht erkennbar. Daher muß jeder Veranstalter darauf achten, seine Zielgruppe mittels verschiedener Merkmale exakter zu definieren.

Aus den vorliegenden Katalogen und Prospekten lassen sich im wesentlichen zwei unterschiedliche Zielgruppen herausbilden, die dem Alter, der Bildung, der Lernmotivation und dem allgemeinen Motivationsgrad nach differenziert werden können: Zum einen handelt es sich um **Schüler zwischen 11 und 20 Jahren**, zum andern um **berufstätige Erwachsene**.

Die **Schüler** müssen es sich zum Ziel setzen, ihre Sprachkenntnisse außerhalb der Schulzeit zu erweitern und zu verbessern. Entsprechend sind die zeitlichen Angebote auf diese Phasen zugeschnitten. Da an deutschen Schulen vorrangig Englisch und Französisch als Fremdsprache gelehrt werden, bildet das Mutterland dieser Sprachen unter Beachtung von Raumnähe und Kosten einen Schwerpunkt im Angebot der Schülersprachreisen. Zusätzlich wird für diese Zielgruppe noch ein intensives Freizeitangebot zur Verfügung gestellt, da für Kinder und Jugendliche das Erlebnis in der Gruppe, der Spaß am Spiel oder die neuen Kontakte wesentliche Erlebniselemente darstellen.

Die **Erwachsenen** interessieren sich aus beruflichen Gründen für eine Sprachreise oder verfolgen rein persönliche Interessen. Im Endeffekt wollen aber auch sie den Umgang mit der fremden Sprache beherrschen lernen. So sind sie im Beiprogramm eher an kulturellen Eindrücken interessiert, die es ihnen ermöglichen, die jeweilige Gegend und deren regionalspezifische Eigenheiten kennenzulernen.

Wie bereits erwähnt, müssen Reiseveranstalter zwangsläufig ihr Sortiment auf die Zielgruppe abstellen. Sprachreiseveranstalter bieten eben Sprachreisen an, daher verfügen sie nicht über eine besondere Sortimentstiefe.

Unter dem Begriff „Sortiment" fassen wir die Gesamtheit der von einem Reiseveranstalter angebotenen Produkte zusammen. Die Gestaltung des Sortiments erfolgt unter Berücksichtigung der Marketingziele des Unternehmens, der beschaffungstechnischen Restriktionen und der Marktgegebenheiten der Beschaffungsmärkte *(vgl. Hebestreit 1992, S.220).*

Um ein „breites Sortiment" handelt es sich dann, wenn ein Veranstalter verschiedene Urlaubsformen anbietet; daher kann eben bei reinen Sprachreiseveranstaltern auch nur von einem schmalen Sortiment (sehr geringe Sortimentsbreite) gesprochen werden. Befinden sich für die Produktgruppe Sprachreisen umfangreiche Variationsmöglichkeiten im Angebot, so gelangt hier der Begriff „Sortimentstiefe" zur Anwendung: Bei entsprechender Sortimentstiefe stehen differenzierte Sprachkurse, zahlreiche Zielgebiete und Zielorte sowie verschiedene Unterkunftsarten zur Wahl. Hat der Nachfrager seine Entscheidung getroffen, eine Sprachreise zu unternehmen, kann er sich also für das Land, den Ort, die Leistungsgruppe, die Unterbringung entscheiden, so daß eine für ihn spezifische Sprachreise zusammengestellt werden kann.

3.4 Produktpolitik der Sprachreiseveranstalter

Das Produkt der Veranstalter ist ein Dienstleistungspaket, das zu einem Gesamtpreis angeboten wird, so daß die Preise der Einzelleistungen nicht mehr identifizierbar sind. Während sich aber der normale Urlauber in seiner Entscheidung wesentlich vom Preis des Angebots leiten läßt, spielt die Preisorientierung bei der Gestaltung der Sprachreisen eher unter dem Gesichtspunkt der Qualitätsausrichtung eine Rolle. Dazu bedarf es der Erfassung von Zielgruppen und der Erfassung des variierenden Kundenverhaltens. Die Verhaltensänderungen der Verbraucher beruhen auf Einflüssen wie Streß, Umweltverhalten, politische Veränderungen, so daß zur nachfragegerechten Produktgestaltung die Erforschung individueller Bedürfniskomplexe auf der Verbraucherseite gehört, denn nicht alles, was heute noch abzusetzen ist, wird sich auch noch morgen verkaufen lassen.

Die Zahl der jährlich vom Konsumenten unternommenen Sprachreisen kann nur vermutet werden. Die im deutschsprachigen Raum tätigen Anbieter lassen sich anhand ihrer in der Presse veröffentlichten Angebote schätzen. Allerdings muß hier unterschieden werden zwischen den Anbietern „echter" Sprachreisen, ihre Zahl beläuft sich auf max. 40, und solchen Veranstaltern, die ein mixtum compositum offerieren, das sind ca. 80 bis 120 Anbieter.

Das Angebot der Reiseveranstalter besteht in der Regel aus Haupt- und Zusatzleistungen *(vgl. Dreyer 1995b, S.86 u. 88).* Die Hauptleistungen setzen sich aus den Elementen Zielgebiet/ -ort, Verkehrsträger, Unterkunft, Verpflegung, Reisezeit/ -dauer, Transfer und natürlich dem Sprachkurs zusammen.

3.4.1 Hauptleistungen

(1) Sprachkurs

Das Angebot der Veranstalter im Hinblick auf die **Sprachkursgestaltung** ist vielfältig, so daß die pauschale Einteilung in Standard- und Intensivkurse bei weitem nicht erschöpfend ist. Allerdings entsteht sehr schnell der Eindruck, daß die Anbieter bei der Kurseinteilung der Phantasie des reisewilligen Lesers keine Grenzen setzen - und dies bewußt nicht. Die Klassifizierung in Schüler- und Erwachsenenkurse, in Auffrischungs-, Ferien-, Crash-, Intensiv-, Hochintensiv-, Manager-, Compakt-, Kombifachkurse und mehr läßt die Ratlosigkeit erahnen, die den Konsumenten überfällt, wenn er seine Bedürfnisse präzisieren soll. Gleichwohl bieten viele Veranstalter Einstufungstests an, die dem Teilnehmer eine streßfreie Teilnahme ermöglichen sollen.

Allerdings muß bei dem Angebot unterschieden werden zwischen den Urlaubern, die **Freizeit mit Sprachvermittlung** kombinieren, und den Reisenden, die gezielt einen **Sprachkurs** absolvieren, um berufliche Vorteile, möglichst noch steuerlich absetzbar, daraus zu ziehen.

So variieren die wöchentlich vermittelten Stunden im Gesamtkontingent bei den vorliegenden Angeboten zwischen 20 und 40 Stunden, in Ausnahmefällen 50 Stunden, und das bei einer Stundendauer von 45 Minuten bis 60 Minuten.

Über die Kursdauer entscheidet der Teilnehmer. Hier beläuft sich die angebotene Zeit auf 2 bis 24 Wochen, mit unterschiedlichen Intensitäten, wobei eine Verlängerung in den meisten Fällen problemlos möglich ist.

Bei Schülersprachkursen sind die Ferientermine zu berücksichtigen, so daß sich Sprachreisen für Schüler in der Regel auf bis zu 4 Wochen belaufen. Daher sind in diesem Teilbereich Angebote für die Oster-, Pfingst-, Herbst- und Sommerferien zu finden. Sprachreisen für Erwachsene werden in der Regel das ganze Jahr über angeboten.

Ein weiteres Differenzierungskriterium der Sprachkurse stellt die **Teilnehmerzahl** dar. Es werden sowohl Gruppen- wie Einzelunterricht angeboten. Übereinstimmung herrscht in den Angeboten darin, daß Kleingruppen eine höhere Lerneffizienz bewirken, wobei diese in der Regel mit höheren Kosten verbunden ist. Die Gruppenstärke reicht von der Kleinstgruppe mit 2 Teilnehmern bis zur Klassenstärke mit max. 18

Teilnehmern. Inwiefern allerdings eine Korrelation zwischen Teilnehmerzahl und Qualität erreicht werden kann, wird aus den Unterlagen nicht deutlich, zumal das angestrebte Niveau nicht qualifizierbar ist; „Universitätsniveau" oder „höhere Mittelstufe" sind wenig aussagekräftig, „Grundstufe" oder „Anfänger" lassen bei den Interessenten Fragen offen über die Eingangsvoraussetzungen.

(2) Zielgebiete/ Zielorte

Bezüglich der Zielgebiete und -orte sprachlicher Ausbildung bieten sich inzwischen immer größere Auswahlmöglichkeiten. Es dominiert nicht mehr der Anbieter, der sich auf das Mutterland der jeweiligen Sprache beschränkt; die Nachfrage verlangt nach einer Variations- und damit Auswahlmöglichkeit der abgefragten Leistung. Demnach ist z.B. nicht mehr England allein als Angebotsland für Englisch im Gespräch, sondern es werden auch Australien, Neuseeland, Kanada, Irland, USA und Malta als Lernorte angeboten.

In den Ländern selbst variieren die Kursorte wiederum, wodurch das Reisezielangebot noch erheblich erweitert wird. So wird ein Spanischkurs z.B. nicht nur in Madrid offeriert, sondern auch in Malaga, Barcelona, Granada, Las Palmas oder in Salamanca.

Da bei der Entscheidung über das Reiseziel für den Touristen neben der Motivation auch das Image des Zielgebietes ausschlaggebend ist, ist es für den Reiseveranstalter notwendig, die Attraktivität seines Angebots zu unterstreichen. Das geschieht nicht nur durch die Kursinhalte, sondern auch durch die Erweiterung der Reisezielangebote, was so weit gehen kann, daß Sprachenstandorte entsprechend der touristischen und räumlichen Neuorientierung verlagert werden.

Die Vielseitigkeit des Sprachkurs- und Reiszielangebotes stellt für den Veranstalter die Chance für den Aufbau eines Kundenstammes dar. Wer einen Standardsprachkurs absolviert hat, ist potentieller Anwärter für einen Folgekurs. Wer mit der Qualität der Leistungen des Veranstalters zufrieden war, wird bei diesem Unternehmer bei Bedarf erneut eine Sprachreise nachfragen, zumal wenn er eine andere Sprache lernen will, und das in einem Land, das er noch nicht kennt.

Unterschätzt werden darf in diesem Zusammenhang nicht die Mund-zu-Mund-Propaganda, die sich aus der Erfahrung des Verbrauchers ableitet. Da sie quellenmäßig in aller Regel schon nach kurzer Weitergabe nicht zum Ursprung zurückverfolgt werden kann, bildet sich auf diese Weise u.U. ein Image, das in seiner Positivwirkung von unschätzbarem Wert ist, das in seiner Negativwirkung allerdings auch mit gezielten Maßnahmen kaum veränderbar erscheint.

(3) Verkehrsträger

Die Wahl des Verkehrsträgers, um das Sprachkursgebiet zu erreichen, wird vom Veranstalter weitgehend dem Nachfrager überlassen. Ob privater Pkw, Bus, Bahn, Schiff oder zunehmend das Flugzeug benutzt werden, wird natürlich von der geographischen Lage beeinflußt, aber auch von dem finanziellen Einsatz, der erforderlich ist bzw. geleistet werden kann. Bequemlichkeit ist erfahrungsgemäß teuer, während preiswertes Reisen mit erheblichem Zeitaufwand und Beschwerlichkeiten verbunden ist.

(4) Unterkunft/ Verpflegung

Als normales Angebot gilt die Unterbringung bei **„einer freundlichen, sorgfältig ausgewählten Gastfamilie"**, was bedeutet, daß der Kursteilnehmer in einem Ein- oder Zweibettzimmer untergebracht ist, mit seiner Gastgeberfamilie die häuslichen Einrichtungen teilt, Verpflegung erhält und in die familiären Veranstaltungen eingebunden ist.

Die meist pauschal getroffenen Aussagen zu den Unterbringungsmöglichkeiten lassen dem Nachfrager kaum die Möglichkeit einer Qualitätsbeurteilung. Zudem bleibt bei den Angeboten - insbesondere wenn es um Privatquartiere geht - die Frage offen, ob sich noch mehr Sprachreisende im Haus aufhalten werden; bei Gleichsprachigkeit wird nämlich der Kurserfolg zumeist geschmälert. Außerdem kann bei Buchung nach der Papierform eben nicht sichergestellt werden, daß die familiäre Einbindung tatsächlich in dem erwarteten Umfang erfolgt und wenn, ob z.B. die Erwartungshaltung bezüglich der Familie erfüllt werden kann. Soziale Schichtung und Wohnumfeld sind nicht eindeutig klassifizierbar, so daß nicht sichergestellt werden kann, daß der Buchende den Rahmen vorfindet, der seinem Preis-Leistungsdenken entspricht.

Die Unterbringungsmöglichkeiten in Hotels oder Pensionen sind pauschal beschrieben, einschließlich der möglichen oder tatsächlichen Nebenleistungen, der jeweiligen Ausstattung sowie der Konditionen. Interessierende Detailinformationen, wie z.B. die Entfernung zur Schule oder die Verkehrsanbindung, sind nicht bei allen Anbietern in der notwendigen Deutlichkeit zu finden.

3.4.2 Zusatzleistungen

Das Kernangebot der Sprachreiseveranstalter wird durch Zusatzleistungen ergänzt. Sie lassen sich in drei Arten unterscheiden. Einmal handelt es sich um touristische Serviceleistungen, wie Reisevorleistungen, Reiseleitung, Begleitprogramme oder Nachleistungen. Zum anderen werden Finanzdienstleistungen angeboten, die sich auf die Finanzierungs- und Versicherungsmöglichkeiten beziehen. Und letztlich gibt es noch das Angebot sonstiger Dienstleistungen, wie z.B. Sonderflüge, Sport- und Abenteuerangebote *(vgl. Dreyer 1995b, S. 88).*

(1) Touristische Serviceleistungen

Als **Reisevorleistungen** können Planungs-, Organisations-, Einkaufs-, Distributions- oder Kommunikationsleistungen gelten *(vgl. Mundt, J.W. 1994, S.395).* Absolute Priorität bei der Nachfrage haben die Kommunikationsleistungen, die dem Kunden als Service zur Verfügung gestellt werden. Sie bestehen zumeist darin, daß Kataloge und ausführliches Prospektmaterial in schriftlicher Form oder als Bildcassette überlassen werden.

Stil und Darstellung des Materials in fotografischer oder auch Handcoloratur sind überwiegend professionell und auf Anhieb überzeugend. Der selbstbewußte Tenor der Angebote täuscht oft über die Verschwommenheit in der Aussage hinweg oder verniedlicht ganz einfach die Problematik, so z.B. wenn darauf verwiesen wird, daß junge Lehrkräfte möglicherweise noch nicht die volle pädagogische Reife besitzen, dafür aber umso engagierter zu Werke gehen. Die so erfolgte Diskriminierung des übrigen „erfahrenen" Lehrpersonals wird beim zweiten Lesen solcher Darstellungen offenkundig.

Daß Filmkassetten nur blauen Himmel und stets aktive, attraktive junge Menschen in fröhlich interessiertem Gespräch oder bei sonstigen -immer angenehmen Tätigkeiten zeigen, ist selbstverständlich. In dem Beschauer soll schließlich eine positive Erwartungshaltung geweckt werden.

Eine sehr direkte Überprüfung der Angebotsinhalte wird dem Kunden das ein oder andere Mal insofern angeboten, als Referenzadressen von ehemaligen Teilnehmern angegeben werden. Die Wiedergabe ihrer Eindrücke soll ein anschaulicheres und lebendigeres Bild entstehen lassen, als es der Katalog erzeugen kann. Allerdings setzt sich der Veranstalter damit einer sehr subjektiven Beurteilung aus, so daß sich die Motivation, eine derartige Reise zu buchen, sehr wohl erhöht, eine gegenteilige Reaktion ist aber nicht auszuschließen.

Die **Reiseleitung** ist bei Sprachreisen abhängig von der Zielgruppe. Handelt es sich um alleinreisende Schüler, so ist eine ständige Betreuung während des Kurses, aber auch bei der Freizeitgestaltung sinnvoll. Erwachsene können sich während ihres Sprachurlaubs mit Fragen und Problemen direkt an nominierte Ansprechpartner wenden; das können die jeweiligen Lehrer bzw. Schulleiter sein oder das Schulsekretariat. Insbesondere bei Schülersprachreisen ist vor allem die Vertrauenswürdigkeit der Veranstalter und Betreuer sehr wichtig. So können Eltern ihre Kinder nur dann sorglos in die Sprachferien schicken, wenn sie gewiß sein können, daß für eine ordnungsgemäße Betreuung gesorgt wird; eine Reihe von Veranstaltern bietet eine solche auf Kinder und Jugendliche zugeschnittene Fürsorge ausdrücklich an.

Begleitprogramme setzen sich bei den Sprachreisen aus den einzelnen Freizeitangeboten zusammen. Es gehört zum pädagogischen Konzept der Veranstalter, die Gruppen in der Freizeit mit Integrationsaktivitäten zu beschäftigen, zu denen in erster Linie die Sportangebote in jeder Variation gehören, zu denen aber von verschiedenen Veranstaltern ganz gezielt kulturelle Alternativen empfohlen werden, um den Bezug zum Land zu vertiefen.

Nachreiseleistungen beziehen sich im wesentlichen auf den Reklamationsservice. Grundlage dafür sind die Vertragsbedingungen, die jedoch im Fall des Falles einer Überprüfung bedürfen. Bei Schülersprachreisen kommt es bisweilen zum Angebot, sog. Nachtreffen zu organisieren.

(2) Die Prüfung als Serviceleistung

Die Produkte der Reiseveranstalter sind Dienstleistungspakete. Der Service ergibt sich dabei aus seinem Hauptangebot und den dazugehörigen Zusatzleistungen. Eine Reihe von Serviceleistungen wurde bereits angesprochen. Da sie insgesamt immateriellen Charakter haben, können sie entsprechend weder angefaßt noch vorher ausprobiert werden, und damit unterliegen auch sie ei

Abb: 1

Beispiel für ein Sprachreiseangebot

CAIRNS

Näher kommen Sie ans Great Barrier Reef nicht ran.

DER KURSORT

Vor wenigen Jahren noch ein verschlafenes Provinzstädtchen, präsentiert sich Cairns heute als aufstrebendes Touristenzentrum mit internationalem Flughafen. An der malerischen Trinity Bay gelegen, ist es idealer Ausgangspunkt für Fahrten ins Great Barrier Reef, Geländewagen-Safaris, Wildwassertouren und Wanderungen durch den Regenwald. Kilometerlange Sandstrände erstrecken sich längs der Marlin Coast und sind leicht mit Auto oder Bus zu erreichen.

DIE SCHULE

International House Queensland liegt in einer ruhigen Anliegerstraße der Innenstadt. Modernes Gebäude mit Terrasse, 11 gut ausgestatteten Klassenzimmern, Bibliothek, Sprachlabor, Arbeits- und Aufenthaltsraum. Alle Lehrkräfte sind akademisch ausgebildet, erfahren und engagiert. Jeder Kurs beginnt mit einem Einstufungstest, am Ende des Kurses erhalten Sie ein Zertifikat.

UNTERKUNFT

Sie wohnen als einziger deutschsprachiger Gast in einem gastfreundlichen Privathaushalt. Je nach Wunsch bzw. Verfügbarkeit Einzel- oder Doppelzimmer; Halbpension von Montag bis Freitag und Vollpension am Wochenende.

STANDARDKURS INTENSIVKURS

15 bzw. 25 volle Stunden Unterricht pro Woche, täglich von Montag bis Freitag von 9.00 bis 12.30 Uhr; beim Intensivkurs zusätzlich von 13.30 bis 15.30 Uhr. Maximal 14 Teilnehmer pro Gruppe; 6 Niveaustufen ab Grundstufe. Zum Unterricht gehören Grammatik und strukturelle Übungen, Wortschatzerweiterung, Arbeit im Sprachlabor und Rollenspiele.

Termine für 2- bis 4-Wochen-Kurse: 6.2., 13.2., 20.2., 27.2., 6.3., 13.3., 20.3., 27.3., 26.6., 3.7., 10.7., 17.7., 24.7., 31.7., 7.8., 14.8., 21.8., 28.8., 4.9., 11.9., 18.9.95.

Zusätzliche Termine für 4-Wochen-Kurse: 3.1., 18.4., 22.5., 9.10., 13.11.95.

Preise in DM für Unterricht und Unterkunft (DZ)

Kursart	Standard	Intensiv
2 Wochen	1130	1210
3 Wochen	1570	1680
4 Wochen	1860	2130

Zuschlag für Einzelzimmer: DM 50,- pro Woche.

ENGLISCH + TAUCHEN

15 Stunden Standardkurs pro Woche + 5 Tage Tauchkurs (2 Tage Theorie und Pool Training, 3 Tage Tauchen im Great Barrier Reef). Bei erfolgreichem Abschluß des Tauchkurses wird ein international anerkanntes Zertifikat ausgehändigt. Der Tauchkurs kann sich auf 2, 3 oder 4 Wochen verteilen. Während der Tauchfahrten volle Verpflegung an Bord; Ausrüstung kann geliehen werden.

Termine: siehe Standard- und Intensivkurs.

Preise in DM für Sprachkurs, Unterkunft (EZ) und Tauchkurs

2 Wochen	2280
3 Wochen	2820
4 Wochen	3150

„THE TRAVELLING CLASSROOM"

Geländewagenfahrt von Cairns über Cape Tribulation bis Cooktown und Jowalbinna; zurück über Lakeland und Mount Molloy: 7 erlebnisreiche Tage mit Strandvergnügen, Tierbeobachtung (Wallabies, Koalas, Känguruhs, Krokodile, Vögel), Flußfahrt, Wanderungen im Regenwald, Aboriginal Felsmalerei in Jowalbinna. 25 Stunden situationsbezogener Unterricht, volle Verpflegung. Ausführliche Tourbeschreibung auf Anfrage.

Termine: 14.8. und 11.9.95.

Preis in DM für Unterricht, Unterkunft und alle beschriebenen Leistungen

7 Tage/6 Nächte	700

Dieses Programm ist nur in Verbindung mit einem Sprachkurs zu buchen.

FREIZEIT

Die Schule organisiert Bushwalking und Ausritte, Ausflüge in den Regenwald, ins Outback, nach Kuranda, in die Atherton Tablelands, ins Great Barrier Reef zum Schnorcheln; außerdem Golf, Tennis, Fußball, Barbecues.

WICHTIGE HINWEISE

Im Preis enthalten: Transfer vom Flughafen Cairns zur Unterkunft und zurück, Einstufungstest, Lehrmaterial, Unterricht, Zertifikat, Unterkunft und Verpflegung wie beschrieben, Betreuung durch die Schule während des ganzen Aufenthalts, touristische Informationen über Cairns, Reise-Rücktrittskosten-Versicherung.

Reise: Individuelle Anreise. Ein Linienflug nach Cairns kann mit dem Sprachkurs gebucht werden. Flugpreise auf Anfrage.

Anreise: Samstag vor Kursbeginn
Abreise: Samstag nach Kursende

Zusatztage: Für eventuell notwendige (oder gewünschte) Zusatztage ohne Kurs werden DM 30,- pro Person und Tag berechnet.

Feiertage/Ferien: Der 26.1., 14.4, 17.4., 25.4., 1.5., 12.6., 21.7.95 sind unterrichtsfreie Feiertage. Ferien vom 16.12.95 bis 8.1.96.

UNSERE EMPFEHLUNG

Mittelgroße, sehr nette und gut geführte Schule; ideal für alle, die ihr Englisch verbessern möchten - aber nicht nur das.

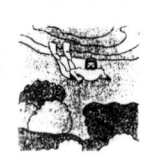

Landschaft
Die kilometerlangen feinsandigen Strände der Marlin Coast gehören zu den schönsten Stränden Australiens.

Touristik
Faszinierend die Unterwasserwelt des Great Barrier Reef. Und ein „Muß" die Flußfahrt auf dem Daintree River mit Krokodilbeobachtung.

Tip
Beste Reisezeit sind die Monate Mai bis Oktober mit Wassertemperaturen um 25 °C und Außentemperaturen zwischen 27 und 29 °C.

Quelle: Katalog ALFA Sprachreisen 1995, S. 51

ner subjektiven Bewertung. Merkmale für einen guten Service sind beispielsweise Zuverlässigkeit, Entgegenkommen, Vertrauenswürdigkeit, Einfühlungsvermögen sowie das Erscheinungsbild und die Freundlichkeit des Personals. Das Ergebnis darüber, wie eine Serviceleistung zu bewerten ist, hängt sehr oft von der „Wellenlänge" ab, auf der sich die Partner befinden. Zum einen spielt z.B. die Mentalität eine wesentliche Rolle, zum anderen kann ausschlaggebend sein, ob sich der Sprachreisende in seiner Erwartungshaltung entsprechend auf das Angebot eingestellt hat. Natürlich ist es für den Anbieter auch wichtig, daß er die grundsätzliche Fähigkeit zur Erbringung einer bestimmten Dienstleistung besitzt *(vgl. dazu Berry, Parauraman, 1992).*

Bei Sprachreisen ist es demzufolge unerläßlich, daß die ausgewählten Schulen in der Lage sind, die angebotenen Fremdsprachen so zu vermitteln, daß das angegebene Lernziel erreicht werden kann. Eine Überprüfung dessen findet in der Regel mittels einer schriftlichen Prüfung statt, bei deren Erfolg ein sog. Zertifikat ausgestellt wird. Nun haben nicht alle Zertifikate amtliche Anerkennung, und ihre Wertigkeit gegenüber staatlichen Prüfungen ist nicht immer problemlos nachvollziehbar; von verschiedenen Anbietern werden zudem ständig neue Formen eines Examens angeboten, so daß dann nicht einmal die Prüfungskontinuität des Veranstalters nachvollziehbar ist.

Was für einen Schülerkurs oder einen urlaubenden Sprachlerner von nachrangiger Bedeutung sein mag, ist für den Studenten oder berufsorientierten Sprachlerner u.U. von existentieller Bedeutung. Sie sind daher auf Angebote international anerkannter Sprachexamen, wie z.B. der **Cambridge Examen** oder des **TOEFL-Tests** (Test of English as a Foreign Language), angewiesen.

(3) Finanzdienstleistungen

Noch wird der Urlaub überwiegend angespart. Entsprechend der Marktlage ist die Zahl der Sprachreiseanbieter, die mit der Reise gleichzeitig ein Finanzierungsangebot unterbreiten, gering. Wenn allerdings Bedarf besteht, kann der Kunde direkt beim Veranstalter den Reisepreis als Kredit aufnehmen, indem er eine Anzahlung leistet und entsprechend seiner Finanzierungsmöglichkeiten in unterschiedlich wählbaren Raten in einem Zeitraum von bis zu 60 Monaten zurückzahlt.

Sehr viel häufiger sind die Veranstalter dazu übergegangen, dem Kunden ein Reise-Service-Paket anzubieten, in dem verschiedene Versicherungssparten zusammengefaßt sind. Ein solches Paket enthält z.B. eine Reise-Rücktrittskosten-, Reisegepäck-, Reisehaftpflicht-, Reisekrankenfall-, Reiseunfallversicherung oder eine Versicherung von Beistandsleistungen. Zwar haben solche Pakete den Nachteil, daß z.B. Doppelversicherungen vorgenommen werden, die aber vom Kunden, weil sie auf Zeit abgeschlosssen werden, trotzdem bereitwillig akzeptiert werden.

3.5 Preispolitik

Für eine breite Verbraucherakzeptanz ist ein positives Preis-Leistungsverhältnis von entscheidender Bedeutung. Der Preiswahrnehmung und Preisbeurteilung einerseits, sowie der Rolle des Preises als Qualitätsindikator andererseits kommen dabei besondere Relevanz zu. Um Preise zu beurteilen, setzt der Verbraucher diese entweder in Relation zur erwarteten Leistung des Produkts, oder er orientiert sich an Preisen vergleichbarer Produkte; das bedeutet, ein Reiseveranstalter muß im Rahmen seiner Preispolitik strategische und taktische Preisentscheidungen treffen. Die strategische Preisbildung kann sich an den Kosten, der Nachfrage, der Ausgabebereitschaft der Zielgruppen und an der Konkurrenz orientieren *(vgl. Hebestreit 1992, S. 262).* Demnach müssen sich die Reiseveranstalter zwischen Preis-Mengen- und Präferenzstrategie entscheiden. Massenanbieter ziehen es vor, die Konkurrenz mittels niedriger Preise zu bekämpfen. Spezialanbieter streben den Aufbau von Präferenzen an. Aufgrund der Qualitätsausrichtung ihrer Produkte sind die Spezialveranstalter Preiseinflüssen nicht in dem Maß ausgesetzt.

Da auf dem Sprachreiseveranstaltermarkt das Angebot vielfältig ist, ist es für den Konsumenten äußerst schwierig, sich ein zutreffendes Urteil über die Qualität aller Produktalternativen zu verschaffen. Das beginnt bei der Dauer der Unterrichtsstunde und über die Bereitstellung von Lehrmaterial, die Belegung von Einzel- bzw. Doppelzimmern in Privatunterkünften oder Hotels bis zur Verpflegung als Halb- oder Vollpension und im Preis enthaltene Versicherungen, ganz abgesehen von den Transportkosten, die z.B. auch standort- und altersabhängig sind. Auch die häufig vorgenommene Differenzierung in bezug auf die Saisonzeiten, wobei diese entweder in Vierteljahrsabschnitte oder einfach in Vor-, Zwischen- und Hauptsaison eingeteilt werden, bedarf eines akribischen Vergleichs, der einem Durchschnittsverbraucher nicht zugemutet werden kann.

Der Preis, der am Markt realisierbar ist, kann nur dadurch bestimmt werden, daß die Produktleistung im vergleichenden Wettbewerb aus Nachfragersicht beurteilt wird. Die Kunden entscheiden, zu welchem Preis sie bereit sind, die Reise zu buchen.

Es ist bereits angesprochen worden, daß die Qualität der Leistung bei dieser Form des Spezialangebots ein wesentliches Entscheidungskriterium des Verbrauchers ist. Insofern spielt die „Marke" des Veranstalters als Mittel der Positionierung eine oftmals entscheidende Rolle, weil die Zielgruppen über den Bekanntheitsgrad und die Vertrautheit der Marktpräsenz erreicht werden können, ohne daß zusätzliche Werbemittel erforderlich sind.

3.6. Checkliste zur Angebotsprüfung eines Sprachreisenveranstalters

Auch der Bekanntheitsgrad und die Größe eines Anbieters entlassen den Verbraucher nicht aus der eigenen Verpflichtung, den Markt sorgfältig zu prüfen.
Mittels einer „Checkliste" kann ein Reiseinteressent sich am ehesten vor einer gravierenden Fehlentscheidung bewahren *(siehe Abb. 2 auf der nächsten Seite, vgl. dazu auch Zeitschriften der Stiftung Warentest 1989 und 1993).*

Wer sich auf diese Weise rechtzeitig intensiv mit dem Lernangebot auseinandersetzt, hat nicht nur einen Informationsvorsprung vor vielen anderen Teilnehmern, sondern ein solches Verhalten könnte auch dazu führen, daß der Sprachreisende letztlich die Organisation seines Aufenthalts selbst übernimmt. Das wäre ein erster wichtiger Schritt für die inhaltliche Auseinandersetzung mit seinem Gastgeberland.

Abb. 2:

Checkliste zur Angebotsprüfung eines Sprachreiseveranstalters

Werbung
- Ergeben sich aus dem Informationsmaterial die Rechtsform, der Name des Inhabers bei einer Einzelfirma bzw. des Geschäftsführers bei einer GmbH?
- Sind die Firmenanschrift und die Bankverbindung genannt?
- Wird eine staatliche Anerkennung von Prüfungsleistungen unterstellt?
- Werden schriftliche Auskünfte, die der Verbraucher nachfragt, verweigert?
- Findet eine Zusammenarbeit des Reiseveranstalters mit einer staatlichen Institution statt?
- Sind das Prospektmaterial und der Katalog seriös aufgemacht?

Rücktritt
- Ist der Zeitpunkt genannt, bis zu dem der Reiseveranstalter von seinem Angebot zurücktreten kann?
- Ist der Zeitpunkt genannt, bis zu dem der Verbraucher zurücktreten kann?
- Hat der Anbieter in seinen Unterlagen die Mindestteilnehmerzahl des Kurses benannt?

Haftung
- Wie äußert sich der Anbieter zur Haftungsbegrenzung?
- Hat er die Haftung für Körperschäden beschränkt?

Preise
- Besteht die Gefahr, daß über eine Preisgleitklausel/ Preiserhöhungsklausel das Preisrisiko auf den Kunden abgewälzt wird?

Sonderwünsche
- Ist im Angebot vermerkt, daß und wieviel Geld für Sonderleistungen gezahlt werden muß?
- Welche Leistungen sind im Preis enthalten?

Vorauszahlungen
- In welchem Umfang muß eine Vorauszahlung geleistet werden?
- Verlangt der Anbieter eine Vorauszahlung, ohne daß eine Bestätigung der Anmeldung erfolgt?

Preisklarheit
- Hat der Veranstalter deutlich gemacht, welche Zuschläge er z.B. für Halb- oder Vollpension, für Einzel-oder Doppelzimmer berechnet?
- Ist bekannt, welche Kosten für Lehrmaterial entstehen?
- Sind die Extrakosten für Ausflüge oder sportliche Aktivitäten benannt?

Sprachreiseangebot
- Ist die Angebotsbeschreibung übersichtlich und klar?

Unterrichtsangebot
- Sind die Kurse unterteilt
  - nach Alter der Teilnehmer,
  - nach Leistungsvermögen,
  - nach Kursart?
- Welche Dauer haben die Kurse in
  - Stunden
  - Wochen?
- Finden Einstufungstests statt?
- Besteht die Möglichkeit, die Gruppe zu wechseln?
- Bereiten die Kurse auf spätere Prüfungen vor?
- Wird ein anerkanntes Diplom erworben oder ein Zertifikat?

Unterkunft
- Gibt es Einzel- und/oder Doppelzimmer?
- Sind die Preise für alle Leistungen angegeben?
- Wie weit ist die Unterkunft von der Schule entfernt?
- Welche Kosten entstehen evtl. für den öffentlichen Nahverkehr?

Freizeitgestaltung
- Sind die Freizeitangebote mit ihren Leistungen übersichtlich dargestellt?
- Sind die Preise genannt?

4. Thementourismus
- am Beispiel des Lutherjahres

von Dr. Jürgen Schwark, wissenschaftlicher Mitarbeiter im Fachgebiet Tourismuswirtschaft der FH Harz

4.1 Einleitung

„Themen" im Tourismus, das sind Personen sowie Inhalte, Stoffe, Gegenstände mit Eigencharakter, die in Bezug zu traditionellen touristischen Formen gebracht werden. Der Tourismus bedient sich gewissermaßen dieses Stoffes und setzt ihn in das Setting typischer Angebotsformen ein. Themen im Tourismus werden in Deutschland bisher überwiegend aus kulturellen und gesellschaftlichen Teilgebieten entnommen, wie z.B. aus Architektur, Kunst, Literatur, Musik oder Philosophie/Theologie *(zur Entwicklung des Thementourismus siehe auch die Ausführungen von Dreyer in Beitrag I dieses Buches).*

Das jeweilige Thema und damit die Inhalte bilden die eine Seite des Angebotes. Auf der anderen Seite befinden sich unterschiedliche Nutzergruppen, denen aus der Position des Noch-nicht-Wissens, aber Wissen-Wollens das Thema bzw. die Inhalte nahegebracht werden sollen. Damit wird ein pädagogischer Fragenkomplex aufgeworfen, speziell angesiedelt in der Andragogik bzw. der Erwachsenenbildung. Als methodisches Problem ergibt sich die Frage der Art und Weise der Vermittlung von Inhalten. Als didaktische Fragestellung ergibt sich, was vermittelt werden soll. Das heißt, daß sich der Tourismus allgemein und speziell die Reiseanbieter und auch Reisemittler in verschiedenen Formen für das Thema qualifizieren müssen, um hochwertige Angebote zu erstellen. Dies kann z.B. gelingen, indem Experten bzw. Expertinnen zu Rate gezogen werden.

Für das hier näher behandelte Thema Luther bietet sich eine Kooperation bzw. Inanspruchnahme aus dem kirchlichen Bereich und aus dem Bereich der Erwachsenenbildung an. Idealerweise wäre ein Zugriff auf Personen mit Qualifikationen aus beiden Bereichen und zusätzlich mit touristischer bzw. Reiseerfahrung (Reiseleitung). Lohnenswert ist dieses Engagement für Anbieter insofern, da das Bildungssegment im Tourismus zunehmend nachgefragt wird.

Was nun als „Thema" im Tourismus geeignet erscheint, hängt von mehreren Faktoren ab:

Der **Name Luthers** kann insbesondere für das Gebiet der Bundesrepublik Deutschland und mit Abstufungen auch im europäischen Ausland sowie den Vereinigten Staaten in der Bevölkerung als **bekannt** vorausgesetzt werden. Schulen und Straßen sind nach ihm benannt, die evangelisch-lutherische Kirche trägt seinen Namen und auf Landkarten finden sich die „Lutherstädte" Eisleben und Wittenberg.

Als **Zielgruppen** kommen überwiegend bildungs-, kultur- und theologisch interessierte Personen in Frage. Genauer bedeutet dies, daß es sich erstens um Mitglieder und Aktive von verschiedenen kirchlichen Institutionen (EKD, Landeskirchen, Pfarrämter) handelt. Des weiteren sind Teilnehmende von Kursen verschiedener Erwachsenenbildungseinrichtungen (VHS etc.) zu benennen. Darüber hinaus sind Studierende der Philosophie/Theologie, Schülerinnen und Schüler (z.B. Klassenfahrten) sowie Mitglieder von Vereinen (Geschichtsvereine, Kulturvereine) als Zielgruppen anzuführen. Kulturtouristen allgemein, gleich ob sie sich als Individualreisende oder über einen Studienreiseveranstalter auf den Weg machen, zählen ebenfalls zum potentiellen Kreis der Luther-Reisenden. Schließlich zeigt die Praxis, daß auch Teilnehmende an Leserreisen von Zeitungen sowie Teilnehmer an Reisen, die von Banken und anderen Wirtschaftsinstitutionen angeboten werden, als "Luther-Touristen" in Frage kommen *(vgl. Hepp 1995, S. 5)*.

Hinsichtlich der regionalen Verbreitung kann Luther konzeptionell als internationales Thema angegangen werden, da mit den Kirchenreformatoren Zwingli (Schweiz), Calvin (Frankreich) und Hus (Tschechien) sowie in Skandinavien und den USA die Reformation und damit auch Luther einen bedeutenden Stellenwert haben. Der Bezug zu Luther kann dabei hauptsächlich in den Bundesländern Sachsen-Anhalt, Thüringen, Sachsen, Hessen, Rheinland-Pfalz und Bayern vermittelt werden. Insbesondere die beiden erstgenannten Länder können sich als „Luthers Land" (Werbeslogan des Tourismusverbandes Sachsen-Anhalt) etablieren.

Stellt man eine Verbindung zwischen den oben genannten Zielgruppen mit ihrer Herkunft aus dem Bildungs-, Kultur- und Kirchensektor und der sozialstatistischen Verteilung her, so dürften im überwiegenden Maße als

Hauptzielgruppe
- Personen jenseits der 40 Jahre
- mit überdurchschnittlichem Bildungs- und Einkommensniveau
- aus den beruflichen Feldern des Angestellten- und Beamtenmilieus
- sowie der freien Berufe und der Selbständigen

anzusprechen sein. Bei den jüngeren Schülern und Studierenden muß ein eher verpflichtender bzw. selbstverpflichtender Charakter angenommen werden. Als Hauptreiseformen kommen Pauschalarrangements und Individualreisen in Betracht.

Ein Thema im Kulturtourismus läßt sich nur umsetzen, wenn dafür ein nicht nur ausreichendes, sondern auch angemessenes und vor allem **thematisch authentisches** Umfeld und entsprechende touristische Dienstleister existieren. Natürlich sind landschaftliche, städtebauliche und architektonische Faktoren ebenso wichtig wie die Auswahl und Qualität der Beherbergungs- und gastronomischen Betriebe. Vor allem muß jedoch der inhaltliche Bezug zum Thema deutlich werden. Marketing-Strategien können ein Thema sinnvoll aufbereiten und verbreiten. Marketing-Strategien allein können jedoch keinen Eigencharakter ersetzen. Das Aufblähen unbedeutender oder als unbedeutend angesehener Themen wird rasch als Etikettenschwindel bzw. unbotmäßige Täuschung entlarvt.

Als rein quantitativer Aspekt kann zum Thema Luther die Anzahl der reformationsrelevanten Stätten angeführt werden. So befinden sich alleine in Mitteldeutschland 28 Städte mit 92 Sehenswürdigkeiten, 45 Kirchen, 13 Schlösser/Burgen, 12 Denkmäler, 9 Klöster, 6 (Luther-) Häuser sowie 7 Museen und Rathäuser mit einem mehr oder minder thematischen Bezug zu Luther.

Für die qualitative Umsetzung auf unterschiedlichen Ebenen haben verschiedene Dienstleister im Thementourismus „Luther" Relevanz, deren **Kompetenzen und Angebote vor Ort** von Veranstaltern genutzt werden können, so z.B.: Stiftung Schloß Mansfeld, Luthermuseum Mansfeld, Lutherhalle Wittenberg, Melanchthonhaus Wittenberg, Wartburgstiftung Wittenberg, Bauernkriegsgedenkstätte Panorama, Burg und Schloß Allstedt etc.

Um ein Thema für den Tourismus zu nutzen ist ferner ein ausreichend großer Abstand zu den Ereignissen (Jahrestage) sinnvoll, mitunter auch notwendig. Das gleiche gilt auch für die zeitlichen Abstände der Themenjahre untereinander, zumindest solange nicht andere als nur formale **Anlässe** gefunden werden. Für das Thema Luther bietet sich als Anlaß der 450. Todestag 1996 als formales Datum an. Möglich sind (bei anderen Themen) auch aktuelle oder zeitgeschichtliche Anlässe. Der Anlaß eines sich jährenden Todestages hat natürlich einen anderen, sprich zurückhaltenderen, pietätvollen Charakter als das runde Datum eines Geburtstages (z.B. 500. Geburtstag Martin Luthers 1983), der eher gefeiert werden kann.

Zeitgeschichtliche Anlässe sind soeben erwähnt worden. In diesem Zusammenhang steht auch der Aspekt des aktuellen Zeitgeistes, der für Schwankungen in der Akzeptanz eines Themas sorgen kann. So ist innerhalb der neuen Bundesländer nach dem Beitritt zur Bundesrepublik Deutschland das theologisch orientierte Thema „Luther" in größerer Dimension touristisch aufbereitbar als noch zu Zeiten der DDR, in der „kirchliche" Themen öffentlich an der Peripherie behandelt wurden.

Jenseits formaler **Anlässe** oder eventueller **Modeerscheinungen**, die ein Thema einmalig und für einen begrenzten Zeitraum touristisch vermarktbar machen, ist mit der **kulturhistorischen Bedeutung** ein qualitativ hochwertiger und damit langfristiger Aspekt angesprochen. Luthers direkter und vermittelter Einfluß auf die Entwicklung der Kirchengeschichte, seine Bedeutung für eine einheitliche deutsche Sprache durch die Bibelübersetzung und seine philosophisch-theologischen Positionen z.B. zum Beruf (vom Soziologen Max Weber als „protestantisches Arbeitsethos" aufgegriffen und angesichts des heutigen Wertewandels ein Ansatzpunkt zur Diskussion von Freizeit- und Arbeitsverhalten) verdeutlichen alleine schon die „Berechtigung" des Themas.

Schließlich ist mit aktuellen Bezügen zur heutigen Zeit vor allem eine Verbindung zu inhaltlichen Positionen und durch sie vertretene Personen herzustellen. Der Todestag Martin Luthers bietet z.B. Anlaß, anhand seiner Schriften zu den Bauern und Juden und über sein Verhältnis zur Obrigkeit und katholischen Kirchenführung Parallelen und Bezüge zur heutigen Zeit herzustellen (z.B. Soziale Ungleichheit, Ausländerfeindlichkeit, Verhältnis von Gesellschaft und Individuum, Kirchenpositionen zur Empfängnisverhütung, Zölibat, Kirchenpolitik in der sog. III. Welt).

Abb. 1:
Faktoren für die Umsetzung eines „Themas" im Tourismus:

Grundsätzliches	Anlässe
• Allgemeiner Bekanntheitsgrad des Themas	• kulturhistorische Bedeutung
• Größe der relevanten Zielgruppe	• Zeitlicher Abstand zu den Ereignissen
• Touristisches Umfeld und Dienstleister	• Aktuelle Bezüge
	• Aktueller Zeitgeist

Anhand der Person Dr. Martin Luthers soll nunmehr dargestellt werden, wie sein damaliges Wirken 500 Jahre später von touristischen Anbietern aufgegriffen und in verschiedenen Formen angeboten wird. Zunächst wird es jedoch darum gehen, sich mit einigen Inhalten des Themas Luther zu befassen. Damit ist kein oberflächlicher Parfource-Ritt durch die Biographie des bedeutenden deutschen Kirchenreformators anvisiert. Vielmehr ergeben sich als Hauptfragestellungen, wie die Person Luther und ihr Wirken in der damaligen Zeit **nachvollzogen** werden kann und welche **Vermittlungsmöglichkeiten** einen **Bezug zur heutigen Zeit** herstellen können.

4.2 Methodisch-didaktische Konzeption

Generell ist von drei unterschiedlichen Standpunkten auszugehen. Zum einen ist es der Anspruch des **Tourismus**, hier in Form von Verbänden und Organisationen, die Region unter Zuhilfenahme eines (prinzipiell beliebigen) Themas bekannt bzw. bekannter zu machen. Verbunden mit dem Anspruch, durch den Wirtschaftsbereich Tourismus Arbeitsplätze zu erhalten, neue zu schaffen, die Infrastruktur zu verbessern, also schlichtweg einen Beitrag zur Regionalentwicklung zu leisten.

Zum anderen ist der Anspruch der **Bildung**, in Form von Schulen, Hochschulen, Erwachsenenbildungseinrichtungen, Bildungs-Reiseveranstaltern primär das Thema unter Zuhilfenahme möglichst attraktiver Rahmenbedingungen (Landschaft, Stadtbild, Beherbergung, Gastronomie, sonstige Kulturangebote) zu vermitteln.

Drittens ist auf den Anspruch der **Kirche** zu verweisen, überwiegend theologische Gesichtspunkte zu vermitteln, ohne ein spezifisches, allenfalls marginales Interesse an sonstigen touristischen Nebenleistungen. Anhand der drei Ausgangsbedingungen sind prinzipielle und grundlegende Überschneidungen vorhanden, jedoch ist der Zugang von unterschiedlichen Ansprüchen geprägt. Welche inhaltlichen Ziele anvisiert sind und welche Vermittlungsformen und Methoden umgesetzt werden, hängt somit einerseits von den jeweiligen Anbietern mit ihrem spezifischen Interesse ab und andererseits von der anzusprechenden Zielgruppe.

Abb. 2:
Zugänge gesellschaftlicher Teilbereiche zum Thementourismus am Beispiel Luther

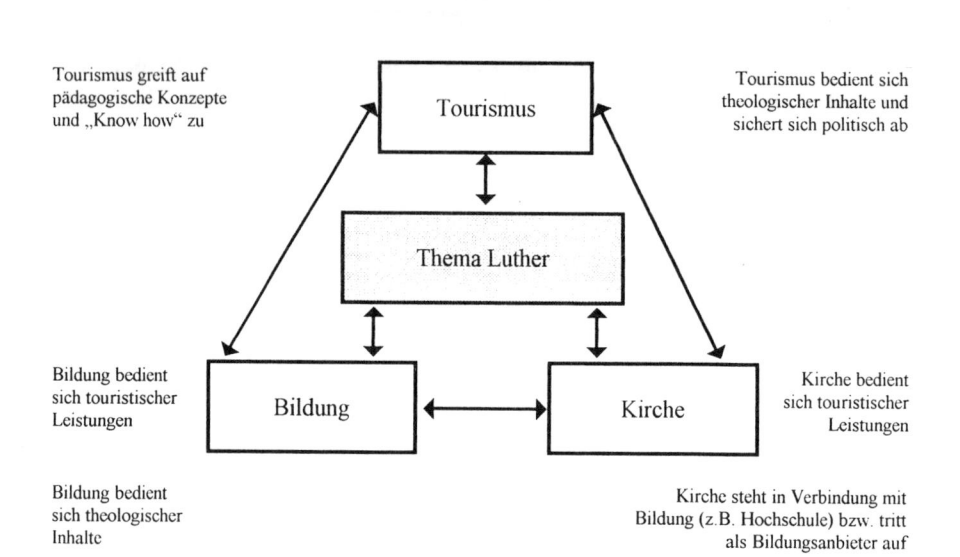

Tourismus greift auf pädagogische Konzepte und „Know how" zu

Tourismus bedient sich theologischer Inhalte und sichert sich politisch ab

Tourismus

Thema Luther

Bildung bedient sich touristischer Leistungen

Bildung

Kirche

Kirche bedient sich touristischer Leistungen

Bildung bedient sich theologischer Inhalte

Kirche steht in Verbindung mit Bildung (z.B. Hochschule) bzw. tritt als Bildungsanbieter auf

Insofern sich der Tourismus der Pädagogik für bestimmte Angebote bedient, z.B. durch die Übernahme pädagogischer Konzepte oder entsprechender Personen (Erwachsenen-, Freizeit-, Museumspädagogen etc.), wird grundsätzlich die Frage nach dem Verständnis von Bildung im Tourismus aufgeworfen. Hierzu bedarf es einer Diskussion verschiedener Ansätze, die an dieser Stelle kurz und nur auszugsweise skizziert werden sollen. Vorgestellt werden Aspekte von *Nahrstedts* freizeitorientierter Weiterbildung, *Noltes* kulturpädagogischer Sichtweise und *Jüttings* Ansatz der sozialen Situation *(detaillierter siehe Stehr et al. 1991).*

Nahrstedt sieht Weiterbildung in Verbindung mit freizeitorientierten Zielen, Bedürfnissen und Interessen, wie z.B. „Unterhaltung, Spaß haben, Sinnlichkeit, Unmittelbarkeit, Erleben, Ästhetik, Naturbegegnung, Reisen, Land und Leute kennenlernen ..." *(Stehr et al. 1991, S. 33).* Weiterhin geht es um die Einbeziehung des Wohnumfeldes, der Region sowie des Urlaubsumfeldes, also der Erweiterung traditioneller, normierter Lernorte. Und schließlich hat freizeitorientierte Weiterbildung nicht-quantifizierbare Schulleistungen, insbesondere „Freizeitkommunikation, Freizeitberatung, Animation, Umweltinterpretation, Freizeitaktion ..." *(Stehr et al. 1991, S. 33)* als besondere bildungsrelevante Aspekte aufzugreifen.

Demgegenüber bezieht sich *Nolte* in seiner kulturpädagogischen Sichtweise explizit auf einen hohen Qualitätsanspruch, der adressatenspezifisch vermittelt werden soll. „Das Beste ist gerade gut genug ..." *(Stehr et al. 1991, S. 153). Nolte* wendet sich gegen „die Art des indirekten oder des rezeptiven Herangehens", die als lediglich impressive Momente die Möglichkeiten der Kultur „mit fast rezeptiv-fatalistischer Genügsamkeit" verschenken. Konstatiert wird, daß so nur „maximal Sensibilisierungen" möglich sind, „nicht aber irgendwelches Veränderungs-, Steigerungs- oder Resistenzpotential." *(Stehr et al. 1991, S. 153f).*

Jütting schließlich bezieht sich in seinem Konzept auf die je eigene „Sozio-Logik" bzw. den „spezifischen Sinn" von sozialen Situationen mit je „spezifischen Rahmungen, Handlungsregeln und Verhaltensweisen." *(Stehr et al. 1991, S. 206).* Im Feld des organisierten Lernens, und als solches könnten z.B. Bildungsreisen, die unter einem Thema stehen, ja verstanden werden, besteht eine „eingerichtete" Situation. „Konstitutiv für Bildungssituationen ist also ein von mir selbst als Erwachsener definiertes Wissens- oder Informations- oder auch Verhaltensdefizit. Während in Geselligkeitssituationen gerade die verbindlich gemachte Unverbindlichkeit, also Widersprüche, Gegensätzliches, auch Unverständliches für solche Situationen charakteristisch ist, kommt es gerade für pädagogische Situationen darauf an, diese Phänomene zu bearbeiten, aufzuklären, klarzustellen u.s.w. Unverbindlichkeit, Freiwilligkeit und Schmerzlosigkeit sind für gesellige Situationen konstitutiv." *(Stehr et al. 1991, S. 207f).* Für pädagogische Situationen gilt es dagegen, ein vorbereitetes Ziel zu erreichen. „`Ich´ (als Pädagoge) kann und muß in pädagogischen Situationen Schutzfunktion wahrnehmen für diejenigen, die ein solches Wissen, ein solches Können, Fertigkeiten und Fähigkeiten noch nicht haben." *(Stehr et al. 1991, S. 208).* Durchaus konform gehen damit laut *Jütting* Aspekte des Spaß-

Habens, der Kreativität, des Entdecken-Könnens etc. ohne bevormundete, passive und entfremdete Lernformen.

Für den Tourismus, konkret für Veranstalter im Bereich des Thementourismus: Luther, wirft sich an den hier skizzierten Positionen die Frage auf, welcher konzeptionelle Zugriff für die je eigenen Angebote gewählt wird. Schematisch kann das Problemfeld wie folgt dargestellt werden.

Abb 3:
Analytische Struktur von Bildungsveranstaltungen im Thementourismus

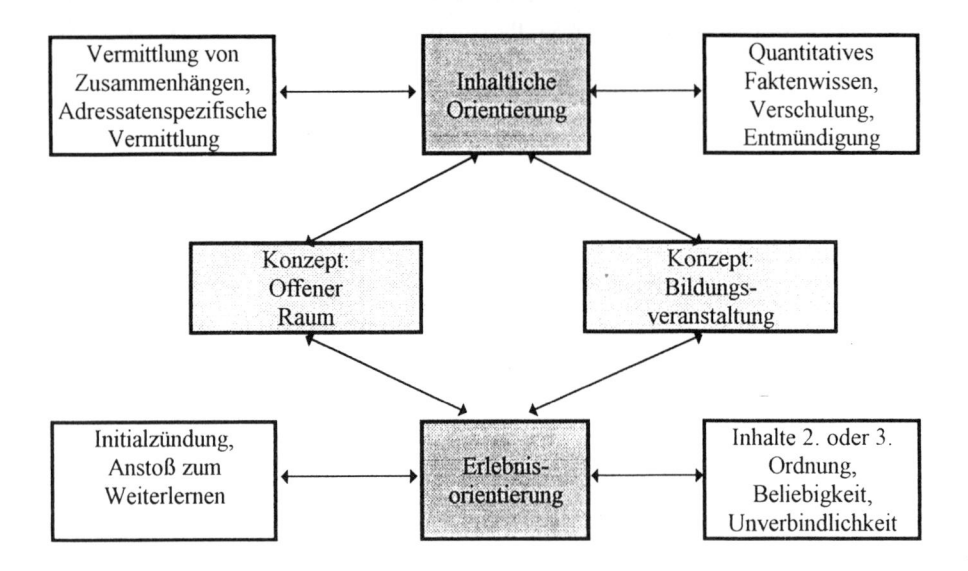

Vermittlung von Zusammenhängen, Adressatenspezifische Vermittlung	←→	Inhaltliche Orientierung	←→	Quantitatives Faktenwissen, Verschulung, Entmündigung
	Konzept: Offener Raum		Konzept: Bildungs-veranstaltung	
Initialzündung, Anstoß zum Weiterlernen	←→	Erlebnis-orientierung	←→	Inhalte 2. oder 3. Ordnung, Beliebigkeit, Unverbindlichkeit

Erläuterung zur Abbildung: Veranstaltungen im Thementourismus können in einem Kontinuum idealtypisch auf der einen Seite als Konzept des offenen Raums und auf der anderen Seite als Konzept einer Bildungsveranstaltung abgebildet werden. Zwischen diesem Dual sind verschiedenste Varianten und Mischformen möglich. Mit der konzeptionellen Annäherung an den „offenen Raum" ist gleichzeitig eine überwiegend erlebnisbetonte Orientierung und weniger eine inhaltliche Orientierung verbunden. Gleiches gilt für die „Bildungsveranstaltung" in umgekehrter Gewichtung. Beide Orientierungen weisen sowohl eine positive wie auch negative Variante auf. In der praktischen Umsetzung werden aus den verschiedenen Bereichen unterschiedliche Anteile zur Geltung kommen. Die hier abgebildete Grafik ist somit als analytische und idealtypische Struktur zu verstehen.

Die unterschiedlichen Ausgangspositionen können nun wiederum in verschiedenen konkreten Formen der **touristischen Umsetzung** erfolgen:

1. **Bildungsreisen mit Reiseleitung:**
   Organisierte Bildungsreise von kommerziellen Reiseveranstaltern, Trägern der Erwachsenenbildung, Kirchengemeinden in Verbindung mit touristischen Aspekten, mit Reiseleitung, Kulturpädagogen, Erwachsenenbildnern, Theologen.

2. **Mehrtägige organisierte Seminare vor Ort:**
   Organisiertes Bildungsangebot von Trägern der Erwachsenenbildung, Schulen, Hochschulen, Kirchen etc. mit i.d.R. thematisch überwiegend an Luther ausgerichteten Inhalten und weniger touristisch orientierten Aspekten im Programmentwurf, allenfalls als individuelles Engagement außerhalb eines Seminarprogramms.

3. **Kumulierte Einzelveranstaltungen vor Ort:**
   Angebote von Museen, Kulturämtern, Stiftungen, Kulturvereinen mit Einmaligkeitscharakter; selbständige und eigenverantwortete Auswahl der Programmangebote mit i.d.R. geringen Möglichkeiten des direkten Austauschs und der Rückkopplung

4. **Literatur/Reiseführer - selbstorganisiert:**
   Zur Verfügungstellung von Karten- und Informationsmaterial; begrenzter und vorgegebener Rahmen; i.d.R. mit Hinweisen zur weiteren Information. Basis ist die eigenständige und selbstverantwortete Organisation der Reise ohne direkte Austausch-, Rückkopplungs- und Reflexionsmöglichkeiten in Verbindung mit vermittelnden Personen (Reiseleitung, Kulturpädagogen, Erwachsenenbildnern etc.)

Im einzelnen lassen sich nun verschiedene **inhaltliche Ansätze** und Zugangsvoraussetzungen **für das Thema „Luther"** beschreiben als:

- engere theologische Anbindung an die Kirche
- attraktives Angebot einer Organisation (z.B. *ADAC*) oder Institution (z.B. *Sparkassen- und Giroverband*)
- Kennenlernen der Region und damit nachhaltige Stärkung des Tourismus
- attraktives Angebot von privaten und kommerziellen Reiseveranstaltern
- bildungspolitischer Auftrag von staatlich anerkannten Trägern der Erwachsenenbildung
- Umsetzung eines schulischen bzw. hochschulischen Curriculums

Die daraus resultierenden unterschiedlichen methodisch-didaktischen Konzeptionen können auf theologischen, tagespolitischen, biographischen, sozial-, regionalgeschichtlichen, literarisch-sprachlichen oder architektonisch-künstlerischen Schwerpunkten beruhen. Dabei sind sowohl ausschließliche Orientierungen auf einen Schwerpunkt möglich wie Verbindungen mehrerer Schwerpunkte.

Abb. 4:
Inhaltliche Schwerpunktsetzungen im Thementourismus am Beispiel Luther

- Theologie
- Sozialgeschichte
- Regionalgeschichte
- Biographie
- Tagespolitik
- Literatur/Sprache
- Architektur/Kunst

Das Hauptanliegen eines Angebotes innerhalb des inhaltlich ausgerichteten Thementourismus sollte im didaktischen Anspruch des Nachvollzugs von Geschichte und der Herstellung einer Verbindung zur heutigen Zeit bestehen. *(Zur Didaktik und Methodik der Rundreise siehe z.B. auch Schmeer-Sturm 1992, 113 ff.)* Die **historische Bedeutung** der Reformation kann verdeutlicht werden mit den jeweiligen inhaltlichen Aspekten der Entkoppelung vom päpstlichen Rom, der damaligen wachsenden Bedeutung regionaler Fürstentümer, der Religionskriege, der Freiräume für bürgerliche Kunst, der Veränderung der Wirtschaftsstruktur und der Symbiose mit dem Humanismus. Die Bedeutung Luthers für die Reformation zielt u.a. auf seine Funktion als „Urvater" religiöser Liberalität („Von der Freiheit eines Christenmenschen"), auf die Konsolidierung der Reformation („Von den Pflichten eines Christenmenschen"), auf die Konstitution der deutschen Sprache (Bibelübersetzung) und auf die Förderung von Kirchengesang und -musik.

Greifen wir einzelne Schwerpunkte für ein touristisches Angebot nochmals auf, so ergeben sich als Feingliederung sogenannte **„Themen im Thema"**. Hier geht es um die didaktische Konkretion, um gezielte, interessante und auch widersprüchliche Fragestellungen. Die Auseinandersetzung mit diesen (und anderen) Inhalten ist m.E. unerläßlich, wenn sich touristische Angebote zu einem Thema nicht ausschließlich auf bloße Oberflächenerscheinungen beziehen wollen, die von ihrer Bedeutung und Struktur beliebig und austauschbar sind.

Anhand der **Biographie** Martin Luthers lassen sich verschiedene Lebensabschnitte behandeln und gegenüberstellen. Aufzugreifen wäre beispielsweise die Person Martin Luthers in verschiedenen Positionen/Lebenslagen als Mönch (Askese - Buße), als Junker Jörg (Übersetzer/Sprachwissenschaftler verbunden mit einem „üppigen" Lebensstil), als Dr. Martin Luther (Wissenschaftler/Theologe - Reformator - Politiker) und Sohn, Ehemann und Vater.

Einzubetten sind diese biographischen Elemente in **sozialgeschichtliche Zusammenhänge** des 15. und 16. Jahrhunderts, z.B. die aufbrechenden mittelalterlichen Formen der Feudalherrschaft und die Armut der Bauern, die Judenfeindlichkeit und Hexenverfolgung, die weltliche und kirchliche Machtkonstellation und die Entwicklung des Bürgertums.

Theologische, moralische und politische Bezüge lassen sich über die verschiedenen Inhaltsbereiche des Wirkens Martin Luthers herstellen. So bieten seine Predigten, Disputationen, Schriften, Briefe, Tischreden und geistlichen Lieder die Grundlage für inhaltliche Auseinandersetzungen einschließlich aktueller Bezüge. Exemplarisch können folgende Inhalte behandelt werden: Zweireichelehre, reform. Erkenntnis/Turmerlebnis, Anschlag der 95 Thesen gegen den Ablaßhandel (aktueller Bezug zu politischer u. kirchlicher Doppelmoral), Verhältnis zur Scholastik, Verhältnis zur Mystik (aktuelle Bezüge zum heutigen Sektenwesen, Okkultismus, zur Esoterik), Verhältnis zur Schriftauslegung, Verhältnis zum Augustinismus seines Ordens, Stellungnahme gegen die Bauern (aktuelles Politikverständnis der Kirche zu Befreiungsbewegungen in der sog. III. Welt. Verhältnis von Tradition, Reformation und Revolution), Stellungnahme gegen die Juden (aktuelle Bezüge zur Sozialstruktur und zur Ausländerfeindlichkeit in der Bundesrepublik Deutschland, Beziehung zwischen Deutschen und Juden heute; Beziehung zwischen den Staaten BRD und Israel), Verhältnis zum Humanismus/Erasmus von Rotterdam (aktuelle Bezüge zur Ethik/Moral).

Literarische und sprachliche Bezüge lassen sich vor allem durch die Bibelübersetzung Luthers vom Griechischen in das Neuhochdeutsche und die Bedeutung für eine einheitliche deutsche Sprache herstellen. (Auch hier wären Ansatzpunkte gegeben, inwieweit die Deutschen, z.B. in Ost und West, die gleichen Wörter verwenden und dieselbe Sprache sprechen)

An dieser Stelle ist nun die Problematik anzusprechen, wie die Vermittlung der entwickelten Inhalte gelingen kann? Anhand der oben skizzierten Konzepte und des dargelegten Strukturmodells in *Abb. 3* wird deutlich, daß es sich um eine (erwachsenen-) pädagogische Vermittlung handelt, da touristische Konzepte zuvorderst wirtschaftliche bzw. marketingorientierte Gesichtspunkte berücksichtigen.

Als selbstverständlich sollte anerkannt sein, daß Inhalte nicht im "Durchschwadronieren" aller relevanten und vermeintlich relevanten musealen Hinterlassenschaften unter dem bildungsbürgerlichen Druck der Chronistenpflicht „abgearbeitet" werden können. Nichts ist ermüdender als das Stakkato von Jahreszahlen, Daten und Fakten eingepresst in monoton modulierte Zwei-Stunden-Rhythmen. Hier besteht die Gefahr der Übersättigung und gegenseitigen Entwertung von Inhalten. Leider ist dies immer noch die am häufigsten anzutreffende Form der Vermittlung. Aber auch das Gegenteil, die ausschließlich „erlebnisorientierte" Vermittlung unter Einbeziehung von Inhalten 2. oder 3. Ordnung in kleine Häppchen zubereiteter "extra-light Menues", kann keine ernsthafte Konzeption sein. Pädagogische und damit auch bildungstouristische Vermittlung sieht sich in der Pflicht, auch bildungsfernen Schichten einen **adäquaten Zugang** zu ermöglichen. Dies heißt jedoch nicht, die Personen derart zu entmündigen, indem man ihnen mit einem Arsenal an sogenannten „spaß, -lust- und erlebnisorientierten" Ablenkungsmanövern Nebeninhalte en passent mitliefert und auf die „schweren" Inhalte, unzutreffend als unvermittelbar bzw. unerwünscht abqualifiziert, verzichtet. Aufgeführt sind hier die beiden überpointierten, negativen Extrem-Pole.

Welche **grundlegenden Prinzipien** können nun die Voraussetzung, nicht schon Gewähr im Sinne eines Patentrezeptes, für die **Umsetzung von Inhalten im Thementourismus** sein. Es bieten sich hierfür vier Faktoren an:

1. Zeit und Muße:
Sollen sich Inhalte und Zusammenhänge sedimentieren, so bedarf es eines ausreichenden (Frei-) Raums zur Muße und Ruhe, mit der Möglichkeit zur selbständigen oder auch unterstützten Reflexion. Innerhalb eines Rahmenprogramms wäre also darauf zu achten, daß keine Überfrachtung stattfindet und gleichzeitig auch Orte zur Verfügung gestellt werden, an und in denen die weitere Verarbeitung gelingen kann.

2. Atmosphäre und Umgebung:
Atmosphäre wird hier im doppelten Sinn verstanden und meint zum einen Architektur, Landschaft und Natur sowie touristische Leistungen, aber zum anderen auch die Lernatmosphäre. Atmosphäre kann sich über Orte (Luthers Wirken), Texte, Erzählungen und Visualisierungen erzeugen lassen, verbunden mit der Möglichkeit, nicht dem Zwang, zum Nachfragen. Das setzt allerdings eine Atmosphäre voraus, die es Interssierten erlaubt, ohne den schulmeisterlichen Blick der „Besserwissenden" (nicht nur die Reiseleitung sondern auch andere

Teilnehmende) ihren subjektiven Forschungen nachgehen zu können und nicht das Gefühl vermittelt zu bekommen, Lücken, Nichtwissen oder Fehler preiszugeben.

3. Information und Alltagsorientierung:
Sie können durch methodisch-didaktisch ausgewählte Inhalte vermittelt werden. Gesichtspunkte zur Auswahl können zum einen als bekannt vorausgesetzte Inhalte sein (Thesenanschlag, Bibelübersetzung, Junker Jörg, Zitate etc.) oder zum anderen alltagsrelevant aufbereitete Themenstellungen (Zölibat, Okkultismus, Esoterik, Moral- und Sozialverhalten etc.)

4. Teilhabe und Einbeziehung:
Gemeint sind hier Initialzündungen, Aha-Erlebnisse, die als Einstieg, nicht als durchgehendes Prinzip, gewählt werden. Aus Sicht der Veranstalter vor Ort bedeutet dies konkret, Geschichte **lebendig** werden zu lassen, z.B. im Nachspielen von biographisch relevanten Ereignissen (öffentliche Veranstaltungen wie z.B. Luthers Hochzeit, der Thesenanschlag, die Verbrennung der Bannbulle des Papstes, Amtseinführungen und Disputationen), Predigten (in Verbindung mit den Werken Bachs und den Texten Luthers) und Tischreden (in Verbindung mit zeitgeschichtlich angepaßten gastronomischen Angeboten und musikalischer Begleitung, etwa Telemanns Tafelmusik).

4.3 Ansätze verschiedener Anbieter und Vermittler im Tourismus

Vorgestellt wird eine exemplarische Auswahl von Anbietern und Vermittlern, die sich des Themas Luther für 1996 angenommen haben:

- **Deutsche Zentrale für Tourismus (DZT):**
Die *DZT* in Frankfurt/Main hat sich als Fremdenverkehrsorganisation mit ihren weltweiten Vertretungen die Aufgabe gestellt, den Incoming-Tourismus insbesondere aus den USA, den skandinavischen Ländern und aus der Schweiz, den Niederlanden und Großbritannien zu fördern. Darüber hinaus hat die *DZT* zusammen mit dem Deutschen Fremdenverkehrsverband einen bundesweiten Zusammenschluß von touristischen Verbänden und kommunalen Stellen zum Arbeitskreis „Luther 96" organisiert, um sich gemeinsam auf das Luther-Jahr vorzubereiten.

- **Niedersächsischer Sparkassen- und Giroverband (GFI):**
Die *GFI* plant für 1996, Bildungsreisen für seine Kunden anzubieten. Primär wird das Angebot als Serviceleistung für die eigene Kundschaft verstanden und nicht als kommerzielles Angebot eines Reiseveranstalters.

- **ADAC Niedersachsen/Sachsen-Anhalt und Fachhochschule Harz:**
Der *ADAC* erstellt in Zusammenarbeit mit der *Fachhochschule Harz* (Studiengang Tourismuswirtschaft) und finanzieller Unterstützung des *Niedersächsischen Sparkassen- und Giroverbandes (GFI)* ein Faltblatt für Mitglieder. Konzeptionelle Grundlage ist die selbständige Routenplanung der Interessenten für fünf vorgestellte Regionen. Die Anreise erfolgt i.d.R. mit dem eigenen PKW. (1. Eisleben - Mansfeld - Kloster Mansfeld. 2. Wittenberg - Wörlitz - Oranienbaum - Dessau. 3. Naumburg - Freyburg - Zeitz. 4. Leipzig - Dresden - Pirna. 5. Eisenach - Erfurt - Weimar.) Vorgestellt werden die Region, Lutherbezüge und Querverweise zu anderen kulturellen Sehenswürdigkeiten. Insgesamt bildet das Thema Luther den wichtigsten Ansatzpunkt in dem Faltblatt. Die anderen thematischen Bezüge werden allerdings zusammengenommen ebenso umfangreich behandelt. Die Ausgangsüberlegung ist dabei, nicht überwiegend theologisch interessierte Personen mit dem Faltblatt zu bedienen, sondern *ADAC*-Mitgliedern eine umfangreiche Palette an kulturellen Informationen zu liefern, aus der die Thematik Luther den Ansatzpunkt liefert.

- **Evangelischer Arbeitskreis Freizeit - Erholung - Tourismus und Kontaktbüro Luther-Jahr '96 der evangelischen Kirche Deutschlands:**
Als Vertretung der Evangelischen Kirche in touristischen Arbeitsstäben hat im Auftrag des Evangelischen Arbeitskreises Freizeit - Erholung - Tourismus die Bundesarbeitsgemeinschaft Evangelischer Jugendferiendienste in Halle/Saale ein Kontaktbüro Luther Jahr '96 eingerichtet. Neben den Vertretungsaufgaben gibt das Büro regelmäßig Presseinfos und einen Infodienst („Reporter") heraus. Von der Konzeption tritt das Büro in Zusammenarbeit mit den jeweiligen Landeskirchen als Reisemittler auf. So sollen „Kontaktwünsche von Reisegruppen, Reiseveranstaltern und Journalisten zu Kirchengemeinden vermittelt werden". Gedacht ist an eine Drehscheibenfunktion „aller Informationen im Schnittbereich von Kirche und Touristik", die von zwei hauptamtlichen Kräften (Theologen mit Tourismuserfahrung) umgesetzt werden soll. Im Gegensatz zu den Tourismus-Verbänden, die vom „Luther-Jahr" sprechen, betont die Evangelische Kirche das „Luther-Gedenken" angesichts des 450. Todestages des Reformators. Unabhängig von kaufmännischen Ausrichtungen ist der Evangelischen Kirche nach eigenem Bekunden weniger „an den zahlenstarken

Besucherströmen gelegen", sondern vielmehr die Publicity als „Chance" zu begreifen. Angesichts von knapp 10 % evangelischen Kirchenmitgliedern an der Gesamtbevölkerung in Sachsen-Anhalt und prozentual einstelligen Gottesdienstbesuchern eine nachvollziehbare Hoffnung. Obschon auf der einen Seite die Vermutung naheliegt, im Namen Luthers einen wirtschaftlichen Gewinn zu realisieren (Lutherbrot, Luthertropfen, Lutherwasser, Lutherbier), bietet die Touristik auf der anderen Seite auch eine einmalige Gelegenheit zur Thematisierung kirchlicher Inhalte: „Denn so viel Publicity für ihren Reformator wird die evangelische Kirche von anderer Seite so schnell nicht wieder kriegen" *(Evangelischer Arbeitskreis 1995, S. 3).*

- **Büro Europäischer Tourismusverbund „Stätten der Reformation":**

Der seit September 1994 bestehende Verband mit Sitz in der Lutherstadt Eisleben hat sich zum Ziel gesetzt, einem breiten Publikum den Zugang zum Thema der Reformation zu ermöglichen, indem „Vergangenheit und Gegenwart der Reformation" zusammengeführt werden. Gemäß der Konzeption werden dazu auch die Reformatoren Calvin, Hus, Müntzer und Zwingli miteinbezogen. Anvisiert ist eine europaweite Zusammenarbeit, die derzeit noch entwickelt wird. Erste Ergebnisse liegen in Form von verschiedenen Routenvorschlägen und der Sammlung von Datenmaterial vor.

- **Tourismusverband Sachsen-Anhalt:**

Der Tourismusverband Sachsen-Anhalt hat sich bereits 1994 mit der Thematik auseinandergesetzt und dazu auch die Unterstützung kommerzieller Tourismus-Beratungs-Büros miteinbezogen. Die Ziele und Strategien, die auf mehreren Strategiesitzungen entwickelt wurden, beziehen sich grundlegend darauf, das Image als „Lutherland" zu profilieren, möglichst viele Menschen zu interessieren und mit dem Luther-Thema den Bekanntheitsgrad von Sachsen-Anhalt zu steigern. Von der Konzeption wird deutlich, daß die Thematik „Martin Luther" auf das touristische Zielgebiet „Luther's Land Sachsen-Anhalt" ausgedehnt und als „markt- und mediengerechtes Ereignisprogramm" ausgewiesen wird.

Abb. 5:
Luther-Logo

4.4 Exemplarische Marketingmaßnahmen des Tourismusverbandes Sachsen-Anhalt

Zur Positionierung Sachen-Anhalts als "Luther's Land" führte der Tourismusverband eigens Strategietage durch, die von Tourismusberater *Hepp* dokumentiert wurden. Die folgenden Ausführungen nehmen im wesentlichen auf diese Dokumentation Bezug *(vgl. Hepp 1995)*.

- **Grundsätzliche Ziele**

Mit dem Thema Lutherjahr 96 wird kein Jahresthema avisiert, sondern eine langfristige Perspektive verbunden. Für Sachsen-Anhalt wird 1996 der Start zu einer Langzeitkampagne „Luther's Land" erfolgen, der nachhaltig zur **Imageprofilierung** beitragen soll. Das Luther-Thema kann, so die Ziele der Strategietagung, viele **Menschen interessieren** und den **Bekanntheitsgrad** des Landes steigern.

Grundsätzlich wird davon ausgegangen, daß mit dem Thema Luther, neben dem Thema Romanik, das Land am stärksten profiliert werden kann. Gelingen soll dies zum einen mit einer eher zentralen Koordinierung und zum anderen mit der übergreifenden Perspektive „Luther's Land". Damit können, in Überwindung einer (zu) stark personenorientierten Thematik, zeitgeschichtliche Themen wie der Bauernkrieg, Kunst und Kultur im 15. und 16. Jahrhundert sowie weitere Persönlichkeiten behandelt werden und damit die **Leitidee der "Spurensuche"** in Sachsen-Anhalt umgesetzt werden.

- **Produktpolitik:**

1. Die Produktpolitik zielt im wesentlichen auf die Vermarktung durch Veranstaltungen ab. Im einzelnen sind dies verschiedene Gedenktage, nachgestellte Predigten (Dokumentarisches Schauspiel), Konzerte und Lieder, Tischreden in Verbindung mit Erlebnis-Gastronomie, Bibelausstellung etc..

2. Pauschalangebote bieten feststehende touristsiche Leistungen wie etwa Übernachtung, Verpflegung, Stadtführungen, Besichtigungen, Museumsbesuche etc.. Beispielhaft wird ein Wochenendpauschalreise-angebot des Hotels „Drei Schwäne" in Zeitz dokumentiert:

Abb. 5:
Beispiel für ein Wochenendpauschalreiseangebot im Thementourismus

LUTHER SPEZIAL
Erkunden Sie das Leben und Wirken Martin Luthers vom Upstalsboom Hotel Ratswaage Magdeburg aus.

DAUER:	5 Tage/4 Übernachtungen
ORTE DER TOUR:	Lutherstadt Wittenberg, Torgau, Wörlitzer Park Mansfeld, Lutherstadt Eisleben, Halle Magdeburg, Schloßbrauerei zu Gommern
LEISTUNGEN:	✧ 4 Übernachtungen in komfortablen Doppelzimmern mit Halbpension ✧ Begrüßungscocktail ✧ Tagesausflüge wie beschrieben **Programm:** ✧ Ankunft im Hotel, abends Begrüßungscocktail und Dinnerbuffet im Restaurant **Tagesausflug I:** ✧ Frühstück, Fahrt nach Wittenberg mit Besichtigung des Lutherhauses, der Stadtkirche und der Schloßkirche, anschl. Mittagessen im Fährhaus Dommitzsch ✧ Weiterfahrt nach Torgau mit Stadtrundgang und Besichtigung von Schloß Hartenfels, der Schloßkirche, des Sterbehauses und des Grabes Katharinas Luthers und der Stadtkirche St. Marien, anschl. Spaziergang im Wörlitzer Park ✧ Rückfahrt nach Magdeburg - es erwartet Sie ein reichhaltiges Dinnerbuffet **Tagesausflug II:** ✧ Frühstück, Fahrt nach Mansfeld mit Besichtigung der Georgskirche, Luthers Elternhaus und Schloß Mansfeld, Fahrt nach Eisleben mit Stadtführung und Besichtigung des Geburtshauses und des Sterbehauses Martin Luthers, der Petri-Pauli-Kirche sowie St. Andreas, Mittagessen und Fahrt nach Halle mit Besichtigung des Alten Marktes mit dem Eselsbrunnen, der Moritzburg, der Marktkirche und des Domes, Rückfahrt nach Magdeburg, wo Sie das Dinnerbuffet erwartet **Tagesausflug III:** ✧ Frühstück, der Vormittag steht zur freien Verfügung ✧ 14.00 Uhr ausgedehnte Stadtführung zu den Magdeburger Reformationsstätten ✧ abends Ausflug in die Schloßbrauerei zu Gommern mit mittelalterlichem Ritteressen ✧ am Abreisetag Frühstück im Wintergarten, Abreise bis 12.00 Uhr
PREIS:	4 Übernachtungen incl. Halbpension im Doppelzimmer pro Person 340,00 DM Tagesausflug I pro Person 50,00 DM Tagesausflug II pro Person 40,00 DM Tagesausflug III pro Person 130,00 DM
TERMINE:	ganzjährig auf Anfrage Anreise: Mittwoch/Donnerstag, Abreise: Sonntag/Montag
TEILNEHMER:	ab 20 Personen, Kinder bis 12 Jahre kostenfrei im Zimmer der Eltern ab 30 Personen eine Person im Doppelzimmer frei ab 40 Personen ein Doppelzimmer frei
ANBIETER/ BUCHUNGSSTELLE:	Upstalsboom Hotel Ratswaage Ratswaageplatz 1-4 39104 Magdeburg Tel: 03 91/ 5 92 60 Fax: 03 91 / 5 61 96 15

Quelle: Tourismusverband Sachsen-Anhalt, Pauschalreiseangebote Martin Luther 1995/96

- **Distributionspolitik**

1. **Vertriebswege**
   ◊ Information über Produktgestaltung durch Seminare und Schulungen
   ◊ Veträge mit Anbietern (Leistungsträgern) abschließen
   ◊ Kontakte zu Reiseveranstaltern herstellen
   ◊ Mailingaktion Musikland-Angebote an Vereine (Rücklauf-Adressen) nutzen
   ◊ Kontakte zur Kirchenpresse aufnehmen (Leserreisen anbieten)
   ◊ ADAC-Vertrieb nutzen

2. **Verkaufsförderung**
   Insgesamt sind in fünf Leitlinien die wesentlichen Inhalte zur Verkaufsförderung fixiert worden.
   ◊ Erstens gilt es den Begriff **„Luther's Land" langfristig** durchzusetzen. Hier ist zuerst ein mittelfristiger Ansatz bis zum Jahr 2000 notwendig. Luther als Großthema in Sachsen-Anhalt bleibt aber auf alle Fälle bis 2002 (500 Jahre Universität Wittenberg) bestehen.
   ◊ Zweitens sollen den Besuchern **Erlebnisse geboten** werden, bei denen sie Luther in Sachsen-Anhalt „wiederfinden". Zu beachten ist diesbezüglich, daß in der Werbung nicht mehr versprochen wird, als die Realität vor Ort auch tatsächlich bietet.
   ◊ Drittens sind **Image und Information** vor Werbung und Vermarktung zu berücksichtigen, da das sensible und weltgeschichtlich bedeutsame Thema „erklärungsbedürftig" ist.
   ◊ Viertens soll das **„Machbare möglich gemacht"** werden. Das heißt konkret auch Luther-Touren verkaufen.
   ◊ Fünftens sollen alle **Chancen genutzt** werden. Mit Priorität ist dort anzusetzen, wo „Sofort-Erfolge" möglich sind.

   Ausgewählte Maßnahmen der Verkaufsförderung sind:
   ◊ Leser-Reisen
   ◊ Gruppenreisekatalog (Verkaufshandbuch als 1. Schritt, Ziel: Sales Guide)
   ◊ Kontaktaufnahme mit Spezialreiseveranstaltern

3. **Messen und Ausstellungen**
   Diese stellen eine der effektivsten Möglichkeiten dar, neue Themen vorzustellen. In Frage kommen vor allem die Tourismus-Messen (Messe

Leipzig, Tourisma in Magdeburg, Internationale Tourismus Börse in Berlin), eine Präsentation auf der CEBIT in Hannover sowie Aktionen auf den deutschen Buchmessen (z.B. Frankfurter Buchmesse) und auf Ausstellungen und Workshops.

- **Kommunikationspolitik**

Werbe- und PR-Maßnahmen beziehen sich auf unterschiedliche Zielgruppen durch visuelle, akustische oder kognitive Maßnahmen, die teilweise mit diversen Kooperationspartnern gemeinsam durchgeführt werden. Im einzelnen läßt sich ein ganzer Katalog von (geplanten) Aktivitäten des Tourismus-Verbandes Sachsen-Anhalt anführen:

1. Werbung
Printmedien
◊ Prospekt und/oder Flyer mit Landkarte „Reisewege in Luther`s Land"
◊ Plakat und/oder Poster
◊ Anzeigenwerbung
Reiseführer „Reisewege in das Land der Reformation"
Elektronische Medien
◊ Videofilm
◊ Dia-Serie als Tonbildschau
◊ Musikcassettte und/oder CD
Sonstiges
◊ Leser-Service-Aktion
◊ Werbung und VKF im Ausland: Konzentration auf protestantische Länder wie USA, Skandinavien, Niederlande

2. Public Relations
◊ Zusammenarbeit mit ADAC Niedersachsen/Sachsen-Anhalt
◊ Presse-Informationsfahrten
◊ Medien-Informationsdienst„Luther`s Land"
◊ Bilderdienst „Luther`s Land"
◊ Luther-Zeitung

Abb. 6:

Auszug aus Veranstaltungen und Ausstellungen zum Lutherjahr 1996

Datum	Ort	Veranstaltung	Kontakt
21.04.96	Worms	Verl. "Das unerschrockene Wort"	Stadtinformation ☎ 06241 / 25045
03.05.95	Schmalkalden	Eröffnung Ausstellung "Die Ref. auf Münzen und Medaillen" (Wilh-burg)	FVA ☎ 03683 / 31 82
02.- 05.05.96	Wartburg	Wiss. Kolloquium zur Ausstellung	Frau Wattenbach ☎ 03691/ 2500
04.05.96	Wartburg	Festakt zum 475. Jahrestag der Ankunft Luthers; Vortrag Junghans	Frau Wattenbach ☎ 03691/ 2500
	Eisenach	Festgottesdienst	Sup. Robscheit ☎ 03691/ 3458
	Möhra	Veranstaltung im Glasbachgrund	
	Eisenach	Lutherhaus - Ausstellungseröffnung „Luther - der Gestalter deutscher Kultur und Geschichte"	Frau Wattenbach ☎ 03691/ 2500
05.05.96	Eisenach	Eröffnung Ausstellung „L. und die Bildung - L. und die Bibel"	Lutherhaus ☎ 03691/ 29830
	Eisenach	Eröffnung Ausstellung „Bildersturm in Eisenach und Thüringen"	FVA Eisenach ☎ 03691/ 6904-0
12.05.96	Wartburg	Festsaal Sonderkonzert eines Kanadischen Chores „Auf Luthers Spuren"	Frau Wattenbach ☎ 03691/ 2500
23.05.96	Eisenach	Lutherhaus Vortrag: „Luthers Bibelkonzert und die Bibel"	Frau Wattenbach ☎ 03691/ 2500
01.06.96	Erfurt	"ars via regla"; multimed. Performance	FVA, Hr. Paak ☎ 0361 / 562 34 36
07.-09.06.96	Wittenberg	Stadtfest "Luthers Hochzeit"	Wittenberg-Information ☎ 03491 / 2239
09.06.96	Eisenach	Kantatengottesdienst Georgenkirche „Ein feste Burg ist unser Gott"	Frau Wattenbach ☎ 03691/ 2500
14.-16.06.96	Eisleben	Historisches Altstadtfest	Fremdenverkehrsverein ☎ 03475 / 602124
14.-23.06.96	Eisleben	Festwoche "Mein Vaterland war Eisleben"	Fremdenverkehrsverein ☎ 03475 / 602124
16.06.96	Eisleben	Einweihung des Technischen Bergbaudenkmals "Seilscheibe"	Fremdenverkehrsverein ☎ 03475 / 602124
19.06.96	Eisleben	Markt: "Handel und Wandel wie zur Lutherzeit"	Fremdenverkehrsverein ☎ 03475 / 602124
21.-23.06.96	Eisleben	Ökumenischer Kirchentag "Alte Wurzeln - neues Leben"	Superintendentur ☎ 03475 / 4115
27.06.96	Eisenach	Bachhaus Vortrag: „Georg Philipp Telemann als lutherischer Kantor"	Frau Wattenbach ☎ 03691/ 2500
27.06.-07.07.96	Nürnberg	Internationale Orgelwoche	Dekan Dr. Friedrich ☎ 0911 / 22949
30.06.96	Eisenach	Kantatengottesdienst mit Luthertexten Georgenkirche „Mein Herze schwimmt im Blut"	
Juni	Torgau	Festwoche für Kirchenmusik	Superintendentur ☎ 03421 / 2525
05.-12.07.96	Erfurt	Einkehrwoche Augustinerkloster	Propst Jäger ☎ 0361 / 646 4084
08.09.96	Schmalkalden	Tag des offenen Denkmals: Häuser des Schmalk. Bundes	FVA ☎ 03683 / 31 82
13. + 14.09.96	Eisenach	Jugendprojekt: Brücke zwischen Martin Luther und Martin Luther King - Verschmelzung von mittelalterlicher Kirchenmusik, Jazz, Soul, Gospel und Tanz	Frau Wattenbach ☎ 03691/ 2500
14. + 15.09.96	Erfurt	Reg. Kirchentag für Thüringen	LKA Thüringen ☎ 03691 / 67899
19.09.96	Erfurt	Vortrag: "Frei nach Luther - Gerechtfertigt leben, ..."	FVA, Hr. Paak ☎ 0361 / 562 34 36
27.09.96	Erfurt	Vortrag: "Frei nach Luther - Beruf als Berufung	FVA, Hr. Paak ☎ 0361 / 562 34 36
28.09.96	Erfurt	Vortrag: "Frei nach Luther: protestantisches Arbeitsethos ..."	FVA, Hr. Paak ☎ 0361 / 562 34 36
28.-29.09.96	Wittenberg	Töpfermarkt	Wittenberg-Information ☎ 03491 / 2239
Ende September		Thüringer Museum Restauratoren-Symposium „Schnitzplastiken der Luther-Zeit"	Frau Wattenbach ☎ 03691/ 2500
02.-06.10.96	Torgau	Gedenktage zum 500. Geb. v- Johann Walter	
10.10.96	Eisenach	Bachhaus Vortrag „Luthers Einfluß auf den jungen Bach"	Frau Wattenbach ☎ 03691/ 2500
14.10.96	Erfurt	Vortrag: "M.L. in evang. Sicht heute"	FVA, Hr. Paak ☎ 0361 / 562 34 36

Quelle: Evangelischer Arbeitskreis Freizeit - Erholung - Tourismus und Kontaktbüro Luther-Jahr '96 der evangelischen Kirche Deutschlands (Hrsg.) (1995): Reporter, Ausgabe 1 und 2/1995, S. 9 ff.

5. Themenstraßen
- am Beispiel der "Straße der Romanik"
von Peter Becker, Stellvertretender Geschäftsführer und Romanikbeauftragter des Tourismusverband Sachsen-Anhalt

5.1 Touristische Straßen

Im deutschen Tourismusmarketing wird das Konzept der "Touristischen Straße" oder auch "Ferienstraße", "Urlaubsstraße" usw. häufig zur touristischen Erschließung einer Region eingesetzt. Seit 1936 die "Deutsche Weinstraße" ins Leben gerufen wurde, sind mehr als 100 (erfaßte) "Tourismusstraßen" ins Leben gerufen worden. Dennoch fehlen in der wissenschaftlichen Literatur zu diesem Thema sowohl umfassende Bestandsanalysen als auch systematische Fundierungen und Längsstudien. In dem vorliegenden Beitrag soll zur Abhilfe dieses Mangels das Konzept der "Straße der Romanik" in Sachsen-Anhalt und dessen Realisierung vorgestellt werden.

Schon die unterschiedlichen Begriffe - im folgenden wird die Bezeichnung "Touristische Straße" verwendet - machen deutlich, daß der Terminus weder eindeutig definiert noch rechtlich geschützt ist. *C. Becker (1994, S.1)* regt als Arbeitsdefinition an:

> "Eine Touristische Straße bietet die Möglichkeit, durch ein Thema eine Reihe von Orten oder Punkten - eventuell aus verschiedenen Raumeinheiten - linear miteinander zu verknüpfen, um diese besser touristisch zu vermarkten".

Etwas älter ist die Definition der Touristischen Straße als "auf Dauer angelegte genau bezeichnete Reiserouten auf Bundes- und Landstraßen (ohne Autobahn), die dem Reisegast thematisch abgegrenzte spezielle Attraktionen bieten" *(Bernhauer, 1981, S.10)*.

Einer Touristischen Straße liegt mit ihrer Streckenführung die Idee der **Tourismusförderung** zugrunde. Bei der Konzeption werden planungsrechtliche Bedingungen und institutionelle Mindestanforderungen nicht vorausgesetzt. Während 1993 der Deutsche Fremdenverkehrsverband 99 Touristische Straßen katalogisiert hatte, ergaben Anfragen in deutschen Regionen, Messeauswertungen, persönliche Kontakte usw. eine - sicher unvollständige - Auflistung von derzeit 146 Touristischen Straßen.

Abb. 1:

Streckenführung der "Straße der Romanik"

5.2 Kulturelle Dimensionen der "Straße der Romanik"

Die "Straße der Romanik" in Sachsen-Anhalt gehört zu der Gruppe der "Kulturstraßen", wie ca. ein Drittel der Touristischen Straßen in Deutschland. Das Kulturmotiv "Romanik" verbindet bei der Touristischen Straße in Sachsen-Anhalt einzelne Kulturdenkmäler und bedeutsame historische Schauplätze zur "Straße der Romanik". 72 romanische Baudenkmäler in 60 Orten Sachsen-Anhalts werden durch die über 1000 km lange "Straße der Romanik" miteinander verknüpft.

Die Streckenführung in der Form einer ungefähren Acht mit dem Schnittpunkt in der Landeshauptstadt Magdeburg unterteilt sich in die Nordroute mit 24 Orten und die Südroute mit 36 Orten. Die "Straße der Romanik" verläuft ausschließlich in Sachsen-Anhalt und wird durch ein einheitliches Logo gekennzeichnet.

Abbildung 2:
Logo "Straße der Romanik"
(Gestaltungsvorschrift)

Rund achthundert Hinweisschilder mit dem besonderen Logo der "Straße der Romanik", häufig ergänzt durch Richtungspfeile, Bauwerksnamen oder sonstige Hinweise, sorgen für eine einheitliche Besucherlenkung im ganzen Land entlang der "Straße der Romanik".

Grundlage für die "Straße der Romanik" sind die zahlreichen romanischen Bauwerke, die Sachsen-Anhalt wie kein anderes Bundesland besitzt. Das Gebiet des heutigen Sachsen-Anhalt war etwa in der Zeit von 950 bis 1250 ein politisches und kulturelles Zentrum in Europa. Als Zeugen dieser kunsthistorischen Epoche des Mittelalters sind zahlreiche Kirchen, Klöster und Dome, Wohnhäuser, Straßen und Stadtanlagen, Burgen sowie Skulpturen, Malereien und andere Kunstschätze erhalten geblieben. Diese Kunstwerke besitzen zum größten Teil europäischen Rang und drücken bis heute gemeinsames abendländisches Denken aus. Zwar sind die Übergänge innerhalb der Romanik und zwischen den Kunstepochen fließend, zwar machen sich auch Einflüsse anderer Stilrichtungen oder Überbauungen bemerkbar, aber die 72 ausgewählten Objekte der "Straße der Romanik" verdeutlichen musterhaft das Selbstverständnis jener Zeit.

"Ein wenig Phantasie gehört schon dazu, sich in den oft nach Hunderten zählenden Reisetroß des Kaisers und seiner Familie einzureihen: Man schreibt den Palmsonntag des Jahres 973. Kaiser Otto I. trifft von Italien kommend in Magdeburg ein. Dort betet der 61jährige Herrscher zusammen mit seiner zweiten Frau Adelheid, seinem frischvermählten Sohn Otto II. und dessen junger Frau Theophanu, einer Nichte des Kaisers von Byzanz, am Grab seiner ersten Frau Editha, Tochter König Edwards von England -internationaler geht es auch heute kaum zu in einer Welt, die durch das Flugzeug klein geworden ist. Der Weg entlang der "Straße der Romanik" öffnet jedem, der ihr folgt, einen faszinierenden Einblick in ein fernes Zeitalter, dessen Menschen bei genauem Hinsehen in vielerlei Hinsicht genauso modern waren, wie wir uns heute sehen. Zugleich erlebt man auf vergleichsweise kleinem Raum eine Fülle unterschiedlichster Landschaften voll von Naturschönheiten, reich an idyllischen Dörfern und Städten, in denen heutzutage der Gast König ist." (aus der Broschüre "Straße der Romanik").

1991 entstand die Idee einer "Straße der Romanik" in Sachsen-Anhalt. Die Projektleitung und Trägerschaft wurden im seinerzeitigen Ministerium für Wirtschaft, Technologie und Verkehr des Landes Sachsen-Anhalt angesiedelt. Ein Fachgremium unter Beteiligung des Wirtschafts- und Kultusministeriums, des Landesamtes für Denkmalpflege, der evangelischen und der katholischen Kirche sowie des Landestourismusverbandes wählte nach einer landesweiten Ausschreibung unter einer Vielzahl von Möglichkeiten schließlich 72 ottonische bzw. romanische Objekte aus. Kriterien waren dabei vor allem:

- kunsthistorische Bedeutung und Erhaltungszustand des Objektes
- Heterogenität der Objekte, besonders auch Ausgewogenheit zwischen sakralen und profanen Bauten
- regionale Ausgewogenheit mit der Einbindung aller Regionen.

In Abstimmung mit dem Landesamt für Straßenbau wurde die endgültige Routenführung festgelegt. Insgesamt bildet die "Straße der Romanik" das einzigartige, raumübergreifende Kulturmuseum mittelalterlicher Geschichte.
Am 7.5.1993, dem 1020. Todestag des Kaisers Otto des Großen, wurde die "Straße der Romanik" durch den Bundespräsidenten Richard von Weizsäcker im romanischen Magdeburger Kloster der Öffentlichkeit übergeben. Damit hatte Sachsen-Anhalt als erstes der neuen Bundesländer eine Touristische Straße erhalten.

5.3 Reiseziele und Reisemotive in Sachsen-Anhalt

Das Land Sachsen-Anhaltbeheimatet ca. 160 tourismusrelevante Orte in fünf Regionen mit unterschiedlichen touristischen Schwerpunkten:

- **Altmark**
  Aktivtourismus, z. B. Radwandern, Reiten und Wassersport, Familienurlaub, Ferien auf dem Bauernhof
- **Harz**
  Erholungs- und Wandertourismus, Kulturtourismus
- **Elbe-Börde-Heide**
  Städte- und Kulturtourismus, Landurlaub
- **Anhalt-Wittenberg**
  Erholungs- und Kulturtourismus
- **Halle-Saale-Unstrut**
  Kurzzeit- und Kulturtourismus, Weinregion

Eine Befragung *(DWIF 1993b, S.9)* hat bei potentionellen Gästen Sachsen-Anhalts ergeben, daß "historische Sehenswürdigkeiten" noch vor der "schönen Landschaft" an erster Stelle der Reisegründe stehen. Sachsen-Anhalt verfügt somit über ein positives Image für einen kulturell motivierten Tourismus und besitzt demnach eine gute Grundlage für die "Straße der Romanik"
Nicht nur im Gästeimage, sondern auch in der Realität ist Sachsen-Anhalt ein Land voller Geschichte und Kultur: von Arendsee im Norden über die Fachwerkstadt Quedlinburg, aufgenommen ins UNESCO-Weltkulturerbe, bis nach Zeitz im Süden. Die "Straße der Romanik" verbindet das Land und die kulturellen Themen. Sie ist als touristische Kulturstraße, auch in Abhängigkeit von ihrer Länge mit mehr als 1000 km, ihren anspruchsvollen Inhalten und den individuellen Motiven der Besucher, in sehr unterschiedlicher Weise nutzbar. Alle fünf genannten touristischen Regionen Sachsen-Anhalts einbeziehend steht sie z.B. da als

- Hauptmotiv einer Kurzreise
- Hauptmotiv einer Urlaubsreise/Bildungsreise
- Ausflugsziel vom Heimatort oder Urlaubsort
- Fahrtstrecke ins eigentliche Zielgebiet.

Für Tages- ebenso wie für Übernachtungsgäste dienen "Bildungs- und Besichtigungsaktivitäten" dabei durchaus der Freizeitgestaltung. Darüber hinaus sind die Motive für den Kulturtourismus sehr unterschiedlich. So zählt das "Besuchen von Kirchen, Schlössern, Denkmälern u. a." für 19,1% der deutschen Tagesgäste zu den wichtigsten ausgeübten Aktivitäten *(vgl. DWIF 1987, S.54)*. Neben einer hochmotivierten Kerngruppe für Kultur und

Bildung existiert überdies offenbar ein größerer Interessentenkreis, der auch gern Sehenswürdigkeiten besucht. Städte- und Kulturreisen sind in allen Altersgruppen beliebt, wobei Kulturtouristen über eine hohe Kaufkraft verfügen.

Sachsen-Anhalt setzt bewußt auf die Potentiale der Zweit- und Dritturlaubsreisenden: Nach *"Urlaub und Reisen 1995"* beabsichtigten 1994 ca. 4 % aller Deutschen in den nächsten drei Jahren in Sachsen-Anhalt Urlaub zu machen. Der hohe Stellenwert der Kultur und deutliche Zuwachsraten beim Reiseaufkommen aus dem Ausland bestätigen die Erwartungen, die seit Beginn an die "Straße der Romanik" gestellt werden. Dabei bietet sich diese - wie alle Touristischen Straßen - insbesondere für die in Sachsen-Anhalt relevanten Kurzreisen als Zweit-, Dritt- oder Viertreisen an. Individualgäste, die vor allem mit dem Auto anreisen, und Gruppen, vor allem Bus- und Pauschalreisende, sind weitere Zielgruppen.

Unter diesen Vorzeichen sind in den Orten und Regionen überwiegend durch die Romanikreferenten Pauschalreisen entwickelt worden, die die "Straße der Romanik" als zentrales inhaltliches Thema präsentieren. Sie richten sich sowohl an Individual- als auch an Gruppenreisende. Leistungsumfang und Preisgestaltung enthalten deutliche Unterschiede. Die meist ganzjährigen Angebote reichen von ein- bis achttägigen Fahrten, wobei die Tages- und Dreitages-Angebote überwiegen.

Für die Pauschalprogramme sind jeweils ausgewählte Objekte zusammengefaßt worden, wobei nach Möglichkeit auch Feste, Veranstaltungen, vor allem Konzerte integriert werden. Beispiele, wie die

- "Sommermusikakademie" in Hundisburg,
- "Musiksommer" in Ballenstedt und Quedlinburg,
- "Internationale Tage mittelalterlicher Musik" in Freyburg,
- "Orgelakademie" in Merseburg etc.

machen den Anspruch auf den Titel und das Jahresthema 1995 "Musikland Sachsen-Anhalt" genauso deutlich wie etwa historische Persönlichkeiten für den Tourismus im heutigen Sachsen-Anhalt stehen:

- Martin Luther mit den Lutherstädten Eisleben und Wittenberg und dem Wirken im ganzen Land - "Sachsen-Anhalt - Luther's Land",
- Thomas Müntzer und Allstedt bzw. Stolberg,
- Händel, der aus Halle stammt,
- Nietzsche, der in Naumburg geboren wurde,
- Bismarck in Schönhausen,
- Bach, der lange in Köthen gewirkt und dort u. a. die "Brandenburgischen Konzerte" geschrieben hat.

Den Stellenwert der "Straße der Romanik" im Sachsen-Anhalt-Tourismus verdeutlicht die folgende Übersicht zu den Anfragen an den Tourismusverband.

Abb. 3:
Anfragen beim Landestourismusverband 1994/95

PLZ-Gebiet		1994		1995	
		Insgesamt	davon Romanik	Insgesamt	davon Romanik
0	südl. Sachsen-Anhalt / westl. Thüringen / Sachsen	533	187	722	337
1	Berlin / Brandenburg / Mecklenburg-Vorpommern	726	279	996	557
2	Schleswig-Holstein	960	381	1515	983
3	nördl. Sachsen-Anhalt / Niedersachsen / östl. Nordr.-Westfalen / nördl. Hessen	1460	789	2311	1371
4	Nordrhein-Westfalen	844	368	1591	1099
5	Rheinland-Pfalz	810	326	1767	1242
6	Saarland / südl. Hessen	606	225	1533	1032
7	Baden-Württemberg	722	339	1271	822
8	Bayern	373	164	1158	760
9	Bayern / Thüringen	463	154	781	522
Ausland		641	206	1206	584
Gesamt		**8138**	**3418**	**14851**	**9309**

5.4 Produktpolitik: Zielsetzung und Organisation der "Straße der Romanik"

Die "Straße der Romanik" in einem auch dem Namen nach jungen Bundesland, dessen Regionen sich historisch unterschiedlich entwickelt haben und das daher nur eine kurze gemeinsame Vergangenheit besitzt, soll nach innen als umfassende, einheitliche, verbindende Touristische Straße zur Identitätsstiftung beitragen - das **"Wir-Gefühl" in Sachsen-Anhalt** soll auch durch die "Straße der Romanik" entwickelt werden.

Touristisch wichtiger ist die Aufgabe der "Straße der Romanik" nach außen: Mit umfassendem Innen- und Außenmarketing ist die "Straße der Romanik" auf Dauer das **Markenzeichen für Sachsen-Anhalt** und daher bewußt als einzige landesumfassende Touristische Straße konzipiert. Das Marketing der "Straße der Romanik" wird in enger Abstimmung zwischen dem Wirtschaftsministerium und dem Landestourismusverband entwickelt und umgesetzt. Dabei ist das Ministerium für das Außenmarketing, der Verband für das Innenmarketing zuständig.

Unter den besonderen Voraussetzungen der neuen Bundesländer wurde am 1.12.1993 eine "Mega-ABM" (Arbeitsbeschaffungsmaßnahme) realisiert, die vor allem das Innenmarketing entwickelte: 60 "Romanikreferenten", die überwiegend dezentral eingesetzt wurden, waren bis zum 30.11.1995 unter der zentralen Leitung des Romanikbüros des Landestourismusverbandes für die Produktentwicklung der "Straße der Romanik" in den einzelnen Orten zuständig. In der wohl umfangreichsten ABM im deutschen Tourismus, die durch synergetisches Zusammenwirken des Arbeits- und Wirtschaftsministeriums sowie des Landestourismusverbandes möglich wurde, konnten durch zentrale Arbeitsaufgaben, Seminare, Zusammenkünfte usw. dezentrale Maßnahmen für den Aufbau der "Straße der Romanik" koordiniert werden.

Zu den Aufgaben der Romanikreferenten, die vor Ort oft für mehrere Bauwerke zuständig und möglichst bei Verkehrsämtern oder touristischen Partnern angesiedelt waren, gehörten in drei zeitlich gegliederten Phasen:

1. Phase
- Absicherung der Öffnungszeiten der Bauwerke
- Kontaktaufnahme vor Ort, z. B. zu touristischen Partnern und Leistungsträgern (Beherbergung, Gastronomie), Kirchen- und Gemeindevertretern, Vereinen usw.
- Mitwirkung und Sicherung von thematischen Führungen
- Zuarbeit von Basisinformationen an das Romanikbüro

2. Phase
- Ausarbeitung von Pauschalprogrammen
- Organisation und Mitwirkung bei Schulprojekten (gefördert durch das Kultusministerium)
- Ausarbeitung von Radverbindungen/Radwegen parallel zur eigentlichen "Straße der Romanik"
- Umsetzung des landesweiten Mal- und Zeichenwettbewerbes zur "Straße der Romanik"
- Zuarbeit von zielgruppenorientierten Informationen an das Romanikbüro

3. Phase
- Umsetzung des Jahresthemas 1995 "Musikland Sachsen-Anhalt"
- Umsetzung des Fotowettbewerbes "Straße der Romanik zu allen Jahreszeiten"
- Durchführung von Ausstellungen zum Mal- und Zeichenwettbewerb
- Datenerhebung für das Touristische Informations- und Reservierungssystem (TIRS) in Sachsen-Anhalt
- Zuarbeit zu themenorientierten Aufgaben des Romanikbüros

Die Romanikreferenten vor Ort und bei den fünf regionalen Tourismusverbänden stellten somit die **Schnittstelle** zwischen den Vorgaben des Landestourismusverbandes und des Romanikbüros sowie den Potentialen der Orte dar. Das erfolgreiche zentrale Marketing für die "Straße der Romanik" war vor allem durch diese dezentrale, systematisch strukturierte Vorgehensweise möglich.

Die nicht entlang der "Straße der Romanik" vor Ort eingesetzten Romanikreferenten waren entweder als zentrale Koordinierungsstelle oder mit ergänzenden und flankierenden Themen beschäftigt. Zu diesen zählten insbesondere der Radtourismus, das Musikland Sachsen-Anhalt (Jahresthema 1995), Sachsen-Anhalt - Luther's Land (Jahresthema 1996), der Sporttourismus sowie die Entwicklung von Datenbanken für das Touristische Informations- und Reservierungssystem.

Zur Erfüllung dieser vielfältigen Aufgaben steht das Romanikbüro des Tourismusverbandes Sachsen-Anhalt in Verbindung mit anderen tourismusrelevanten Institutionen, z.B. dem Campingverband, dem Jugendherbergsverband, dem ADAC, dem Landessportbund usw. Die Interessen der "Straße der Romanik" werden im Lande auch durch eine jährliche "Vollversammlung" gebündelt, zu der alle Partner aus den Kommunen, Regionen, Kirchen, Ministerien, Verbänden etc. eingeladen werden. Außer der Kontaktaufnahme und dem Erfahrungsaustausch gehört zu den Aufgaben der "Vollversammlung" auch die Wahl eines "Projektbeirates", in dem alle an der "Straße der Romanik" beteiligten Stellen, Gruppen und Organisationen vertreten sind und der bei den weiteren Maßnahmen berät. Insgesamt ist die Aufgabenverteilung zur "Straße der Romanik" in einer Vereinbarung zwischen dem Wirtschaftsministerium, das die Infrastruktur in den Orten der "Straße der Romanik" erheblich gefördert hat, und dem Landestourismusverband festgelegt.

5.5 Messepolitik als Teil der Distributionspolitik

Für den Tourismusverband Sachsen-Anhalt ist die Beteiligung an Messen ein wichtiger Faktor in der Distributionspolitik. Selbstverständlich wird auf den touristischen Messen des In- und Auslandes sowie bei örtlichen bzw. regionalen verkaufsfördernden Maßnahmen nachhaltig auf die "Straße der Romanik" hingewiesen. So berücksichtigt die Standgestaltung des Landes Sachsen-Anhalt durch den Landestourismusverband z. B. bei der ITB Berlin regelmäßig die "Straße der Romanik" in Form zentraler Aussagen und mit einem besonderen Counter.

Gemeinsame "Romaniktage" mit einem bunten Bühnenprogramm haben in Niedersachsen, wo die "Wege in die Romanik" als Thema angeboten werden, und in Sachsen-Anhalt für zusätzliche Aufmerksamkeit gesorgt.

Abb. 4:
Messeteilnahmen des Landestourismusverbandes 1994/95

Messe/Ausstellung/ Workshop	Datum/ Ort	
Vakantiebeurs	11.-16.01.94	Utrecht
Tourisma	13.-16.01.94	Magdeburg
CMT	15.-23.01.94	Stuttgart
Reisen '94	12.-20.02.94	Hamburg
Freizeit '94	19.-27.02.94	Nürnberg
ITB '94	05.-10.03.94	Berlin
Invest Halle '94	04.-06.06.94	Halle
Touristik und Familientage	18.-19.06.94	Salzgitter
RDA-Workshop	15.-18.08.94	Köln
40. Lions Europaforum	01.-03.09.94	Berlin
Tag der deutschen Einheit	01.-03.10.94	Bremen
Reisemarkt Köln	25.-27.11.94	Köln
T&C	01.-06.12.94	Leipzig
RDA Workshop	15.-17.08.95	Köln
Romanischer Tourismusmarkt	19.-20.08.95	Braunschweig
C+F	26.08.-03.09.95	Düsseldorf
Ferien-u.Erlebnisbörse	08.-10.09.95	Berlin
Fest der Begegnung	03.10.95	Merseburg
BeLux Workshop	05.10.95	Brüssel
MARITIM Promotion	08.-13.10.95	Bonn/Köln
Jahrestagung belgischer Busveranstalter	11.10.95	Diest (B)
Polen-Workshops	16.-20.10.95	Warschau/Poz.
Car&Bus	20.-25.10.95	Kortrijk
Reisemarkt Köln	01.-03.12.95	Köln
T&C	07.-12.12.95	Leipzig

5.6 Kommunikationspolitik für die "Straße der Romanik"

Der Landestourismusverband Sachsen-Anhalt stellt unter dem Slogan "Ein Land macht Geschichte" kulturtouristische Angebote in den Mittelpunkt seiner Image- und Produktwerbung. Dabei dient die "Straße der Romanik" als "**Wäscheleine**", an die weitere Themen geklammert werden: Erfolgreiche Konzerte in romanischen Bauwerken, das Wirken und Auftreten Luthers oder Wein und Kultur sind typische Beispiele. Alle an der "Straße der Romanik" beteiligten Partner betreiben **konsequente Öffentlichkeitsarbeit**. Daher ist das Produkt allein in Deutschland in zahlreichen Presseartikeln mit einer Gesamtauflagenhöhe von bisher ca. 300 Millionen ausführlich vorgestellt worden. In der monatlichen Presseaussendung des Landestourismusverbandes ist regelmäßig mindestens ein Beitrag einer besonderen Information zur "Straße der Romanik" gewidmet. Voraussetzung für themen- und zielgruppenorientierte Angebote und Meldungen sind die zahlreichen Informationen, die in Form von ständig aktualisierten Infotheken beim Landestourismusverband vorrätig und individuell abrufbar sind:

Liste aller Infotheken zur "Straße der Romanik" ("SdR"):
- Jugendtouristische Einrichtungen in Sachsen-Anhalt
- Ferienwohnungen in Sachsen-Anhalt
- Hotels in in Sachsen-Anhalt
- Bauwerksöffnungszeiten und Ansprechpartner
- Bürgermeister der 60 Routenorte
- Strukturdaten 1 (Fahrradtourismus)
- Strukturdaten 2 (Fahrradtourismus)
- Strukturdaten 3 (Fahrradtourismus)
- Kinderführungen an der "SdR"
- Museen an der "SdR"
- Gaststätten an der "SdR"
- Hotels an der "SdR"
- Infomaterial zur "SdR"
- Zustand/Nutzung/Veranstaltungen

Als **Basis-Werbemittel** für die "Straße der Romanik" liegen vor:
- Faltblatt in deutsch, englisch, französisch, niederländisch, schwedisch, italienisch
- Broschüre (24 Seiten) in deutsch und englisch

Als **zusätzliche** Informationen und Angebote, Werbemittel und Werbeträger sind u. a. vorhanden:
- Katalog Einzel- und Gruppenreisen
- Katalog Jugend-Gruppenreisen
- Veranstaltungskalender (jährlich), mit Hervorhebung der Orte und Museen
- Broschüre: Entlang der "Straße der Romanik"
- Literaturliste
- Lesezeichen
- Video
- Informationsmappen
- Plakate
- Aufkleber, Pins, Leinentaschen

Hinzu kommen Zusatzinformationen für Radwandern, Camping, Fotowettbewerb usw., die alle beim Landestourismusverband angefordert werden können. In den Orten und Regionen sind weitere detaillierte Informationen erhältlich, wobei die "Straße der Romanik" auch in fast allen

Prospekten ausführlich erwähnt wird, die nach der Einweihung im Mai 1993 entstanden sind.

Mit **zielgruppenorientierten Maßnahmen**, wie z. B. Mailings an alle Volkshochschulen und Schulaufsichtsämter, Workshops für Reiseveranstalter aus typischen Quellgebieten, Studienreisen für ausländische Multiplikatoren, Journalistenreisen für in- und ausländische Medien und Zusammenarbeit mit ausgewählten ausländischen Partnern, wird ständig für die weitere Präsentation der "Straße der Romanik" bei touristischen Entscheidungsträgern gesorgt, so daß die Anfragen- und Besucherentwicklung anhaltend positiv bleibt.

Bei der Analyse des **Werbeerfolgs** ist allerdings zu berücksichtigen, daß gerade auch in den ostdeutschen Bundesländern entscheidender als alle Druckerzeugnisse die "**Mundpropaganda**" ist, also die direkte Empfehlung von Bekannten, Freunden, Verwandten usw., die bereits Zielgebietskenntnisse und -erfahrungen besitzen. Daher ist es besonders wichtig, daß auch temporäre Ereignisse ihre positive Wirkung voll entfalten. Großen Zuspruch fand in diesem Zusammenhang z.B. die Ausstellung "Baukunst der Romanik in Sachsen-Anhalt", die 1994 und 1995 an mehreren Orten des Landes gezeigt wurde.

5.7 Wirtschaftliche Effekte

Um den Erfolg der "Straße der Romanik" besser einschätzen zu können, werden Besucherzählungen vor Ort vorgenommen. Allerdings ist eine systematische Besucherzählung nicht überall möglich, denn bei frei zugänglichen Bauwerken ist eine Zählung nicht zu realisieren. Auch sind die Besucher nicht zu erfassen, die sich auf eine Außenbetrachtung beschränken. Dennoch sind für die große Mehrzahl der 72 Objekte und 60 Orte steigende Besucherzahlen festzustellen, wenn auch auf unterschiedlichem quantitativem Niveau. So hat die Stiftskirche in Gernrode im Juli und August 1994 mit über 60.000 Besuchern mehr Gäste aufzuweisen als im gesamten Jahr 1993, und aus Jerichow - 1992 ca. 13.000 Besucher, 1993 mehr als 24.000 Besucher - wird immer wieder berichtet, daß fast jeder Besucher des Backstein-Klosters die "Straße der Romanik" kennt.

Auch wenn Nachfrage und Angebot entlang einer landesweiten Touristischen Straße immer unterschiedlich sein werden, wird die "Straße der Romanik" durch die unterschiedlichen Motivationslagen der Gäste und Besucher in allen Regionen von Bedeutung bleiben. Die "Straße der Romanik" fordert, wie jede Touristische Straße, ja geradezu zum Be- und Weiterfahren auf. Dabei kommen - nach den vorliegenden Stichprobenauswertungen - deutlich mehr Besucher aus den alten als aus den neuen Bundesländern. Auch zahlreiche Gäste aus dem Ausland besuchen die "Straße der Romanik" und nutzen das vielfältige touristische Angebot.

Während in Städten mit hohem touristischen Potential die Themen der "Straße der Romanik" nur einen, allerdings wichtigen, Teil des Angebotes darstellen, wie z. B. die Stiftskirche und der Domschatz in Quedlinburg oder die Stifterfiguren mit dem Naumburger Dom, profitieren gerade die kleineren Gemeinden und der ländliche Raum vom Werbeeffekt und Besucherstrom der "Straße der Romanik". Ob Tagesbesucher oder Übernachtungsgast: Der wirtschaftliche Nutzen der "Straße der Romanik" ist unbestritten.

Abbildung 5 macht den tourismusbedingten Kaufkraftzufluß in den gewerblichen Betrieben der neuen Bundesländer deutlich.

Abb.: 5
Durchschnittliche Tagesausgaben pro Kopf von Übernachtungsgästen in gewerblichen Betrieben in den neuen Bundesländern

	Erholungsurlauber	Kurzurlauber	Geschäftsreisende
Unterkunft	37,10 DM	50,90 DM	84,40 DM
Verpflegung	35,20 DM	44,60 DM	61,90 DM
Einkäufe	9,10 DM	12,40 DM	25,00 DM
Sport und Freizeit	2,50 DM	4,50 DM	3,40 DM
lokaler Transport	1,10 DM	2,60 DM	0,80 DM
sonst. Dienstleistungen	1,90 DM	2,00 DM	5,50 DM
insgesamt	86,90 DM	117,00 DM	181,00 DM

Darüber hinaus hat die nicht-touristische Privatwirtschaft die "Straße der Romanik" als lohnendes Thema für sich entdeckt. Auf kommerzieller Basis entstanden z. B. Reiseführer, Bildbände, Kinderbücher, Münzen, Videos, Kalender, Fragespiel, Bierdeckel, Tischsets und auf Initiative eines kirchlichen Fördervereins Armbanduhren, die allesamt auch akquisitorische Wirkung für den Tourismus entfalten.

5.8 Zusammenfassung und Ausblick

Die "Straße der Romanik" und alle Kulturstraßen sind "Self-guided tours", denn sie stehen "jedermann und jederzeit" *(Steinecke/ Wachowiak 1994, S. 7)* zur Verfügung. Ohne festgelegtes Programm und ohne besondere Führung kann sie ständig befahren werden. Die notwendigen Voraussetzungen vor Ort sowie im Innen- und Außenmarketing sind bei der "Straße der Romanik", der seinerzeit ersten Touristischen Straße in den neuen Bundesländern, durch das Zusammenwirken aller Beteiligten realisiert worden. Dadurch konnte, wie eine Medienanalyse ergab, im Bekanntheitsgrad bereits ein Platz unter den ersten fünf der ca. 150 deutschen Touristischen Straßen erreicht werden - "Romanik", als hochwertiges Thema durch die "Straße der Romanik" gebündelt, ist im vielfältigen Angebot des Kulturtourismus ein attraktives Reisemotiv.

Bei der "Straße der Romanik" ragen als besonders attraktive Zielgebiete, auch in landschaftlicher Hinsicht und mit Blick auf weitere Sehenswürdigkeiten, vor allem der südwestliche und südliche Landesteil heraus. Übernachtungszahlen und gastronomische wie Beherbergungsbetriebe machen diese Unterschiede deutlich, zumal im Ostteil Sachsen-Anhalts die "Straße der Romanik" wegen fehlender hervorragender Bauwerke weniger vertreten ist. Auch wenn sich in Anhalt-Wittenberg, wie überall in Sachsen-Anhalt, zahlreiche weitere romanische Objekte befinden, wird die "Straße der Romanik" dennoch nicht erweitert: Das mittlerweile eingeführte Markenzeichen "Straße der Romanik" soll unverändert bestehen bleiben, kann jedoch mit ergänzenden regionalen Angeboten zum Thema Romanik für alle Besuchergruppen noch attraktiver gestaltet werden.

In Gesprächen vor Ort mit den jeweiligen Partnern wiederholt sich oft der Wunsch nach einem umweltorientierten, sozialverträglichen Tourismus entlang der "Straße der Romanik". Frühzeitige Gefahrenerkennung, etwa bei massenhaftem touristischen Besuch, bei der "Vereinbarkeit von Kultur und Konsum" *(Steinecke/ Wachowiak 1994, S.9)*, oder in der differenzierten Kirchenbetrachtung von Gläubigen und "Besuchern" sowie mögliche Unterschiede zwischen Ökologie und Ökonomie zählen zu den aktuellen offenen Fragen des Tourismus. Sie betreffen auch und gerade die Bauwerke der "Straße der Romanik". Der Kompromiß zwischen der touristischen Nutzung und der Bewahrung endogener Potentiale ist stets nur vor Ort zu finden.

Teil C:

Spezialprobleme des Management und Marketing im Kulturtourismus

1. Marketing-Management im Tourismus
- gezielte Vermarktung kulturtouristischer Leistungen
von Dr. Axel Dreyer, Professor für Tourismuswirtschaft und Marketing an der FH Harz

1.1 Grundlegendes

Der Wettbewerb auf den touristischen Märkten wird immer härter. Inzwischen hat in Deutschland der Ausleseprozeß bei Unternehmen und Regionen auch die von Wachstumsraten lange Zeit verwöhnte Reisebranche erreicht. In der Folge dieser Entwicklung wird eine systematische Planung des Marktauftrittes, die Suche nach Profilierungsmöglichkeiten und die Segmentierung in differenziert zu bearbeitende Teilmärkte immer wichtiger. Dabei müssen Marktnischen schnell besetzt und Trends rechtzeitig erkannt werden.

In das Blickfeld der touristischen Leistungsträgern gelangt immer stärker, daß alle Aktivitäten am Kundennutzen ausgerichtet werden müssen und daß eine strategische Bearbeitung von Märkten notwendig ist. Nicht der kurzfristige Umsatz - so wichtig er auch ist - zählt in erster Linie, sondern der **langfristige** Markterfolg. Dieser kann nur mit einer systematischen Vorgehensweise erreicht werden. Der Prozeß des Marketing-Management *(siehe Abb. 1)* sollte mit einer ausführlichen Analyse der Situation beginnen. In der anschließenden Planungsphase muß zuerst Klarheit über strategische Zielsetzungen herrschen, ehe Marketingmaßnahmen konkret geplant werden können. Diese dann tatsächlich in die Tat umzusetzen, fällt schließlich nicht immer so leicht, wie es erscheint. Die touristische Leistungserstellung ist ein Dienstleistungsprozeß, in dessen Mittelpunkt die Menschen als Dienstleister stehen. Auf ihre Fähigkeiten kommt es in erster Linie an, ob eine geplante Marketingmaßnahme wirklich erfolgreich ist. Nun haben aber gerade die Deutschen im Vergleich zu anderen Nationen noch Nachholbedarf in bezug auf die Qualität in der Dienstleistungserstellung.

Die folgenden Ausführungen sollen zu der Verbesserung des kulturtouristischen Dienstleistungsmarketing beitragen. Dabei ist die Darstellung der Marketingfunktion so gewählt, daß sie von allen am Kulturtourismus beteiligten Leistungsträgern angewendet werden kann. Wo marketingspezifische Besonderheiten einzelner Institutionen vorliegen, werden diese erwähnt. Daher gelten die Ausführungen auch für die Destinationen, zumal sich der Trend verstärkt, daß Tourismusinformationen in eien privatwirtschaftliche Rechtsform (GmbH) mit unternehmerischen Aufgabenstellungen überführt werden.

Abb. 1:

Prozeß des Marketing-Management

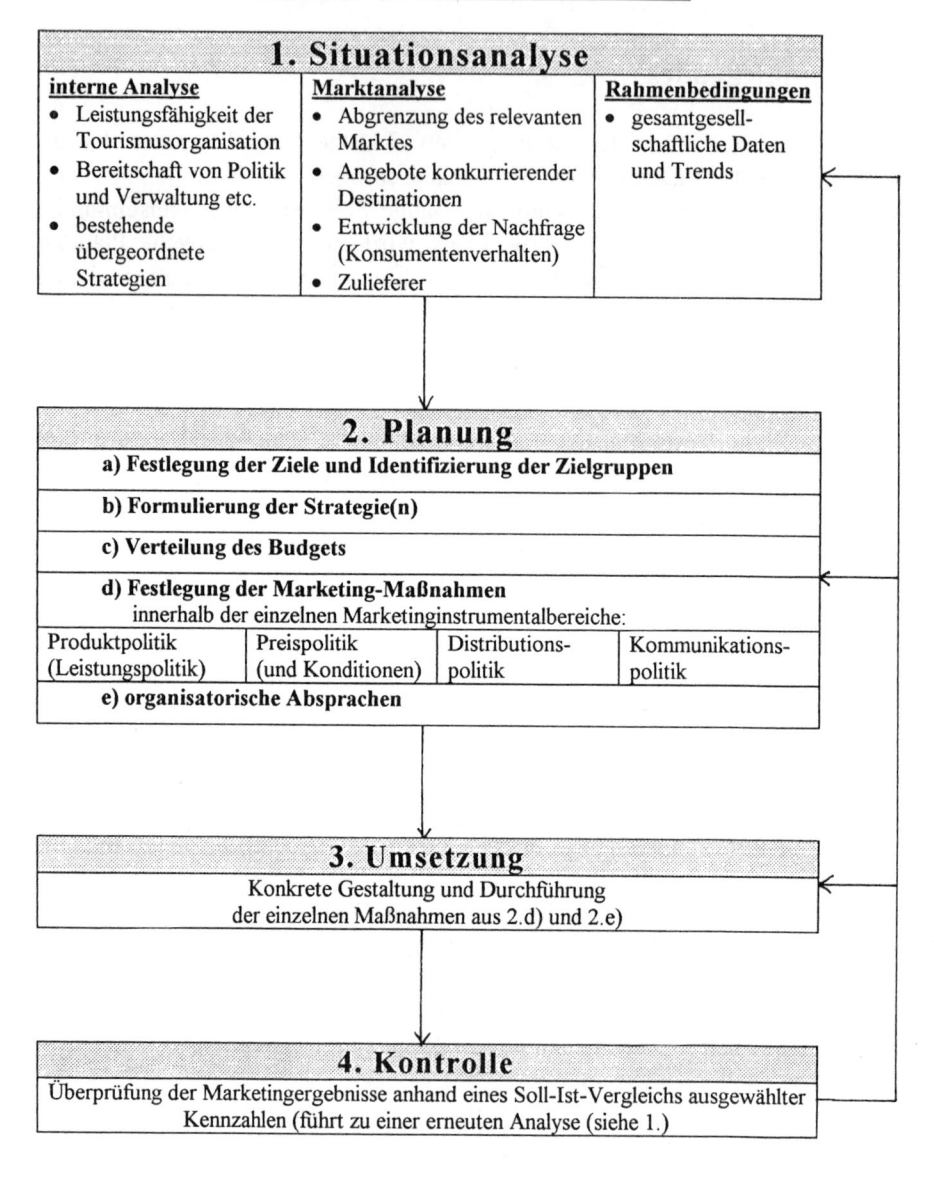

1. Situationsanalyse		
interne Analyse	**Marktanalyse**	**Rahmenbedingungen**
• Leistungsfähigkeit der Tourismusorganisation • Bereitschaft von Politik und Verwaltung etc. • bestehende übergeordnete Strategien	• Abgrenzung des relevanten Marktes • Angebote konkurrierender Destinationen • Entwicklung der Nachfrage (Konsumentenverhalten) • Zulieferer	• gesamtgesellschaftliche Daten und Trends

2. Planung
a) Festlegung der Ziele und Identifizierung der Zielgruppen
b) Formulierung der Strategie(n)
c) Verteilung des Budgets
d) Festlegung der Marketing-Maßnahmen innerhalb der einzelnen Marketinginstrumentalbereiche:

Produktpolitik (Leistungspolitik)	Preispolitik (und Konditionen)	Distributionspolitik	Kommunikationspolitik

e) organisatorische Absprachen

3. Umsetzung
Konkrete Gestaltung und Durchführung der einzelnen Maßnahmen aus 2.d) und 2.e)

4. Kontrolle
Überprüfung der Marketingergebnisse anhand eines Soll-Ist-Vergleichs ausgewählter Kennzahlen (führt zu einer erneuten Analyse (siehe 1.)

1.2 Situationsanalyse

1.2.1 Interne Analyse: Stellenwert des Marketing in der Unternehmenspolitik

Erfolgreiches touristisches Management bedarf einer abgestimmten Vorgehensweise im Unternehmen. Es muß eine Ausrichtung der Handlungsweisen an den übergeordneten Wertvorstellungen im Unternehmen erfolgen. Werden operationale Ziele und die sich daraus ergebenden Maßnahmen von den übergeordneten Wertvorstellungen abgeleitet, so entsteht eine Hierarchie sich zunehmend konkretisierender Ziele, die modellhaft in Form einer Pyramide dargestellt werden kann. Von oben nach unten werden die Ziele zunehmend konkreter und detaillierter, so daß im Ergebnis auch die Zahl der Ziele zunimmt. Die Ziele stehen in einer Zweck-Mittel-Beziehung zueinander. Das jeweils untergeordnete Ziel stellt zugleich das Mittel zur Erreichung des jeweils übergeordneten Ziels dar *(vgl Becker, 1993, S. 27ff)*.

Abb. 2 zeigt auf der rechten Seite die an *Becker* angelehnten Bausteine der **unternehmenspolitischen Zielpyramide**, während auf der linken, nach vorne gewandten Seite die der jeweiligen Ebene entsprechenden Begriffe und Inhalte für die Marketingpolitik dargestellt werden.

Die allgemeinen Wertvorstellungen werden **normativ** in Form von Unternehmensphilosophien und Unternehmensgrundsätzen formuliert, in denen das Verhalten des Unternehmens in bezug auf die Marktteilnehmer, die Umwelt, die Mitarbeiter (Führungsgrundsätze) etc. beschrieben und die Grundausrichtung des Unternehmens konkretisiert wird. Es werden Aussagen gemacht über die Rolle des Unternehmens in der Branche (angestrebte Marktführerschaft, Nischenpolitik etc.), die Art und Qualität der angebotenen Leistungen, die geographische Ausdehnung, das Potential an Personal und Sachmitteln etc. Für das Marketing werden die Grundsätze der Vermarktung formuliert. *Becker* geht sehr detailliert auf die geschilderten Zusammenhänge ein *(vertiefend Becker 1993, S. 28ff)*; sein Ansatz unterscheidet sich jedoch zum Teil (auch begrifflich) von der St. Gallener "Schule" *(vgl. Kaspar 1995, S. 56ff mit Hinweisen auf Ulrich)*.

Im Tourismus wird häufig auch vom Leitbild gesprochen. Gemeint sind mit diesem Begriff grundlegende, normative Aussagen zur Ausrichtung eines Ortes oder einer Unternehmung.

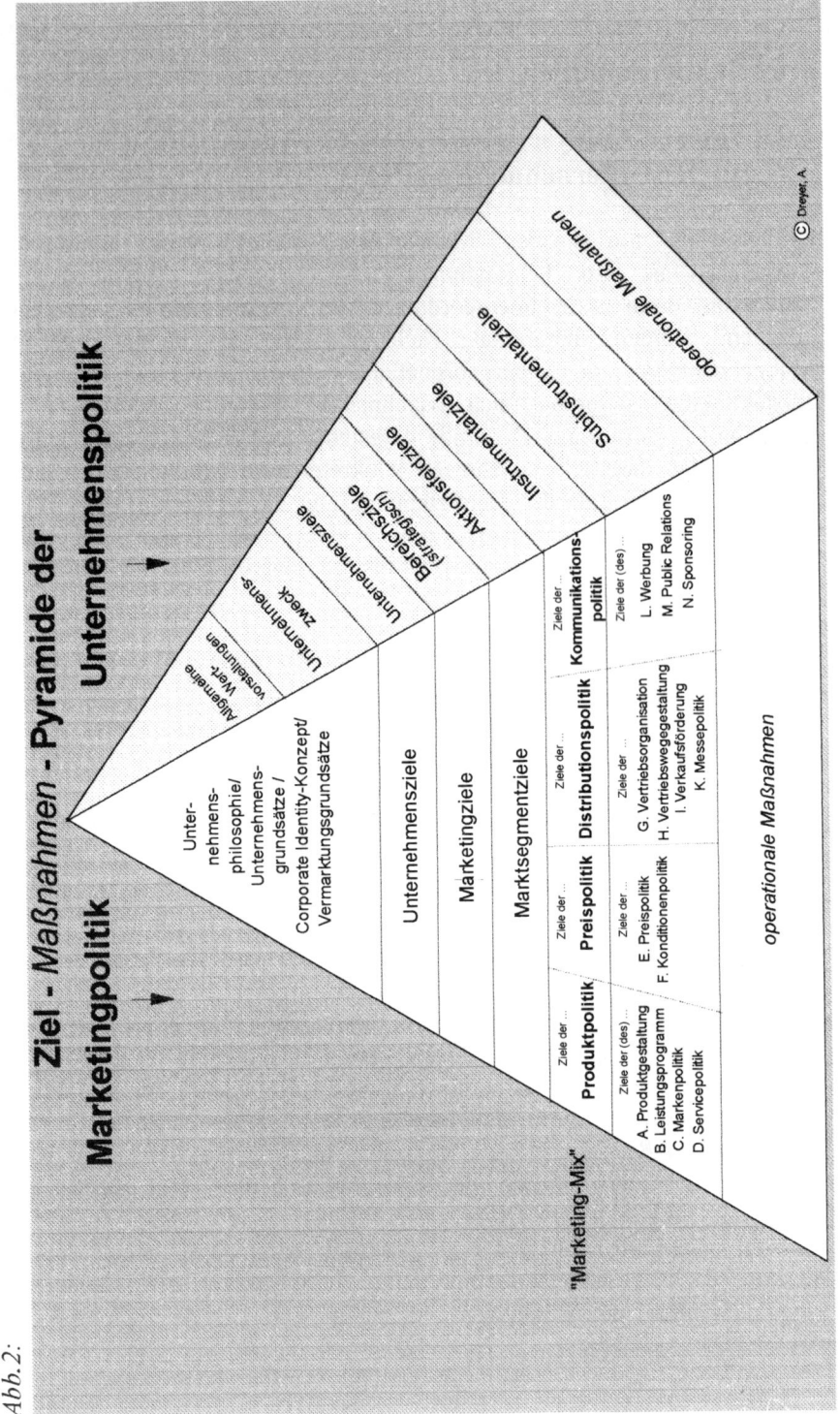

Abb. 2: **Ziel - Maßnahmen - Pyramide der Marketingpolitik / Unternehmenspolitik**

Marketingpolitik (linke Seite):
- "Marketing-Mix"
  - Ziele der Produktpolitik:
    - A. Produktgestaltung
    - B. Leistungsprogramm
    - C. Markenpolitik
    - D. Servicepolitik
  - Ziele der Preispolitik:
    - E. Preispolitik
    - F. Konditionenpolitik
  - Ziele der Distributionspolitik:
    - G. Vertriebsorganisation
    - H. Vertriebswegegestaltung
    - I. Verkaufsförderung
    - K. Messepolitik
  - Ziele der Kommunikationspolitik:
    - L. Werbung
    - M. Public Relations
    - N. Sponsoring

Ebenen (von oben nach unten):
- Unternehmensphilosophie / Unternehmensgrundsätze / Corporate Identity-Konzept / Vermarktungsgrundsätze
- Unternehmensziele
- Marketingziele
- Marktsegmentziele
- operationale Maßnahmen

Unternehmenspolitik (rechte Seite):
- Allgemeine Wertvorstellungen
- Unternehmenszweck
- Unternehmensziele
- Bereichsziele (strategisch)
- Aktionsfeldziele
- Instrumentalziele
- Subinstrumentalziele
- operationale Maßnahmen

© Dreyer, A.

Beispiele:
(a) Die *Deutsche Lufthansa AG* formuliert in ihren Unternehmensleitlinien eine Dienstleistungskultur, die ganz klar auf eine Kunden- und Qualitätsorientierung ausgerichtet ist:
- "Die Wünsche unserer Kunden stehen an erster Stelle. Sie sind der Maßstab unseres Handelns. Die Kunden entscheiden über unseren Erfolg im Wettbewerb. Wir bieten unseren Kunden weltweit pünktliche, zuverlässige und sichere Luftverkehrsverbindungen."
- "Die beste Qualität ist unser Ziel. Engagierte Mitarbeiter und eine moderne Flotte sind die Kennzeichen unserer Leistungskraft. Qualität und Leistungsfähigkeit sichern unsere Zukunft." *(Vgl. Meffert/ Bruhn 1995, S. 452.)*

(b) *Hauser Exkursionen* veröffentlicht seine Philosophie im Katalog unter dem Titel "Wir als Reiseunternehmen" *(vgl. Hauser 1995, S. 69)*:
1. Wir verstehen uns als ein nach kommerziellen Grundsätzen geführtes Unternehmen, das die Reisebedürfnisse seiner Kunden bestmöglich befriedigen und angemessene wirtschaftliche Ergebnisse erzielen will. Wir werden dieses Ziel dauerhaft nur dann erreichen können, wenn es uns gelingt, die Chancen des Reisens besser zu nutzen und gleichzeitig seine Gefahren abzubauen. Wir wollen uns daher für Formen des Tourismus einsetzen, die gleichermaßen wirtschaftlich ergiebig, sozialverantwortlich und umweltverträglich sind.
2. Wir sehen unsere Kunden als aufgeschlossene Menschen, die in ihrem Urlaub körperlich und geistig aktiv sein wollen. Wir wissen auch, daß die Zahl der vielseitig interessierten, rücksichtsvollen und umweltbewußten Reisenden immer größer wird. Wir wollen solche Eigenschaften und Haltungen ansprechen und fördern.
3. Wir wollen auf die Interessen der einheimischen Bevölkerung, auf ihre Eigenständigkeit und ihren Wunsch nach Selbstbestimmung Rücksicht nehmen. Wir respektieren die angestammten Gesetze, Sitten und Bräuche und die kulturelle Eigenart. Wir wollen uns stets daran erinnern, daß wir als Reiseunternehmen und als Touristen bei der einheimischen Bevölkerung zu Gast sind.
4. Wir wollen mit den Leistungsträgern und der einheimischen Bevölkerung in den Zielgebieten partnerschaftlich zusammenarbeiten. Wir setzen uns für faire Geschäftsbedingungen ein, die für alle Partner größtmöglichen Nutzen bringen. Wir fördern in möglichst vielen Bereichen unserer Tätigkeit eine aktive Beteiligung der ansässigen Bevölkerung.
5. Unser Streben nach einer Qualifizierung des Reisens soll auch in einer sorgfältigen Auswahl und permanenten Schulung unserer Mitarbeiter auf allen Stufen sowie in der gewissenhaften Weiterentwicklung und ständigen Kontrolle unserer Reiseangebote zum Ausdruck kommen.
6. Wir wollen über unsere Kataloge, Reiseinformationen und Reiseleiter unsere Kunden sachlich und umfassend informieren und Interesse dafür wecken, ein bereistes Land in seiner Gesamtheit zu erfahren. Unsere Werbung soll attraktiv, aber immer ehrlich und verantwortungsbewußt sein. Sie verzichtet auf die üblichen Superlative und klischeehaften Darstellungen in Wort und Bild. Ganz besonders achten wir auf eine respektvolle Beschreibung der Bevölkerung in den Zielgebieten.
7. Wir übertragen unseren Reiseleitern besondere Verantwortung bei der Durchführung und Einhaltung unserer Vorstellung von umwelt- und sozialverträglichem Reisen während der Touren. Wir knüpfen an diesen Beruf höchste Anforderungen und unternehmen besondere Anstrengungen zugunsten einer umfassenden Aus- und Fortbildung.
8. Bei Reisen, Ausflügen und Exkursionen zu Bevölkerungsgruppen, die noch wenig Berührung zu unserer westlichen Zivilisation haben, sind wir uns der besonderen Verantwortung bewußt. Durch gezielte Information werden unsere Teilnehmer auf die Begegnung vorbereitet. In unseren Programmtexten bieten wir den Kontakt zu unberührten Völkern nicht als "Highlight" an.
9. Wir unterstellen alle unsere Tätigkeiten wie jene unserer Geschäftspartner den gleichen strengen Qualitätsmaßstäben. Wir wollen mithelfen, das Bewußtsein der gemeinsamen Verantwortung für einen umwelt- und sozialverträglichen Tourismus auch bei unseren Geschäftspartnern zu stärken.
10. Wir sind bereit, uns im Rahmen unserer Berufsverbände für die Formulierung einer gemeinsamen "Ethik des Reiseunternehmens" und für deren Einhaltung einzusetzen.

Der nächste Schritt der Konkretisierung führt auf die **strategische** Ebene zu den Unternehmenszielen, in Form von Umsatz-, Rendite-, Marktanteilszielen etc., die mit Hilfe des Controlling (Steuerung des Unternehmens von der Planung bis zur Kontrolle, nicht nur Kontrollfunktion) formuliert werden.

Die Bereichsziele stellen die Mittel dar, um die Unternehmensziele zu erreichen. Die Marketingziele führen zur Entwicklung von Marketingstrategien. Außer im Falle einer unifizierenden Marketingstrategie hat das wiederum Marktsegmentierungen zur Folge, so daß einzelne strategische Geschäftsfelder gebildet werden, die jeweils mit unterschiedlichen Kombinationen der Marketinginstrumente ("Marketing-Mix") bearbeitet werden.

Im Rahmen von Unternehmenskonzeptionen wird vielfach auch die Corporate Identity angesprochen. Hierbei handelt es sich um den Versuch, mit Hilfe der Gestaltung

- des Unternehmensverhaltens (**Corporate Behaviour**),
- der Unternehmenskommunikation (**Corporate Communications**) sowie
- des visuellen Erscheinungsbildes (**Corporate Design**)

eine Unternehmens- bzw. Destinationspersönlichkeit (**Corporate** bzw. Destination **Identity**) zu erzeugen, die in sich möglichst einzigartig und unverwechselbar ist, um im Markt eine glaubwürdige und klare Positionierung zu erlangen. Dabei sind nicht objektive Maßstäbe entscheidend, sondern das Bild, das sich der Kunde von einem Unternehmen oder Ort macht (**Corporate** bzw. Destination **Image**).

In der touristischen Marketingpraxis ist das Corporate-Identity-Konzept häufig auf den Bereich des **Corporate Design** reduziert, d.h. mit der immer wiederkehrenden Verwendung von Schrifttypen, Schriftzügen, Logos (Wort- bzw. Bildmarken) und Farben auf Katalogen, Briefpapier, Beschilderungen etc. wird versucht, ein unverwechselbares Äußeres zu schaffen.

1.2.2 Marktanalyse

1.2.2.1 Gegenstände und Methoden der Marktforschung

Zu den Objekten der Marktforschung zählen die **Konkurrenten** und die **Kunden**. Der Konsumentenforschung ist nachstehend ein ganzes Kapitel gewidmet, weil die Bedeutung der Kundenorientierung im touristischen Dienstleistungsmarketing unterstrichen werden soll. Aber auch der Konkurrenzanalyse wird von vielen touristischen Leistungsträgern noch nicht genügend Bedeutung beigemessen. So ist die Konkurrenzbeobachtung (Testkäufe etc.) in der Reisemittlerbranche relativ wenig verbreitet. Dabei zählen Kenntnisse über das Verhalten der Wettbewerber zu den wesentlichsten Grundlagen für eigene unternehmerische Entscheidungen. Die Methode, planmäßig von den Besten der Branche zu lernen, wird als "**Benchmarking**" bezeichnet *(vgl. Bernskötter 1995, S. 120)*.

Bei den Methoden der Marktforschung wird zwischen **Primärerhebungen** (neue Erhebung von Daten durch Befragungen, Beobachtungen, Panelerhebungen oder Experimente) sowie der **Sekundärforschung** (Auswertung vorhandenen Datenmaterials, z. B. aus Fachzeitschriften wie der *FVW- Fremdenverkehrswirtschaft International*) unterschieden.

Beispiele: Zu den bekanntesten tourismusbezogenen Erhebungen zählen
- statistische Jahrbücher des Bundes und der Länder
- Verbandsstatistiken
- Marktanalyse "Urlaub + Reisen", ehemals "Reiseanalyse"
- Deutscher bzw. Europäischer Reisemonitor
- Betriebsvergleiche (z. B. Reisebüropanel des Kölner Inst. f. Handelsforschung)
- Untersuchungen des B.A.T.-Freizeitforschungsinstituts
- Untersuchungen von Universitäten und Fachhochschulen.

Bei der Auswertung und Interpretation des Datenmaterials kann man sich verschiedener Methoden bedienen. Zu diesen zählen insbesondere **SWOT**[1]-**Analysen** (umweltbezogene **Chancen/Risiken-Analyse** in Verbindung mit einer eigene Ressourcen feststellenden **Stärken/Schwächen-Analyse** zur Herauskristallisierung von Schlüsselproblemen), **Positionierungs-** und **Portfolioanalysen** sowie **Lebenszyklusanalysen**.

---

[1] **S**trength - **W**eakness - **O**pportunities - **T**reats

Abb. 3: **Kulturbezogenes Reiseverhalten als Konsumprozeß**
(in der ganzheitlichen Systemdarstellung)

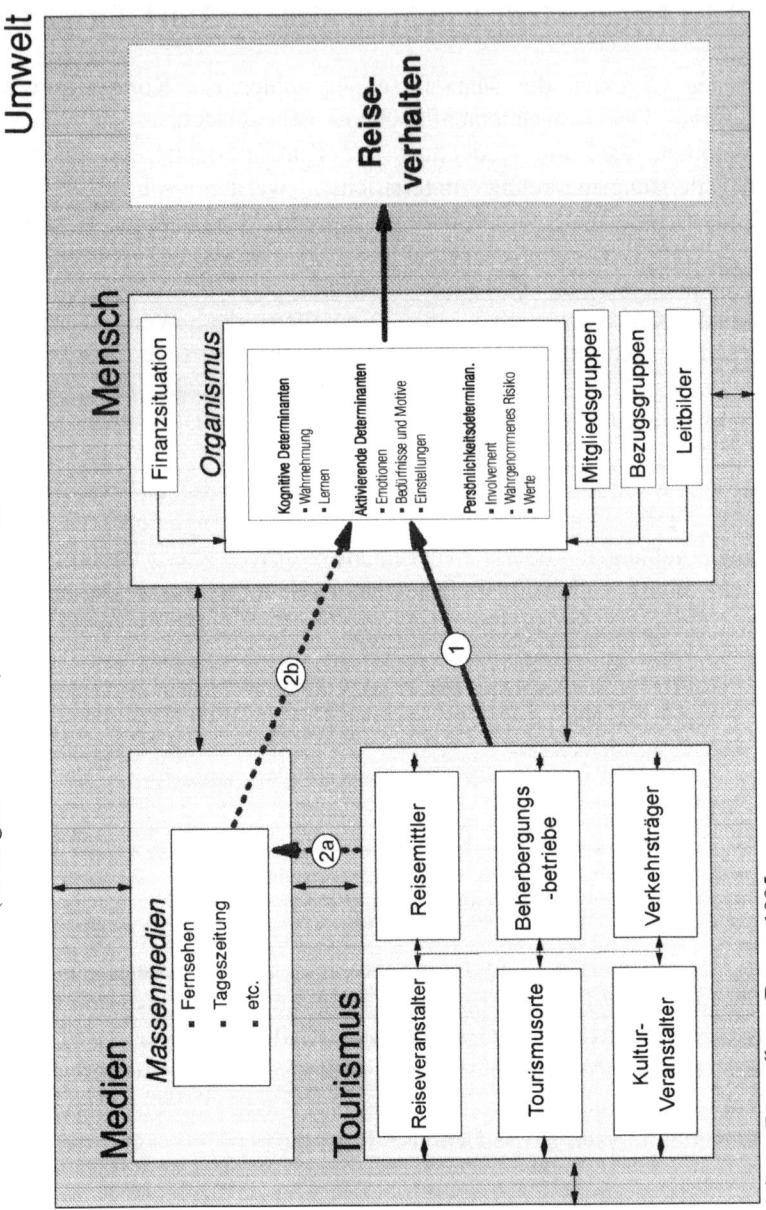

Umwelt

Mensch

Organismus
- Finanzsituation
- Kognitive Determinanten
  - Wahrnehmung
  - Lernen
- Aktivierende Determinanten
  - Emotionen
  - Bedürfnisse und Motive
  - Einstellungen
- Persönlichkeitsdeterminan.
  - Involvement
  - Wahrgenommenes Risiko
  - Werte
- Mitgliedsgruppen
- Bezugsgruppen
- Leitbilder

→ Reiseverhalten

Medien

Massenmedien
- Fernsehen
- Tageszeitung
- etc.

Tourismus
- Reiseveranstalter
- Reisemittler
- Tourismusorte
- Beherbergungs-betriebe
- Kultur-Veranstalter
- Verkehrsträger

Eigene Darstellung, Dreyer 1995.

1.2.2.2 Reiseentscheidungen als Ergebnis eines Kaufverhaltensprozesses

In Analogie zur Entwicklung der Käuferverhaltens-Modelle in der betriebswirtschaftlich orientierten Literatur *(einen guten Überblick geben Meffert 1992, S. 22ff, Bänsch 1995, 11ff und Gerth 1983, S. 10ff))* wird in Abb. 3 ein Modell zur **Entstehung des Reiseverhaltens** vorgestellt. Der **interdisziplinäre Modellansatz** basiert auf der **Systemtheorie** und der **verhaltenswissenschaftlichen Konsumentenforschung**.
Zunächst ist eine Erklärung der grundsätzlichen Zusammenhänge notwendig, für die der systemtheoretische Ansatz gewählt wurde. Als relevant herausgegriffen werden neben dem System Umwelt (als übergeordnetes System) die Systeme
- Mensch,
- Medien und
- Tourismus.

Das **System Umwelt** ist übergeordnet und umfaßt zusätzlich die hier aus Gründen der Übersichtlichkeit nicht näher dargestellten Systeme Gesellschaft, Politik, Wirtschaft, Ökologie und Technologie.
Zur genaueren Darstellung wurden in das **touristische System** die Subsysteme, Reiseveranstalter, Reisemittler, Tourismusorte, Beherbergungsbetriebe, Kulturveranstalter und Verkehrsträger eingefügt *(zur Systemtheorie im Fremdenverkehr vgl. Kaspar 1991, S. 13ff).*
Zwischen allen Elementen des gesamten Systems bestehen Interaktionen, d. h. **die Systeme beeinflussen sich gegenseitig,** und nun geht es darum, innerhalb dieses komplexen und ganzheitlichen Beziehungsgeflechts eine Erklärung für konkretes Reiseverhalten zu finden.
Die Grundstruktur folgt dem kognitiven Forschungsansatz, der aus den behavioristischen Modellen der Konsumentenforschung entwickelt wurde *(vgl. Meffert 1992, S.22ff).* Danach werden Stimuli (Reize) ausgesendet, die vom Menschen in einem komplexen Prozeß verarbeitet werden und schließlich zu einer bestimmten Reaktion führen.

In der *Modell-Abb.3* wird die Aussendung der Stimuli durch die Pfeile 1, 2a und 2b dargestellt. Sie sollen symbolisieren, daß diese Stimuli ausgehen können

(1) von der Tourismuswirtschaft direkt,
(2a) von der Tourismuswirtschaft mit Umweg über die Medien,
(2b) nur von den Medien.

(1) Hier werden die Stimuli von der Tourismuswirtschaft bzw. einem der Subsysteme (Reiseveranstalter etc.) selbst kontrolliert. Stimuli gehen z.B. aus vom **Marktauftritt der Tourismusunternehmen oder der Tourismusorte**, der sich u.a. in deren Leistungsangebot, deren Distribution und deren Kommunikation niederschlägt. Kontrolle der Stimuli besagt dabei nicht, daß die Anbieter alle auf die Menschen (Reisekonsumenten) einwirkenden Stimuli selbst steuern. Gemeint ist damit die Tatsache, daß sie "mit ihren Aktivitäten eine Konstellation von Einflußgrößen selbst schaffen, unter denen sich das Konsumentenverhalten *(die Reiseentscheidung, Anm. d. Verf.)* vollzieht" *(Meffert 1992, S. 26)*.

(2a) Wiederum werden die Stimuli von der Tourismuswirtschaft kontrolliert, sie gelangen mit dem **Umweg über die Medien** in den Wahrnehmungsbereich des Menschen.

Beispiele:
- Werbung für eine kulturelle Veranstaltung in der Tageszeitung.
- Weitergabe einer Veranstaltungsankündigung im Radio.
- Auf PR-Aktivitäten (z.B. Journalistenreise) basierende Reise-Berichterstattung über ein lohnendes Ziel.

(2b) Entscheidender Unterschied zum vorstehenden Beispiel ist die Tatsache, daß in diesem Fall die Steuerungsmöglichkeit der Stimuli seitens des Tourismus entfällt. Die Unternehmen und Beteiligten der Tourismusbranche haben im angenommenen Fall **keinen Einfluß auf die Stimuli**, die von den Medien in Form von Reportagen, Kommentaren oder Spielfilmen vermittelt werden.

Beispiele:
- In einer Reportage wird ein interessantes Zielgebiet überaus positiv dargestellt. Diejenigen Reiseveranstalter, die das Zielgebiet im Programm haben, verzeichnen steigende Buchungszahlen, ohne daß sie darauf einen Einfluß besaßen *(daß "Hofberichterstattung" auch auf externe Einflüsse zurückgeführt werden kann, soll in diesem Beispiel außer acht bleiben)*.
- Nachrichten über Bombenattentate in einer Stadt bringen den Tourismus zum Erliegen.

Die Zahl der nicht kontrollierbaren Variablen im Kaufverhaltensprozeß geht aber nicht nur von den Medien aus, sondern es gibt darüber hinaus eine Vielzahl weiterer Stimuli. Ohne Anspruch auf Vollständigkeit sind hierunter z.B. jene Impulse zu verstehen, die aus den **Gesprächen Reiseinteressierter untereinander** entstehen. Dazu zählen auch **Stimuli aus der sozialen, ökonomischen und ökologischen Umwelt**. Schließlich wirken auch situative Faktoren (z.B. Verlauf des Beratungs- bzw. Verkaufsgesprächs im Reisebüro, Zeit für die Reiseentscheidung etc.) auf den Entscheidungsprozeß ein *(vgl. Meffert 1992, S. 26f).*

- **Der Mensch im Mittelpunkt des Interesses**

Die Kaufentscheidung des Menschen wird von inneren und äußeren Faktoren beeinflußt. Zu den **äußeren Faktoren** zählt auf der ökonomischen Seite insbesondere seine **finanzielle Situation**. Soziale Faktoren werden erkennbar im Einfluß von Mitgliedsgruppen, Bezugsgruppen und Leitbildern.
Innerhalb der **Mitgliedsgruppen** ist eine Differenzierung notwendig. Zunächst gibt es die **Primärgruppen**, die sich durch engen Kontakt der Gruppenmitglieder untereinander, geringe Gruppengröße und ein ausgeprägtes "Wir-Gefühl" auszeichnen (z.B. Familie, Freundeskreis, Nachbarschaftsgruppe). Größer und damit relativ unpersönlich sind die **Sekundärgruppen**, bei denen nicht die emotionale, sondern die rationale Verbindung im Vordergrund steht (z.B. Schule, politische Partei, Kulturkreis, Kirche; *vgl. Bänsch 1995, S. 85).* Durch besonders engen Zusammenhalt können eigentliche Sekundärgruppen unter gewissen Umständen auch zur Primärgruppe avancieren (z.B. Kirchengruppen, "familiäre" Sportvereine). *(Zur Vertiefung Meffert 1992 und Kroeber-Riel 1990).*
Entscheidend in dieser verkürzten Darstellung ist, daß sich die Intensität des Gruppenbezugs auf die Reiseentscheidung auswirkt. In der **Familie** kann es gerade in bezug auf Reisen zu **kollektiven Entscheidungsprozessen** kommen. Eine ausgeprägte Studienreise macht in der Familie nur Sinn, wenn die gesamte Familie willens ist, sich der Kultur einen Urlaub lang zu verschreiben.

Als **Bezugsgruppen** werden diejenigen Gruppen bezeichnet, mit denen sich das Individuum identifiziert, wobei eine Gruppenzugehörigkeit nicht bestehen muß. Eine besondere Bezugsgruppe stellen höhere soziale Schichten dar. Durch den Konsum bestimmter Güter (z.B. Fern-Studienreisen, Reisen zu kulturellen Mega-Events etc.) versuchen Individuen zu demonstrieren, daß sie dieser höheren sozialen Schicht angehören. Tatsächlich schaffen sie es jedoch nicht, schichtenspezifische Unterschiede (Ausbildung, Vermögen etc.) auszugleichen *(vgl. Meffert 1992, S. 83f)*

Eine besondere Rolle nehmen die **Leitbilder** als individuelle Bezugspersonen innerhalb der Bezugsgruppen ein. Als Leitbilder des Konsums fungieren berühmte Film-, Fernseh-, und Sportstars oder auch bekannte Politiker, deren (Konsum-)Verhaltensweisen gewissermaßen nachgeahmt werden.. Daher können sie von der Tourismusindustrie ganz bewußt zur Verhaltensbeeinflußung (z.B. in der Werbung) eingesetzt werden. In der Regel kommt es zu keiner totalen, sondern zu einer Teil-Identifikation eines Individuums mit bestimmten Eigenschaften seines Leitbildes *(vertiefend Dreyer 1986, S. 92ff).*

Beispiel: Fernsehmoderator Dieter Kürten (ZDF-Aktuelles Sportstudio) wirbt in Radio-Spots für Reisen mit dem Unternehmen *Nazar.*

Zu den **inneren Einflußfaktoren** auf die Entstehung bestimmten Reiseverhaltens zählen kognitive, aktivierende und die Persönlichkeit betreffende Kategorien.

Bei den **kognitiven Determinanten** geht es um die Prozesse der Informationsverarbeitung, die mit der Wahrnehmung beginnen und im problemlösenden Denken und Lernen fortgeführt werden.
Die **Wahrnehmung**, also die Aufnahme, Selektion und Interpretation von Stimuli *(vgl. Meffert 1992, S. 60f)*, ist die Grundvoraussetzung für das Entstehen von Verhaltensweisen und damit auch von Reiseentscheidungen. Reize werden je nach ihrer Intensität (Lautstärke, Helligkeit, räumliche Ausdehnung) und nach der von Mensch zu Mensch unterschiedlichen Wahrnehmungsschwelle entweder bewußt oder unbewußt registriert *(vgl. Dreyer 1986, S. 63f).* In der Literatur wird kontrovers diskutiert, ob und inwieweit unterschwellige Wahrnehmungen zu spezifischen Verhaltensweisen führen.
Der Wahrnehmung folgt die Speicherung im Gedächtnis und die problemlösende Verarbeitung des Erfahrenen.

Beispiel: Die praktische Bedeutung der kognitiven Determinanten kann in bezug auf Kulturreiseangebote deutlich gemacht werden. Ob überhaupt und wie intensiv ein Reiseangebot aufgenommen wird, hängt z. B. von der Gestaltung des Prospektes und der Plazierung im Reisebüro ab.

Zu den **aktivierenden Determinanten** zählen Emotionen, Bedürfnisse und Motive, Einstellungen und Images.
Emotionen bezeichnen wahrgenommene innere Erregungszustände des Menschen, die mit gedanklichen Assoziationen und inneren Bildern verknüpft sind. In der Tourismuswerbung und hier insbesondere bei Fernreisen und bei Reisen zu Special Events spielt die Schaffung emotionaler Erlebniswerte eine besondere Rolle. Prospekte, Abbildungen stimmunsvoller Arenen (z.B. Verona), Fernsehspots etc. schaffen durch erlebnisorientierte Bilder ein positives Wahrnehmungsklima, was sich wiederum positiv auf die Akzeptanz des dargestellten Produkts auswirkt *(vgl. Meffert 1992, S. 48f).*

Tritt zu den emotionalen Vorgängen noch die Zielgerichtetheit des Verhaltens, so wird von Bedürfnissen bzw. Motiven gesprochen. **Motive erklären die Ursachen** und Beweggründe (das "warum?") menschlichen Handelns.

Beispiele: Währnd bei Studienreisen Motive wie "den Horizont erweitern", "neue Länder erleben" oder "neue Eindrücke gewinnen" im Vordergrund stehen, ist bei Sprachreisen das Bildungsmotiv vordergründig. Städtereisen befriedigen insbesondere das Bedürfnis nach Abwechslung.

Kommt zu den Motiven noch eine Gegenstandsbeurteilung hinzu, so wird von **Einstellungen** (eindimensional) und **Images** (mehrdimensional) gesprochen. Für die Reiseverhaltensforschung sind Images besonders interessant, weil sie eine handlungsauslösende Komponente (Kauf- bzw. Buchungsbereitschaft) besitzen. Zudem lassen sich Images mit Semantischen Differentialen oder Polaritätsprofilen relativ leicht und anschaulich messen und im Zeitablauf vergleichen.

Ein **Image** ist die **Gesamtheit aller subjektiven Ansichten und Vorstellungen** ("Bild") eines Menschen von einem Meinungsgegenstand. Images besitzen eine Orientierungsfunktion, indem sie die Wahrnehmung und Interpretation der Umwelt steuern. Damit sorgen sie für eine Subjektivität und Verzerrtheit der Vorstellungsbilder, die zum Teil erheblich von der objektiven Realität abweichen können. Es gehört zum Wesen von Images, daß sie sich im Zeitablauf entwickeln und verfestigen, so daß sie zunehmend schwerer verändert werden können. Aufgebaut werden Images durch eigene oder fremde Erfahrungen, bewußt oder unbewußt (z.B. durch auf Imageveränderung abzielende Werbung). Meinungsgegenstand von Images kann alles sein, worüber der Mensch Gefühle, Meinungen und Werturteile äußern kann.

Beispiel: Das Image der Stadt Hamburg bei den Touristen wird in erster Linie geprägt durch den Begriff Wasser (Hafen und Alster), erst mit Abstand folgen Facetten wie "Kultur und Vergnügen" oder "Tor zur Welt". Die Dominanz der Assoziation mit Wasser im Verhältnis zu allen anderen Imagekomponenten ist bemerkenswert. München wird dagegen z.B. schwerpunktmäßig mit kulturellen Angeboten und Sehenswürdigkeiten in Verbindung gebracht. *(Vgl. Maschke et al. 1992, S. 71ff).*

Zu den Persönlichkeitsdeterminanten gehören das Involvement, das wahrgenommene Risiko einer Entscheidung und das dem Menschen innewohnende Wertesystem. Mit **Involvement** wird das Engagement einer Person bezeichnet, sich für bestimmte Sachverhalte zu interessieren (Ich-Beteiligung in bestimmten Situationen *vgl. Kroeber-Riel 1990, S. 377ff).* Ist das Interesse gering, so befindet sich die Person in einer Low-Involvement-

Situation, andererseits liegt bei großem Engagement eine High-Involvement-Situation vor. Da der Urlaub zu den wichtigsten Freizeitbeschäftigungen des Menschen zählt, kann davon ausgegangen werden, daß **mit zunehmender Dauer eines geplanten Urlaubs** das Involvement zunimmt ("die schönsten Wochen des Jahres..."). Der Kauf einer Reise wird also häufig einer **High-Involvement-Situation** entsprechen. Diese unterstellt, daß auf eine kognitive Reaktion eine Einstellung in bezug auf einen Sachverhalt (hier z.B. ein konkretes Reiseangebot) entsteht, die zu einem bestimmten Verhalten (z.B. Buchung der Reise) führt. Der Reiseinteressent stellt sich somit in der High-Involvement-Situation als echter "Problemlöser" heraus, der sich vor der Buchung intensiv informiert *(vgl. Meffert 1992, S. 69)*.

Das **wahrgenommene Risiko** beschreibt die vom Käufer **als nachteilig empfundenen Folgen der Entscheidung** für eine bestimmte Reise, stellt also auf vor bzw. auch nach der Buchung bestehende kognitive Dissonanzen ab *(vgl.Festinger 1957)*.

Zu den wesentlichen Möglichkeiten, vor der Reiseentscheidung bestehende Unsicherheiten abzubauen, gehört eine **verstärkte Informationssuche** und das Zurückgreifen auf bekannte und bewährte **Markenprodukte** *(siehe auch Abschnitt 1.4.1.3)*. Im Rahmen der Informationsbeschaffung spielen persönliche Gespräche mit Verwandten und Bekannten die wichtigste Rolle. Besonders häufig werden folgende Informationsquellen von touristischen Leistungsträgern genutzt: Kataloge von Reiseveranstaltern, Auskünfte und Beratungsgespräche im Reisebüro sowie Auskünfte und Beratungsgespräche in Tourismusinformationen von Destinationen *(vgl. Reiseanalyse 1992, zit. in Freyer 1995, S. 84)*.

Zu den Risiken bei der Reiseentscheidung zählen:
- **finanzielle Risiken**
  Das gleiche oder ein absolut vergleichbares Reiseangebot wäre anderswo preiswerter gewesen.
- **reisetechnische Risiken**
  Der Reiseablauf könnte gestört werden.
- **gesundheitliche Risiken**
  Die Reise erfolgt in gesundheitlich problematische Gebiete (z.B. Ernährungsrisiken bei Studienreisen in bestimmte Gebiete Afrikas oder Asiens).

- **soziale Risiken**
  Bei einer Studienreise besitzt die Reisegruppe nicht die für die reibungslose Durchführung erforderliche weitestgehend gemeinsame Interessenlage.
- **psychische Risiken**
  Dem Reisekunden stellt sich die Frage, ob sich die Urlaubsfreude bei der gewählten Reise auch einstellen wird (z.B. bei einer Fern-Studienreise in für den Reisenden bislang unbekannte Gebiete). Ist die Zufriedenheit mit einem vergangenen Urlaub groß, steigt die Wahrscheinlichkeit, diesen (oder einen ähnlichen) zu wiederholen *(vgl. Braun 1993, S. 306)*.

Werte sind relativ stabile **Grundüberzeugungen**, die eine Auffassung von mehr oder weniger **Wünschenswertem** darstellen. Im Rahmen des Kaufverhaltens besitzen sie eine geringe Situationsabhängigkeit und tragen somit nur indirekt zur Verhaltenssteuerung bei *(Grümer 1993, S. 226)*.
Das Wertesystem der Menschen unterliegt einem Wandel. So ist z.B. das Umweltbewußtsein in den letzten Jahren verstärkt im Wertesystem verankert worden. Allerdings führte dies nicht in jeder Beziehung zu umweltgerechtem Handeln der Individuen. In bezug auf den Kulturtourismus trifft teilweise sogar das Gegenteil zu. Das Aufkommen an Flugreisen hat sich beträchtlich vergrößert und Reisen mit dem Auto stehen, insbesondere bei Städtereisen, noch hoch im Kurs, obwohl 82% der Bundesbürger die Umweltbelastung durch den Autoverkehr als eines der größten Risiken der wachsenden Freizeit ansehen *(vgl. Opaschowski 1992b, S. 42f)*.

Das tatsächlich beobachtbare, **konkrete Kulturreiseverhalten** ist das Ergebnis der Reiseentscheidung, die aus einer Reihe von Teilentscheidungen besteht. Neben der grundsätzlichen Entscheidung für eine Kulturreise wird zuerst über den **Zeitpunkt** und das **Ziel der Reise (Tourismusort, dortige kulturbezogene Infrastruktur)** entschieden. Danach wird die **Dauer** der Reise festgelegt. Von nachrangiger Bedeutung im Entscheidungsablauf sind **Preis, Beherbergungsart, Verkehrsmittel** und **Organisationsform** der Reise *(vgl. Braun 1993, S. 305)*.
Die Details einer - idealtypischen - Heuristik für die Reiseentscheidung sind Abb. 4 zu entnehmen.

Abb: 4

Individueller Entscheidungsprozeß für Urlaubsreisen

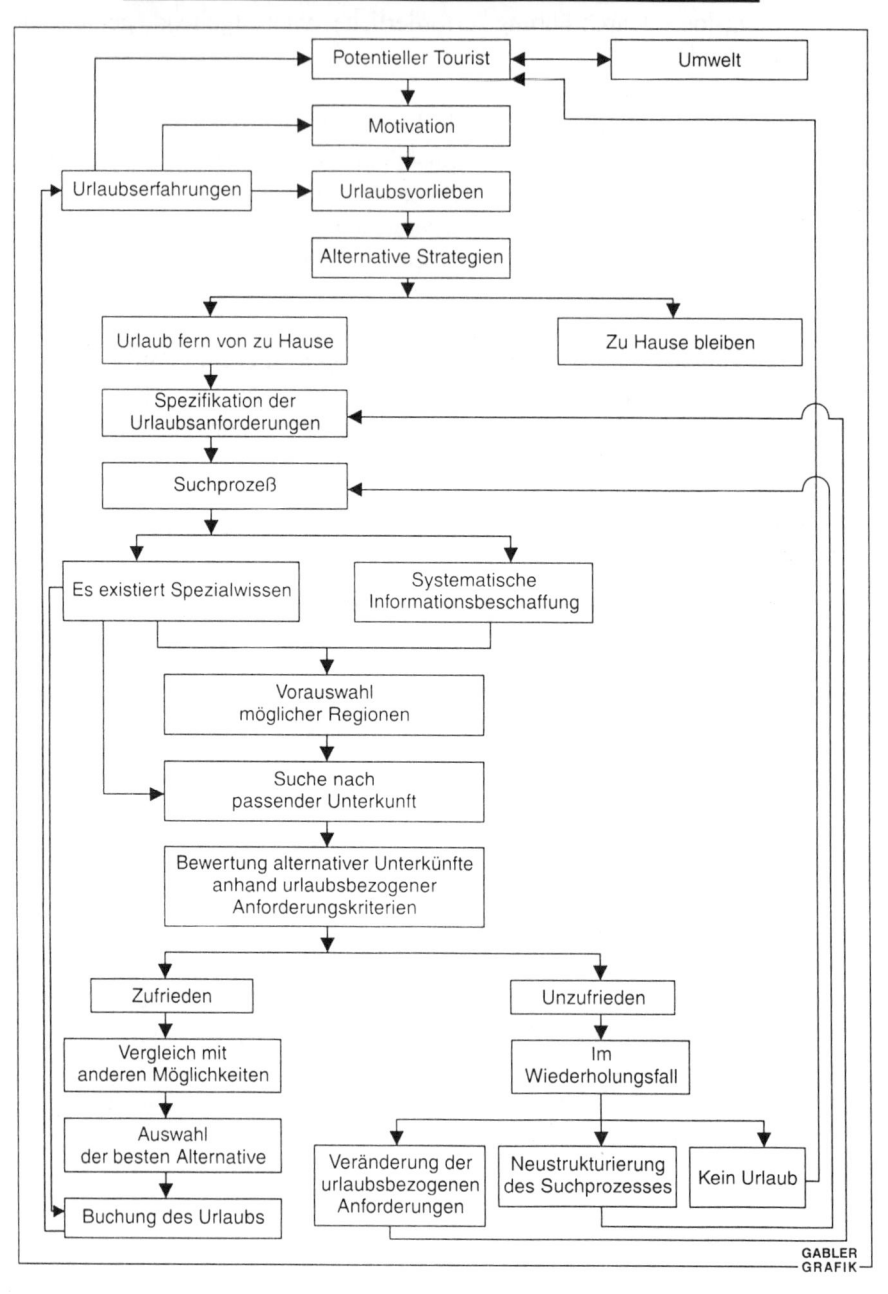

```
                    ┌──────────────────────┐      ┌──────────┐
                    │ Potentieller Tourist │◄────►│  Umwelt  │
                    └──────────────────────┘      └──────────┘
                               ▼
                         ┌───────────┐
                         │ Motivation│
                         └───────────┘
                               ▼
  ┌──────────────────┐   ┌────────────────┐
  │ Urlaubserfahrungen│──►│ Urlaubsvorlieben│
  └──────────────────┘   └────────────────┘
                               ▼
                      ┌─────────────────────┐
                      │ Alternative Strategien│
                      └─────────────────────┘
                          ▼           ▼
         ┌──────────────────────┐   ┌────────────────┐
         │ Urlaub fern von zu Hause│  │ Zu Hause bleiben│
         └──────────────────────┘   └────────────────┘
                     ▼
          ┌─────────────────────────┐
          │ Spezifikation der       │
          │ Urlaubsanforderungen    │
          └─────────────────────────┘
                     ▼
              ┌─────────────┐
              │  Suchprozeß │
              └─────────────┘
                  ▼       ▼
   ┌───────────────────────┐  ┌────────────────────────────┐
   │ Es existiert Spezialwissen│ │ Systematische               │
   │                       │  │ Informationsbeschaffung     │
   └───────────────────────┘  └────────────────────────────┘
                     ▼
            ┌──────────────────┐
            │ Vorauswahl       │
            │ möglicher Regionen│
            └──────────────────┘
                     ▼
            ┌──────────────────┐
            │ Suche nach       │
            │ passender Unterkunft│
            └──────────────────┘
                     ▼
     ┌──────────────────────────────────────┐
     │ Bewertung alternativer Unterkünfte   │
     │ anhand urlaubsbezogener              │
     │ Anforderungskriterien                │
     └──────────────────────────────────────┘
              ▼                     ▼
        ┌──────────┐          ┌────────────┐
        │ Zufrieden│          │ Unzufrieden│
        └──────────┘          └────────────┘
              ▼                     ▼
    ┌──────────────────┐    ┌──────────────────┐
    │ Vergleich mit    │    │ Im               │
    │ anderen Möglichkeiten│  │ Wiederholungsfall│
    └──────────────────┘    └──────────────────┘
              ▼                ▼        ▼         ▼
    ┌──────────────────┐  ┌──────────┐┌──────────┐┌──────────┐
    │ Auswahl          │  │Veränderung││Neustrukturierung││Kein Urlaub│
    │ der besten Alternative│ │der       ││des Suchprozesses││          │
    └──────────────────┘  │urlaubsbezogener││          ││          │
              ▼            │Anforderungen││          ││          │
    ┌──────────────────┐  └──────────┘└──────────┘└──────────┘
    │ Buchung des Urlaubs│
    └──────────────────┘
```

Quelle: Goodall, zit. in Meffert/ Bruhn 1995, S. 75.

1.3 Strategische Planungsphase

1.3.1 Ziele und Zielgruppen

Ziele stellen Richtgrößen für einen erstrebenswerten Zustand dar. Die Marketingziele werden aus den Unternehmenszielen abgeleitet *(siehe Abb. 2 zum Marketing in der Unternehmenspolitik)* und können generell in ökonomische und psychographische Zielgrößen unterteilt werden *(Abb. 5 gibt einen Überblick)*. Unternehmen verfolgen regelmäßig mehrere Ziele gleichzeitig (Zielkombinationen).

Abb. 5:

Das System der Marketingziele

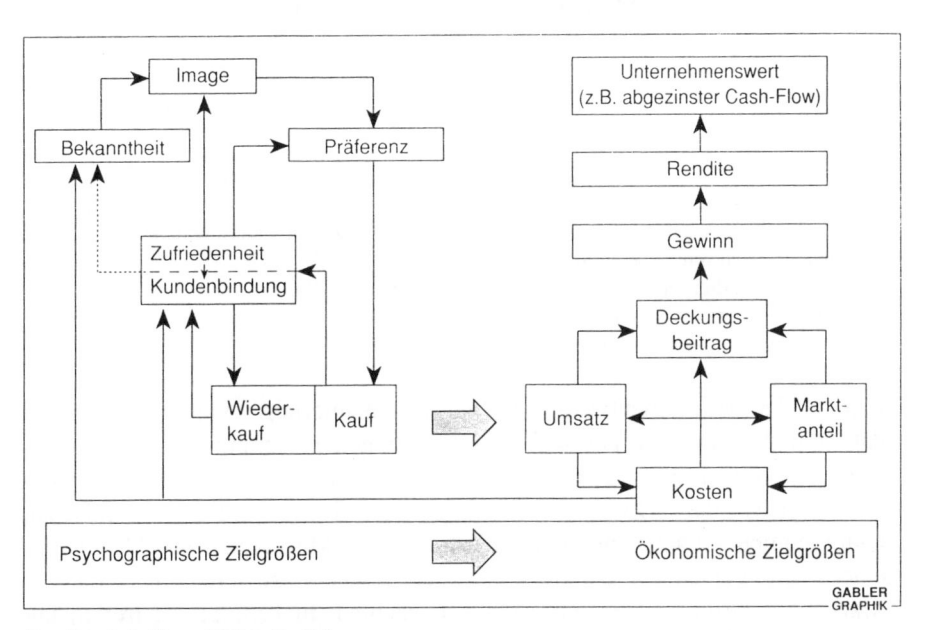

[Diagramm: Psychographische Zielgrößen (Image, Bekanntheit, Präferenz, Zufriedenheit, Kundenbindung, Wiederkauf, Kauf) → Ökonomische Zielgrößen (Umsatz, Deckungsbeitrag, Marktanteil, Kosten, Gewinn, Rendite, Unternehmenswert (z.B. abgezinster Cash-Flow))]

Quelle: Meffert 1994, S. 96

Die über die Zufriedenheit mit einer Reise erreichbare Kundenbindung zählt zu den bedeutendsten Zielen im sich verschärfenden Wettbewerb, denn es ist mit wesentlich geringeren Kosten verbunden, einen Kunden zu halten als einen Neukunden zu gewinnen. Diese Aussage unterstreicht die Notwendigkeit von Qualitätszielsetzungen.

Nun stellt sich die Frage, welche Kundengruppen ein Anbieter ansprechen will. Im traditionellen Marketing wird der Markt - außer bei unifizierender Absatzpolitik - in Teilmärkte aufgeteilt (Marktsegmentierung), die mit auf sie zugeschnittenen Marketingmitteln bearbeitet werden. Die Marktsegmentierung kann produktbezogen oder zielgruppenbezogen erfolgen.

Beispiele:
- *Neckermann* stellt Reiseangebote für die Zielgruppe der Twens im Katalog "Club 28 Reisen", für die Zielgruppe Familien im Katalog "Family" und für Städtereisende im Katalog "City- und Kurzreisen" zusammen.
- Bei *Studiosus* wurde der Katalog "Young Line" für 20-35jährige Studienreisende entwickelt, während das Durchschnittsalter für die anderen Angebote bei ca. 50 Jahren liegt.

Die Aufteilung eines Marktes in Zielgruppen setzt voraus, daß diese in sich relativ homogen, also gleichartig bzw. gleichhandelnd, sind. Nun entwickeln sich die Konsumenten aber immer stärker hin zu hybriden Verbrauchern, was im Ergebnis dazu führt, daß ihre Berechenbarkeit für das Marketing nachläßt.

Beispiel für hybrides Konsumverhalten: Nachmittags kauft Herr Mustermann Lebensmittel im Discountmarkt billig ein, abends steht dagegen Essengehen in einem Feinschmeckerlokal als Genußerlebnis auf dem Programm. Herr Mustermann besitzt einen preiswerten, älteren Kleinwagen; bei Reisen fällt seine Wahl jedoch auf eine exklusive Studienreise oder einen Urlaub im Robinson-Club.
Im Ergebnis ist ein solcher Verbraucher bezüglich des Merkmals "hohes Einkommen" für das Marketing nicht berechenbar.

Kritiker der zielgruppenbezogenen Marktsegmentierung setzen sich dafür ein, daß statt der künstlich geschaffenen, inhomogenen Kommunikationsgruppen **real existierende Gruppen** (sogenannte **Szenen**) für das Marketing focussiert werden. Durch die Kenntnis von Szenen werden Trends von Unternehmen schneller aufgenommen und Produkte können mit Mitgliedern einer Szene gemeinsam entwickelt werden. Events avancieren zum wichtigen Marketinginstrument, um mit Szenen tatsächlich in Kontakt zu treten, und Inszenierungskonzepte sind für die Markenwahl entscheidender als Images.

Beispiel: Vorreiter des Szenenmarketing in Deutschland ist u.a. *adidas* mit der selbstinitiierten Streetball-Eventreihe.

Aber nicht nur bei Events, sondern auch mit anderen (neuen) Kommunikationsmedien besteht die Möglichkeit, mit den in Form von Szenen neu definierten Zielgruppen zu kommunizieren. Als Element des Dialogmarketing beginnt z.B. das Internet Bedeutung zu entfalten.
(Näheres zu New Marketing, Trendmanagement und Szenen bei Schwen 1995 S. 105 ff, Gerken 1991 und Diekhof 1995, S. 58ff).

1.3.2 Ausgewählte Strategien im Kulturtourismus

1.3.2.1 Basisstrategien

Im folgenden werden Grundkategorien von Strategien beschrieben, die in der Praxis selten in reiner Form, sondern vielmehr in Strategiekombinationen auftreten *(vgl. zu den Basisstrategien Scharf/Schubert 1995, S. 29 ff).*

(1) Marktsegmentierungs- bzw. Szenenstrategien

Hier stellt sich die Frage, welche Kundengruppen in den Mittelpunkt der Marketingüberlegungen gestellt werden. Im vorstehenden Abschnitt wurde schon ein Teil der Thematik diskutiert. Für den Fall, daß es bei der herkömmlichen Marktsegmentierung bleibt, kommen folgende Segmentierungskriterien zur Anwendung:

- **Demographische Kriterien:** Geschlecht, Alter, Familienstand, Haushaltsgröße und Wohnort.
- **Sozioökonomische Kriterien:** Einkommen, Beruf, Ausbildung, Besitz- und Ausstattungsmerkmale.
- **Psychographische Kriterien:** Persönlichkeitsmerkmale (Werte, Involvement etc.), und verhaltensaktivierende Determinanten (Images, Einstellungen, Bedürfnisse, Motive, Emotionen, Nutzenerwartungen etc.).
- **Soziologische Kriterien:** Soziale Schicht, Gruppenzugehörigkeit und Meinungsführerschaft.
- **Kriterien erkennbaren Marktverhaltens:** Markenwahl, Einkaufsstättenwahl, Kaufintensität, Verwendungsverhalten und Preisverhalten.
- **Lifestyle-Typologien,** die aus der Summe der Kriterien entwickelt werden.

(2) Marktfeldstrategien

Im Rahmen der Marktfeldstrategien wird geklärt, mit welchen Produkten sich ein Unternehmen auf welchen Märkten (Geschäftsfeldern) betätigen will. Dabei existieren verschiedene Möglichkeiten:

a) **Marktdurchdringung**: Es werden die Absatzbemühungen für bestehende Produkte in vorhandenen Märkten intensiviert.

> **Beispiel**: Durch intensiveres Marketing will *Studiosus* die Buchungszahlen für sein Studienreiseprodukt "Young Line" verbessern.

b) **Marktentwicklung**: Es werden neue Märkte mit vorhandenen Produkten erschlossen.

c) **Produktentwicklung**: Vorhandene Märkte werden mit neuen Produkten bedient.
Beispiel: Ein Busreiseveranstalter bietet für seine Musical-Interessierten nach Reisen zu "Cats" nun auch Reisen zu "Phantom der Oper" oder "Miss Saigon".

d) **Diversifikation**: Ein Unternehmen betätigt sich mit neuen Produkten auf neuen Märkten.
Beispiele: Die *TUI* brachte 1994 erstmals einen Katalog für Amerika-Reisende auf den Markt (horizontale Diversifikation); die *Rewe* Handelsgruppe diversifizierte lateral in die Tourismusbranche durch Übernahme der *Atlas*-Reisebürokette.

(3) Marktstimulierungsstrategien

Die Extreme dieser Basisstrategie sind einerseits die **Präferenzstrategie**, die über hohe Qualitätsstandards Markenbewußtsein schaffen will, und andererseits die **Preis-Mengen-Strategie**, bei der das Preisbewußtsein des Reisenden und nicht das Markenversprechen des Produktes im Vordergrund steht.

(4) Marktarealstrategien

Hier geht es um die Festlegung des Absatzgebietes.
Beispiel: Das *Tourismusverband Sachsen-Anhalt* versucht die historischen Verbindungen zu Schweden zu nutzen, um das nördliche Nachbarland als Quellgebiet zu erschließen.

1.3.2.2 Wettbewerbsstrategien

(1) Qualitätsstrategien

Besser zu sein als die Konkurrenz steht im Mittelpunkt dieser Strategie, deren Grundidee ist, daß der Erfolg eines Unternehmens geprägt wird durch die **Kundenzufriedenheit**, für die die Qualität aller Prozesse im Unternehmen verantwortlich ist. Der Weg zur Kundenzufriedenheit führt dabei über die Mitarbeiterzufriedenheit. Drei Säulen tragen den Erfolg dieses Konzeptes:

1. die Unternehmensidentität verbunden mit einem Strategiebewußtsein,
2. menschenbezogene Führung und
3. eine Reform der Organisation mit dem Primat der Prozeßgeschwindigkeit (Schnelligkeit der Aufgabenbewältigung).
(Vgl. Kaltenbach 1995, S. 40ff.)

Das Streben ist also auf die Kundenzufriedenheit ausgerichtet, wobei nicht die objektive Qualität für ihre Entstehung entscheidend ist, sondern vielmehr die **subjektiv** vom Kunden **wahrgenommene** und im Rahmen der Dienstleistungserstellung **als wichtig erachtete Qualität**.

Die skizzierten Zusammenhänge werden auch als **Total Quality Management** bezeichnet, wobei "Total" für die Einbeziehung aller an der Dienstleistung beteiligten Mitarbeiter, Zulieferer und Kunden steht. "Quality" bedeutet die konsequente Orientierung des Dienstleistungsprozesses an den Qualitätsanforderungen sämtlicher internen und externen Kunden. "Management" steht für die Übernahme der Vorbildfunktion des Managements für die Dienstleistungsqualität, verbunden mit einem partizipativ-kooperativen Führungsstil. *(Vgl. Meffert/ Bruhn 1995, S. 237.)*

> **Beispiel**: Die *TUI* hat ihre innerbetrieblichen Prozeßabläufe analysiert und die Organisation daraufhin neu strukturiert. Dabei wurde das Geschäftsfeld Event neu aufgenommen. Es ist ebenso wie das Geschäftsfeld Spezialisten (mit Studien- und Städtereisen) dem Ressort "Touristik-Service und Spezialveranstalter" zugeordnet, während die Kernangebote zum Ressort "Touristik" zählen *(vgl. Niedecken 1995, S. 13).*

Die Dienstleistungsqualität ist in Deutschland unterentwickelt. Das Ergebnis des Deutschen Kundenbarometer, einer Untersuchung der *Deutschen Marketing-Vereinigung* zur Service-Freundlichkeit einzelner Branchen, offenbarte für 1995 Stagnation auf niedrigem Niveau.

> Zwar nahmen die Urlaubsregionen den ersten Platz vor den Auto-Herstellern bei der Beurteilung ein, die Note 1,97 (analog den Schulnoten von 1-5) kann aber kein ruhiges Zurücklehnen bedeuten, da sie noch weit von der Bestnote entfernt ist. Ein schlechtes Abschneiden mußte die *Deutsche Bahn* (2,93) hinnehmen.

Die Unzufriedenheit der Kunden erstreckte sich insbesondere auf das schlechte Preis-Leistungs-Verhältnis, die mangelnde Erreichbarkeit, Zuverlässigkeit, Pünktlichkeit, Schnelligkeit und Freundlichkeit der Mitarbeiter sowie die schlechte Beschwerdeabwicklung *(vgl. Kalka, J. 1995, S. 80).*

Anderseits schafft Zufriedenheit Sympathie für einen Leistungsanbieter und diese wird wiederum in Buchungsbereitschaft umgesetzt, wie die nachfolgende Abb. 6 belegt *(vgl. Much 1995, S. 84).*

Abb. 6:
Der Zusammenhang zwischen Sympathie und Buchungsbereitschaft

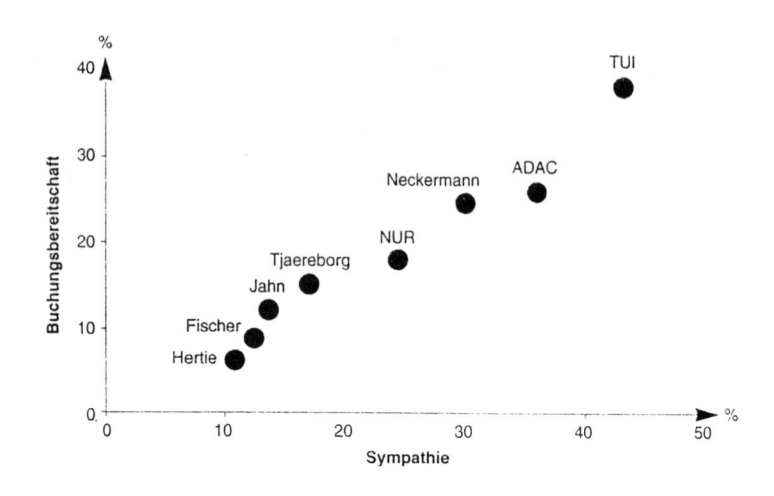

Quelle: Urlaub + Reisen 95, zit. bei Much 1995, S. 84.

(2) Innovationsstrategien

Ziel dieser Strategie ist es, mit einem echten Produktvorteil (USP - Unique Selling Proposition) auf den Markt zu gelangen und damit einen neuen Konsumanreiz zu schaffen.

Beispiele:
- Die *Stella AG* hatte als erste die Bedeutung der ortsgebundenen Musicals für den deutschen Markt erkannt.
- Hannover ist Ort der Weltausstellung EXPO 2000.
- Pisa besitzt den "Schiefen Turm".
- Im Louvre von Paris hängt die "Mona Lisa".

(3) Anpassungsstrategien

Unter dieser Strategieform ist die Idee zu subsumieren, gute und erfolgreiche Angebote nachzuahmen (Me too-Strategie) um an deren Absatzpotential teilzuhaben.

Beispiele:
- Immer neue Standorte für ortsgebundene Musicals, z.B. " Sunset Boulevard" in Niedernhausen oder "Tommy" in Offenbach.
- Das Musikland Sachsen-Anhalt nach dem Erfolg des Schleswig-Holstein-Musikfestival.

(4) Ausweichstrategien

Ausweichen kann sich auf die Suche nach Marktnischen beziehen oder auch den Versuch beschreiben, durch die Schaffung anderer Vertriebswege den Wettbewerb zu umgehen.

Beispiel: Reiseangebote im Versandhauskatalog (Quelle) oder Direktvertrieb (Sport-Scheck).

(5) Strategien der Kostenführerschaft

Die Übernahme der Kostenführerschaft bedeutet, daß ein Substitutionsprodukt kostengünstiger als bei der Konkurrenz erstellt wird und daher am Markt preiswerter angeboten werden kann. Bei den Konsumenten steht als Kaufargument der Preis im Vordergrund, so daß eine Beziehung zwischen der Strategie der Kostenführerschaft und der Preis-Mengen-Strategie besteht.

Beispiel: Eine Städtereise nach Rom wird von zwei Reiseveranstaltern zu unterschiedlichen Preisen angeboten, obwohl die Übernachtung in demselben Hotel angeboten wird und die übrigen Leistungen ebenfalls übereinstimmen.

(6) Kooperationsstrategien

Denkbar sind Kooperationen auf vielen touristischen Ebenen. Franchisingsysteme für die Reisemittler zählen ebenso dazu wie Einkaufs- oder Werbegemeinschaften. Zu den neueren Formen internationaler Kooperation zählen die sogenannten **strategischen Allianzen**, wie sie insbesondere auf dem Luftverkehrsmarkt beobachtet werden.

Beispiel: Die *Lufthansa* kooperiert u.a. mit *United Airlines*, um Flugstrecken in den USA (mit eigenen Flugnummern - Code Sharing) anbieten zu können.

Vielfach ist zum Zweck der Vermarktung eine bessere Kooperation von Städten und Gemeinden einer touristischen Zielregion angeraten; in der Realität existiert dagegen noch allzuoft das "Kirchturmdenken", und es hat sich nicht überall die Ansicht durchgesetzt, daß Kooperationen eine Region attraktiver machen (z.B. durch vernetzten Nahverkehr, gemeinsame Veranstaltungskalender, gemeinsame Messeauftritte), was schließlich auch jedem einzelnen Ort zugute kommt.
Immerhin mehren sich inzwischen überregional die Bemühungen um Zusammenarbeit.

Beispiel: Die "Deutsche Fachwerkstraße" vermarktet Destinationen, deren historische Tradition sich unter anderem in einem bedeutenden Fachwerkbestand ihrer Stadtkerne niederschlägt.

1.4 Operationale Planungsphase

Um ein strategisches Vorhaben in die Praxis umzusetzen, bedarf es des geplanten Mitteleinsatzes. *Abb. 7* gibt einen Überblick über die hierbei zu verwendenden Marketingsinstrumente und ordnet ihnen die wichtigsten Teilbereiche zu. Die Kombination einzelner Mittel (Subinstrumente) zu einem speziellen Zweck wird als Marketing-Mix bezeichnet. Zu den interessanten, neueren Ausprägungen des Marketing-Mix zählen das Event-Marketing, das Merchandising und das Direktmarketing. Auf alle drei Kombinationen wird noch eingegangen werden.

Abb.: 7

Die Marketinginstrumente

Marketing-instrumente	Produkt-(Leistungs-)politik	Preispolitik	Distributions-politik	Kommu-nikations-politik
Marketing-Sub-instrumente	Produkt-gestaltung Leistungspro-grammpolitik Markenpolitik Servicepolitik	Preispolitik Konditionen-politik	Vertriebs-organisation Vertriebswege-gestaltung Verkaufs-förderung Messepolitik	Werbung Public Relations Sponsoring
einige spezielle Marketing-Mix-Ausprägungen	Event-Marketing Merchandising Direktmarketing etc.			

Quelle: in Anlehnung an Dreyer 1995b, S.84

1.4.1 Produktpolitik (oder Leistungspolitik)

> In der Produktpolitik (oder Leistungspolitik) werden alle Maßnahmen zusammengefaßt, die zur Gestaltung der Dienst- und Sachleistungen sowie deren rechtlicher Absicherung (z. B. Marken) beitragen. Die Leistungen werden als Leistungsprogramm auf dem Markt angeboten.

Auf die Vielzahl möglicher Zielsetzungen der Produktpolitik wird an dieser Stelle nicht näher eingegangen. Grundsätzlich müssen in der Produktpolitik Entscheidungen in den Bereichen Produktgestaltung, Leistungsprogrammpolitik, Markenpolitik und Servicepolitik getroffen werden.

1.4.1.1 Produktgestaltung

Die Produktgestaltung bezieht sich auf die Erstellung einzelner Leistungsangebote. Dabei müssen unterschieden werden

- die erstmalige Gestaltung einer Leistung
- die Verbesserung (bzw. Variation)
- die Innovation (durch Differenzierung oder Diversifikation)
- die Elimination einer Leistung

1.4.1.2 Leistungsprogrammpolitik

Bei **erstmaliger Festlegung** des Leistungsprogramms (auch als Sortiment bezeichnet) muß entschieden werden über
- das Angebot an Hauptleistungen sowie
- das Angebot an Zusatzleistungen.

Bei der **Entwicklung** des Leistungsprogramms bestehen die Möglichkeiten der
- Programmveränderung,
- Programmerweiterung oder
- Programmreduzierung.

Exemplarisch werden die Bestandteile von Packages (Pauschalangeboten) in *Abb. 8* dargestellt, wobei eine Trennung nach Haupt- und Zusatzleistungen erfolgt *(vgl. Hofmann 1994, S. 129ff)*.

Abb. 8:

Bestandteile von Packages (Pauschalangeboten)

Hauptleistungen		Zusatzleistungen	
Element	*Beispiel*	*Element*	*Beispiel*
Zielgebiet/ -ort	In-/ Ausland, Gewässer, Berge	**Reisevorleistungen**	Einführungstreffen
Verkehrsträger	Auto, Bahn, Bus, Schiff, Flugzeug (Linie, Charter)	**Reiseversicherungen**	Reiserücktritt
Unterkunft	Hotel, Pension, Club, Schiff etc.	**Reisebetreuung**	Zielgebiets-Büro Reiseleiter
Verpflegung	Frühstück, Mittagessen, Abendessen, Zwischenverpfleg.	**Rahmenprogramm am Zielort**	Ausflüge
Transfer	...zur Unterkunft, ...zum Veranstaltungsort	**Nachreiseleistungen**	Nachbereitungstreffen, Dia-Abend
Veranstaltung[2]	Tickets für Musicals etc.		
Reisezeit/-dauer[3]	Länge des Angebots, Saisonzeit		

Eigene Zusammenstellung.

---

[2] Veranstaltungen können sowohl Hauptleistung einer Reise sein (bei einer Musical-Reise) als auch Nebenleistung (entspricht dann dem Rahmenprogramm am Zielort).
[3] Außer bei dem Element Reisezeit/-dauer stehen hinter den Hauptleistungen Unternehmen als Leistungsträger; dieser logische Bruch in der Darstellung wird jedoch in Kauf genommen, da das Element konstitutiv für eine Reise ist und den Reisepreis wesentlich bestimmt.

(1) Endkundengerechte Packages im Direktvertrieb und im Reisemittlervertrieb

Mit Hilfe der Distributionsinstrumente werden zu Paketen geschnürte Einzelleistungen (Pauschalangebote) von Reiseveranstaltern bzw. Tourismusorten, die damit als Reiseveranstalter auftreten, am Markt angeboten. Diese Angebote müssen endkundengerecht gestaltet werden, denn die Wünsche der Kunden sind das Maß aller Dinge. Für Destinationen wird es dabei immer wichtiger, ihre Angebote (z.B. mit *GermanSoft*) über zentrale Computerreservierungssysteme (wie in Deutschland *START*) buchbar zu machen.

Damit Packages verkäuflich gestaltet werden, müssen einige Grundelemente vorhanden sein, auf die Abbildung 9 aufmerksam macht.

Abb. 9:
Elemente der verkäuflichen Darstellung von Packages

Grundelement	Hinweis
Titel	muß kurz und prägnant sein und den Inhalt schlagwortartig erfassen
Text	muß kurz, präzise, positiv und werbend sein; Text muß das Pauschalangebot erläutern und das Besondere (Verkäufliche!) hervorheben; Eventbezug nicht vergessen
Reisezeit/-dauer	genauen Zeitpunkt und Dauer des Packages angeben; Hinweis, ob Tages-, Wochend- oder Wochenangebot
Programm	zeitlichen und ortsbezogenen Ablauf sowie eventuelle frei verfügbare Zeiten angeben
Veranstaltung (Event)	Informationen über Veranstaltungsort und -zeit, ggf. auch -inhalt
Leistungen	verbindliche Aussagen über die Leistungen eines Packages: Übernachtung, Frühstück, Eintrittskarten (Kategorie), Führungen etc.
Preis	bei der Kalkulation müssen Zielgruppen beachtet werden; z. B. auch ermäßigte Jugend-, Senioren- oder Gruppentarife überdenken
Teilnehmer	Zielgruppen möglichst genau beschreiben; Mindest- und Maximalteilnehmerzahl angeben
Vertriebshinweise	Termine der Buchbarkeit; Buchungswege
Anbieter	klare rechtsverbindliche Aussage treffen

Quelle: Eigene Darstellung unter Mitarbeit von Peter Becker, Tourismusverband Sachsen-Anhalt

(2) Packages für Reiseveranstalter

Für Reiseveranstalter dürfen Packages nicht zu detailliert vorgefertigt sein. Besser ist es hier, bestimmte Module (Reisebausteine) anbieten zu können, die für einen Veranstalter möglichst frei kombinierbar sind. Hilfreich ist der Einsatz von Sales Guides (Verkaufshandbüchern) mit allen notwendigen Informationen zu den touristischen Leistungsträgern eines Ortes. Darüber hinaus sind folgende Dinge in der Zusammenarbeit mit Reiseveranstaltern zu beachten *(in Anlehnung an Zeiner anläßlich eines Workshops des Tourismusverbandes Sachsen-Anhalt):*

- Bevorzugt werden Veranstaltungen, die mindestens über eine touristische Saison laufen.
- Kulturelle Events müssen etwas Besonderes darstellen.
- Einzelveranstaltungen und Sportereignisse werden kaum in Kataloge aufgenommen (Ausnahme: Spezialkataloge und besonders außergewöhnliche Einzel-Events).
- Mindestens 500 Buchungen müssen für eine Stadt zu erwarten sein.
- Bevorzugt wird die Reise zu einer Destination ohne Berücksichtigung der Nachbarstädte und auch des Umlandes.
- Bevorzugt wird die Zusammenarbeit mit Hotelketten.
- Kontingente von mindestens 20 Betten sollten ganzjährig zur Verfügung stehen.

(3) Pauschalangebot eines Reiseveranstalters

Auf der folgenden Seite wird schließlich ein Beispiel für die Katalogausschreibung einer pauschalen Städtereise gegeben. Es handelt sich um einen Abdruck der Seite 33 aus dem Katalog "Städtereisen 1996" des Veranstalters *Studiosus*.

Dreyer: Marketing-Management im Tourismus

Abb. 10: **Beispiel für eine Städte-Pauschalreise**

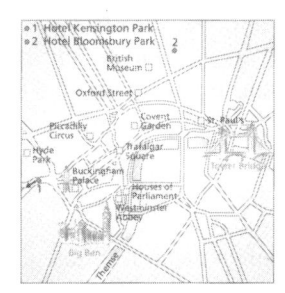

1.4.1.3 Markenpolitik

Touristische Produkte sind im Kern häufig austauschbar. So tauchen z.B. dieselben Hotels in Städtereisekatalogen unterschiedlicher Reiseveranstalter auf, ermöglichen den Konsumenten Preisvergleiche und machen die Programme darüber hinaus substituierbar. Dieser Effekt ist nicht im Sinne der Veranstalter, die um den Aufbau einer Stammkundschaft bemüht sind. Nun können Angebote einerseits durch bestimmte Zusatzleistungen gegenüber Wettbewerbsangeboten alleingestellt werden, andererseits besteht - langfristig - die Möglichkeit, den Reiseveranstalter bzw. seine Produkte als **Markenartikel** mit dem damit verbundenen Qualitätsversprechen zu positionieren. Damit gelangt der Veranstalter aus dem Preiswettbewerb stärker in einen seitens der Reisenden von Images geleiteten Präferenzwettbewerb.

Eine touristische Marke ist dann vorhanden, wenn eine Reihe von Merkmalen erfüllt sind. Zunächst muß eine Kennzeichnung mit einem **Markennamen** - möglichst in Verbindung mit einem Logo - erfolgen. Die Marke muß in den Massenmedien bei den Verbrauchern **beworben** werden, wobei die angebotene (immaterielle) Dienstleistung ansprechend visualisiert werden muß. Die **Qualität** und das Erscheinungsbild der Marke müssen **gleichbleibend** sein bzw. stetig verbessert und aktualisiert werden. Und im Ergebnis müssen alle Maßnahmen dazu führen, daß die Marke Anerkennung im Markt findet.

In bezug auf die **Markenpolitik** stehen den Unternehmen mehrere Strategien zur Wahl:

- **Einzelmarkenstrategie**

Es treten Unternehmen **mit nur einem Produkt** auf den Markt, dessen Markenname häufig dem Firmennamen entspricht. Dieser Fall kommt insbesondere bei kleineren Spezialveranstaltern vor. Im Marktauftritt **kettenunabhängige** (bzw. kettenunabhängig erscheinende) Hotels mit dem Anspruch eines Markenartikels müssen ebenfalls dieser Strategie zugeordnet werden.

Beispiele: Der Veranstalter *Rotel Tours*; das Kongreßhotel *Freizeit In*, Göttingen; das Hotel *"Luxor"* in Las Vegas; das *Metropolitan Museum of Art*, New York City.

- **Markenfamilienstrategie**
Zu einer Markenfamilie gehören verschiedene Einzelprodukte einer aus verwandten Leistungsangeboten bestehenden Produktgruppe. Es liegt eine Produktdifferenzierung oder eine horizontale Diversifikation vor. Die Mehrzahl der großen Reiseveranstalter verfolgt diese Strategie.
In *Abbildung 11* ist ein Ausschnitt aus der Markenfamilie *Neckermann Reisen* zu sehen, die auch ein kulturtouristisches Produkt (City- & Kurzreisen) beinhaltet.

Abb. 11:
Neckermann Markenfamilie 1994/95 (Ausschnitt)

- **Firmenmarkenstrategie**
Bei dieser auch als Dachmarkenstrategie bezeichneten Markenpolitik steht der Unternehmensname für völlig unterschiedliche Leistungsangebote (laterale Diversifikation). Es wird beabsichtigt, den auf den ursprünglichen ("alten") Betätigungsfeldern erworbenen Ruf des Unternehmens bei der Betätigung auf neuen Märkten auszunutzen *(vgl. Roth 1994, S. 398)*. Diese Form des Imagetransfers nutzt z. B. der *Allgemeine Deutsche Automobilclub*,

der ausgehend vom Automobilservice inzwischen mit Tochterfirmen unter dem Kürzel *ADAC* auch Reise-, Versicherungs- und Verlagsleistungen vermarktet.

- **Mehrmarkenstrategie**

Richtet sich ein Anbieter gleichzeitig mit **unterschiedlichen Einzelmarken** an **ähnliche Marktsegmente**, liegt eine Mehrmarkenstrategie vor. *Meier's*, selbst mit einem Amerika-Katalog auf dem Markt, tritt beispielsweise als Reiseveranstalter für *Marlboro* Reisen auf. Der *Marlboro* Reisen-Katalog Amerika beinhaltet schwerpunktmäßig individuellere Reiseangebote mit einem Hauch von Abenteuer und Sport.

- **Markenimitationsstrategie**

Im Vordergrund steht die Nachahmung guter Angebote. Zwar fehlt dem Markenimitator das Know how des am Markt etablierten Unternehmens, dafür kann er aber aus den Fehlern der innovativen Anbieter lernen und auf diese Weise Anlaufkosten einsparen.

Ein Veranstalter, der Trends setzt und sich auf bestimmte kulturelle Angebote spezialisiert hat, kann sich für diese Angebote einen Namen machen. Er besitzt dann eine Zeit lang einen USP, den Marktfolger ihm streitig machen wollen.

- **Einzelbetriebliche oder Gemeinschafts-Marke**

Bei der Kreation von Marken können die touristischen Leistungsanbieter eigenständig bleiben oder auch Kooperationen zur Verbesserung einer bisher geringen Marktmacht eingehen.

> Ein Beispiel auf dem Studienreisesektor ist der Verbund mehrerer einzelbetrieblicher Marken zur übergeordneten Gemeinschaftsmarke *Klingenstein + Partner*.

1.4.1.4 Servicepolitik

Ebenso wie die Markenpolitik ist die Servicepolitik geeignet sich positiv von Konkurrenzangeboten abzuheben. Zur Abgrenzung von den Haupt- und Zusatzleistungen wird Service folgendermaßen definiert:

> Unter Service werden alle Maßnahmen verstanden, die die Nutzung der eigentlichen Unternehmensleistungen erleichtern bzw. verbessern. Dabei stellen diese Maßnahmen meist besondere, über die Zusatzleistungen hinausgehende Dienstleistungen dar.

Grundsätzlich kann abgestellt werden auf
- Art und Umfang der Serviceleistungen sowie
- die Leistungsträger des Service
  (eigene oder "eingekaufte" Dienstleistungen).

Der Service eines Unternehmens ist für die objektive und vor allem für die seitens der Konsumenten subjektiv erlebte Qualität eines Produktes von entscheidender Bedeutung. Dabei muß betont werden, daß aus den subjektiven Einschätzungen letztlich die Kundenzufriedenheit resultiert.

Der Wert der eigentlichen Haupt- und Zusatzleistungen steht und fällt mit der Art und Weise, wie diese für die Konsumenten erstellt werden. Hier wirkt sich das uno-actu-Prinzip als Besonderheit von Dienstleistungen aus; es besagt, daß die Erstellung und der Konsum der Dienstleistung zeitlich zusammenfallen. Demnach ist die Kundenzufriedenheit das Ergebnis dessen, wie Konsumenten subjektiv den Erstellungsprozeß der Haupt- und Zusatzleistungen beurteilen. Drei Komponenten *(vgl. Magrath 1986)* sind daran beteiligt:

(1) die Gestaltung der Prozesse selbst
   (Prozeßpolitik = process management)
(2) die an der Erstellung beteiligten Personen (Personalpolitik = personnel)
(3) die eingesetzten Mittel (Ausstattungspolitik = physical facilities)

Gelingt es einem Unternehmen nicht für Kundenzufriedenheit zu sorgen, bleibt ihm nur noch die Möglichkeit, mit einem effektiven Beschwerdemanagement (4) Schaden vom Unternehmen abzuwenden.

(1) Prozeßpolitik

Die Erstellung einer Dienstleistung erfolgt in mehreren Arbeitsschritten, so daß auch von einer Prozeßkette gesprochen werden kann, in der von Schritt zu Schritt der Wert der in der Arbeit befindlichen Dienstleistung wächst (Wertschöpfungskette). Besonders kritisch ist die Gestaltung der Übergänge von einer Phase des Prozesses zur nächsten (Schnittstellen).

Abb. 12:

Prozeßkette einer Flugreise

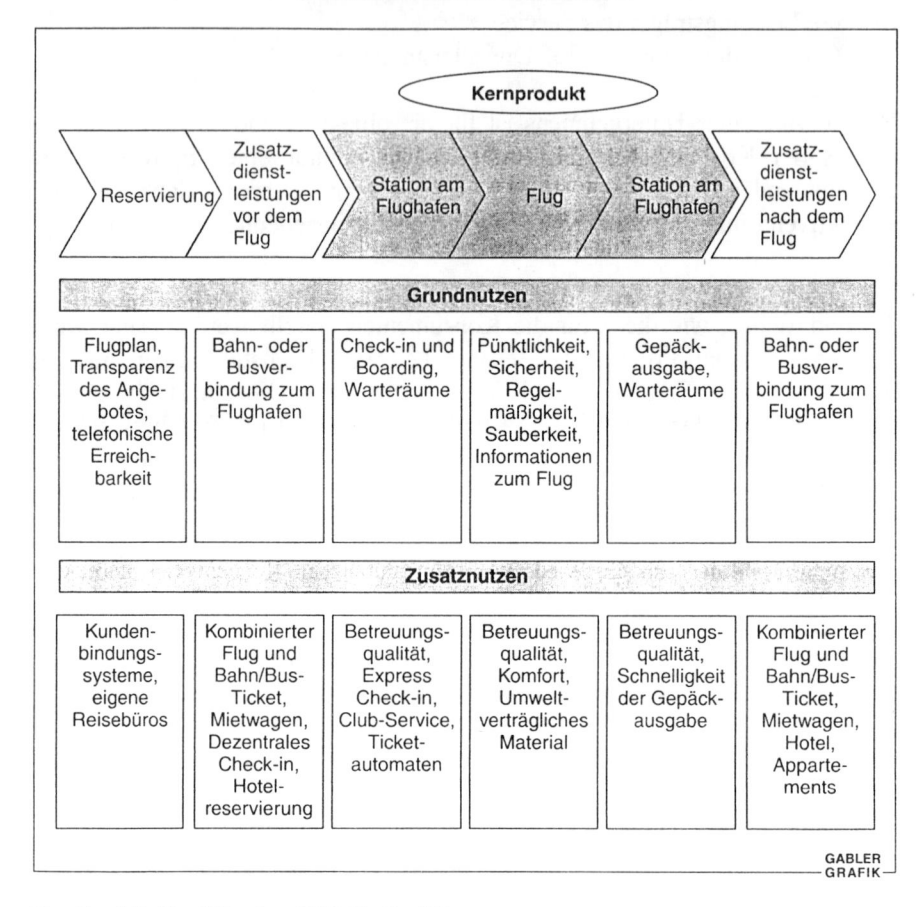

Kernprodukt					
Reservierung	Zusatzdienstleistungen vor dem Flug	Station am Flughafen	Flug	Station am Flughafen	Zusatzdienstleistungen nach dem Flug

Grundnutzen					
Flugplan, Transparenz des Angebotes, telefonische Erreichbarkeit	Bahn- oder Busverbindung zum Flughafen	Check-in und Boarding, Warteräume	Pünktlichkeit, Sicherheit, Regelmäßigkeit, Sauberkeit, Informationen zum Flug	Gepäckausgabe, Warteräume	Bahn- oder Busverbindung zum Flughafen

Zusatznutzen					
Kundenbindungssysteme, eigene Reisebüros	Kombinierter Flug und Bahn/Bus-Ticket, Mietwagen, Dezentrales Check-in, Hotelreservierung	Betreuungsqualität, Express Check-in, Club-Service, Ticketautomaten	Betreuungsqualität, Komfort, Umweltverträgliches Material	Betreuungsqualität, Schnelligkeit der Gepäckausgabe	Kombinierter Flug und Bahn/Bus-Ticket, Mietwagen, Hotel, Appartements

Quelle: Meffert/ Bruhn (1995), S. 471

Beispiel anhand der Abb. 12: Die eigentliche Hauptleistung einer Städte-Flugreise ist der Transport des Reisegastes von A nach B. Für die Zufriedenheit ist jedoch weniger diese Hauptleistung, sondern vielmehr die Beurteilung aller Ereignisse um den Flug herum von Bedeutung. Die folgenden Fragen sollen einige der möglichen Problemfelder aufzeigen:
- Wie lange dauert es einen Parkplatz zu finden?
- Wie lang war der Weg zum Counter?
- Wie wurde die Wartezeit vor dem Einchecken gestaltet?
- Wie lange dauert es bis zum Boarden?
- War der Flug kurzweilig?
- Wie lange dauerte das Aussteigen?
- Wie weit war der Weg zur Gepäckausgabe?
- Wie schnell kam das Gepäck?
- Wie gut war eine Transfermöglichkeit zu erhalten?

Die Fragen im vorstehenden Beispiel zeigen, daß für viele Fluggäste insbesondere Zeitaspekte für die Beurteilung der Leistung wichtig sind. Viele Zeiten haben jedoch überhaupt nichts mit der eigentlichen Leistungserstellung des Fluges zu tun. Ähnliche Diskrepanzen existieren in anderen touristischen Bereichen, so daß die Forderung nach einem übergreifenden **kundenorientierten Zeitmanagement** aufgestellt werden muß. Grundsätzlich gibt es auf dem Sektor der Dienstleistungsprozesse aus Sicht der Kunden vier verschiedene Zeitarten, die am Beispiel eines Musical-Besuchs erläutert werden:

1. **Transferzeiten**
Diese entfallen auf den Transport zum Musicaltheater und zurück. Der Transport kann mit dem Reisebus, dem Shuttle Service des Hotels, dem Taxi, zu Fuß etc. erfolgen. Je nach Transferart fallen die Transferzeiten unterschiedlich lang aus und werden unterschiedlich bewertet. Im Regelfall ist davon auszugehen, daß diese Zeiten möglichst minimiert werden sollten.
2. **Abwicklungszeiten**
Diese werden zur Erledigung von Formalitäten benötigt, die zwar mit der eigentlichen Leistung in direktem Zusammenhang stehen, aber nicht als ihr Bestandteil anzusehen sind. Hierzu zählt der Kauf von Eintrittskarten oder die Abgabe der Garderobe.
3. **Wartezeiten**
In den Wartezeiten kommt normalerweise der Prozeß der Leistungserstellung zum Stillstand. Es finden keine Transaktionen statt. Dies ist etwa bei der Zeit vor Beginn der Vorstellung oder in einer Pause der Fall. Aber auch beim Kauf von Eintrittskarten oder beim Einlaß können Wartezeiten entstehen.
Es gilt entweder diese Wartezeiten zu minimieren oder eventuell auch in den (erweiterten) Dienstleistungsprozess einzubeziehen, indem z.B. ein Getränkeausschank erfolgt oder kleinere, inszenierte Aktionen im Foyer zur Überbrückung der Wartezeiten stattfinden (Musik-Band, Clown etc.).
4. **Transaktionszeiten**
Diese Zeiten sind der Erbringung der eigentlichen (Haupt-)leistung vorbehalten. In diesem Beispiel wäre das die Musical-Aufführung.
(vgl. Stauss 1991, S. 82 und Meffert/ Bruhn 1995, S. 266)

(2) Personalpolitik

Dienstleistungen werden - unter Zuhilfenahme von Geräten und Technik - von Menschen erbracht. Die grundsätzlichen Fähigkeiten zur Erbringung einer bestimmten Dienstleistung **(Wissen, Fähigkeit zur Beratung, Fähigkeit spezifische Kundenwünsche zu erkennen und flexibel darauf zu reagieren, Vertrauenswürdigkeit und Zuverlässigkeit)** stellen die Basis des Prozesses dar.

Besonders wichtig ist es darüber hinaus, den Dienstleistungsprozeß in einer **angenehmen Atmosphäre** zu erbringen, für deren Herstellung das situativ angemessene Auftreten des Personals bezüglich äußerem **Erscheinungsbild, Freundlichkeit** und **Redegewandtheit** entscheidend ist.

(3) Ausstattungspolitik

Zur Qualität des Service zählt aber nicht nur das Erscheinungsbild des Personals, sondern auch der Zustand der zur Leistungserstellung notwendigen Ausstattungen.

Beispiele:
- Es ist eine Frage der Qualität, ob der für die Städtereise eingesetzte Bus frisch gewaschen auf die Reise geht oder nicht.
- Es hat atmosphärische Bedeutung, ob die Theaterkasse in Form einer offenen Theke oder hinter einer kleinen Fensterscheibe mit Sprechöffnung vorzufinden ist.
- Es ist eine Frage der Organisation, ob neben dem Museumseingang auf einem Stuhl Werbe-Handzettel liegen oder ob diese anderswo fein säuberlich präsentiert werden.

Darüber hinaus sind für die Erbringung bestimmter Serviceleistungen technische Voraussetzungen notwendig.

Beispiel: Soll der Verkauf von Eintrittskarten reibungslos organisiert werden, muß die Möglichkeit der Buchung über Ticketcomputersysteme bestehen. Für telefonische Kartenbestellungen müssen bei größeren Veranstaltungen genügend freie Telefonleitungen zur Verfügung stehen. Eine bundeseinheitliche Rufnummer für Kartenbestellungen (in Deutschland mit der 0180-Vorwahl zum Ortstarif oder sogar mit der kostenlosen 0130-Vorwahl) sollte überlegt werden.

(4) Beschwerdemanagement

Das größte Problem des Beschwerdemanagements besteht darin, unzufriedene Kunden erst einmal zur **Äußerung einer Beschwerde** zu bewegen, um zu vermeiden, daß sie stillschweigend zur Konkurrenz abwandern. Hotels legen zu diesem Zweck z.b. in den Zimmer sogenannte "Comment Cards" aus. Zu den weiteren Phasen im Prozeß des Beschwerdemanagements zählen die **Beschwerdebearbeitung**, die **Beschwerdeanalyse** zur Aufdeckung wiederkehrender Fehlerquellen und die **Informationsweitergabe**, damit die Fehlerbeseitigung erfolgen kann.

Zu den Zielen des Beschwerdemanagements zählen die **Herstellung einer hohen Beschwerde-Zufriedenheit** und die damit in Verbindung stehende Vermeidung von Kundenabwanderungen sowie negativer Mund-zu-Mund-Propaganda; denn während zufriedene Kunden es drei anderen Personen erzählen, geben es unzufriedene ca. zehn Personen weiter. Außerdem soll das **Dienstleistungsimage als "kulantes Unternehmen"** herausgearbeitet werden und es sollen **Informationen** als Grundlage für die Leistungsverbesserung gewonnen werden *(vgl Meffert/ Bruhn 1995, S. 258, Hansen et al. 1995)*.

1.4.1.5 Besonderheiten in der Produktpolitik: Merchandising/ Licensing

Merchandising steht hier für die Kreation und den **Verkauf von Artikeln**, die im Zusammenhang mit touristischen Leistungen stehen: T-shirts, Kappen, Anstecker, Aufkleber, Kaffeetassen etc. mit dem Aufdruck eines Logos oder anderer Motive. Statt des Verkaufs von Artikeln bietet sich auch die Vergabe von Lizenzen eines (als Warenzeichen geschützten) Logos an Souvenirartikelhersteller an, so wie es z.B. die Stadt München bei der Vermarktung ihres neuen Oktoberfest-Logos getan hat (vgl. Beitrag C.5.).

Das Merchandising erweist sich als potentielle Einnahmequelle für Destinationen. Seine größte Bedeutung hat es bisher allerdings bei der Vermarktung von Kinofilmen und Events erlangt, wo begleitende Souvenirartikel längst zur Vermarktungsstrategie gehören. Vorreiter auf diesem Sektor ist die *Disney*-Gruppe.

Inzwischen versuchen sich auch die *TUI Urlaub Center* mit einem eigenen Merchandising-Programm (siehe Abb. 13).

Abb. 13:

Merchandising-Programm der *TUI Urlaub Center*

1.4.2 Preis- und Konditionenpolitik

Die zur Verfügung stehenden Möglichkeiten unterscheiden sich bei den kulturtouristischen Leistungsträgern im allgemeinen nicht von den sonst üblicherweise eingesetzten Mitteln der Preis- und Konditionenpolitik. Grundsätzlich muß unterschieden werden zwischen den Vereinbarungen der Leistungsproduzenten untereinander und der Preispolitik gegenüber dem Kunden.

Elemente der Preis- und Konditionenpolitik sind
- der Grundpreis (u. a. Festlegung des Preisniveaus),
- Preiszuschläge (für Zusatz- oder Serviceleistungen, die nicht im Grundpreis enthalten sein sollen, wie z. B. die Saunabenutzung im Hotel; oder no show-Gebühren, Stornogebühren etc.),
- Preisnachlässe (z. B. Mengenrabatte für Gruppen),
- die Zahlungsbedingungen (Zahlungsmittel, Valuta),
- die akzeptierten Zahlungsmittel (insbesondere Barzahlung, Schecks, Kreditkarten und Überweisungen).

Abb. 14 (Exkurs):
Kalkulationsbeispiel einer Studienreise

Flugkosten		*DM 1.800*
Hotelkosten lt. Angebot	*US-$ 1.200*	
Buskosten US-$ 4000 : 17 Passagiere	*US-$ 236*	
Airport-tax	*US-$ 18*	
Summe:	*US-$ 1.454 x 1,70 =*	*DM 2.472*
Reiseleiter: 17 Tage x 250 DM : 17 Passagiere		*DM 250*
Fluganteil für den Reiseleiter 1800 DM : 17 Passagiere		*DM 106*
diverse Kosten		*DM 250*
	Summe:	*DM 4.878*
plus 25 % Marge		*DM 1.220*
Verkaufspreis:		**DM 6.098**
Verteilung der Marge:		
Marge:	*DM 1.220*	
./. Werbung: 5 % vom Verkaufspreis	*DM 305*	
./. Gemeinkosten: 4 %	*DM 244*	
./. 10 % Reisebüroprovision	*DM 610*	
Reingewinn (1 Prozent vom Reisepreis):		**DM 61**

Quelle: Klingenstein 1995, S. 237

Von den Strategien und Maßnahmen der Preisbildung ist touristisch die Betrachtung verschiedener Formen der **Preisdifferenzierung** besonders interessant. Zu bedenken ist, daß es Preisdifferenzierungen nur für **gleichartige Produkte** (aus unten näher beschriebenen Gründen) gibt. So sind z.B. unterschiedliche Zimmerqualitäten als unterschiedliche Produkte zu verstehen, bei denen keine Preisdifferenzierung, sondern eine **Produkt**differenzierung mit einem auf das differenzierte Produkt bezogenen Preis vorliegt.

- **räumliche Preisdifferenzierung**

Sie ist gegeben, wenn identische Leistungen an unterschiedlichen Orten zu unterschiedlichen Preisen verkauft werden.

> **Beispiel:** Eine Hotelkette vermietet ein Zimmer in gleichwertiger Lage mit gleichen Übernachtungsleistungen in München zu einem anderen Preis als in Hamburg.

- **zeitliche Preisdifferenzierung**

Am weitesten verbreitet sind in der Hotellerie und bei den Reiseveranstaltern **saisonbezogene** Preisunterschiede, mit denen Nachfrageschwankungen ausgeglichen werden sollen.
Last minute-Preise beziehen sich ebenso auf Preisdifferenzierungen in Abhängigkeit vom Buchungszeitpunkt wie **Frühbucherboni**. Ähnlich gelagert sind günstige **Stand by-Tarife**, mit deren Hilfe ebenfalls Kapazitätsauslastungen verbessert werden können.
Eine Preisdifferenzierung mit dem Charakter eines Mengenrabatts stellen verbilligte **Langzeittarife** (in Beherbergungsstätten) dar.
Transportbetriebe arbeiten auch mit der Vergabe von **Tages-, Mehrtages-, Monats- und Jahreskarten**.

- **personen- (zielgruppen) bezogene Preisdifferenzierung**

Bei kulturellen Einrichtungen verbreitet sind vergünstigte Jugend-, Studenten und Seniorentarife, aber auch Familien (preiswerte Kindertarife) und Unternehmen als Großabnehmer können in den Genuß von Preisnachlässen gelangen.

- **Preisdifferenzierung nach dem Einsatz anderer Marketinginstrumente**

Aus Sicht der Leistungsanbieter steht hier die **Vertriebskanaldifferenzierung** im Vordergrund, d. h. identische Leistungen werden über unterschiedliche Verkaufsstellen zu unterschiedlichen Preisen vertrieben.

- **Yield Management**
Hinter diesem Begriff, der sich mit Ertragsmanagement übersetzen läßt, verbirgt sich ein preisgesteuertes Kapazitätsmanagement auf der Basis zeitlicher Preisdifferenzierung.

Beispiel: Bei Fluggesellschaften buchen hohe Deckungsbeiträge erbringende Geschäftskunden erst kurzfristig, während Touristen als Niederigpreiskunden lange im voraus planen. Werden nun in einem frühen Buchungsstadium zu viele Plätze an Touristen verkauft, müssen später möglicherweise Vollzahler abgewiesen werden. Werden andererseits zu viele Plätze für Geschäftsreisende freigehalten, die diese dann nicht in Abspruch nehmen, müssen die Restplätze zu nochmals verbilligten Konditionen unter Umständen mit Deckungsbeitragseinbußen verkauft werden. *(Vgl. Kirstges 1994, S. 174ff).*

Abb. 15:
Preiswerbung der *TUI*

Quelle: Reiseteil der Braunschweiger-Zeitung vom 28.10.1995

Verhältnismäßig wenig hat sich bisher die **psychologische Preispräsentation** durchgesetzt, deren wesentlichste Mittel runde Preise und insbesondere die "Methode 99". sind, bei der aus optischen Gründen Wert darauf gelegt wird, unterhalb des nächstgrößeren Preissprungs anzubieten.

Beispiel: Selbst bei der renommierten *TUI* werden Leistungen zum Preis von DM 536 (DM 529 oder 539 würde preiswerter wirken) oder DM 1209 angeboten. Im letzteren Fall würde DM 1199 viel besser klingen; andererseits könnte diese Leistung ebenso zum Preis von DM 1219 angeboten werden, denn wer bereit ist DM 1209 auszugeben, zahlt auch den um DM 10 höheren Betrag.

1.4.3 Distributionspolitik

Die Distributionspolitik umfaßt als Subinstrumente die Vertriebsorganisation, die Vertriebswegegestaltung, die Verkaufsförderung und die Messepolitik. In den Rahmen der vertriebsorganisatorischen Entscheidungen gehört die Auswahl des Computer-Reservierungssystems. Zur Vertriebswegegestaltung gibt *Abbildung 16* einen Überblick über sämtliche Möglichkeiten im Kulturtourismus.

1.4.3.1 Vertriebswegegestaltung

- **Direkter Vertrieb**

Diese Verkaufsform, die ohne Umweg und damit ohne die Abgabe von Verkaufsprovisionen zum Reisekunden führt, nutzen insbesondere kleine Anbieter. Kataloge werden direkt im Stile des Versandhandels an die Reiseinteressenten verschickt.

Ebenso zählt die Buchung per BTX oder Ticketautomat zu den direkten Vertriebsmöglichkeiten (siehe auch Kap. 1.4.4.6 zu den neuen Medien).

- **Einstufiger indirekter Vertrieb**

Zunächst sei der **Eigenvertrieb** genannt, bei dem der Leistungsproduzent über eigene Reisebürofilialen oder Verkaufsbüros verkauft. Es liegt gegenüber dem Direktvertrieb eine Vertriebsstufe dazwischen, auf die der Produzent vollständigen Einfluß besitzt.

Im **Fremdvertrieb** besitzt der Leistungsanbieter keinen Einfluß mehr auf die zwischengeschaltete Absatzstelle. Ist diese das branchenspezifische Reisebüro, liegt der für Reiseveranstalter typische Vertriebsweg vor. Unternehmen wie die *TUI, DERtour, Meier's Weltreisen* etc. nutzen diese Form des Absatzes. Aber auch der branchenfremde Vertrieb kommt in Betracht, wobei er für Kulturreisen nur untergeordnete Bedeutung besitzt.

- **Mehrstufiger indirekter Vertrieb**

In diesem z.B. bei größeren Beherbergungsbetrieben häufig auftretenden Fall werden Leistungen an Reiseveranstalter verkauft, die diese über Reisebüros und andere Vertriebsstellen *(siehe einstufiger indirekter Vertrieb)* weiter vermarkten.

(Vgl. Pompl 1995, S. 42f, Roth 1992, S. 180f.)

Eine - wenn auch kurze - Betrachtung der kulturtouristischen Vertriebswege darf heute die Frage des **Recyclings** bzw. der Entsorgung nicht unterlassen.

Abb. 16:

Vertriebswege im Tourismus

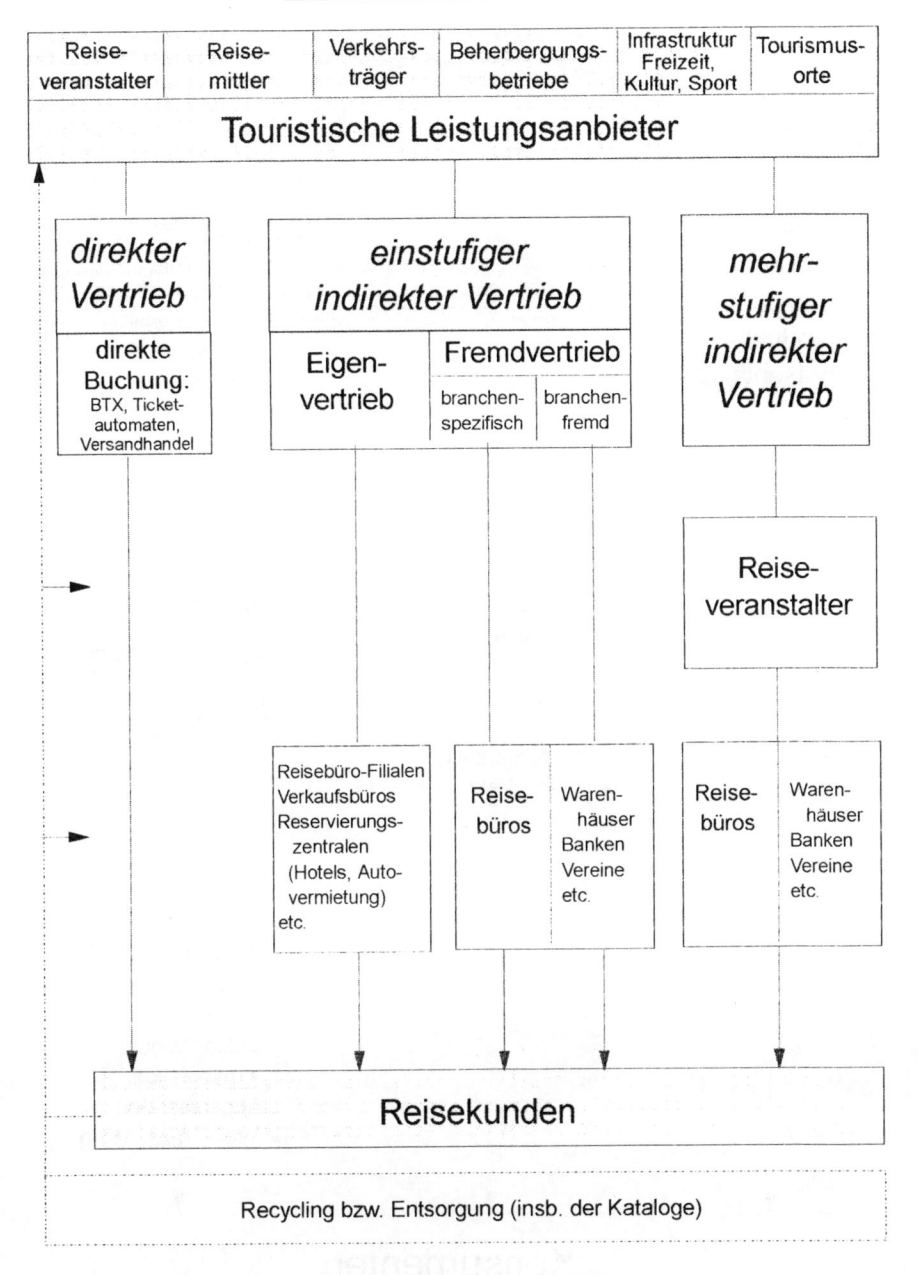

Reise-veranstalter	Reise-mittler	Verkehrs-träger	Beherbergungs-betriebe	Infrastruktur Freizeit, Kultur, Sport	Tourismus-orte

Touristische Leistungsanbieter

direkter Vertrieb	*einstufiger indirekter Vertrieb*			*mehr-stufiger indirekter Vertrieb*
direkte Buchung: BTX, Ticket-automaten, Versandhandel	Eigen-vertrieb	Fremdvertrieb		
		branchen-spezifisch	branchen-fremd	

Reise-veranstalter

	Reisebüro-Filialen Verkaufsbüros Reservierungs-zentralen (Hotels, Auto-vermietung) etc.	Reise-büros	Waren-häuser Banken Vereine etc.	Reise-büros	Waren-häuser Banken Vereine etc.

Reisekunden

Recycling bzw. Entsorgung (insb. der Kataloge)

Eigene Darstellung, Dreyer 1995.

Abb. 17:

Verkaufsförderung aus Sicht der Reiseveranstalter

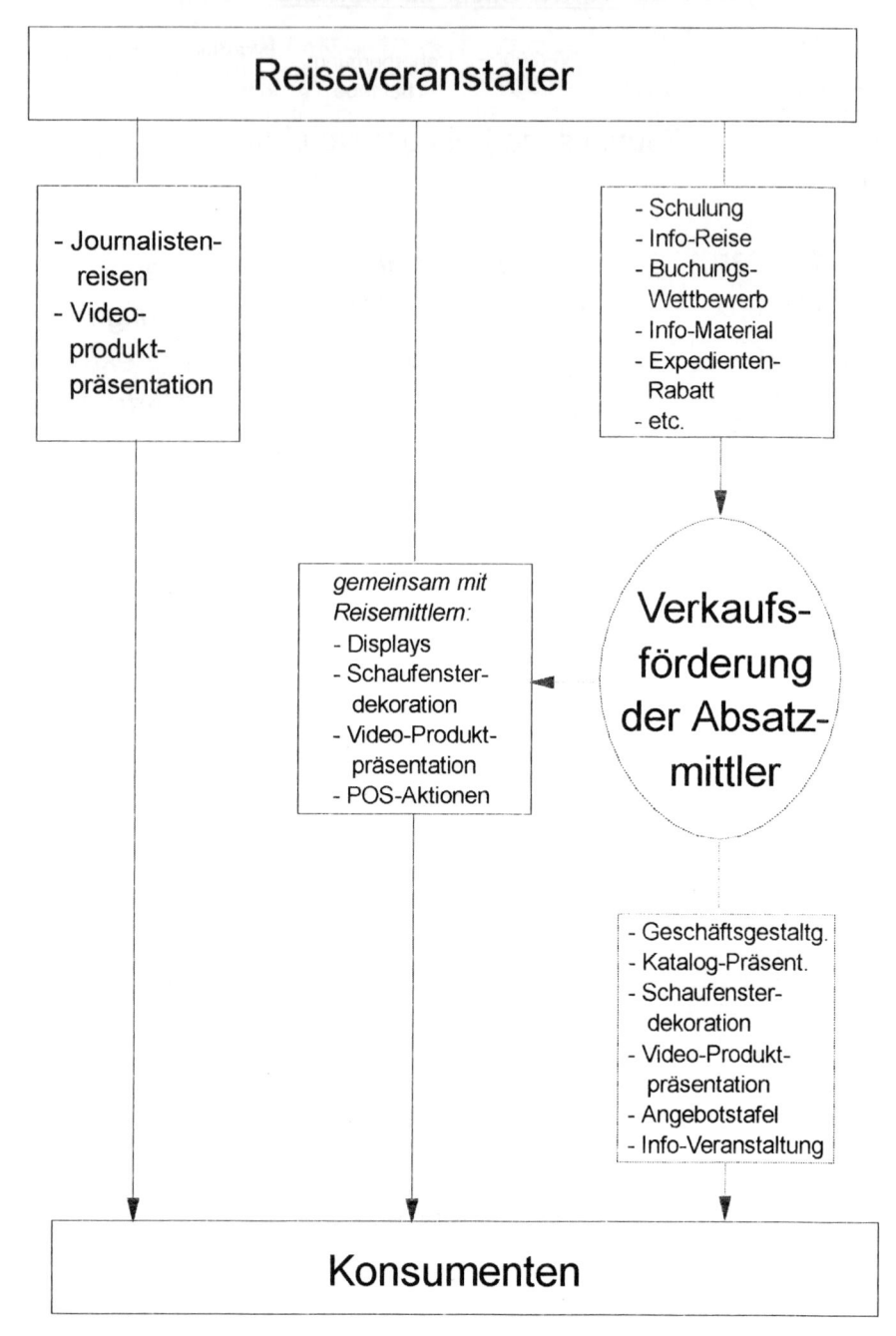

```
                    Reiseveranstalter
```

- Journalisten-
  reisen
- Video-
  produkt-
  präsentation

- Schulung
- Info-Reise
- Buchungs-
  Wettbewerb
- Info-Material
- Expedienten-
  Rabatt
- etc.

*gemeinsam mit
Reisemittlern:*
- Displays
- Schaufenster-
  dekoration
- Video-Produkt-
  präsentation
- POS-Aktionen

**Verkaufs-
förderung
der Absatz-
mittler**

- Geschäftsgestaltg.
- Katalog-Präsent.
- Schaufenster-
  dekoration
- Video-Produkt-
  präsentation
- Angebotstafel
- Info-Veranstaltung

Konsumenten

Eigene Darstellung, Dreyer 1995.

Vertriebswegebezogen steht im Vordergrund, daß für die Verwertung der Kataloge Sorge getragen werden muß *(vgl. Treis 1994).*

Eine besondere Rolle spielen die **Informations- und Reservierungssysteme** per Computer im Vertrieb von Leistungen der Destinationen. Während bei Reiseveranstaltern und -mittlern dieses Thema (nur) bezüglich der neuen Medien (siehe Kap. 1.4.4.6) relevant ist, müssen die Zielgebiete immer noch Basisarbeit leisten. Es werden alle Anstrengungen unternommen, Pauschalangebote deutscher Städte direkt buchbar zu machen. Direkt bedeutet, daß sowohl Endverbraucher diese Angebote buchen können als auch Reisemittler, für die der Zugriff auf Pauschalprogramme über das *START*-Buchungssystem erfolgt.

1.4.3.2 Verkaufsförderung

Aufgrund seiner nachhaltigen Erlebnisorientierung eignet sich der Kulturtourismus besonders für Verkaufsförderungsmaßnahmen, über deren Möglichkeiten aus Sicht der Reiseveranstalter Abbildung 17 informiert. Der Einsatz von Katalogen als Vertriebsmittel wird aufgrund der mindestens ebenso bedeutsamen kommunikativen Funktion der Kataloge im Abschnitt über die Kommunikationspolitik behandelt.

In jüngerer Zeit hat die Bildung **von Kunden-Clubs** zunehmende Bedeutung erlangt; sie ist verbunden mit dem Einsatz von **Kundenkarten** als Instrument zur Kundenbindung bzw. Neukundengewinnung. Im Tourismus gibt es verschiedene Ausprägungen:

- **Co-Branding-Karte:** Leistungen werden in Form von Unternehmenskooperationen abgwickelt.
  Beispiele:
  - *TUI*-Card mit *VISA*-Kreditkartenfunktion, diversen Versicherungsleistungen und diversen Serviceleistungen.
  - *ADAC-VISA*-Card als Mitgliedskarte mit Kreditkartenfunktion und diversen Serviceleistungen.
  - Bahn Card der *Deutschen Bahn AG* mit *VISA*-Kreditkartenfunktion, die über die *Citibank* abgewickelt wird.

- **Kunden-Kreditkarte**: "Abgespeckte" Version der Co-Branding-Karte, bei der bargeldlos, ggf. mit Zahlungsziel, bezahlt werden kann.
  Beispiel: *TUI*-Card für bargeldlose Bezahlung und bargeldloses Telefonieren.

- **Rabattkarte**: Es wird eine Gutschrift auf Bareinkäufe gewährt.

- **Servicekarte**: Diese sichert attraktive Leistungen, besitzt jedoch keine Zahlungsfunktion.
  Beispiele:
  - *Lufthansa* Frequent Traveller Card mit der exklusiven Nutzung von Warteräumen und Wartelistenpriorität für Vielflieger.
  - *WeimarCard* mit vergünstigtem Pauschalpreis für den Eintritt in kulturelle Einrichtungen sowie die Nutzung des öffentlichen Personennahverkehrs und mit Preisnachlässen für Stadtführungen.

(Vgl. Schmidt 1995, S. 152).

1.4.3.3 Messepolitik

Die Beteiligung an Messen gehört zu den wichtigsten Marketinginstrumenten der Reiseveranstalter und der Tourismusregionen. Die wichtigsten Reisemessen in Deutschland sind kombinierte Konsum- und Fachmessen. Neben den Brancheninsidern haben auch breite Kreise der Reiseinteressierten Zugang zu den Messen, deren größte die *Internationale Tourismusbörse (ITB)* in Berlin ist. Für kulturtouristische Anbieter ist eine Messebeteiligung an der *ITB* erst ab einer gewissen Unternehmensgröße sinnvoll.

Dagegen sind die regionalen Tourismusmessen auch für kleinere Leistungsanbieter unter der Voraussetzung geeignet, daß die Messen sehr sorgfältig nach potentiellen Zielgruppe analysiert werden. So ist es z.B. für Destinationen sinnvoll, einen Standplatz auf Tourismusmessen in den jeweiligen Hauptquellgebieten zu besetzen.

Beispiele regional bedeutsamer Tourismusmessen: CMT - Internationale Ausstellung für Caravan-Motor-Touristik, Stuttgart; Leipziger Messe Touristik & Caravaning; Reisemarkt Köln International, Reisen Hamburg - Internationale Ausstellung Tourismus-Caravan-Autovision; Reisen International, Essen; Travel Trend, Frankfurt.

1.4.4. Kommunikationspolitik

1.4.4.1 Einführung

Die Instrumente der Kommunikationspolitik - nicht nur für kulturtouristische Anbieter - sind **Werbung, Public Relations (PR)** und **Sponsoring**. Für eine gute Kommunikationspolitik ist es insbesondere wichtig, daß die Mitteleinsätze der einzelnen Instrumentalbereiche optimal aufeinander abgestimmt werden (Kommunikations-Mix).

Erfolgskontrollen beim Sponsoring haben gezeigt, daß Kommunikationsziele besser erreicht werden, wenn sie von PR-Maßnahmen begleitet werden und wenn auch in der klassischen Werbung Bezüge zum Sponsoringengagement hergestellt werden.

Abb. 18:
Instrumente der Kommunikationspolitik

Werbung	Public Relations	Sponsoring
• Werbung in elektronischen Medien • W. in Printmedien • Direktwerbung • Außenwerbung • Product Placement ➔ **Katalog:** Besonderheit, weil auch **Vertriebsmittel**	• Medienkontakte • Veröffentlichungen • Projektförderungen • Betriebsbesichtigungen	• Sponsoring von Veranstaltungen ➔ Eventmarketing • Sponsoring von Persönlichkeiten • Sponsoring von Organisationen

Neben den ökonomischen (z.B. Umsatzsteigerung, Marktanteilssteigerung; siehe auch Abb. 5) interessieren zunehmend die psychographischen Kommunikationsziele, bei denen vier Kategorien unterschieden werden können *(vgl. Meffert 1992):*

- **kognitive Beeinflussungen**
  ⇒ Aufmerksamkeit erzeugen
  ⇒ Kenntnisse vermitteln
  ⇒ Bekanntheitsgrad steigern
- **affektive Beeinflussungen**
  ⇒ Einstellungen ändern
  ⇒ Images ändern
- **konative** (antriebhafte, handlungsbezogene) **Beeinflussungen**
  ⇒ Kaufabsicht stärken
  ⇒ Kauf herbeiführen
- **Nachkauf-Beeinflussungen**
  ⇒ Kaufentscheidung bestätigen
  ⇒ kognitive Dissonanzen beseitigen

Bei der Aussendung von Kommunikationsbotschaften muß darauf geachtet werden, daß die **Glaubwürdigkeit** im Sinne des übrigen Unternehmensauftritts (→ Corporate Identity, Corporate Communications und Corporate Design, *vgl. Merkle 1992*) gewährleistet ist. Die Kommunikationsbotschaft muß zum Produkt, zum Unternehmen, zum Kommunikationsmedium und zu möglichen Testimonials passen *(vgl. Dreyer 1994a, S. 76)*.

1.4.4.2 Werbung

> Werbung ist der bewußte Versuch der psychischen Beeinflussung mit Hilfe spezieller Kommunikationsmittel mit dem Ziel, bestimmte Personen im Gefühl freier Entscheidung zur Bildung erwünschter Einstellungen oder zu unternehmenspolitisch erwünschten Verhaltensweisen zu veranlassen.

Je nach den eingesetzten Medien werden verschiedene Arten von Werbung unterschieden.

- **Werbung in elektronischen Medien**

Kulturelle Angebote lassen sich in schönen (bewegten ebenso wie statischen) Bildern darstellen, so daß sich elektronische Medien zur Werbung vorzüglich eignen. Bezüglich jüngerer Zielgruppen dürfte Dia- oder Spot-Werbung in Kinos für die kulturtouristischen Anbieter besonders erfolgversprechend sein und auch die Nutzung des noch jungen Mediums Compact Disc könnte in die Maßnahmen eingebunden werden.

Abb. 19:

Werbung in elektronischen Medien

Werbeträger	einsetzbare Werbemittel
Fernsehen	Spot, Product Placement
Rundfunk	Spot, Product Placement
Kino	Spot, Product Placement, Dia
Videorecorder	Spot
Computer	Diskette, Compact Disc (CD)

Außer für das große Marktsegment Städtereisen sind kostenintensive Kampagnen (z.B. im Fernsehen) nur dann sinnvoll, wenn damit gleichzeitig über die Markenfamilie Synergieeffekte für andere Leistungen erzielt werden können. Einen solchen Effekt könnte z.B. *DERtour* mit seiner breiten, nicht nur kulturbezogenen Produktpalette herbeiführen.

Dagegen sind per Video am Point of Sale (PoS) gezeigte Spots aufgrund der etwas günstigeren Kostensituation (geringere Schalt-, aber immer noch hohe Produktionskosten) möglicherweise ein gut einsetzbares Medium.

- **Werbung in Printmedien**
Das Spektrum der Möglichkeiten ist der *Abbildung 20* zu entnehmen. Es gibt keine kulturtouristischen Besonderheiten in der Nutzung der Medien. Bisher kaum Interesse haben die Reisemittler am Werbemitel der Beilage in Tageszeitungen gezeigt, was erstaunlich ist, da der Werbeerfolg z.B. im Verhältnis zu Anzeigen in anderen Branchen gut eingeschätzt wird.

Auffallend ist, daß Reiseveranstalter in der Kataloggestaltung anderen - insbesondere an den Reiseprodukten beteiligten - Unternehmen immer öfter die Möglichkeit zur eigenen Anzeigenschaltung einräumen.

Abb. 20:
Werbung in Printmedien

Werbeträger	Werbemittel
Tageszeitung	Anzeige
Wochen-, Sonntagszeitung	Beilage
Anzeigenblatt	Beihefter
Publikumszeitschrift	eingeklebte
Fachzeitschrift (z. B. Reisemagazin)	Antwortkarte
Telefon-, Adreßbuch, Gelbe Seiten	Duft-Anzeige
Kundenzeitschrift	
Hotelführer	
Katalog als Medium zur Anzeigenschaltung	

- **Direktwerbung**
Direktwerbung ist ein Bestandteil des Direktmarketing (siehe auch Kap. 1.4.5). Von immer größerer Wichtigkeit zur differenzierten Zielgruppenansprache werden Werbebriefe (Direct Mailings), die zur Stammkundenbindung insbesondere von Reiseveranstaltern und -mittlern sowie der Hotellerie eingesetzt werden sollten.

Darüber hinaus gelangen viele weitere Werbemedien in der Direktwerbung zum Einsatz, wobei im Tourismus den **Prospekten** die wohl größte Relevanz eingeräumt werden muß. Die Erscheinungsformen der Prospekte sind vielfältig. Für umfassende Angebotsdarstellungen wird meistens das **Zeitschriftenformat** DIN A4 (hoch) verwendet. Als Streuprospekt eignen sich **Folder** (Format 1/3 DIN A 4 im gefalteten Zustand) am besten; Handzettel (Flyer) ergänzen das Spektrum.

- **Außenwerbung**
In der Außenwerbung sind **Plakat-** und **Verkehrsmittelwerbung** sowie Hinweisbeschilderungen die am häufigsten eingesetzten Medien. Darüber hinaus sind Gebäude als Werbeträger geeignet. Nicht nur die Anbringung von

Leuchtmitteln besitzt akquisitorischen Charakter, sondern auch Farbanstriche und architektonische Elemente können im Rahmen des Corporate Design werbende Wirkung entfalten.

- **Der Katalog als Werbe- und Vertriebsmittel**
Im Gegensatz zum großformatigen Prospekt beinhaltet der Katalog die umfassendere Angebotsdarstellung. Der Katalog kann sowohl ein **Direktvertriebsinstrument** eines Versandreisemittlers *(z.B. Quelle)* als auch eine **Verkaufsgrundlage** für den Reisebüromitarbeiter oder ein **Werbeinstrument** zum "Vor-"Verkauf von Reisen sein *(vgl. Hüttner 1994, S. 511)*.
Interessant wird der Einsatz eines Katalogs erst mit einem größeren und kontinuierlichen Angebotsumfang.

1.4.4.3 Public Relations

> Mit Public Relations (PR) wird die bewußte, zielgerichtete und systematische Gestaltung der kommunikativen Beziehungen zwischen einer Unternehmung oder einer Organisation und der Öffentlichkeit bezeichnet.

Die PR ist ein wesentliches Element der Image- und Vertrauensbildung eines Unternehmens. Mit der gezielten Verbreitung von Informationen soll ein "Goodwill" gegenüber einem Unternehmen geschaffen werden. Vielfach soll dieses auch mit der Dokumentation gesellschaftlicher Verantwortung erreicht werden.

Zu den Instrumenten der PR zählen u.a. die Herstellung und Pflege von Medienkontakten, das Abhalten von Pressekonferenzen (aber nur dann, wenn es Informationen mit Neuigkeitswert für eine genügend große Interessentengruppe gibt), die Herstellung und Pflege von Kontakten zu anderen unternehmensrelevanten Personen, die Veranstaltung von Betriebsbesichtigungen, die Veröffentlichung von Geschäftsberichten, Öko-Bilanzen etc., die Förderung wissenschaftlicher, caritativer oder ökologischer Projekte ("tue Gutes und rede darüber") sowie die Übernahme ehrenamtlicher Tätigkeiten.

Notwendig ist PR als Ergänzungsmedium zum Sponsoring und Event-Marketing, wenn deren Erfolg optimiert werden soll.

1.4.4.4 Sponsoring

> Sponsoring bezeichnet die Zusammenarbeit innerhalb der Wirtschaft oder zwischen der Wirtschaft und anderen gesellschaftlichen Bereichen mit dem Zweck, die jeweiligen eigenen Zielsetzungen effektiver zu erreichen.

Dabei überträgt der Sponsor dem Gesponserten Geld, Sach- oder Dienstleistungen in der Absicht, über die Verwendung bzw. Nutzung der Gegenleistungen bestimmte, zumeist kommunikative Ziele zu erreichen.

Sponsoring-Formen können nach Objekten differenziert werden:
- Sponsoring von Veranstaltungen *(siehe auch Event-Marketing)*
- Sponsoring von Persönlichkeiten
- Sponsoring von Organisationen
- Sponsoring von TV-Programmen

Zu den aus Sicht der Sponsoren am besten zu erreichenden **Zielen** zählen:
- die Verbesserung des Images
- die Steigerung des Bekanntheitsgrades
- die Kontaktpflege zu unternehmensrelevanten Personen
- die Motivation von Mitarbeitern

Den Gesponserten ermöglicht das Sponsoring die Erschließung von **Finanzierungsquellen**.

Die einsetzbaren **Sponsoringmittel**, also die Gegenleistungen der Sponsoren sind vielfältig. Es stehen diverse Werbemedien (Bandenwerbung, Werbung auf Bekleidungsstücken etc.) ebenso wie Dienstleistungen (Durchführung von VIP-Veranstaltungen, Organisation von Pressekonferenzen etc.) zur Verfügung.

Nicht vergessen werden darf die Vergabe von Vermarktungsrechten, die z. B. durch den Gesponserten dergestalt erfolgt, daß er dem Sponsor die Nutzung eines Logos oder eines "offiziellen" Titels erlaubt *(vgl. Dreyer 1987, 1988 und 1994a sowie die dort verzeichnete Literatur)*.

1.4.4.5 Product Placement

> Als Product Placement wird ein Vorgang bezeichnet, bei dem beispielsweise für einen Spielfilm oder eine Fernsehserie Drehbücher dergestalt bewußt (um-)geschrieben werden, daß bestimmte Produkte, Leistungen oder touristische Regionen im Sinne der Marketingziele der anbietenden Unternehmen oder Organisationen vorkommen.

Beispiel: So kann es geschehen, daß der Drehort einer Fernsehserie nicht alleine aufgrund inhaltlicher und sachbezogener Faktoren, sondern aufgrund der besonderen Bemühungen (infrastrukturelle oder finanzielle Leistungen) des Ortes ausgewählt wird. Wird dieser Ort dann im Laufe der Ausstrahlung der Serie häufig gezeigt, so steigt sein Bekanntheitsgrad und er wird auch für touristische Belange interessanter.

Erscheint dies auf einen Ort bezogen noch nicht problematisch, so wird es allerdings kritisch, wenn andere Produkte (Autos, Alkoholika etc.) auf diese Weise plaziert werden, ohne daß ein werbliches Umfeld erkennbar ist. Hier wird der Bewußtseinsfilter des Verbrauchers, es handele sich um vom Unternehmen gesteuerte Maßnahmen, wie bei keinem anderen Werbemedium ausgeschaltet. Reaktanz des Umworbenen wird auf diese Weise praktisch außer Kraft gesetzt.

Über die Einbindung eines Produktes in ein zielgruppenspezifisches Umfeld hinaus ist es möglich, eine Darstellung unter Ausschluß von Konkurrenzprodukten zu erreichen. Außerdem können mit dem Product Placement Werbebeschränkungen umgangen werden, so daß es durchaus berechtigt ist, hier von "**Schleichwerbung**" zu sprechen.

1.4.4.6 Neue Kommunikationsdienste

Die sogenannten neuen Medien werden sehr unterschiedlich im Marketing eingesetzt, was u.a. an den technischen Möglichkeiten und deren Nutzung liegt. Generell können die Medien zu **Werbezwecken** genutzt werden. Darüber hinaus besteht die Möglichkeit, sie unter bestimmten Voraussetzungen auch als **Vertriebsweg** einzusetzen. *(Vgl. zum folgenden Abschnitt Pille 1995, S. 108ff).*

Die neuen Medien sind interaktiv, d.h. es kann ein Dialog zwischen dem Nutzer und dem Medium hergestellt werden, der darüber hinaus sogar in die Möglichkeit mündet, mit dem Anbieter des Mediums in Kontakt zu treten. Allerdings wird die Nutzbarkeit für das Marketing dadurch eingeschränkt, daß eine selektive Zielgruppenansprache nicht bei allen Medien möglich ist und daß die Verbreitung einiger Medien noch sehr gering ist. Die unterschiedlichen Situationen werden im folgenden erläutert.

1. Es können nur Informationen abgerufen werden, und es gibt keinen Rückkanal zum Medium bzw. zum Anbieter.

   Beispiele:
   - **Diskette, CD-ROM**: Der Katalog auf CD-ROM zählt zu den ersten Versuchen, die neuen Medien endkundengerecht zu gestalten. Große Auflagen scheitern jedoch bisher noch an der relativ geringen Verbreitung der CD-ROM-Laufwerke. Das Medium ist nur für Werbezwecke geeignet. Per Diskette kann Werbung noch auf andere Weise verbreitet werden, z.B. als Bildschirmschoner: Wie wär's mit einem karibischen Palmenstrand als "Pausenzeichen"?
   - **Videotext**: Auch hier ist die Nutzung einseitig. Erst in Verbindung mit dem Telefon entstehen Antwortmöglichkeiten der Konsumenten.
   - Mit Response-Funktionen ausgestattet ist **Btx/Datex-J**. Die *Lufthansa* nutzt diese Möglichkeiten bisher jedoch (noch) nicht. Sie bietet Privatpersonen - ohne Buchungsmöglichkeit - den Zugang zu ihrem Computernetz und damit zu Informationen über die weltweiten Flugpläne, aktuelle Abflug- und Ankunftzeiten in Europa sowie City-Informationen zu 58 Zielorten.

2. Der Mediennutzer hat zusätzlich zum Informationsabruf die Möglichkeit, weiterführende Informationen anzufordern. Zu diesem Zweck hinterläßt er seine Adresse im System.

   Beispiele:
   - **Telefax**: Das sogenannte Fax-Polling ermöglicht den gezielten Abruf von Informationen. U.a. *L-Tur, Air Marin* und *Tjaereborg* setzen es zum Abruf von Angeboten ein *(vgl. Koch 1995, S. 35)*.
   - **Internet**: Tourismusbezogen ist das Internet bisher vor allem als Informationsnmedium bei jüngeren Zielgruppen beliebt. Die Stadt München macht z.B. im Internet auf das Oktoberfest aufmerksam.

3. Weiterführend hat der Mediennutzer die Möglichkeit, Kaufinteresse zu signalisieren, z.B. indem er eine Reservierung vornimmt. Zum kompletten Vertriebsweg fehlt es hier nur noch an der Übersendung der Buchungsunterlagen und am Inkasso.

   Beispiele:
   - Beim *Varta*-Reiseservice besteht im **D1-Mobilfunknetz** die Möglichkeit, im *Varta*-Führer verzeichnete Hotels und Restaurants zu reservieren, Mietwagen zu buchen sowie Auskünfte aus Flug- und Bahnfahrplänen zu erhalten. Reisepartner ist *Hapag-Lloyd*.
   - Auf Flug- und Hotelbuchungen sowie Mietwagenreservierungen liegt der Schwerpunkt der Angebote von **D2-***Mannesmann* **Mobilfunk** in Verbindung mit den *Euro-Lloyd*-Reisebüros.

4. Gegenüber 3. werden nun auch noch die Verträge bzw. Reisedokumente versendet bzw. vom Terminal direkt ausgegeben. Damit wird der an Informationen Interessierte zum Käufer; aus dem Informations- bzw. Werbemedium ist ein Vertriebsweg geworden.

Beispiele:
- **Btx/ Datex-J:** Alle Möglichkeiten von der Information über die Reservierung bis zur Buchung besitzt der Reiseinteressierte, der sich in das "**Elektronische Reisebüro**" über den Reisecontainer von *START*/Btx einklinkt. Gezahlt werden kann per Btx (mit *Eurocard*) und die Reiseunterlagen werden dem Kunden nach Hause geschickt. Zum Schutz des herkömmlichen Vertriebsweges wird allerdings zu diesem Zweck über Btx ein Reisebüro eingeschaltet.
- Ebenfalls über **Btx/ Datex-J** können Fahrkarten bei der *Deutschen Bahn* geordert werden.
- **Tele-Shopping**: Aufgrund neuer technischer Möglichkeiten kann ohne den Wechsel des Mediums (zum Telefon) per Fernseher bestellt werden. Versand und Bezahlung erfolgen analog dem Kataloggeschäft des Versandhandels *(vgl. Franke et al. 1995, S. 198)*.

1.4.5 Spezielle Marketing-Mixes im Tourismus

(1) Direktmarketing

Mit dem Begriff Direktmarketing verbindet der Marketing-Manager mehr als nur die schon kurz erwähnte Direktwerbung, deren wichtigste klassische Medien im Tourismus die Werbebriefe (direct mailings) und Prospekte sind. Darüber hinaus werden die im vorangegangenen Kapitel besprochenen sogenannten neuen Medien eingesetzt. Die Akzeptanz der neuen Medien bei den Zielgruppen im Tourismus ist noch sehr unterschiedlich. Sie reicht von Ablehnung bei den Älteren bis zu neugieriger Nutzung der heranwachsenden Konsumenten. Die Dynamik in der technischen Entwicklung ist ungeheuer groß. Dennoch müssen sich moderne Unternehmen mit dem Einsatz der neuen Medien intensiv beschäftigen, um den Anschluß nicht zu verpassen und um die jungen Zielgruppen als Kunden von morgen rechtzeitig zu binden.

Der kulturell motivierte Städtetourismus lebt z.B. ein gutes Stück von der Aktualität neuer Veranstaltungen, der Information über Öffnungszeiten kultureller Einrichtungen oder Sonderausstellungen, über die mit Hilfe des Einsatzes neuer Medien ausgezeichnet informiert werden kann.

Beispiele:
- Über **Touch Screens** in Stadtinformationen abrufbare multimedial aufbereitete Informationen.
- Individuell auf dem Hotel-**Fernseher** abrufbare Stadtinformationsvideos.
- Lokale auf Stadtinformationen spezialisierte Fernsehsender.
- **Faxanschlüsse** und neuerdings auch **PC-Anschlüsse** mit Internet-Zugang auf dem Hotelzimmer.
- **Internet-Cafés**, in denen PCs direkt am Tisch installiert sind.

Vorteile des Direktmarketing sind vor allem darin begründet, daß Zielgruppen genau selektiert werden können (z.B. aufgrund der vorhandenen Datenbasis; man spricht auch von Data base-Marketing) und damit eine individuelle Kundenansprache ohne Streuverluste möglich ist.

Zu den wichtigen Faktoren des Direktmarketing zählt das **Telefonmarketing**, kommt hier doch der Dialog mit dem Kunden häufig erstmalig zustande. Das Telefon wird als Kommunikationsmedium im Marketing unterschiedlich genutzt. Im **aktiven** Telefonmarketing werden von Unternehmen Kundenbetreuungen, Marktbefragungen, Neukundenakquisitionen, Adreß-Aktualisierungen oder Sonderverkaufsaktionen vorgenommen. Beim **passiven** Telefonmarketing geht die Aktivität von Kunden oder Interessenten aus; es ist insbesondere geeignet für

- Adreßaufnahme (für Prospektversand)
- Auftragsannahme (z.B. beim Verkauf von Veranstaltungstickets)
- Servicetelefone (zur Kundenpflege)
- Informationsdienste (persönlich oder automatisiert)
- Reklamations-Bearbeitung
- Neukundenakquisition (oft in Verbindung mit Gewinnspielen etc.)

Die Technik eröffnet dem Telefonmarketing immer neue Möglichkeiten. Beispielsweise kann die Prospektbestellung - falls es gewünscht wird - unpersönlich über sogenannte "**Voice-Response-Systeme**" abgewickelt werden, bei denen nicht nur Dialoge, sondern auch Wahlmöglichkeiten für den Anrufer durch das Drücken der Telefontasten machbar sind *(vgl. Gottschling/Rechenauer 1994, S. 100ff).*

Anrufer können auch in die Lage versetzt werden, ihre Gespräche mit einem Unternehmen kostenlos zu führen. Zu diesem Zweck hat die *Deutsche Telekom* den Service der 0130 - Rufnumern entwickelt.

Eine bundeseinheitliche Rufnummer für Stadtinformationen, Fremdenverkehrsämter etc. bietet die *Deutsche Telekom* inzwischen an. Mit der entsprechenden Orts-Vorwahl und der Nummer 19 4 33 können deutsche Tourismusorte erreicht werden, sofern sie sich an diesem Dienst beteiligen. Dies wiederum ist dringend angeraten, um den Service für die Reiseinteressierten zu erhöhen.

Ein weiterer Schritt zur Serviceverbesserung ist eine kundenfreundliche Telefonpolitik, bei der es gilt individuelle Lösungen für eine Reihe von Problemen zu finden, zu den u.a. zählen:

- Das Telefongespräch muß möglichst zügig beantwortet werden.
- Anruf-Weiterleitungen sind zügig vorzunehmen und die Wartezeit ist angenehm und kurzweilig zu gestalten (keine nervtötende zielgruppenunadäquate Musik etc.).
- Der Gesprächsverlauf muß persönlich, freundlich und höflich gestaltet werden.
- Es muß entschieden werden, ob und ggf. wann Telefongespräche in persönliche Kundengespräche "platzen" dürfen.
(Vgl. auch Brandt 1995, S. 28ff und Matt 1995, S. 36ff).

(2) Event-Marketing

Durch die zunehmende Erlebnisorientierung der Konsumenten und das Aufkommen des Veranstaltungs-Sponsoring entwickelte sich das **Event-Marketing** *(vgl. Kinnebrock 1993, S. 64ff)*. Darunter ist einerseits das Marketing **von** Veranstaltungen zu verstehen, andererseits aber auch das Marketing **mit** Ereignissen und Veranstaltungen, die entweder vom Marketingtreibenden selbst initiiert werden oder zu denen eine besonders enge Beziehung über Produkte und Zielgruppen besteht.

Dem Event-Management wird im folgenden Kapitel dieses Buches aufgrund seiner kulturtouristischen Relevanz breiter Raum gewidmet. Dort werden die Events selbst als touristisches Produkt und Lockmittel für den Städtetourismus angesehen.
Bisher kaum eine Bedeutung hat dagegen die Vermarktung von touristischen Leistungen **mit Hilfe von** Events. Dabei geben Markenartikelhersteller anderer Branchen inzwischen bis zu 30% ihres Kommunikationsetats dafür aus, via Event mit ihren Zielgruppen (oder genauer: Szenen) kommunizieren zu können.

Beispiel für Ausnahmen im Tourismus:
Einige Flughäfen betreiben Marketing **mit** Events. So veranstaltete der Stuttgarter Airport eine achtstündige Fiesta mit dem Thema Portugal. Etwa 50 portugiesische Folklore-Künstler traten auf, rund 150 Reisebüros stellten ihre neuesten Angebote vor, Spezialitätenbuffets luden zum Probieren ein und Dia- sowie Videoshows vermittelten einen Eindruck von den interessantesten portugiesischen Reisezielen *(vgl. Bottler 1995, S. 64).*

Dementsprechend wäre es z.B. vorstellbar, daß ein großer regionaler Busreiseveranstalter die Vorstellung seines neuen Katalogs mit einer eigenen großen Party feiert, die eine Mischung aus Musik, Speisen- und Getränkeangebot sowie zielgebietsbezogenen Aktionen darstellt. Die Kontakte, die er dabei zu seinen Zielgruppen herstellen kann, sind ungleich besser als bei herkömmlicher Werbung. Erstens werden die Kunden direkt angesprochen und zweitens können sie in ungezwungener Atmosphäre mit zusätzlichen Informationsmaterialien versorgt werden.

1.5 Fazit

Nach Abschluß der Planungsphase kommt mit der Umsetzungphase der entscheidende Bereich des Marketing-Management. Es ist eine Binsenweisheit, daß gut gemeinte Maßnahmen schließlich nur so gut sind, wie ihre tatsächliche Umsetzung in der Praxis. Die Voraussetzungen dafür müssen allerdings mit strategischem Denken und einer ordentlichen Planung geschaffen werden.

Mit diesem Beitrag ist die Thematik des Marketing-Management keineswegs erschöpfend behandelt. Absicht dieses Beitrages war es daher, eine Systematik zu erstellen, die eine Zuordnung der vielen Fakten aus den anderen Buchbeiträgen in das Marketing erleichtert. Für weitergehende Informationen - z.B. wurde auf die Behandlung der Mediaselektion im Bereich der Kommunikationspolitik aus Platzgründen verzichtet - muß auf die angegebene Literatur verwiesen werden *(zu den Standardwerken des Marketing siehe auch Nieschlag/Dichtl/Hörschgen 1994).*

2. Event-Management im Tourismus
- Kulturveranstaltungen und Festivals
als touristische Leistungsangebote

von Dr. Walter Freyer, Professor für Tourismuswirtschaft an der TU Dresden

2.1 Event-Tourismus wird immer bedeutender

"Events" stellen besondere Veranstaltungen und Ereignisse (Jubiläen, Naturschauspiele) dar. Dabei wird anstelle der Gestaltung des traditionellen Veranstaltungskalenders immer häufiger vom Event-Management gesprochen.

Im Tourismus sind Events und das Event-Marketing eines der am schnellsten wachsenden Teilsegmente der touristischen Leistungspalette. Immer mehr Fremdenverkehrsorte sehen die Möglichkeit und Notwendigkeit, ihr touristisches Angebot um neu geschaffene Events zu ergänzen oder vorhandene Veranstaltungen und Ereignisse verstärkt im touristischen Marketing einzusetzen. Vor allem kulturelle Events werden immer häufiger in die Leistungspalette von touristischen Destinationen aufgenommen. Die Palette reicht von traditionellen Folkloreabenden über gelegentliche Konzerte, Auftritte von Theatergruppen, Ausstellungen, Musik-Festivals, kulturelle Themenjahre ("Dürer"- oder "Luther-Jahr") bis zu weltweit bedeutsamen künstlerischen Happenings ("Reichstagsverhüllung in Berlin").

Zwar waren Veranstaltungen schon immer ein wichtiger Bestandteil des touristischen Angebotes, doch kommt mit dem Event-Management eine neue Qualität in die Gestaltung des kulturellen Angebotes. Professionalität und Systematik treten anstelle der gelegentlichen und ehrenamtlichen bzw. nebenberuflichen Veranstaltungsorganisation.

Fremdenverkehrsstellen und -mitarbeiter werden zunehmend mit Aufgaben des Veranstaltungs-Management konfrontiert, wobei nur selten Grundlagen und Kenntnisse der besonderen Anforderungen des Event-Management bestehen. Dabei bieten Events umfangreiche Möglichkeiten der Besuchergewinnung sowie der Imageprofilierung für Destinationen.

Event-Tourismus ist außerdem Ausdruck des gestiegenen Erlebniskonsums und der zunehmenden kulturbezogenen Reisegestaltung der Besucher in den Zielgebieten. Kultur-Events bieten aber auch der ortsansässigen Bevölkerung erhöhte Lebensqualität und tragen zur Stärkung der "weichen" Standortfaktoren (wie Image, Attraktivität, Freizeitwert) bei.

Im folgenden werden vor allem Managementprobleme bei der Gestaltung und Vermarktung kultureller Events im Tourismus behandelt. Nach einer kurzen Einführung in die Vielfalt der Events erfolgt eine systematische Darstellung der Event-Management-Methode vor dem Hintergrund eines touristischen Leistungsmodells. Neben den in diesem Beitrag schwerpunktmäßig behandelten kulturellen Events werden auch Events im sportlichen und sonstigen gesellschaftlichen Bereich touristisch immer bedeutsamer.

2.2 Events im Tourismus

Die meisten Events sind aus nicht-touristischen Anlässen entstanden, doch ihre systematische Nutzung für den Tourismus ergänzt das ursprüngliche touristische Angebot und stellt zusammen mit der touristischen Infrastruktur die Gesamtheit der "Attraktionen" eines Ortes bzw. einer Destination dar.

> Unter touristischen Events werden üblicherweise speziell inszenierte oder herausgestellte Ereignisse oder Veranstaltungen von begrenzter Dauer mit touristischer Ausstrahlung verstanden.

Entsprechend haftet Events etwas
- Einmaliges, Besonderes oder Seltenes,
- Kurzfristiges (Vergängliches),
- Künstliches

an, im Gegensatz zu permanenten, dauerhaften, langfristigen und natürlichen Faktoren des touristischen Angebots. In letzter Zeit werden immer häufiger Events speziell kreiert bzw. für touristische Zwecke genutzt, vor allem für Orte mit nur geringen natürlichen Attraktionen: "Eine Region, die kaum natürliche Attraktionen besitzt, kann eine Reihe von kulturellen Events entwickeln, um ein attraktives Thema zu begünstigen."(*Kreuter 1993, S. 17*)

Die Palette von Events allgemein und im Tourismus im speziellen ist sehr vielfältig. Events im Tourismus lassen sich nach den verschiedensten Kriterien erläutern und eingrenzen. So werden im folgenden Events vor allem hinsichtlich ihres Anlasses, ihrer Entstehung (natürlich, künstlich), ihrer Dauer und Größe etwas genauer beleuchtet. Dabei gibt es zum Teil Überschneidungen der verschiedenen Gruppen.

Abbildung 1:

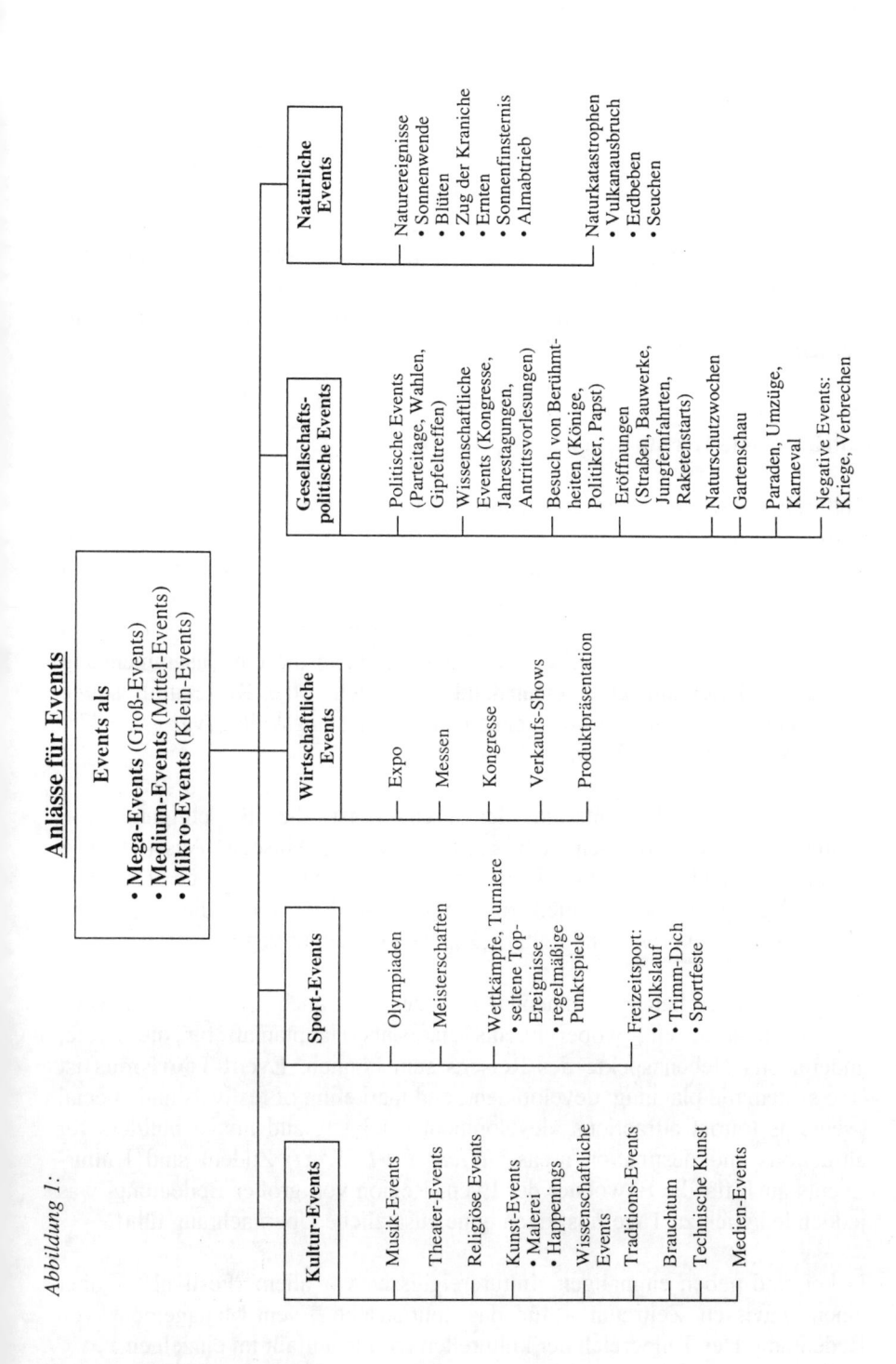

Anlässe für Events

Events als
- **Mega-Events** (Groß-Events)
- **Medium-Events** (Mittel-Events)
- **Mikro-Events** (Klein-Events)

Kultur-Events
- Musik-Events
- Theater-Events
- Religiöse Events
- Kunst-Events
  - Malerei
  - Happenings
- Wissenschaftliche Events
- Traditions-Events
- Brauchtum
- Technische Kunst
- Medien-Events

Sport-Events
- Olympiaden
- Meisterschaften
- Wettkämpfe, Turniere
  - seltene Top-Ereignisse
  - regelmäßige Punktspiele
- Freizeitsport:
  - Volkslauf
  - Trimm-Dich
  - Sportfeste

Wirtschaftliche Events
- Expo
- Messen
- Kongresse
- Verkaufs-Shows
- Produktpräsentation

Gesellschafts-politische Events
- Politische Events (Parteitage, Wahlen, Gipfeltreffen)
- Wissenschaftliche Events (Kongresse, Jahrestagungen, Antrittsvorlesungen)
- Besuch von Berühmtheiten (Könige, Politiker, Papst)
- Eröffnungen (Straßen, Bauwerke, Jungfernfahrten, Raketenstarts)
- Naturschutzwochen
- Gartenschau
- Paraden, Umzüge, Karneval
- Negative Events: Kriege, Verbrechen

Natürliche Events
- Naturereignisse
  - Sonnenwende
  - Blüten
  - Zug der Kraniche
  - Ernten
  - Sonnenfinsternis
  - Almabtrieb
- Naturkatastrophen
  - Vulkanausbruch
  - Erdbeben
  - Seuchen

2.2.1 Anlässe von Events

Events können aus verschiedenen Anlässen stattfinden; es gibt sportliche, politische, soziale, kulturelle Events usw., wobei kulturelle und sportliche Events den wohl breitesten Bereich abdecken. Doch auch den Bereichen der politischen bzw. gesellschaftlichen und natürlichen Events kommt eine große touristische Bedeutung zu. Grundsätzlich lassen sich alle Events mehr oder weniger gut touristisch nutzen, wobei im folgenden die Möglichkeiten des touristischen Event-Management vor allem für kulturelle Events aufgezeigt werden.

(1) Kulturelle Events

Kulturelle Aspekte waren schon immer ein wichtiges Reisemotiv. So sind Reisen grundsätzlich mit dem Verlassen des eigenen gewohnten Kulturkreises und dem Zusammentreffen mit einem anderen Kulturbereich verbunden. Die kulturwissenschaftliche Ausrichtung der Tourismuswissenschaft analysiert dabei die Wechselwirkungen der Kulturen der Quellregion und der Zielregionen und spricht in diesem Zusammenhang von der Entwicklung einer eigenständigen Ferien- oder Reisekultur sowie einer - eng damit zusammenhängenden - Dienstleistungskultur *(vgl. IfA 1978, Lüem 1985, Jafari 1992, Thiem 1994).*

Während des Aufenthalts in der Fremde ist die Besichtigung von Kulturgütern, wie profanen oder sakralen Bauten, Museen, Ausstellungen sowie von Kulturveranstaltungen usw. häufig eine wichtige (Neben-) Beschäftigung. Ferner existiert als spezifische Reiseform die klassische Studienreise mit vorwiegend kulturbezogenen Reisemotiven.

In diesen generellen Zusammenhang ordnet sich auch der kulturbezogene Event-Tourismus ein, wobei Events einerseits Hauptanlaß für die Reise, andererseits Nebenaspekte des Reisens sein können. **Event-Tourismus** ist "the systematic planning, development, and marketing of festivals and special events as tourist attractions, development catalysts, and image builders for attractions and destination areas." *(Getz 1991, S. xi)* Zudem sind Kultur-Events auch für die Bewohner der Event-Region von großer Bedeutung, was jedoch lediglich zu Tagesausflügen ohne zusätzliche Übernachtung führt.

Dabei sind neben einmaligen Kulturereignissen vor allem "Festivals" - über einen gewissen Zeitraum - für das touristische Event-Management von Bedeutung. Der Teilbereich der kulturellen Events umfaßt im einzelnen.:

- **Musik-Events**: einmalige Konzerte (wie "The Wall" von Pink Floyd in Berlin 1993), regelmäßige Musik-Festivals (wie Schleswig-Holstein-Festival, Sandstein- und-Musik in der Sächsischen Schweiz), Sonderveranstaltungen (Opernball in Wien)
- **Religiöse-Events**: Ansprachen und Segnungen des Papstes (urbi et orbi), Geburts- oder Todestage, Feiertage (Himmelfahrt, Weihnachten usw.), Prozessionen usw.
- **Theater-Events**: Theater-Festivals, spezielle Theateraufführungen, Theater-Tourneen, aber auch längerfristige Aufführungen an festen Spielstätten ("Sitdown-Productions"), wobei letztere nicht den Events im engeren Sinne zugerechnet werden
- **Kunst-Events**: Ausstellungen (Gemälde, historische Funde), "Happenings": Reichstagsverkleidung durch Christo (Berlin 1995),
- **Wissenschaftliche Events**: Kongresse, Symposien, (Jahres-)Tagungen, spezielle Vorträge (Gastvorträge, Antrittsvorlesungen, Disputationen), Verleihung der Nobel-Preise
- **Traditions-Events**: Jahrestage, Jubiläen, Stadtfeste
- **Literatur-Events**: Lesungen, Buchausstellungen, Verleihung des Friedenspreises des deutschen Buchhandels usw.
- **Brauchtum**: Tänze, Feiern
- **Technische Kunst**: Laser-Shows, Video-Kunst usw.
- **Medien-Events**: Übertragungen von Preisverleihungen (Oskar, Bambi), Musik-Festivals (Grand Prix de la Chanson, "Song of Europe"), Auftritte von Künstlern im Rundfunk oder Fernsehen (z.B. Michael-Jackson-Auftritt im ZDF am 4.11.1995) usw.

(2) Natürliche Events (oder naturbezogene Events)

Aus touristischer Sicht sind natürliche Events sehr bedeutsam. Sie sind entweder **regelmäßig wiederkehrend** (v.a. Flora- und Fauna-Events) oder **einmalig** (v.a. Katastrophen-Events). Normalerweise sind sie den natürlichen Angebotsfaktoren von Destinationen sowie dem "kulturellen Erbe" zuzurechnen und müssen nicht speziell inszeniert werden. Doch werden sie im Zusammenhang mit touristischen Aktivitäten häufig als Pauschalprogramme angeboten oder durch Führungen unterstützt.

In einem weiteren Verständnis des ursprünglichen Angebotes zählen hierzu auch die - durch den Menschen geprägten - sozio-kulturellen Angebote (anthropogene Faktoren), wie Brauchtum, Tradition, Mentalität, Gastfreundschaft, historische, kulturelle oder technische Denkmäler usw.

Beispiele:
- Sonnenwende in Skandinavien (Mittsommernachtsfest),
- Zug der Kraniche (Rügen), Paarung der Wale (Baja California), Almabtrieb (in den Alpen), Tulpenblüte (in Holland),
- Erntefeste,
- Sonnenfinsternis,
- Naturkatastrophen (Vulkanausbrüche, Erdbeben),
- Brauchtum (Stammesriten, Hochzeits- Bestattungszeremonien).

(3) Sport-Events

Im Veranstaltungsbereich sind Sport-Events am verbreitetsten. Dies betrifft zum einen den Bereich der sog. Mega-Events *(vgl. genauer 2.2.5)*, so z. B. Olympische Spiele, Weltmeisterschaften usw. Zudem finden bei vielen Sportarten Turniere oder Tourneen statt, wie z. B. ATP-Tournee (Tennis), Grand Prix- Autorennen usw. Sie sind Anlaß für ein hohes Besucheraufkommen und für - häufig internationale - Reisen zu den Veranstaltungen *(vgl. Köhler/Scharenberg 1995,S. 197f, Messing/Müller 1995, Dreyer 1995, Dreyer/Krüger 1995).*

Zum anderen sind die regelmäßig stattfindenden "kleinen" Sport-Events, z. B. die wöchentlichen Begegnungen des Wettkampfsports ("Punktspiele"), mit einem umfangreichen Reiseaufkommen verbunden und für die jeweilige Region von besonderer Relevanz.

Neben dem organisierten Sport und dem Leistungssport sind auch verschiedene Veranstaltungen des Breiten- oder Freizeitsports von großer Bedeutung, wie Volksläufe, Sportfeste usw.

Solche sportlichen Events sind aus touristischer Sicht zum einen mit einem hohen Reiseaufkommen verbunden (Tagesausflugsverkehr oder auch Übernachtungsreisen), zum anderen haben sie eine hohe Werbewirkung für die jeweiligen Veranstaltungsorte. In allen Fällen reisen neben den Zuschauern auch die Sportler und ihre Funktionäre zu diesen Events.

Viele der grundsätzlichen Aussagen für Kultur-Events treffen auch für Sport-Events zu. Doch im folgenden werden Sport-Events nur am Rande behandelt *(vgl. genauer Freyer 1990, Dreyer/Krüger 1995).*

(4) Wirtschaftliche Events

Eine weitere Gruppe von Events wird als sogenannte wirtschaftliche Events bezeichnet. Sie dienen im Rahmen des betrieblichen Marketing als Instrumente der Verkaufsförderung und Kommunikationspolitik, z.B. Messen und Kongresse. Sie stellen aber auch für die jeweiligen Veranstaltungsorte aus touristischer Sicht ein wichtiges touristisches Teilsegment dar. Je nach Reichweite der jeweiligen Wirtschaftsevents werden Teilnehmer und Besucher aus der näheren und weiteren Umgebung angesprochen. In den bekannten Messeorten sind zum jeweiligen Zeitpunkt zumeist alle Betten ausgebucht, Kongresse beleben die Nebensaison usw. Entsprechend sind Kongreßzentren, Messehallen wichtige Faktoren der touristischen Infrastruktur. Dabei haben die meisten Messe- und Kongreßthemen keinen touristischen Bezug. Doch auch im Tourismus gibt es einige Beispiele für die hier erwähnten wirtschaftlichen Events:

Beispiele:
- Messen, z. B. ITB-Berlin
- Kongresse, z.B. Verbandstagungen (DRV, asr, DEHOGA, DBV, DFV usw.)
- Ausstellungen, z.B. Caravan und Boot (Düsseldorf)

(5) Gesellschaftspolitische Events

Zum weiten Bereich der gesellschaftlichen Anlässe für Events zählen so unterschiedliche Veranstaltungen und Ereignisse wie

Beispiele:
- Politische Events, z.B. Parteitage, Wahlveranstaltungen, Gipfeltreffen von Politikern (Wirtschaftsgipfel, Umweltgipfel)
- Wissenschaftliche Events, wie Kongresse, Jahrestagungen, Antrittsvorlesungen usw.
- Besuch von Berühmtheiten: Könige, Politiker, Papst usw.
- Eröffnungen (von Straßen, Bauwerken, Veranstaltungen), Stapelläufe, Jungfernfahrten, Raketenstarts
- Naturschutzwochen, auch Gartenschau
- Paraden, Umzüge: am bekanntesten Karneval, Rosemmontag, Schützenumzüge, Erntedankfeste usw.
- als negative Events gelten: Verbrechen, Kriege, Katastrophen, Unfälle, Atomtests im Pazifik und die damit verbundenen Reisen und Ereignisse.

Teilweise sind diese Events auch den anderen Bereichen und Anlässen zuzuordnen. Aus touristischer Sicht sind die meisten dieser Events ebenfalls von großer Bedeutung und mit einem mehr oder weniger hohen Touristenaufkommen verbunden, was an dieser Stelle nicht näher behandelt wird.

2.2.2 Entstehung von Events: natürliche oder künstliche Events (auch "echte" oder "Pseudo-Events")

Zwar sind die wenigsten Events aus touristischen Anlässen entstanden, doch - fast - alle haben eine mehr oder weniger touristische Bedeutung. Aufgabe des Event-Management ist es, die verschiedenen Events entsprechend zu "inszenieren". Bei zahlreichen Events wird eine bestimmte natürliche oder historische Gegebenheit besonders herausgestellt und zu einem bestimmten Event oder einer Veranstaltungsfolge verbunden, z. B. Jubiläen, historische Feste, 750-Jahr-Feier, 50. Jahrestag eines Ergeignisses usw. Doch zum "Idealtyp" der natürlichen Events zählen vor allem die naturbedingten oder naturbezogenen Events, die bereits im vorherigen Abschnitt erwähnt worden sind, wie Naturereignisse oder Jahrestage bzw. Jubiläen. Für solche Ereignisse sind nur wenige Aktivitäten notwendig, um sie touristisch zu nutzen.

Die meisten Events - besonders auch im Kulturbereich - werden ohne näheren Bezug zu einem historischen Ereignis oder zu einem Veranstaltungsort geschaffen, sog. künstliche oder "Pseudo-Events". Anlaß für solche Events sind entweder das Vorhandensein einer entsprechenden Event-Infrastruktur (Theater, Konzertsäle, Freilichtbühnen) und/oder die zu gewinnenden potentiellen Besucher.

In diesem Zusammenhang wird die "Authentizität" (im Sinne von Echtheit, Ursprünglichkeit oder Glaubwürdigkeit) von Events diskutiert, wobei sicherlich die Glaubwürdigkeit einer Veranstaltung mit einem gewissen historischen oder künstlerischen Bezug wächst - was hat beispielsweise ein "Rossini-Festival" mit der Insel Rügen zu tun? Doch gibt es immer häufiger erfolgreiche kulturelle Events ohne näheren Bezug zum Veranstaltungsort:

Beispiele:
- Musicals: Cats in Hamburg, Starlight Express in Bochum, Miss Saigon in Stuttgart
- Musikfestivals: Schleswig-Holstein, Sandstein und Musik (Sächsische Schweiz)

Eng mit der - natürlichen oder künstlichen - Entstehung von Events hängt deren Häufigkeit zusammen, auf die im folgenden Abschnitt etwas näher eingegangen wird.

2.2.3 Häufigkeit von Events: einmalig, regelmäßig oder permanent?

Mit Events wird sehr häufig eine gewisse Einmaligkeit oder zumindest "Seltenheit" des Ereignisses verbunden ("Special Events"): Im natürlichen Bereich sind es Vulkanausbrüche, die - jährlich - wiederkehrenden Naturereignisse, die die Besonderheit eines solchen natürlichen Events bedingen.

Ähnliches gilt für zahlreiche "künstliche" Events, die entweder einmal(ig) veranstaltet werden oder in einem gewissen Rhythmus am selben Ort wiederholt werden. Dies trifft vor allem auf die große Gruppe der Festivals oder Jubiläen zu, wobei Events der ersten Gruppe zumeist jährlich, die der zweiten in größeren Abständen (Dekaden oder alle 50 Jahre) stattfinden.

Beispiele:
Wagner-Festspiele in Bayreuth, Filmfestival in Cannes, Passionsspiele in Oberammergau, Jazzfestival in Montreux,
Jubiläen: 50- oder 100- usw. -Jahr-Feiern zu Gründungsjahren, Kriegsende, Geburt, Tod.

Eine weitere Gruppe von Events ist aus Sicht der jeweiligen Destination "einmalig", wird aber in einem gewissen Rhythmus an verschiedenen Orten wiederholt oder ist Bestandteil von Künstlertourneen, die an verschiedenen Orten gastieren.

Beispiele:
- Olympische Spiele (alle vier Jahre an einem anderen Ort), Meisterschaften (zumeist jährlich), wirtschaftliche oder politische Gipfeltreffen (Weltwirtschaftsgipfel, Umweltgipfel) usw.
- Jahrestagungen von Verbänden, so auch im Tourismus: DRV-Jahrestagung (in Singapur oder in Berlin), AIEST-Tagung (auf Mauritius oder in Wien),
- Tourneen von Popgruppen, Orchestern, Theatergruppen oder Einzelkünstlern: Pavarottikonzert vor der Semperoper in Dresden (1995), die Rolling Stones in Leipzig (1995), aber auch an anderen Orten und in anderen Jahren.

Weitere Veranstaltungen, vor allem im Kulturbereich, sind nur schwierig in das Schema der Special Events einzuordnen. Dies betrifft vor allem künstlerische Veranstaltungen in festen Spiel- oder Auffführungsstätten, wie z.B. Theater, Opern, Freilichtbühnen, Festspielhäuser oder in Kunsthallen, Museen sowie - v. a. im Sportbereich - in Stadien. Hier werden einerseits bestimmte Events über einen längeren Zeitraum wiederholt, womit sie als dauerhafte Attraktionen - und nicht als Special Events - angesehen werden. Auf der anderen Seite finden gerade hier wechselnde und einmalige Events statt. In den letzten Jahren sind vor allem Musicalaufführungen als Beispiele solcher längerfristiger Events zu nennen (sog. Sitdown-Productions, *siehe auch den Beitrag von Rothärmel*). Diesen Ereignissen wird in der Literatur häufig der Event-Charakter - im Sinne der "Einmaligkeit" - abgesprochen, und sie werden als permanente oder langfristige Attraktionen angesehen.

Auch die Aufführungsstätten selbst stellen darüber hinaus Attraktionen dar, wie die Olympiastadien in Berlin oder München, die Semperoper in Dresden usw. Zudem wurden für Weltausstellungen gewisse Bauwerke errichtet (wie der Eiffelturm in Paris), die auch in der Folgezeit als Touristenattraktionen dienen. Viele dieser Folgewirkungen bzw. -einrichtungen von Special Events sind im Laufe der Jahre selbst zu (dauerhaften) Touristenattraktionen geworden.

Eine weitere Sondergruppe der Events bilden die in den letzten Jahren zahlreich entstandenen Freizeit- und Themenparks, die ebenfalls als dauerhafte Einrichtungen anzusehen sind, ihrerseits aber immer wieder Special Events arrangieren.

2.2.4 Dauer der Events

Die meisten Events dauern nur einen gewissen - kurzen - Zeitraum, oftmals nur wenige Stunden (Konzerte, Sportwettkämpfe), gelegentlich einige Tage (Festivals). Soweit Events mehrere Tage dauern, finden an dieses Tagen verschiedene Ereignisse statt, z.B. Aufführungen verschiedener Künstler oder verschiedene Disziplinen im Sport oder Vorrunden- und Endrundenspiele (im Sport). Werden die gleichen Events über einen längeren Zeitraum lediglich wiederholt, wie z. B. bei Theateraufführungen, so werden solche Ereignisse zumeist nicht dem engeren Bereich der Events zugerechnet.

Auch das "Erleben" von dauerhaften Events ist nur auf einen gewissen Zeitraum beschränkt, auf die Besichtigungs- oder Besuchszeit einer Aufführung oder eines Themenparks usw. Somit wären sie - aus Besuchersicht - als "selten" oder "einmalig" einzustufen.

Im Kulturtourismus sind häufig Events von kurzer Dauer, wie - einmalige - Konzerte, Theateraufführungen. Als "**Festivals**" erstrecken sie sich meist über einige Tage, selten über Wochen, wobei hierbei ein täglich wechselndes Programm angeboten wird.

Beispiele:
- Konzert der Rolling Stones (ca. 2 Stunden)
- Barden-Treffen in Nürnberg (ein Wochenende)
- Film-Festival in Berlin (1 Woche)
- Jazz-Festival in Dresden (4 Tage)
- Dokumenta in Kassel (mehrere Monate)

Dauerhafte Kultur-Events:
- Musicals Cats (Hamburg), Starlight Express (Bochum), Miss Saigon (Stuttgart), Hair (London),
- Störtebeker Festival (auf Rügen).

2.2.5 Größe

Ein weiteres Unterscheidungskriterium für Events bezieht sich auf die Größe. Dabei wird die "Größe" nach verschiedene Kriterien bestimmt, wie Besucherzahlen, wirtschaftliche Effekte, Reichweite des Events usw.

(1) Mega-Events

Als besondere Gruppe werden sog. Groß- oder **Mega-Events** herausgestellt. Gelegentlich werden sie auch als Special Events oder als Hallmark Events bezeichnet *(vgl. Hall 1992).* Sie sind zumeist von überregionaler oder übernationaler Bedeutung und sprechen zahlreiche Interessenten an. Sie führen in der Regel zu zahlreichen Besuchern und zu umfangreicher Medienberichterstattung, was das öffentliches Interesse signalisiert. Sie setzen zudem eine umfangreiche, meist mehrjährige Planungsphase voraus, und sie sind mit hohen Kosten bzw. Umsätzen verbunden.

Marris spricht dann von "großen" oder Mega-Events, wenn mehr als 1 Mio. Besucher, mehr als 500 Mio. Can-$ Umsatz/Kosten und eine weltweite Bedeutung gegeben ist ("a must seen event"). *(Vgl. Marris 1987, S. 3, auch Jafari 1988).*

Im Kulturbereich zählen vor allem die Auftritte international renommierter Künstler, die Ausstellung internationaler Kunstwerke, Lesungen internationaler Autoren usw. zu den Mega-Events.

Beispiele:
- Pink-Floyd-Konzert an der Berliner Mauer (21.7.1990): 300.000 Besucher, 600 Mio TV-Zuschauer,
- die Reichstagsverhüllung von Christo in Berlin 1995 (3 Millionen Besucher, 2 Mio DM Kosten, weltweites Medieninteresse)
- die Tourneen der Rolling-Stones oder der Berliner Philharmoniker
- Woodstock-Festival August 1969

- Sonstige (nicht-kulturelle) Mega-Events: Besuch von Königen, Politikern, des Papstes, Olympiaden, Weltmeisterschaften, Medienberichte von Wahlen, Verleihung der Nobelpreise, die Expo usw.

Zielgruppen von Mega-Events sind neben den Einheimischen aus touristischer Sicht vor allem Übernachtungsgäste aus dem In- und Ausland.

Spricht man von Mega-Events, so ist "groß" eine relative Bewertung. Events können auch aus lokaler Sicht "mega" sein, insbesondere wenn sie eine hohe **"Event-Intensität"** haben. Hiervon könnte man - in Analogie zur Tourismusintensität - sprechen, wenn die lokalen Kapazitäten zu einem bestimmten Grad ausgelastet oder überlastet werden, z.B. gemessen am Verhältnis von Besuchern zu Einwohnern oder Eventkosten zum regionalen Budget oder Belastung der Ver- und Entsorgungskapazitäten. Hiermit hätte man auch einen Vergleichsmaßstab für die unterschiedlichen Anforderungen an die Eventbedeutung in großen und kleinen Städten oder Regionen. Doch innerhalb der Event-Diskussion werden vor allem national und international herausragende Events als Mega-Events betrachtet.

Getz schlägt zur Charakterisierung von Mega-Events den Anteil der Übernachtungsgäste vor, was ebenfalls ein Indikator im Sinne der Event-Intensität wäre, allerdings der wichtigen Gruppe der Tagesgäste nicht Rechnung trägt: "From a tourism perspective, the so-called mega-event (and mega-attraction, for that matter) can have only one meaning, and it must be linked to its attractiveness (...) our definition of mega-event must focus on the proportion and number of visits made by overnight travelers to the event. (...) For example, in a city or region that has a record of attracting at least 20 percent of its event audiences for overnight stays, a mega-event would have to pull 40 or 50 percent, or be an order of magnitude greater in volume." (*Getz 1991, S. 47*)

Im Sinne der Bestimmung von Mega-Events mit Hilfe von Belastungskennziffern sind auch die - vereinzelten - Beiträge zur sozialen und ökologischen Belastung durch Events zu sehen, z. B. *Heizel/Zimmermann 1993.*

(2) Mittelgroße Events ("Media- oder Medium-Events")

Die meisten allgemeinen Aussagen zur Charakterisierung von Events treffen auch für mittlere oder regionale Events zu. In Abgrenzung zu den Mega-Events (und Mikro-Events) unterscheiden sie sich vor allem nach

- **Bedeutung und Reichweite**: regionale Bedeutung und Besucher
- **Vorbereitungsphase**: selten über 1- 2 Jahre, gelegentlich (viel) kürzer
- **Kosten**: aus kommunalen und regionalen Budgets zu finanzieren
- **Medieninteresse**: regional, max. national, kaum international
- **Besucherzahl**: mittel bedeutsam im nationalen Vergleich, wenn auch für die Region durchaus belastend (hohe "Event-Intensität").

Beispiele:
- Konzerte: Schleswig-Holstein-Musikfestival, Sandstein und Musik (Sachsen), Schürzenjäger (im Zillertal), Gewandhausfesttage (Leipzig),
- Kunstausstellungen in Dresden, München, Hamburg usw.
- Bundes- oder Landesgartenschau
- Rhein in Flammen (zum Teil von internationaler Bedeutung)
- Rokoko-Spiele (Ansbach)
- Störtebeker Festspiele (Ralswiek auf Rügen)

Im Gegensatz zu Mega-Events sind solche Events häufiger in verschiedenen Destinationen anzutreffen, z. B. Musikfestivals in mehreren Bundesländern, Kunstausstellungen in (fast) allen Städten. Zudem werden solche Events in den Destinationen selbst häufiger wiederholt, oftmals jährlich, was auch in bezug auf die "Einmaligkeit" einen weiteren Unterschied zu den Mega-Events bedeutet.
Zielgruppen sind mehr einheimische Besucher als Fremde und nur begrenzt Übernachtungsgäste, die gesondert zu diesen Veranstaltungen anreisen.

(3) Mini-Events (auch Mikro- oder lokale Events)

Die Vielzahl von Events ist lediglich von regionaler Bedeutung; zu ihnen kommen mehr oder weniger viele Besucher und ihre Wertschöpfungseffekte können sehr variieren. Es handelt sich dabei sowohl um einmalige Events als auch um mehr oder weniger regelmäßig stattfindende Veranstaltungen. Zielgruppen sind vor allem Einheimische und Bewohner der näheren Umgebung, die als (Tages-)Ausflügler zu solchen Events kommen. Die Übernachtungseffekte sind entsprechend gering.

Aus lokaler Sicht sind solche Veranstaltungen aber durchaus bedeutsam, was wiederum durch eine Event-Intensität ausgedrückt werden könnte: Die lokalen Kapazitäten sind zumeist ausgeschöpft oder überlastet, und im lokalen Geschehen stellen diese Events die Höhepunkte des Jahres dar.

Beispiele:
- Stadtfeste
- Weihnachtsmärkte, Weinfeste, Zwiebelmärkte,
- Gaffenberg-Festival (in Heilbronn)
- Puppen-Festival (in Neustadt bei Coburg)
- Mittelalterlicher Markt (in Goslar), Georgiritt mit Schwertertanz (in Traunstein)
- Silbermann-Orgelkonzert (Freiberg/Sachsen)

Solche Mini-Events, die ursprünglich vor allem für die ortsansässige Bevölkerung veranstaltet worden sind, können im Laufe der Jahre auch zu Medium- oder Mega-Events mit überregionaler Bedeutung werden, was nicht zuletzt Aufgabe und Ziel des touristischen Event-Marketings sein kann: Weihnachtsmärkte (Nürnberg, Dresden), Oktoberfeste (München).

Zu den Mikro-Events zählen in der Event-Literatur - weniger aus Sicht des Tourismus - auch die zahlreichen betrieblichen Veranstaltungen, im Marketing auch als **"Marktveranstaltungen"** bezeichnet, wie Verkaufsveranstaltungen, Modenschauen usw. Sie werden als Kommunikationsinstrumente oder Mittel der Verkaufsförderung der jeweiligen Marketingträger angesehen *(vgl. u.a. Böhme-Köst 1992: 127ff, Auer/Diederichs 1993: 201ff, Mues 1990, Bonarius 1993)* und dienen

- der Eröffnung von Geschäftsstätten
- Präsentation von (neuen) Produkten
- Profilierung einer Marke
- der Händler- und/oder Mitarbeitermotivation ("Incentives")
- dem Erlebnismarketing *(vgl. Weinberg 1992, Opaschowski 1993).*

Zielgruppen sind neben den Besuchern und Medien - wie bei den anderen Events - sehr häufig Verkäufer und Geschäftspartner oder Mitarbeiter. Auch im Tourismus werden solche verkaufsfördernden Events immer häufiger eingesetzt.

Beispiele:
- *DER*-Akademie, *LTU*-University, *TUI*-Holly-Verleihung
- Road-Shows oder Länderabende der Fremdenverkehrsdestinationen

Künstlerische Aufführungen sind hierbei oftmals "Beiwerk" größerer Veranstaltungen ("Events im Event") und dienen der Gestaltung des Rahmenprogramms, wie z. B. Eröffnungs- oder Schlußkonzerte auf Tagungen, Ausstellungen von Kunstwerken, Feuerwerke usw.

2.3 Touristische Bedeutung und Zielsetzungen von Events

Events werden entweder bewußt oder unbewußt zur Erreichung unterschiedlicher touristischer Ziele eingesetzt und haben eine entsprechende touristische Bedeutung. Die meisten Ziele und Maßnahmen des Event-Management laufen letztlich auf die Steigerung der Attraktivität einer Destination hinaus. Dabei sind außengerichtete Wirkungen, z.B. für Besucher, und innengerichtete Wirkungen - für die Bewohner - zu unterscheiden.

Abb. 2:
Touristische Ziele und Wirkungen von Events

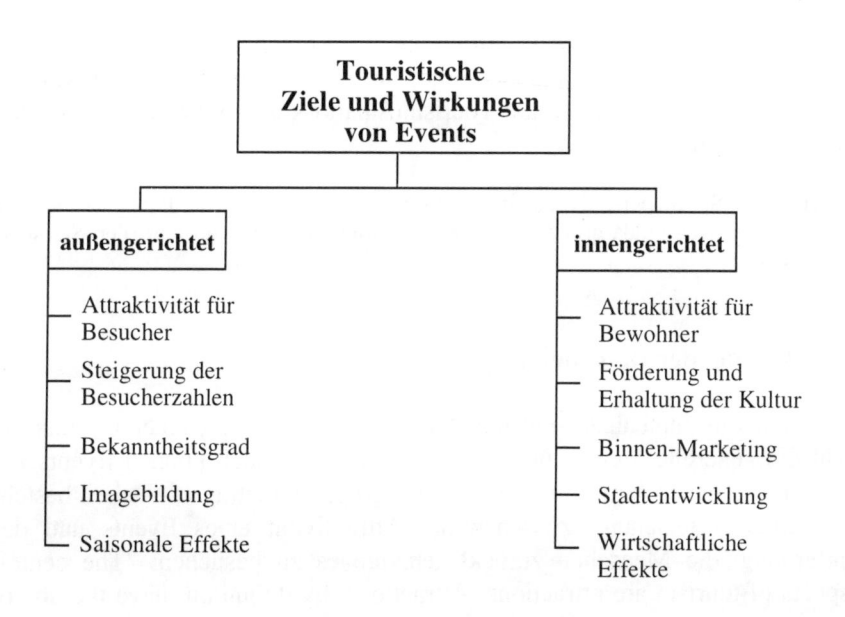

```
                    Touristische
                 Ziele und Wirkungen
                     von Events
            ┌────────────────┴────────────────┐
      außengerichtet                    innengerichtet
       │                                  │
       ├── Attraktivität für              ├── Attraktivität für
       │    Besucher                      │    Bewohner
       ├── Steigerung der                 ├── Förderung und
       │    Besucherzahlen                │    Erhaltung der Kultur
       ├── Bekanntheitsgrad               ├── Binnen-Marketing
       ├── Imagebildung                   ├── Stadtentwicklung
       └── Saisonale Effekte              └── Wirtschaftliche
                                               Effekte
```

2.3.1 Außengerichtete Ziele

(1) Steigerung der Destinationsattraktivität für Besucher

Touristen suchen auf ihren Reisen Erlebnisse, die ihnen vor allem durch Events zusätzlich zu den sonstigen touristischen Leistungen gegeben werden können. Soweit Orte bereits über natürliche Atrraktionen verfügen, erfüllen diese bereits wichtige Voraussetzungen für eine touristische Destination. Doch die zunehmende Entwicklung des Tourismus hat dazu geführt, daß allein die natürlichen und touristischen Angebote nicht mehr ausreichen, verschiedene Destinationen gegeneinander abzugrenzen und zu "profilieren".

In diesem Zusammenhang sind Events ein neues Mittel zur Attraktivitätssteigerung von Destinationen. Events als künstliche Attraktionen einer Destination werden häufig als Ergänzung zu weniger vorhandenen natürlichen Attraktionen eines Ortes gesehen. Ihnen kommt damit eine komplementäre Aufgabe zu, wobei häufig von einem gewissen Trade-Off von künstlichen und natürlichen Attraktionen gesprochen wird: Je weniger natürliche Attraktionen vorhanden sind, umso mehr künstliche Attraktionen muß ein Ort entwickeln, um am Tourismusmarkt konkurrenzfähig zu werden oder zu bleiben.

Beispiele: So initiierte Neustadt bei Coburg (die "Bayerische Puppenstadt") ein Puppen-Festival, Fulda gründete ein Feuerwehrmuseum, Bochum führt den Starlight-Express auf.

(2) Erhöhung der Besucherzahlen

In engem Zusammenhang mit der Attraktivitätssteigerung einer Destination steht die generelle Steigerung der Besucherzahlen. Auch können Events zur Gewinnung neuer bzw. zusätzlicher Zielgruppen beitragen. Dabei besteht eine direkte Beziehung zwischen der Attraktivität eines Events und der Entfernung, die Menschen zurücklegen, um es zu besuchen: "The central aspects of tourism are attractions. Attractions, by definition, have the ability to draw people to them." (*Mill/Morrison 1992: 265*).

Beispiele: So sind Olympische Spiele so attraktiv, daß Menschen aus aller Welt dieses Ereignis besuchen und die Medien weltweit darüber berichten (wollen). Auf der anderen Seite sind lokale Feste vorwiegend für die einheimische Bevölkerung von Bedeutung.

(3) Steigerung des Bekanntheitsgrad

Events tragen zur Bekanntheit der jeweiligen Veranstaltungsorte bei. Dafür sind nicht nur die Besucher eines Events, sondern auch die Berichterstattung der Medien von Bedeutung. Insofern sollten Events möglich mit dem Namen des Ortes verbunden werden.

Beispiele: Schleswig-Holstein-Musikfestival statt "Sandstein und Musik" (in der Sächsischen Schweiz), "Berliner Filmfestspiele" statt "Woche des Films" (in x, y).

(4) Imagebildung

Events werden zudem als ein geeignetes Mittel angesehen, ein bestimmtes Image eines Ortes zu entwickeln bzw. zu stützen: "Hallmark events are the image builders of modern tourism" *(Hall 1992, S. 1)*. Gerade der Kulturbereich wird häufig zur Imagebildung von Destinationen verwendet, wobei insbesondere Städte Wert auf eine entsprechende Imageprofilierung legen, z. B. "Kulturstadt Europas", aber auch Sportstadt, Stadt von internationaler Bedeutung. Je größer und bedeutender die Events, umso größer auch die Reichweite und die Intensität der jeweiligen Imagefaktoren.

Inzwischen ist ein gewisser Event-Wettbewerb unter den Städten und Destinationen entstanden: Je größer die Städte, umso mehr müssen sie Mega-Events bieten, um mit anderen Städten bzw. Destinationen konkurrieren zu können. Events werden immer häufiger und aufwendiger veranstaltet, es kommt zu einer "Event-Spirale" mit sich zunehmend überschneidenden Veranstaltungen *(vgl. "Festivalisierung der Stadtpolitik", Häußermann/ Siebel 1993)*. So versuchen immer mehr (Groß-)Städte, sich durch Kultur-Events ein Kultur-Image aufzubauen, was andererseits zu immer weniger Image-Profilierung im Sinne von Differenzierungskriterien aus Sicht der Besucher führt.

Zudem ist ein einmal erworbenes Image nur schwer zu ändern. Hat sich eine Stadt oder Region als Kultur- oder Sportstadt mit attraktiven Events profiliert, besteht mittelfristig die Gefahr, daß vorrangig die jeweilige Zielgruppe zu den Besuchern zählt und andere Touristen nur ein geringes Interesse an den weiteren Angeboten dieser Destination haben. So

- will Garmisch-Partenkirchen durch verstärkte Kulturaktivitäten das Image der "Sportstadt" verändern und
- strebt Sachsen ergänzend zum "Kultur-Image" eine Imageerweiterung in anderen Bereichen (Jugend, Sport usw.) an.

Neben den touristischen Zielsetzungen dient die Imagebildung auch den weiteren Zielen des Stadt-Marketing sowie der Standortförderung.

(5) Saisonale Effekte

Events werden aus touristischer Sicht sehr häufig im Zusammenhang mit der saisonalen Entwicklung in Fremdenverkehrsgebieten gesehen. Soweit sie in der Nebensaison veranstaltet werden, bieten sie die Möglichkeit der zusätzlichen Auslastung vorhandener Kapazitäten. Das gilt insbesondere für saisonunabhängige Veranstaltungen, wie Kongresse und Tagungen, zum Teil auch für kulturelle Festivals. Andererseits erwarten die Gäste auch in der Hauptsaison ein attraktives Veranstaltungsprogramm, was zu einer inflationären Entwicklung des Event-Management führt.

2.3.2 Innengerichtete Ziele

Events wirken nicht nur nach außen, für Besucher und über die Medien, sondern haben auch eine sehr wichtige "Innenwirkung", d.h. sie wirken für die Bewohner der Veranstaltungsregion. Als innengerichtete Ziele und Wirkungen von kulturellen Events gelten:

(1) Förderung und Erhaltung der Kultur

Die Entwicklung von kulturellen Events kann dazu beitragen, die entsprechenden kulturellen Aktivitäten zu erhalten und zu fördern. Insbesondere das Brauchtum und das traditionelle Kunsthandwerk wird in vielen Regionen immer weniger gepflegt. Hierfür können kulturelle Events Maßnahmen zur Gegensteuerung und zur Unterstützung solcher Kulturwerte darstellen.

So hat die deutsche Volksmusik durch zahlreiche Medienveranstaltungen eine Aufwertung erfahren und ist auch bei jungen Leuten mit neuen Varianten immer beliebter geworden (Mundart-Rock usw.)

> **Beispiele:**
> - Traditionelle Tänze, Rituale, Kunsthandwerk usw.
> - Klöppeln (im Erzgebirge), Spinnen
> - Die "Schürzenjäger" (Zillertal) statt Zillertaler-Volksmusik

Andererseits wird gerade in diesem Zusammenhang häufig der "Ausverkauf und die Kommerzialisierung der Kultur" beklagt, insbesondere bei traditionellen Kulturbereichen *(vgl. genauer Freyer 1995, S. 366ff)*.

Beispiele: Airport-Art (Souvenirs) bei Kunsthandwerk, Bestattungen und Hochzeitszeremonien als Touristenattraktion (z. B. auf Bali), wöchentliche "Dorffeste" oder tägliche "traditionelle Tanzabende" (unter Einbeziehung der Gäste) in den großen Touristenhotels.

(2) Binnen-Marketing

Events haben ferner eine bedeutende Innenwirkung für die Bewohner des Veranstaltungsortes. Sie erhöhen die Lebensqualität der Bewohner und stärken das "Wir-Gefühl" und sind in diesem Zusammenhang bedeutende Maßnahmen des touristischen "Binnen-Marketing".
Bei vielen Events stellen die Einheimischen auch den Großteil der Event-Besucher dar, so daß auch eine Identifikation der Bewohner mit dem jeweiligen Event gegeben sein muß.

Gegenbeispiele sind die immer häufigeren Proteste von Bewohnern gegen bestimmte Events, am bekanntesten die Proteste gegen Olympia 2000 Berlin, im kleineren gegen Landesgartenschauen (Heilbronn) usw.

(3) Stadtentwicklung

Events werden häufig im Zusammenhang mit der generellen Entwicklung, insbesondere von Städten, gesehen. So erwarten sich einerseits immer mehr Städte im Gefolge von Events auch eine Entwicklung der eigenen Stadt und Region: Bau von Spielstätten, Entwicklung der allgemeinen Infrastruktur u. ä.

Beispiele:
- Olympischen Spiele in München (Bau der U-Bahn und des Olympia-Wohnparks *(vgl. u.a. Geipel/Helbrecht/Pohl 1993)* oder Barcelona *(vgl. Garcia 1993)*
- Cottbus Bundesgartenschau 1995,
- EXPO 2000 Hannover *(vgl. Selle 1993)*.

Diese Erwartungen lassen sich jedoch weniger durch kulturelle Events als durch sportliche und wirtschaftliche Events realisieren.

Andererseits führen die mit Events zusammenhängenden finanziellen und persönlichen Belastungen für die Orte und ihre Bewohner immer häufiger zu einem "Aufstand der Gastgeber". Des öfteren opponieren Bewohner und Experten gegen die "Festivalisierung" der Stadtpolitik.

Beispiele: Olympiaboykott Berlin 2000, die Bewohner Kassels gegen die Dokumenta, die Wiener und Venezianer gegen die geplanten Weltausstellungen usw. *(vgl. Venturi 1993, Ipsen 1993, Schimak 1993, und weitere Beiträge in Häußermann/Siebel 1993 sowie Schneider 1993).*

(4) Wirtschaftliche Effekte

Aus der Summe der vorherigen Zielsetzungen ergeben sich die unterschiedlichsten wirtschaftlichen - und nicht-ökonomischen - Effekte von Events, die in ihrer Summe zur positiven Entwicklung einer Destination beitragen können - oder zu gegenteiligen Entwicklungen führen.

Für zahlreiche Events wurden die wirtschaftlichen Effekte untersucht, ohne daß bisher eindeutige Aussagen möglich sind. Die Hauptprobleme der vorliegenden Untersuchungen hängen zum einen mit der engeren oder weiteren Abgrenzung der Eventeffekt zusammen, zum anderen sind die verschiedenen Bereiche (Wirtschaft, Soziales, Kulturelles usw.) nur schwer gegeneinander abzuwägen.

2.4 Besonderheiten des touristischen Event-Management

2.4.1 Event-Besonderheiten

Das Management von touristischen Events stellt eine Reihe von besonderen Anforderungen an die Veranstalter solcher Ereignisse, die sich zum einen ganz analog zu den Besonderheiten der Erstellung touristischer Produkte und Leistungen darstellen, zum anderen aber einige weitere Besonderheiten aufzeigen. In Anlehnung an die verschiedenen Besonderheiten touristischer Leistungen *(vgl. dazu u.a. Freyer 1995: 230)* gilt auch für Events:

- Events sind vor allem **immaterielle Leistungen**, die nicht gelagert werden können und von den Komponenten Zeit und Raum abhängen - allerding können künstlerische Aufführungen auch durch Medien aufgezeichnet werden.
- Events sind ein **Leistungsbündel** von Sach- und Dienstleistungen, bei dem die immateriellen (Dienstleistungs-)Komponenten überwiegen.
- Der Konsument (Zuschauer) muß zum (Original-)Produkt (Event) kommen - "**Residenzprinzip**".- , allerdings sind für Events Medienüber-

tragungen sehr bedeutsam, wobei die Aufführung - über die Medien - zu den Zuschauern kommen.

- Produktion und Absatz fallen (bei Life-Aufführungen) zusammen - "**uno-actu-Prinzip**" -; bei Aufzeichnungen können sie auseinanderfallen (Vertrieb von Videos, MC und CD).
- Es besteht eine **hohe Komplementarität** zwischen verschiedenen Event-Teilprodukten.

Zur Diskussion des Event-Management erscheint das traditionelle produktionsorientierte Modell weniger geeignet als eine Anlehnung an prozeßorientierte Modelle, wie sie vor allem in der Dienstleistungs-BWL entwickelt worden sind und auch teilweise bereits für das touristische Management Anwendung finden *(vgl. z.B. Freyer, S. 232ff und 1996).* Solche modellhaften Überlegungen stellen für das Event-Management vor allem drei Grundüberlegungen in den Mittelpunkt der Diskussion:

(1) Die Event-Kette:

Events durchlaufen mehrere Phasen, wobei - in Anlehnung an die allgemeine Modellbildung bei (Dienst-)Leistungsprozessen - vor allem drei Phasen unterschieden werden, die ganz unterschiedliche Managementanforderungen stellen:

- **Potential-Phase**: Vorbereitung und Bereitstellung des Events
- **Prozeß-Phase**: Durchführung des eigentlichen Events, im Sinne der "Veranstaltung" oder "Aufführung",
- **Ergebnis-Phase**: Ergebnis oder Wirkung des Events, zum Teil auch Nachbereitung der Veranstaltung bzw. Aufführung

In einer weiter differenzierten Betrachtung lassen sich weitere Teilelemente unterscheiden (Ausdehnung und Differenzierung der Leistungskette) sowie verschiedene Betrachtungsebenen der einzelnen Kettenglieder vornehmen ("Vertiefung").

(2) Das Event-Bündel:

Aus Sicht der Event-Kunden ist das "Event-Gesamtprodukt" bzw. das "Event-Bündel" bedeutsam. Ähnlich der verschiedenen Phasen der Leistungserstellung von Events - quasi aus Produzentensicht - lassen sich - vorwiegend aus Kundensicht - verschiedene Erwartungs- und Wirkungs-

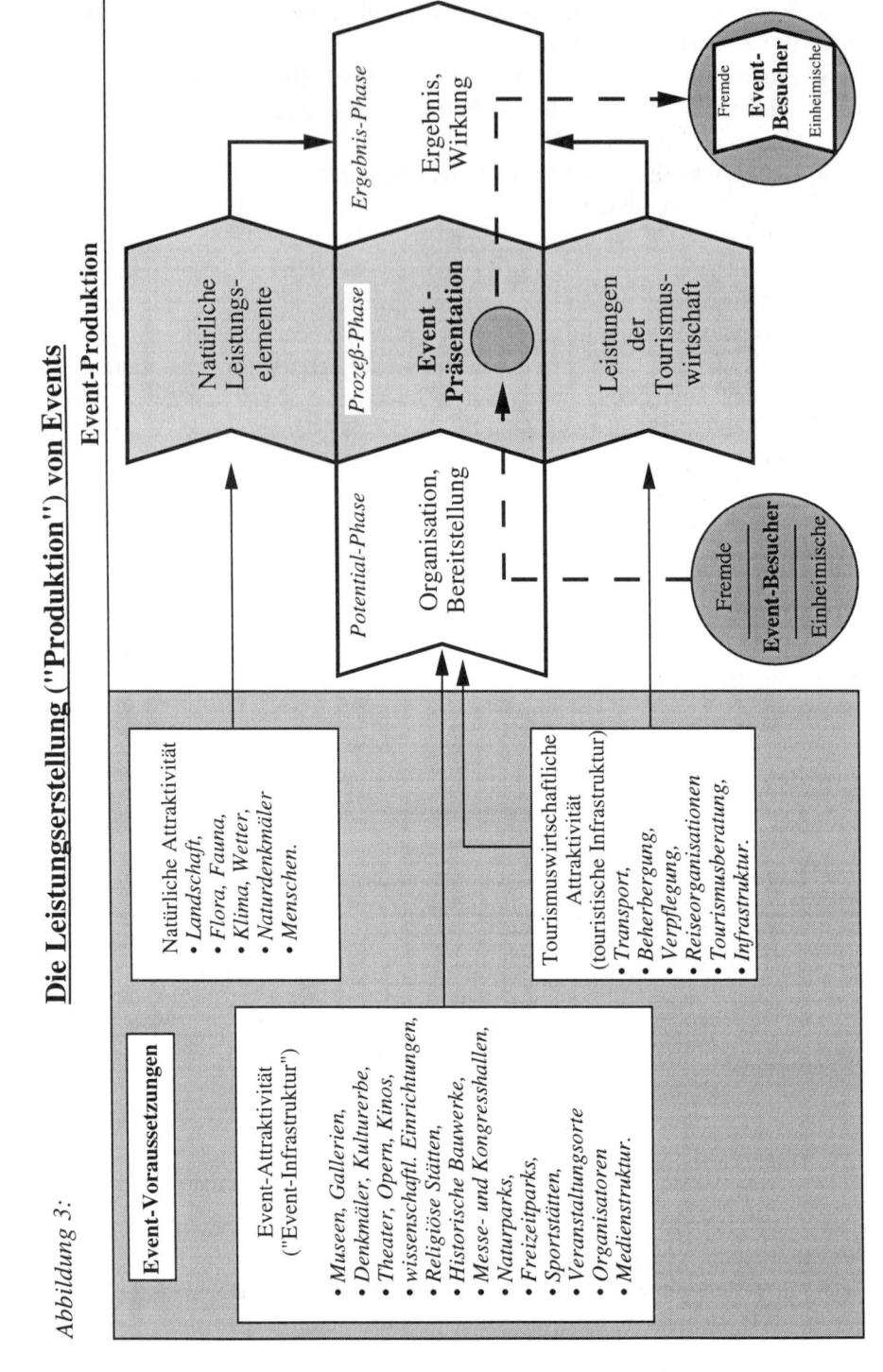

Abbildung 3: **Die Leistungserstellung ("Produktion") von Events**

Event-Produktion

- *Ergebnis-Phase*: Ergebnis, Wirkung
- *Prozeß-Phase*: Event-Präsentation
- *Potential-Phase*: Organisation, Bereitstellung

Natürliche Leistungselemente — Leistungen der Tourismuswirtschaft

Event-Besucher: Fremde / Einheimische

Event-Voraussetzungen

Natürliche Attraktivität
- *Landschaft,*
- *Flora, Fauna,*
- *Klima, Wetter,*
- *Naturdenkmäler*
- *Menschen.*

Event-Attraktivität ("Event-Infrastruktur")
- *Museen, Gallerien,*
- *Denkmäler, Kulturerbe,*
- *Theater, Opern, Kinos,*
- *wissenschaftl. Einrichtungen,*
- *Religiöse Stätten,*
- *Historische Bauwerke,*
- *Messe- und Kongresshallen,*
- *Naturparks,*
- *Freizeitparks,*
- *Sportstätten,*
- *Veranstaltungsorte*
- *Organisatoren*
- *Medienstruktur.*

Tourismuswirtschaftliche Attraktivität (touristische Infrastruktur)
- *Transport,*
- *Beherbergung,*
- *Verpflegung,*
- *Reiseorganisationen*
- *Tourismusberatung,*
- *Infrastruktur.*

ebenen von Events unterscheiden. Dies wird häufig auch als (Leistungs-) Nutzen von Dienstleistungen diskutiert . Hierbei ist eine hohe Komplementarität der verschiedenen Event-(Teil-)Leistungen gegeben.

(3) Event-Management als Projekt-Management

Da Events nur von begrenzter Dauer sind, ist hierfür keine permanente bzw. fest implementierte Management-Methode erforderlich, sondern es besteht in der Regel ein zeitlich begrenztes Projektmanagement. Hierfür kann - mit leichten Variationen - auch die Marketing-Management-Methode verwendet werden, die mit - dynamischen - Aspekten der Leistungsphasenorientierung zu verbinden ist.

Im folgenden werden die drei Phasen der Event-Leistungskette genauer dargestellt, wobei die ergänzenden Aufgaben eines umfassenden Projekt-Management in Anlehnung an die Marketing-Management-Methode teilweise nur angedeutet werden können.

2.4.2 Potential- oder Vorbereitungsphase im Event-Management

Die erste Phase, die sog. Potentialphase, umfaßt alle Aufgaben, die mit der grundsätzlichen Bereitschaft zur Durchführung eines konkreten Events zusammenhängen. Dabei sind innerhalb der Potentialphase nochmals zwei unterschiedliche Konkretisierungsstufen von Events zu unterscheiden, die teilweise ineinander übergehen:

(1) Die Vorphase für Events ("Event-Beschaffung")

In der Vorphase für Events sind alle Überlegungen enthalten, welche Events durchgeführt werden könnten bzw. sollten und - bei manchen Events - ob eine bestimmte Destination überhaupt die Möglichkeit erhält, ein bestimmtes Event durchzuführen.

Beispiele:
- Aufnahme bestimmter Orte in künstlerische Tourneen
- Durchführung von Ausstellungen oder Musik-Festivals seitens außer-regionaler Veranstalter oder Agenturen
- einmalige Events, wie Reichstagsverhüllung usw.
- Bewerbung um die Olympischen Spiele oder andere Meisterschaften im Sport
- Vergabe der Bundes- oder Landesgartenschau oder der EXPO
- Durchführung eines Parteitages oder eines wissenschaftlichen Kongresses in einer bestimmten Stadt

In diesem Zusammenhang sind Events in die allgemeine touristische und regionale Planung einzubinden, es sind die Zielsetzungen für Events zu klären, wie z.B. Bekanntheit, Imagekomponenten, finanzielle Überlegungen usw. *(vgl. genauer Abschnitt 2.3)*, die Chancen und Risiken der Events abzuwägen ("Umfeldanalyse", "Marktanalyse") sowie die allgemeinen Voraussetzungen für die Durchführung eines spezifischen Events zu prüfen ("Betriebsanalyse": Stärken und Schwächen-Profile) und zu bewerten, wie z. B.

- **Event-Attraktivität:** Besitzt der jeweilige Ort die entsprechende "Event-Infrastruktur"? Sind Aufführungsstätten und die jeweiligen Erfahrungen und das Know-How zur Event-Durchführung vorhanden oder zu schaffen? Ist das Event "glaubhaft", d. h. gibt es eine historische, sachliche und/oder fachliche Kompetenz, ein Event zu diesem Zeitpunkt an diesem Ort durchzuführen?

- **Natürliche Attraktivität:** Eignet sich ein Ort oder eine Destination für die Durchführung des jeweiligen Events? Sind ausreichende bzw. adäquate natürliche Faktoren zur Unterstützung des Events vorhanden, wie z. B. landschaftliche Attraktivität und/oder Gastfreundschaft der Bewohner?

- **Tourismuswirtschaftliche Attraktivität:** Sind die touristisch-organisatorischen Voraussetzungen für die Durchführung eines Events -adäquat- gegeben? Sind die benötigten Beherbergungs-, Verpflegungs- und Transportkapazitäten für die potentiellen Besucher vorhanden (touristische Infrastruktur)? Können/sollen Event-Reisen organisiert werden?

Diese verschiedenen Vorüberlegungen können entlang der Marketing-Management-Methode, hier speziell analog zur Analysephase mit Hilfe der strategischen Diagnosemethoden, durchgeführt werden.

(2) Die Bereitstellungsphase für Events

Sind diese grundsätzlichen Vorüberlegungen beendet, bzw. ist die grundsätzliche Entscheidung für ein Event bereits erfolgt, beginnt die eigentliche **"Bereitstellung"** des Events. Hierzu sind - ganz im Sinne eines "Projekt-Managements" - die verschiedenen organisatorisch-operativen Aufgaben des Event-Managements in Angriff zu nehmen:

- **Zeitplanung**
Eine wichtige Besonderheit für das Event-Management ist die Zeitplanung mit ihren unterschiedlichem Zeitrahmen für die einzelnen Event-Phasen:
  - Die Vorbereitungsphase umfaßt zumeist den längsten Zeitraum.
  - Die eigentliche Event-Durchführung/die "Aufführung" beschränkt sich in der Regel auf wenige Stunden oder Tage.
  - Die Nachbereitung umfaßt zumeist einen mittleren Zeitraum - kürzer als die Vorbereitungsphase, aber länger als das eigentliche Event.

- **Organisationsplanung**
Kulturelle Events erfolgen häufig in einem mehr oder weniger ausgeprägten öffentlichen Interesse. So sind zur Organisation zumeist öffentliche Träger (mit)erforderlich (wie Kultur- und Fremdenverkehrsamt). Hinzu kommen die verschiedenen privatwirtschaftlichen Organisatoren, wie Konzertagenturen, Mitwirkung von Sponsoren usw. Eine Bürgerbeteiligung ist sehr unterschiedlich gegeben.

Insgesamt wird üblicherweise ein Organisationskomitee der verschiedenen Gruppen gebildet, das mit mehr oder weniger klaren Kompetenzen für die organisatorische Durchführung betraut ist. Noch immer wird die Organisation von Kultur-Events oftmals nebenberuflich oder ehrenamtlich wahrgenommen oder liegt in der Hand der künstlerischen Leiter, die mit den organisatorischen Aufgaben vielfach überfordert sind. Entsprechend ist die Forderung nach einem professionellen und hauptamtlichen Event-Management häufig zu hören: "Professionalität ist angesagt, wenn das Image einer Destination aufgewertet werden soll. Tatsächlich ist allzuoft das Gegenteil sichtbar, denn viele Events werden geradezu amateurhaft organisiert." *(Dreyer 1996).*

In der Bereitstellungsphase sind vor allem organisatorische Aufgaben der Vorbereitung sowie absatzorientierte Aufgaben zur Besuchergewinnung und Künstlerbetreuung erforderlich.

- **Personalplanung**
Auch bei der Personalplanung spiegelt sich der besondere Charakter von Events wider. Hier ist ebenfalls eine dynamische Personalplanung erforderlich, die ganz unterschiedliche Anforderungen an Umfang und Aufgaben des Personals stellt.
In der Regel ist ein relativ kleiner Planungsstab zu empfehlen, der die verschiedenen Aufgaben koordiniert bzw. selbst durchführt; aber auch "outsourcing" an Veranstaltungs- oder Werbeagenturen ist immer verbreiteter.

Im Kulturbereich sind vielfach ehrenamtlich Mitwirkende für die Organisation zu berücksichtigen. Insbesondere für die eigentliche Event-Durchführung sind zahlreiche Helfer, oftmals aus dem ehrenamtlichen Bereich, erforderlich.

- **Finanzplanung**

Eine zentrale Frage für Events ist die Klärung der finanziellen Grundlagen. Hierbei ist es eine kontrovers diskutierte Frage, inwieweit Events im Kulturbereich als öffentliche oder privatwirtschaftliche Aufgabe anzusehen ist. Für die meisten Kultur-Events (aber auch für sportliche und soziale Events) wird ein öffentliches Interesse betont, was zur Förderung solche Vorhaben mit öffentlichen Mitteln führt.

Immer häufiger werden - öffentliche - Finanzierungslücken durch privatwirtschaftliches Sponsoring ergänzt *(vgl. Püttmann 1989, Roth 1989, Wilkinson 1988).* Da aber vielfach private Unternehmen, allen voran die Tourismuswirtschaft, von Events direkt (oder indirekt) profitieren, wird die Frage der Mitfinanzierung immer häufiger gestellt (Misch-Finanzierung).

Als dritte Gruppe sind Events vollständig privatwirtschaftlich finanziert, sei es durch privatwirtschaftlich ausgerichtete Kulturagenturen oder/und durch Sponsoren.

> **Beispiele**: Reichstagsverhüllung, Konzerttourneen (VW und Pink Floyd, Rolling Stones und Coca Cola, David Copperfield in Leipzig und regionale Küchenausstatter in Sachsen).

(3) Distributionsaufgaben:

Zudem fallen in Phase 1 wichtige **absatzorientierte Aufgaben** für das Event-Management an. Anders als bei der Sachgüterproduktion, wo ein Produkt erst fertig erstellt und danach abgesetzt wird, erfolgt bei Dienstleistungen - so auch bei Events - ein Teil des Absatzes bereits vor bzw. zusammen mit der eigentlichen Leistungserstellung.

Bei Events ist aufgrund ihrer Immaterialität (und des uno-actu-Prinzips) keine physische Distribution der eigentlichen Leistung (hier: der Event-Aufführung) möglich. Doch können bereits im Vorfeld der eigentlichen Leistungserstellung "Anrechte" auf die Event-Dienstleistung erworben werden. Dies ist im wesentlichen der Kauf bzw. Verkauf (der "Handel") von Eintrittskarten und mit dem Event zusammenhängenden weiteren Dienstleistungen, wie z. B. Transport-, Beherbergungsleistungen usw. -

Gerade bei kulturellen Veranstaltungen werden zumeist lange im voraus die Eintrittskarten sowie die An- und Abreisemöglichkeiten vertrieben.

Hierzu muß der Event-Veranstalter mit kommunikationspolitischen Maßnahmen auf das Ereignis hinweisen und die potentiellen Besucher zum Besuch der Veranstaltung animieren sowie zum Kauf der Eintrittskarten und zur Reise zum Veranstaltungsort bewegen. Für diese Aufgabe ist die Attraktivität des Events (einschließlich der natürlichen und touristischen Attraktivität) sowie die Glaubwürdigkeit des Veranstalters von besonderer Bedeutung. Gerade für einmalige Events kann der Kunde nicht auf Erfahrungen zurückgreifen, sondern muß der "Potenz" des Veranstalters, ein reibungsloses sowie erlebnisreiches Event durchzuführen, vertrauen. Zudem muß der Künstler bzw. das Kunstereignis bereits im voraus ausreichende Attraktivität und Kompetenz für die potentiellen Besucher ausstrahlen.

Beispiele:
- Tourneen bzw. Aufführungen bekannter Künstler werden lange im voraus und überregional angekündigt - und gebucht, wie z. B. Konzerte der Rolling Stones, Zauber-Events von David Copperfield, Ausstellungen von Dali usw.
- Die Reichstagsverhüllung durch den Künstler Christo war durch eine intensive Medienkampagne national und international vorbereitet worden - und hat ca. 3 Mio. Besucher aus dem In- und Ausland nach Berlin gezogen.
- Soweit auf bestimmte Events erst kurz vorher und regional begrenzt hingewiesen wird, ist nur ein begrenztes Besucherinteresse zu erwarten.
- Karten für die Eröffnungsveranstaltungen der Olympischen Spiele oder zum Fußball-Pokalendspiel in Berlin sind oft Monate im voraus ausverkauft. Entsprechendes gilt für die jeweiligen Transport- und Beherbergungsangebote.

Im Tourismus sind zudem **Reiseveranstalter** zu nennen, die vorhandene Events zum Anlaß nehmen, spezielle Reisen, vor allem Pauschalreisen ("Event-Packages", *vgl. Dreyer 1996)*, zu diesen Events zu organisieren, z.B. Fahrten zu den Olympischen Spielen, zu den Aufführungen nach Oberammergau, zu den Wagnerfestspielen nach Bayreuth usw.

(4) Rechtliche Aspekte

Events sind häufig mit zahlreichen rechtlichen Problemen verbunden, die eine gesonderte Berücksichtigung beim Event-Management erfordern. Dies reicht von Fragen der Vertragsgestaltung zwischen den organisatorischen Trägern des Events, den Aufführungsorten und den Künstlern bis zu Haftungsfragen bei Unfällen und/oder Aufall des Events (Ausfallbürgschaften). Für kulturelle Events sind ferner Fragen der *Gema* sowie weitere Medienprobleme abzuklären. *(Vgl. genauer Schild 1994 sowie Zundel in Abschnitt C.9).*

2.4.3 Die Durchführungs- oder Prozeßphase im Event-Management

Aufgrund der Bereitstellungs- und Potentialaktivitäten in Phase 1 entscheidet sich der Besucher von Events zur Buchung bzw. Teilnahme am Event, er tritt als "Fremdfaktor" in die Einflußsphäre des Event-Produzenten und nimmt - als Besucher - an der eigentlichen Event-Aufführung teil. Hier erfolgt die Leistungserstellung in direktem Kontakt zwischen Event-Produzenten und Event-Besuchern. Aus Sicht der Dienstleistungs-BWL treten hierbei der externe Faktor Konsument und die - internen - Produzenten in einen unmittelbaren Austauschprozeß. Die Event-Leistung wird gleichzeitig erstellt und konsumiert - quasi in einem Akt: "uno-actu-Prinzip".

Dabei umfaßt das eigentliche Event im Sinne der "Aufführung" oder "Durchführung" in der Regel nur einen zeitlich sehr begrenzten Zeitraum, oftmals nur einige Stunden oder Tage. Während dieser Event-Prozeß-Phase lassen sich die drei Leistungselemente Event-Aufführung ("Veranstaltung"), Leistungen der Tourismuswirtschaft sowie natürliche Leistungselemente unterscheiden *(vgl. Abb. 3)*.

Während die natürlichen und touristischen Leistungselemente als "eventbegleitende" Faktoren zu betrachten sind, findet die eigentliche Leistungserstellung und -abgabe der Event-Veranstaltung zwischen den Organisatoren auf der einen Seite und den Besuchern bzw. Zuschauern auf der anderen Seite statt. Bei kulturellen Events erleben die Zuschauer bewußt vor allem die Aufführung des Künstlers (Konzert, Ausstellung), bei sportlichen Events den Wettkampf, und nehmen die begleitenden Faktoren nur indirekt wahr.

Insofern erfolgt eine mehrstufige Leistungsabgabe:

1. zwischen den Organisatoren und den Künstlern ("Künstlerbetreuung"),
2. zwischen den Künstlern und den Zuschauern ("Kulturleistung"),
3. sind häufig verschiedene Medien für die Übermittlung der Aufführungen an die Zuschauer und Zuhörer dazwischengeschaltet ("Medienleistung").

In Analogie zu Bildern der Theateraufführung werden in diesem Zusammenhang auch folgende Leistungen bzw. Produktionsorte unterschieden:

- **auf der Bühne**: Leistungen der Künstler für die Zuschauer (Durchführungsleistungen)
- **hinter der Bühne**: Leistungen der Organisatoren für die Künstler und für die Zuschauer (touristische Leistungen) (Bereitstellungsleistungen),
- **auf Nebenbühnen**: touristische Leistungen, Merchandising (Verkauf von Event-Souvenirs) und Medienleistungen (Neben- oder Sonderleistungen).

Insgesamt zeigt sich in der Durchführungsphase die Qualität des Event-Prozesses durch das professionelle Zusammenspiel aller an der Event-Aufführung beteiligten Bereiche und Personen. Events als Dienstleistungskette und -bündel müssen als stimmige Gesamtheit "auf, hinter und neben der Bühne" inszeniert und präsentiert werden.

Abb. 4:

Die Mitwirkenden bei der Event-Inszenierung

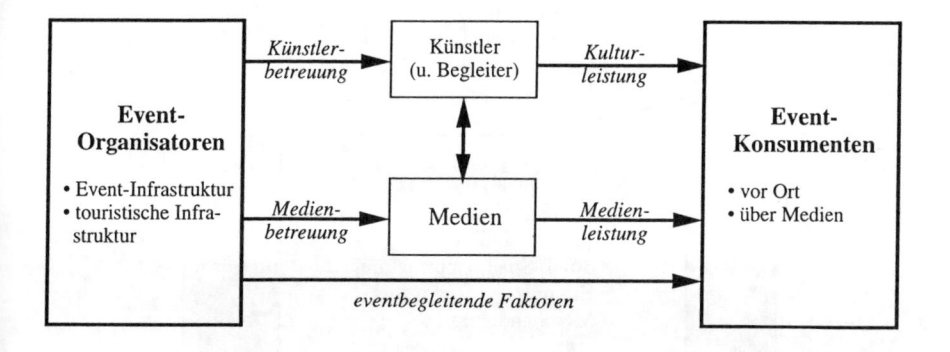

2.4.4 Die Ergebnis- oder Nachbereitungsphase im Event-Management

Phase 3 der touristischen Dienstleistungskette umfaßt das Event-Ergebnis im Sinne von "Wirkung" oder "Erlebnis" eines Events. Hierunter fallen auch die verschiedenen Überlegungen zur Event-Nachbetreuung.

(1) Die Event-Wirkung: das Erlebnis bzw. die Gesamtwirkung

Als "Ergebnis" von Events im Kulturbereich ist die Gesamtheit der künstlerischen, technisch-organisatorischen, touristisch-operationalen sowie natürlichen Einflußelemente zu sehen. Bei Events sind die meisten dieser Leistungen immateriell, wobei aus Kunden- oder Marketingsicht hierbei zwischen Kernnutzen sowie Zusatznutzen von Leistungen unterschieden wird.

Abb. 5:

Event-Nutzen (aus Nachfragersicht)

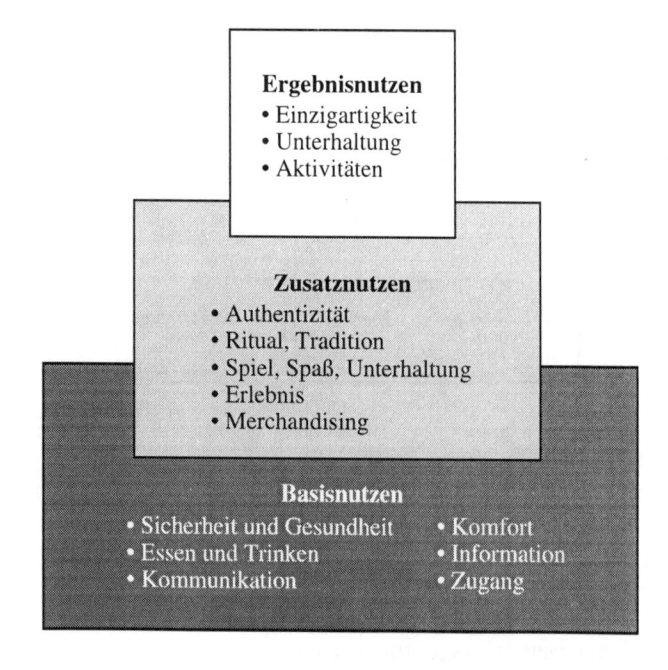

Ergebnisnutzen
- Einzigartigkeit
- Unterhaltung
- Aktivitäten

Zusatznutzen
- Authentizität
- Ritual, Tradition
- Spiel, Spaß, Unterhaltung
- Erlebnis
- Merchandising

Basisnutzen
- Sicherheit und Gesundheit
- Essen und Trinken
- Kommunikation
- Komfort
- Information
- Zugang

In bezug auf Events ist in *Abb. 5* eine kundenorientierte Produktsicht von Events dargestellt worden, die drei Nutzenbereiche unterscheidet *(vgl. ähnlich Getz 1991, S. 199)*:

- Basisnutzen oder notwendige Grundleistungen,
- Sichtbarer oder wahrnehmbarer Zusatznutzen,
- Ergebnis- oder Zielnutzen.

Alle drei Leistungselemente ergeben den Gesamtnutzen eines Events - aus Kundensicht - bei. Sie sind insbesondere in Phase 3 des Event-Management zu betrachten: Wie ist bzw. war das Ergebnis und die Wirkung eines Events?

Events stellen - ganz ähnlich wie andere touristische Leistungen - ein Gesamtprodukt aus materiellen und immateriellen Leistungselementen dar. Zur Leistungserstellung sind zahlreiche Mitwirkende erforderlich, die zum einen direkt mit dem Event, zum anderen mit der Erstellung ergänzender Leistungen, wie Übernachtung, Transport, Verpflegung usw., beschäftigt sind. Das "Produkt Event" wirkt vor allem in der Gesamtheit, wofür alle Teilleistungen beitragen müssen. Wird nur eine Teilleistung "schlecht erstellt, so beeinflußt dies das gesamt Ergebnis negativ ("Null-Fehler-Problematik").

Als Kernleistungen sind die Organisationsleistung für die Durchführung des Events sowie die Bereitstellung von Plätzen zur Teilnahme anzusehen. Neben den eigentlichen Kernleistungen wirken bei Events zahlreiche Nebenleistungen auf das End- und Gesamtergebnis. Einige sind nur wenig durch die Veranstalter beeinflußbar, wie Wetter, allgemeine Attraktivität des Ortes, Qualität der Künstler, "Stimmung" am Aufführungstag usw. Andere wiederum sind grundsätzlich, allerdings schwierig, durch den Veranstalter zu beeinflussen, wie z. B. Freundlichkeit der Organisatoren usw.

(2) Nachbetreuung und "Verwertung" der Event-Ergebnisse

Ferner ist es Aufgabe der Phase 3, die Event-Ergebnisse weiterzuverwerten, was vor allem Aufgabe der Medienpolitik und Öffentlichkeitsarbeit ist. Soweit Events imagebildende Aufgaben hatten, sind diese Wirkungen entsprechend in den weiteren touristischen Angeboten und Darstellungen aufzunehmen *(zur Kommunikationspolitik bei Events vgl. genauer Dreyer 1996, Wilkinson 1988)*:

> **Beispiele**: "Kulturstadt Europas 1999" oder "Ort der Olympiade 1972" bzw. Wahrzeichen der Weltausstellungen (z.B. Eiffelturm).

(3) Kontrolle und Auswertung

Aufgabe der Ergebnisphase ist ferner die Kontrolle des Event-Ergebnisses. Hierzu werden vor allem Besucherbefragungen durchgeführt, Gästestatistiken ausgewertet, ex ante und ex post Planungsansätze zueinander in Bezug gesetzt usw. Bereits während der Durchführungsphase der Events sind Maßnahmen der Parallelkontrolle zu ergreifen.

2.5 Fazit: immer mehr professionelles Event-Management statt Freizeit-Management

Insgesamt hat sich gezeigt, daß kulturelle Events zunehmend ein professionelles Event-Management erfordern, wenn sie einerseits die touristischen und wirtschaftlichen Zielsetzungen erfüllen und andererseits eine entsprechende Innenwirkung für die ortsansässige Bevölkerung bewirken sollen.

Dabei berücksichtigen die vorhandenen Managementmethoden im Tourismus zu wenig die speziellen Anforderungen an ein zeitlich begrenztes Ereignis sowie die komplexen Wirkungsebenen kultureller Events.

3. Management von Musical-Unternehmen
- am Beispiel der *Stella Musical AG* -
von Dipl.-Kauffrau Bettina Rothärmel, Stella Musical AG

3.1 Einführung

Noch bis vor wenigen Jahren führte das Genre Musical in Deutschland ein klägliches Schattendasein. Bis auf gelegentliche Aufführungen in dem einen oder anderen Stadttheater fanden Musicals schlechterdings nicht statt. 1986 hat die Unternehmensgruppe *Stella* dann mit der Produktion des Broadway-Erfolges 'Cats' in Hamburg als erstes privatwirtschaftliches Unternehmen das Thema Ensuite-Musical aufgegriffen. Heute ist *Stella* mit vier großangelegten Musical-Produktionen ('Cats', 'Starlight Express', 'Das Phantom der Oper', 'Miss Saigon') unumstrittener Marktführer in diesem Bereich. Geschichte, Standort und Struktur der *Stella Musical AG* werden einleitend kurz skizziert.

Im Zuge des Erfolges von 'Cats' & Co. hat Deutschland "das große Musical-Fieber" erfaßt *(Focus, 7.11.1994)*. Die Repertoire-Theater haben das Genre neu entdeckt, eine ständig wachsende Anzahl von Tourneetheatern bringt Musicals noch in die entlegenste Stadthalle, und seit kurzem nimmt auch die Zahl der "Sitdown-Productions" (Produktionen mit jahrelanger Laufzeit in festen Häusern) von verschiedenen Anbietern permanent zu. Der sich hier neu bildende Markt läßt, obwohl noch weitestgehend unerforscht, an einem keinen Zweifel zu: Die großen Ensuite-Produktionen haben als primäres Reisemotiv eine nicht unwesentliche touristische Relevanz erlangt: Der Markt für Musical-Reisen boomt und wird in den kommenden Jahren weiter wachsen. Anhand von Eckdaten der *Stella*-Gruppe soll dies im zweiten Kapitel exemplarisch aufgezeigt werden.

Für den Besuch eines der - vergleichsweise hochpreisigen - Ensuite-Musicals beruhen Kaufentscheidung bzw. Reiseentschluß maßgeblich auf dem Erlebniswert der Produktion selbst. Entsprechend setzt *Stella* in seiner Produktpolitik auf international eingeführte Qualitätsprodukte, die auch in Deutschland klar als Premium-Produkte positioniert werden. Nach der strategischen Produktpolitik kommt dann - gerade im Hinblick auf die touristischen Absatzmittler - der Vertriebsstrategie eine entscheidende Rolle zu. Dieses und weitere ausgewählte Probleme des Marketings für ein Musical-Unternehmen werden im dritten Kapitel erläutert.

3.1.1 Zum Standort der Unternehmensgruppe *Stella*

Die 1985 in Hamburg gegründete Unternehmensgruppe *Stella* erwirbt Lizenzrechte für international erfolgreiche Musicals und vermarktet deren Produktionen im bundesdeutschen bzw. europäischen Raum. Der Konzern, der seit 1991 hundertprozentig in den Händen des Stuttgarter Unternehmers *Rolf Deyhle* liegt, hat unter der Leitung des Vorstandsvorsitzenden *Günter Irmler* einen zielstrebigen Expansionskurs eingeschlagen.

Mit derzeit vier großen Musical-Produktionen und einem Umsatz von rund 240 Millionen Mark ist Stella heute nicht nur größter Betreiber privatwirtschaftlich geführter Theater, sondern auch unumstrittener Marktführer im Bereich der "Sitdown-Productions", der - trotz der in jüngster Zeit auftretenden Marktfolger - das Branchengeschehen nahzu allein bestimmt.

Abb. 1:
Stella-Produktionen (Stand 01.06.95)

CATS

Welturaufführung: 11. Mai 1981, New London Theatre, London
Broadway Premiere: 7. Oktober 1982, Winter Garden Theatre, New York
Deutsche Erstaufführung: 18. April 1986, Operettenhaus Hamburg

Gesamtbesucher in Hamburg: ca. 4 Mio. / ⌀ Auslastung: rund 95 %

STARLIGHT EXPRESS

Welturaufführung: 27. März 1984, Apollo Victoria Theatre, London
Broadway Premiere: 15. März 1987, Gershwin-Theatre, New York
Deutsche Erstaufführung: 12. Juni 1988, Starlight Express Theater Bochum

Gesamtbesucher in Bochum: ca. 4,5 Mio. / ⌀ Auslastung: rund 100 %

Das PHANTOM der OPER

Welturaufführung: 9. Oktober 1986, Her Majesty's Theatre, London
Broadway Premiere: 26. Januar 1988, Majestic Theatre, New York
Deutsche Erstaufführung: 29. Juni 1990, Neue Flora Hamburg

Gesamtbesucher in Hamburg: ca. 3,6 Mio. / ⌀ Auslastung: mehr als 96 %

MISS SAIGON

Welturaufführung: 20. September 1989, Theatre Royal Drury Lane, London
Broadway-Premiere: 11. April 1991, The Broadway Theatre, New York
Deutsche Erstaufführung: 2. Dezember 1994, Musical Hall Stuttgart

Gesamtbesucher in Stuttgart: ca. 370.000 / ⌀ Auslastung: 100 %

Die Geschichte der *Stella*-Produktionen beginnt im April 1986 mit der Premiere von 'Cats'. Zwar war seinerzeit für die deutsche Medienlandschaft das baldige "Aus" schon vor der ersten Aufführung ausgemacht. Inzwischen sprechen jedoch die Fakten für sich: Die Hamburger Inszenierung von 'Cats' ist jetzt im zehnten Jahr, in Bochum rollt der 'Starlight Express' seit nunmehr fast sieben Jahren acht mal pro Woche vor vollem Haus, und 'Das Phantom der Oper' sahen seit seiner Premiere 1990 schon mehr als 3,5 Millionen Besucher in der Hansestadt. Auch an der hervorragenden Resonanz auf die jüngste Show in Stuttgart, 'Miss Saigon', zeigt sich: Die *Stella* - Musicals haben ihr Publikum gefunden.

Mehr noch. Im Zuge von 'Cats' & Co. hat Deutschland ein wahres Musical-Fieber ergriffen. Allein in den öffentlichen Theatern hat sich die Zahl der Musical-Besucher von der Spielzeit 1985/86 (904.686) bis zur Spielzeit 1992/93 (1.803.571) fast verdoppelt. Für die Spielzeit 1993/94 meldete der Deutsche Bühnenverein insgesamt mehr als vier Millionen Musical-Besucher bei über 6.400 Aufführungen öffentlicher und privater Bühnen.

Dabei schlagen die großen Ensuite-Musicals, wie die jährlich herausgegebenen Werkstatistiken des Bühnenvereines belegen, in bezug auf die Besucherzahlen alle Rekorde. 'Cats', 'Starlight Express' und 'Das Phantom der Oper' halten dabei auch dem Vergleich mit den besonders beliebten, in jeder Spielzeit von einer Vielzahl deutscher Bühnen inszenierten Werken des klassischen Musiktheaters stand. Seit 1991/92, also der Spielzeit nach der Premiere von 'Das Phantom der Oper', stehen die drei Musicals der *Stella*-Gruppe unverändert an der Spitze der Werke, die in Deutschland die höchsten Besucherzahlen erzielen.

Abb. 2:
Werke mit den höchsten Besucherzahlen (Spielzeit 1993/94)

Titel (Komponist)	Besucher	Aufführungen
Das Phantom der Oper (Webber)	750.406	414
Starlight Express (Webber)	700.400	412
Cats (Webber)	431.699	414
Die Zauberflöte (Mozart)	378.663	570
Shakespeare & Rock'n Roll	250.000	450
Hänsel und Gretel (Humperdinck)	241.448	336

Quelle: Werksstatistik des deutschen Bühnenvereins, 1993/94

3.1.2. Zur Struktur der Unternehmensgruppe *Stella*

Um aufwendige Ensuite-Produktionen unter privatwirtschaftlichen Bedingungen erfolgreich auf die Bühne zu bringen und zu vermarkten, bedarf es an Know How in den verschiedensten Funktionsbereichen. Im Sinne einer **"Alles-aus-einer-Hand"-Philiosophie** wurden unter dem Dach der *Stella Musical AG* über die rechtlich eigenständigen Musical-Produktionsgesellschaften hinaus zahlreiche weitere Firmenzweige rund um den Musical-Betrieb aufgebaut, in denen heute mehr als 2.400 Mitarbeiter beschäftigt sind.

Einen entscheidenden Beitrag zum Erfolg der Stella-Shows leistet dabei der kontinuierliche Auf- und Ausbau der Vertriebsorganisation *TeleTicket*. Mit rund 300 Mitarbeitern in den rechtlich eigenständigen Niederlassungen in Hamburg, Bochum und Stuttgart vertreibt *TeleTicket* über ein eigens für den telefonischen Kartenservice entwickeltes Computer-Reservierungssystem derzeit mehr als 3 Millionen Musical-Tickets im Jahr.

Darüber hinaus erlaubt es das Gefüge der verschiedenen *Stella*-Gesellschaften, daß *TeleTicket* seinen Großkunden und Absatzmittlern - sei es für Incentive-Reisen oder für Konferenzrahmenprogramme - sämtliche Leistungen rund um den Musical-Besuch aus einer Hand anbieten kann.

Abb. 3:

Struktur der Stella-Gruppe (Schema)

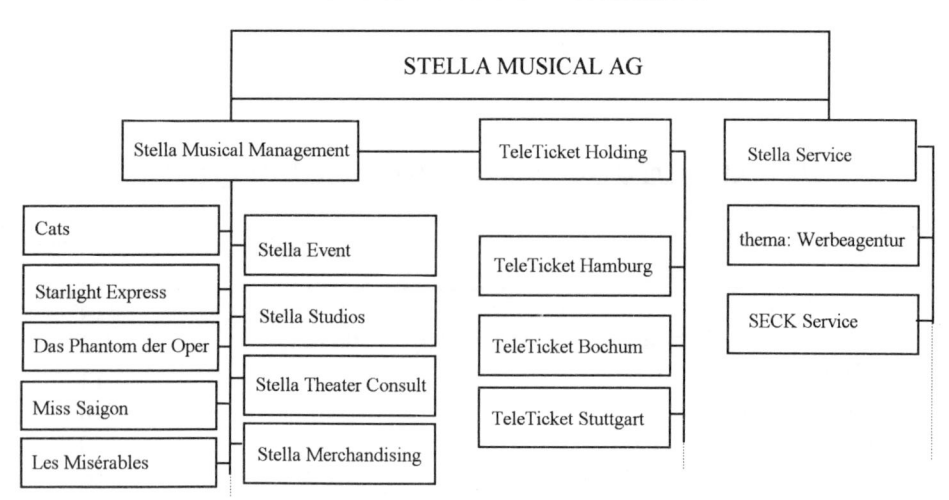

```
                    STELLA MUSICAL AG
                           |
        ┌──────────────────┼──────────────────┐
Stella Musical Management    TeleTicket Holding    Stella Service
        |                          |                     |
Cats                                              thema: Werbeagentur
        Stella Event          TeleTicket Hamburg
Starlight Express                                 SECK Service
        Stella Studios        TeleTicket Bochum
Das Phantom der Oper
        Stella Theater Consult
Miss Saigon                   TeleTicket Stuttgart
        Stella Merchandising
Les Misérables
```

Neben der hauseigenen Werbeagentur *thema:* und der Wach- und Reinigungsgesellschaft *SECK Service* sind unter dem Dach der *Stella*-Holding mit den Firmen **Stella Event GmbH** (Gastronomie und Catering), den **Stella Studios** (künstlerische Leitung und Organisation) **Stella Theater Consult** (Theaterbau und -technik) sowie der **Stella Merchandise** *GmbH* (Souvenirartikel) weitere Dienstleistungsfirmen entstanden, die mehr und mehr auch für Konzipierung und Durchführung von Auftragsveranstaltungen zur Verfügung stehen.

- *Stella Event*
  Für die kulinarische Betreuung der Musical-Besucher wurde die *Stella*-Gruppe 1993 um eine Gastro- und Cateringfirma erweitert. Neben der eigenen Theatergastronomie entwickelt und organisiert *Stella Event* auch Betriebsfeiern, Jubiläen, Kongresse und Incentives für Fremdfirmen - von der Dekoration über das Catering bis hin zum musikalischen Gala-Programm in Zusammenarbeit mit den *Stella* Studios.

- *Stella Studios*
  Das Casting, also die Auswahl der Sänger und Tänzer, ist die Hauptaufgabe der *Stella Studios*. Darüber hinaus hat sich die künstlerische Gestaltung von Gala-Programmen für Veranstaltungen außerhalb der Theater zu einem wachsenden Betätigungsfeld entwickelt.

- *Stella Theater Consult*
  Stella Theater Consult ist verantwortlich für die Planung und Realisation der technischen Ausstattung der Stella Theaterproduktionen sowie der Bauprojekte, an denen Stella als Teilhaber oder Mieter beteiligt ist. Das bühnentechnische Know-How steht darüber hinaus als Dienstleistungsangebot sowohl den *Stella Studios* wie auch externen Firmen zur Verfügung.

- *Stella Merchandising*
  Die Souvenirartikel rund um die Musicals sind bei *Stella* ein zunehmend lukrativer Geschäftsbereich. *Stella Merchandising* hat daher im vergangengen Jahr seinen ersten Katalog aufgelegt. Durch diesen Ausbau des Versandgeschäftes kann eine weitere Steigerung des Verkaufs erwartet werden.

- *thema: Werbeagentur*
  Die *Stella Musicals* profitieren zwar zu einem guten Teil von der positiven Mund-zu-Mund-Propaganda der Besucher. Systematisch gestützt aber wird dieser auf dem Erlebniswert der Shows beruhende 'Werbeerfolg' durch die Arbeit der hauseigenen Agentur. *thema:* erstellt Image- und Direkt-Marketing-Kampagnen für die *Stella* -Shows und alle anderen *Stella* -Gesellschaften.

- *SECK Service*
  Im Sinne der "Alles-aus-einer-Hand"-Philosophie ist mit der *SECK Service GmbH* auch ein Unternehmen für die Bewachung und Reinigung der von Stella genutzten Immoblilien übernommen worden.

3.2 Marktchance Musical-Reisen

"Musicals als neue Reisemagneten" *(Süddeutsche Zeitung, 23.05.1995)*, "Gute Geschäfte mit Musicals" *(FVW, 25.04.1995)*, "Der Boom füllt die Betten" *(Hotel und Restaurant 4/95)* - seit einiger Zeit häufen sich die Schlagzeilen. Die etablierten Ensuite-Produktionen haben als **primäres Reisemotiv** unbestritten auch touristische Relevanz erlangt. Gleichbleibende Spielpläne, die eine langfristige Angebotsplanung zulassen, sowie ausgedehnte Vorverkaufszeiträume und -modalitäten, die touristischen Ausschreibungen entgegenkommen, mögen dies begünstigt haben. An erster Stelle steht wohl aber das Produkt selbst: Die großen Musical-Hits haben in den vergangenen Jahren dem traditionellen, oft unter einem "verstaubten" Image leidenden Theaterbesuch neuartige Theaterereignisse mit stark ausgeprägtem **Erlebnischarakter** entgegengesetzt, die ein breites Massenpublikum ansprechen.

3.2.1 Die Zielgruppe der Musical-Besucher

Über die Soziodemographie der Zielgruppe der Musical-Besucher geben die hauseigenen Besucherbefragungen der *Stella Musical AG*, die seit einigen Jahren bei 'Cats', 'Starlight Express' und 'Das Phantom der Oper' durchgeführt werden, näheren Aufschluß. Dabei fällt auf, daß es keine typischen Zielgruppen für die verschiedenen Shows gibt. Vielmehr können - da die soziodemographischen Merkmale der Befragten kaum voneinander abweichen - die Zielgruppen für die Produktionen 'Cats', 'Starlight Express' und 'Das Phantom der Oper' insgesamt durchaus als identisch bezeichnet werden.

Daher geht *Stella* davon aus, daß diese Zielgruppe auch die Besucher von 'Miss Saigon', (wo aufgrund der Kürze der Laufzeit bislang noch keine Befragung durchgeführt werden konnte,) stellt. Die Ergebnisse lassen sich allerdings nicht zwangsläufig auf jedes andere Ensuite-Musical übertragen, gerade wenn sich dieses etwa auf eine spezielle Musikrichtung (z.B. Rockmusik) oder auf Themen, die nur bestimmte Bevölkerungsgruppen betreffen, konzentriert.

- **Alter**

Die Kernzielgruppe der Musical-Besucher besteht zu mehr als 50 % aus den Altersgruppen unter 35 Jahren, wobei die 18- bis 25-jährigen mit knapp einem Fünftel die größte Gruppe darstellen. Damit weicht die

Altersverteilung insofern von der Gesamtbevölkerung ab, als daß sie überproportional eher aus jüngeren Bevölkerungsteilen besteht. Nichstdestotrotz sind, wie die Verteilung zeigt, auch die über 35jährigen (rund 43 % der Befragten) für das Genre Musical zu gewinnen.

Abb. 4:

Altersstruktur der Besucher der Stella-Shows

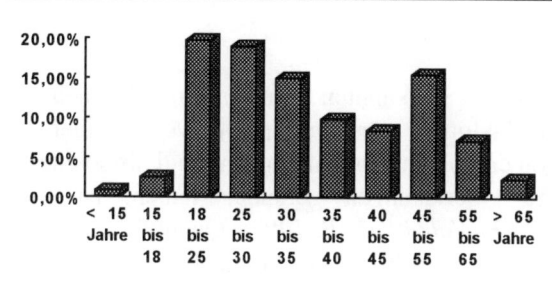

Quelle: Eigene Erhebung, 1993

- **Bildung**

Die Besucher der *Stella*-Shows haben tendenziell einen **höheren** Bildungsgrad als der Durchschnitt der Bevölkerung: Der Anteil der Personenen mit einer abgeschlossen Pflichtschulausbildung ist nur halb so groß wie der gesamtgesellschaftliche Anteil mit 40 %. Dagegen liegt der Anteil der Hochschulabsolventen mit 14,5 % deutlich über dem gesamtgesellschaftlichen Anteil von 4,5 %.

- **Beruf**

Knapp 47 % der Besucher der *Stella*-Shows sind mittlere oder leitende Angestellte, deutlich mehr als in der Bevölkerung allgemein. Der Anteil der Arbeiter an der Zielgruppe entspricht mit 10,1 % weniger als einem Drittel des gesamtgesellschaftlichen Anteils.

- **Einkommen**

22 % der Befragten gaben ihr monatliches Nettohaushaltseinkommen mit 2.500 bis 3.500 Mark an, knapp 17 % mit 3.500 bis 4.500 DM und weitere 10,2 % ordneten sich der Gruppe von 4.500 bis 5.500 DM zu. Damit ist das Nettohaushaltseinkommen der Befragten deutlich **höher** als in der gesamtgesellschaftlichen Verteilung.

Zusammenfassend läßt sich feststellen, daß es sich insgesamt um eine breite, in sich heterogene Zielgruppe handelt. Tendenziell sind die Musical-Besucher eher ein zahlungskräftiges Publikum, das sich - unbeschadet des Schwerpunktes bei den 18- bis 35-jährigen - prinzipiell aus allen Altersschichten zusammensetzt.

3.2.2 Die Bedeutung der Musicals für den Tourismus der Standorte

Daß die überregional bekannten Musical-Produktionen als sogenannte "weiche Standortfaktoren" für die qualitative Profilierung touristischer Destinationen von erheblicher Bedeutung sind und als solche auch Eingang in regionalpolitische Überlegungen gefunden haben, ist inzwischen wohl unbestritten *(vgl. z.B. Volkmann, R., 1993)*. Quantifizierte Aussagen über die Auswirkungen der Ensuite-Produktionen auf den Tourismus oder das Hotel- und Gastronomiegewerbe lassen sich allerdings nur bedingt treffen, zumal diese nur schwer zuzuordnen sind.

Einen ersten Anhaltspunkt kann ein Blick auf die Entwicklung der gewerblichen Übernachtungen in den Musical-Standorten Hamburg, Bochum und Stuttgart liefern. Ohne daß dabei monokausale Beziehungen unterstellt werden könnten, läßt sich anhand der amtlichen Statistiken für alle drei Städte eine deutliche Zunahme der Übernachtungen in den Jahren nach den jeweiligen Musical-Premieren konstatieren.

Abb. 5:
Übernachtungszahlen Hamburg 1970 - 1994 (in Mio.)

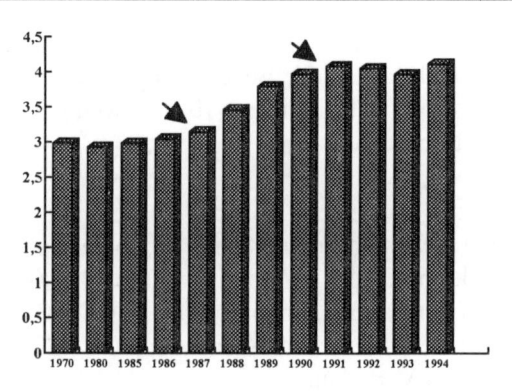

Quelle: Tourismus-Zentrale Hamburg GmbH, 1994

Die traditionelle Tourismus-Destination **Hamburg** zieht aus vielfältigen Gründen den Fremdenverkehr in die Hansestadt. Dieser schlägt sich derzeit in rund vier Millionen gewerblichen Übernachtungen nieder. Den Anteil der primär durch die beiden Musicals 'Cats' (seit 1986) und 'Das Phantom der Oper' (seit 1990) produzierten gewerblichen Übernachtungen schätzt die *Tourismus-Zentrale Hamburg* mittlerweile auf rund 650.000, wobei davon auszugehen ist, daß sich die Zahl der übernachtenden Musicalgäste durch den zunehmenden Ausschöpfungsgrad des Besucherpotentials in und um Hamburg weiter erhöhen wird.

Neben der Hotellerie profitieren dann vor allem die Gastronomie und der Einzelhandel in schwer zu bestimmendem Maße. Hierzu liefert für Hamburg eine 1991 durchgeführte Studie des *DWIF (vgl. Deutsches Wirtschaftswissenschaftliches Institut für Fremdenverkehr 1992c)* erstmalig einige Daten. Geht man von dem dort berechneten durchschnittlichen Tagesausgabensatz der Kunst- und Kulturreisenden von rund 305 DM aus, bringen die Musicalgäste jährlich fast 200 Millionen Mark in die Hansestadt.

Für **Bochum** war Städtetourismus vor dem 'Starlight Express' (Premiere 1988) kein großes Thema. Zwischen 1982 und 1987 stiegen die Übernachtungen lediglich von rund 151.181 auf knapp 168.807 Buchungen an. Seit Eröffnung der rund 1700 Besucher fassenden Halle verzeichnen die Übernachtungszahlen jährliche Steigerungsraten von 18 % und mehr, und das, obwohl viele Übernachtungsgäste nicht zuletzt aus Gründen der knappen Bettenkapazität in benachbarte Städte ausweichen. Zählte die Statistik 1987 noch 85.592 Gäste mit 168.807 Übernachtungen, haben sich die Zahlen in 1993 auf 178.975 Gäste und 320.880 Übernachtungen fast verdoppelt *(vgl. Statistisches Bundesamt: Touristik in Zahlen, jährl. Veröffentlichung).*

Abb.6:

Übernachtungszahlen Bochum 1987 - 1993

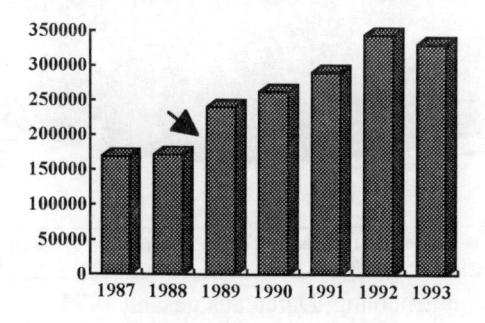

Quelle: Statistisches Bundesamt, 1994

Wie schon zu erwarten war, meldete auch **Stuttgart** unmittelbar nach der Premiere von 'Miss Saigon' (2.12.1994) einen deutlichen Anstieg der Übernachtungszahlen: Erstmals in der Geschichte der Fremdenverkehrsstatisitk sind in einem Dezember mehr als 100.000 Buchungen gezählt worden. Damit liegt dieser Dezember um 38 % höher als der langjährige Durchschnitt *(vgl. Esslinger Zeitung, 1.02.1995, dort Zitat Hotel- und Gaststättenverband)*. Mit steigendem Bekanntheitsgrad der neuen Produktion sind auch hier langfristig neue Besucherstöme durch den Musical-Tourismus zu erwarten.

3.2.3 Die Bedeutung der Musicals für die Reisebranche

Für die Bedeutung des Musical-Booms für die Reisebranche können die Anteile der über touristische Anbieter verkauften Musical-Tickets als Näherungsgrößen dienen. Die Vertriebstöchter der *Stella*-Gruppe, die *TeleTicket*-Gesellschaften, verkauften in 1994 ca. 60 % des gesamten Kartenvolumens über die derzeit rund 10.000 Großkunden und Absatzmittler. Die Anteile lassen sich im einzelnen wie folgt aufschlüsseln:

Abb. 7:

Kartenanteile je Kundengruppe

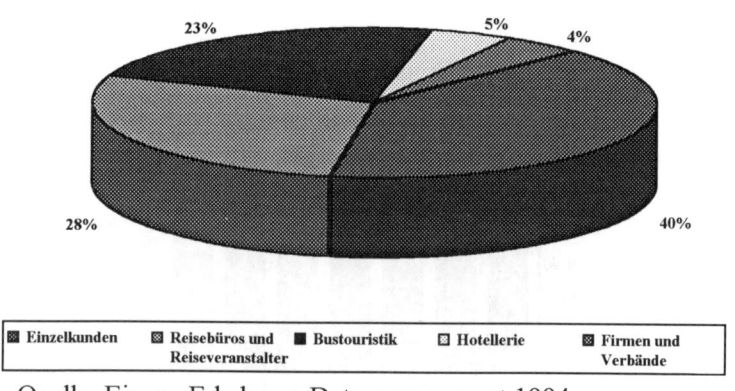

23%   5%   4%
28%   40%

| ■ Einzelkunden | ■ Reisebüros und Reiseveranstalter | ■ Bustouristik | ▫ Hotellerie | ■ Firmen und Verbände |

Quelle: Eigene Erhebung, Daten aus gesamt 1994

Mit Ausnahme des anteilig kleinsten Bereiches, den Firmen und Verbänden, profitieren sämtliche der o.g. Gruppen am Musical-Ticket durch die von *TeleTicket* gewährte Mittlerprovision *(vgl. Kap. 3.2.2)* sowie durch den Verkauf zusätzlicher Leistungen, die ggf. im Paket angeboten werden.

- **Reisebüros und Reiseveranstalter (ca. 28 % des Kartenvolumens)**

In dieser Gruppe sind sämtliche Theaterkassen, Vorverkaufsstellen, Reisebüros und Reiseveranstalter erfaßt, die regelmäßig als Abnehmer in Erscheinung treten. Im Gegensatz zu den Theaterkassen und Vorverkaufsstellen (ca. 16 % dieser Gruppe) ergibt sich für die Reisebüros (ca. 70 % dieser Gruppe) aus dem Kartenvorverkauf auch die Chance, ihre Kunden durch den erweiterten Service stärker an sich zu binden und weitere touristische (Zusatz-)Leistungen zu verkaufen. Darüber hinaus bieten nahezu alle führenden Reiseveranstalter Pauschalreisen zu den Musicals an.

- **Bustouristik (ca. 23 % des Kartenvolumens)**

Für die Bustouristik ist das Produkt "Musicalreise" mittlerweile zu einem gängigen Angebotsbestandteil geworden. Wie die Kundendateien der *Stella*-Musicals zeigen, bieten in Deutschland nahezu 100 % der etwa 1.200 in der Touristik tätigen Busunternehmer *(vgl. Bundesverband deutscher Omnibusunternehmer, 1994)* Musicalreisen bzw. Städtereisen mit wahlweisem Musical-Besuch an.

- **Hotellerie (ca. 5 % des Kartenvolumens)**

Aus dem Blickwinkel der Hotellerie in und um einen Musical-Standort ist der Show-Besuch vor allem eine Erweiterung des jeweiligen Freizeit-Angebotes. Das gilt nicht nur für Geschäftsreisende, die am Abend nach Theaterkarten fragen, oder für Tagungskunden, für die ein unterhaltsames Rahmenprogramm angeboten werden muß. Gerade am Wochenende, wenn die Geschäftskunden ausbleiben, kann das gezielt kommunizierte Produkt "Musical-Package" zu deutlichen Auslastungssteigerungen verhelfen *(vgl. auch NGZ Service Manager, 15.01.1995, Hotel Restaurant, 4/95, dort Zitat Frommhold, Direktor Kempinski Hotel Atlantic).* Derzeit werden von *TeleTicket* rund 400 Partner-Hotels in den Musical-Standorten regelmäßig bedient.

- **Firmen und Verbände (ca. 4 % des Kartenvolumens)**

Firmen und Verbände nehmen in dieser Aufstellung eine gewisse Sonderstellung ein. Als Großabnehmer kommen sie zwar in den Genuß spezieller Konditionen, haben aber im allgemeinen keinen Absatzmittler-Status. Touristische Relevanz erhält diese Gruppe durch die zu den Musical-

Standorten durchgeführten Incentive-Reisen sowie durch die indirekt durch die Magnetwirkung der Musicals motivierten Kongreßbuchungen. Derzeit zählen knapp 800 Firmen zu den regelmäßigen Kunden für Tickets der *Stella*-Shows.

Zusammenfassung
Kurz gefaßt läßt sich damit festhalten, daß nahezu die gesamte Bustouristik, die im Segment Städtereisen tätigen Reiseveranstalter, sämtliche im Eintrittskartenverkauf aktiven Reisebüros und die lokale Hotellerie von den großen Ensuite-Musicals profitieren. Angesichts des im Gefolge von 'Cats' enstandenen Musical-Booms können hier weiterhin gute Zuwachsraten erwartet werden *(vgl. auch FVW 23.05.1995, dort Zitat Hafermann, Hafermann Reisen)*.

3.2.4 Die Dynamik des Musical-Marktes

Nicht nur die Touristik-Branche, sondern auch die Theater-Produzenten haben mittlerweile das Musical als Kassenfüller entdeckt. So meldete die führende Fachzeitschrift 'Musicals' für die Spielzeit 1994/95 insgesamt 138 Neuaufnahmen staatlicher und privater Bühnen *(Musicals, Aug./Sept. 1994)* und kündigte mehr als 25 Tourneen im deutschsprachigen Raum an. Und in dem für die Touristik bedeutsamen Bereich der Sitdown-Productions gesellten sich dem bislang einzigen Mitbewerber, der Berliner Produktion 'Shakespeare & Rock'n Roll' (Premiere im September 1993), innerhalb weniger Monate gleich mehrere großangelegte Ensuite-Musicals verschiedener Produzenten hinzu. Nicht zuletzt hegt auch die *Stella* für die Zukunft weitere Pläne. Angesichts der zu beobachtenden Marktdynamik:, der wachsenden Zahl von Wettbewerbern, die gleichzeitig von den ersten 'Flops' begleitet wird, ist mittelfristig für dieses Segment ein Wandel vom Verkäufer- zum Käufermarkt zu erwarten. Mit wachsenden Produktkenntnissen der Konsumenten wird dann die erlebbare Qualität einer Show - sowohl inhaltlich wie in bezug auf die jeweilige Inszenierung - zunehmend zum Selektionskriterium. Mit anderen Worten: Hausgröße und Spieldauer eines Musicals allein bilden auf Dauer kein hinreichendes Kauf- oder gar Reisemotiv.

Abb. 8:
Neue Ensuite-Musicals in Deutschland

Premiere	Titel	Produzent	Standort	Plätze
16.12.94	Buddy - The Buddy Holly Story	Neue Metropol Produktion GmbH	Hamburg	ca. 1.400
09.03.95	Keep Kool	G. Rima & Partner	Köln	ca. 1.000
28.04.95	Tommy	Peter Rieger Konzertmanagement	Offenbach	ca. 1.100
26.05.95	Gaudi	Gaudi Musicals GmbH	Alsdorf	ca. 850
01.12.95	Sunset Boulevard	Really Useful Group	Niederhausen	ca. 1.600
26.01.96	Les Misérables	Stella Musical AG	Duisburg	ca. 1.550
in 1997	Joseph	Stella Musical AG	Essen	ca. 1.550
in 1998	Beauty and the Beast	Stella Musical AG	noch nicht bekannt	ca. 1.800

Quelle: Eigene Zusammenstellung

3.3 Ausgewählte Probleme des Musical-Marketings

Marketing-Ziele

Ausgehend von diesem Szenario will *Stella* seine **Marktführerschaft** in den kommenden Jahren beständig ausbauen *(vgl. Abb. 8)*. Dabei wird der Konzern auch in Zukunft konsequent auf jene Stücke setzen, die sich auf den internationalen Märkten durch herausragende Besucherzahlen und lange Laufzeiten erfolgreich bewährt haben.

Wie die derzeitigen Produktionen der *Stella*-Gruppe - 'Cats', 'Starlight Express', 'Das Phantom der Oper' und 'Miss Saigon' - genießen diese Produktionen das Premium international eingeführter Qualitätsprodukte und werden auch in Deutschland klar als **Premium-Produkte** positioniert.

Zudem wird jetzt eine **Dachmarkenstrategie** verfolgt: Künftig sollen sämtliche Produktionen der großen Broadway- und Westenderfolge unter der Gütesiegel *'Stella - The Musical Company'* positioniert werden.

Die **Absatzziele** für die einzelnen Produktionen sind eindeutig: Es geht darum, jede Show bei möglichst geringen Preisermäßigungen voll auszulasten, d.h. eine möglichst hundertprozentige Belegung zu erreichen.

Dieser Zielkatalog bestimmt folgerichtig den Einsatz sämtlicher Marketing-Instrumente, der Produkt- und Preispolitik, der Distributionspolitik und der Kommunikationspolitik.

3.3.1 Produktpolitik

3.3.1.1 Die Kernprodukte

Wer lizensierte Musicals auf die Bühne bringen will, wessenn Produktion sich also strikt an die Vorgaben der Originalproduktion halten muß, für den besteht die entscheidende Aufgabe im Rahmen der Produktpolitik in der **Auswahl** der 'richtigen' Shows. Wie bereits erwähnt, setzt *Stella* dabei auf solche Stücke, die sich im internationalen Kontext schon erfolgreich bewährt haben. Doch das allein reicht nicht aus. Es bedarf auch des "richtigen Gespürs" für den deutschen Markt, denn nicht jeder Broadway-Import trifft auch den Nerv des deutschen Publikums.

Grundsätzlich gilt: Voraussetzung für einen großen Hit, der das "Zeug" dazu hat, sich jahrelang im Markt zu behaupten, ist zuallererst eine Geschichte, die gefangen nimmt. Nur eine bewegende Geschichte wird - schon durch die Mundpropaganda - viele Menschen animieren, sie sich auch anzuschauen. Der Auslöser für die Kaufentscheidung oder den Reiseentschluß kann nur - und muß - im **Erlebniswert des Produktes** selbst liegen: Es ist das Bedürfnis, in authentischer Atmosphäre zum Lachen, zum Weinen, zum Träumen animiert und verführt zu werden, das der Musical-Besuch befriedigen muß.

Dabei muß die Geschichte so viel transportieren, daß - pathetisch ausgedrückt - im Publikum die Tränen gemeinsam vergossen werden und das Lachen des einzelnen durch das verstehende Lächeln der anderen erwidert wird, damit das entscheidende Erlebnis der Authentizität für einige Stunden zustandekommt. Erst durch die überwältigende Erfahrung der gemeinsamen

Emotion wird dem einzelnen Zuschauer endgültig und nachhaltig der Wert des Erlebnisses bestätigt - und der Kaufpreis gerechtfertigt.

Neben der "emotionalen Ansprache" ist ein immer neu zu weckendes Staunen über das Außergewöhnliche des Erlebten entscheidend. Dazu gehören bisweilen überraschende Technik-Effekte, wie etwa der Kronleuchter-Fall bei 'Das Phantom der Oper' oder die Hubschrauber-Landung bei 'Miss Saigon'. Dazu gehört aber vor allem ein ausgeklügeltes **Qualitätsmanagement** in allen Bereichen der Produktion. Einige Beispiele sollen dies verdeutlichen.

- **Besetzung (Casting)**

Da in Deutschland die Ausbildungssituation für Musical-Darsteller noch zu wünschen übrig läßt, sucht *Stella* seine Künstler regelmäßig auch auf außerdeutschen Personalmärkten. Die für das weltweite Casting der Sänger und Tänzer verantwortliche Unternehmenstochter *Stella Studios (vgl. Kap 1.2.)*, führt die regelmäßigen Auditions (Vorsingen und -tanzen) den Erfordernissen der einzelnen Rollen entsprechend in den verschiedensten Ländern durch, sogar außerhalb Europas.

> **Beispiel:** Für die Besetzung des Musicals 'Miss Saigon' in Stuttgart, deren Rollen zu 80% für Asiaten gedacht sind, wurde vier Monate vor der Premiere vierzehn Tage lang in der Nähe von Manila auf den Phillipinen gecastet. Die Glaubwürdigkeit der Personen auf der Bühne, die nicht nur durch die schauspielerische Leistung, sondern eben auch durch das optische Erscheinungsbild geprägt wird, rechtfertigt hier die hohen Personalbeschaffungskosten.

Um Ermüdungserscheinungen im Ensuite-Betrieb vorzubeugen, wird die Besetzung im allgemeinen jedes Jahr einmal ausgewechselt. Neue Ensemble-Mitglieder proben ca. drei Monate, bevor sie zum ersten Mal auf der Bühne stehen. Nicht-deutschsprachige Darsteller erhalten zusätzlich Phonetik- und Deutschunterricht.

- **Schneiderei, Maske und Requisite**

Um den selbstgesetzten Qualitätsanspruch auch in den Bereichen 'Maske' und 'Requisite' zu erfüllen, beschäftigt *Stella* in ihren Theatern jeweils ca. 200 Mitarbeiter in den verschiedensten Backstage-Bereichen, d.h. für Ton- und Lichttechnik, Bühnenbild und -ausstattung etc. Etwa ein Viertel davon sind in den Bereichen Kostüm, Maske und Requisite tätig. Denn jedes Ensemble-Mitglied erhält für seine Rollen persönliche nach den Originalvorlagen der Epoche maßgeschneiderte Kostüme, und jedes der ausnahmslos original beschafften oder selbstangefertigten Requisitenteile wird - von der Puderdose bis zum alten Weinkrug - im Rahmen des 'Bühnen-Checks' täglich akribisch kontrolliert.

Beispiel: Je Laufzeit werden in der Inszenierung von 'Das Phantom der Oper' bis zu vier verschiedene Darstellerinnen für die weibliche Hauptrolle, die Rolle der Christine Daae, eingesetzt. Jeder von ihnen wird eine eigene Perücke aus Echthaar angefertigt, die bei *Stella* in den eigenen Werkstätten handgeknüpft wird - eine Arbeit, die bis zu 60 Arbeitsstunden in Anspruch nimmt.

- **Orchester**

Die *Stella*-Produktionen werden ohne Ausnahme "live" gespielt. Das gilt nicht nur für die Sänger auf der Bühne, deren Stimmen durch Microports verstärkt werden, sondern auch für das Orchester, das je nach Produktion zwischen 30 und 40 Mitglieder umfaßt.

Beispiel: Im Gegensatz zu der Inszenierung von 'Das Phantom der Oper', wo das 20-Mann-Orchester für das Publikum deutlich sichtbar in einem traditionellen Orchestergraben Platz findet, wurde bei 'Cats' und 'Starlight Express' auf einen Orchestergraben verzichtet, um eine größere Nähe zwischen Darstellern und Publikum herzustellen. Damit der "live-Charakter" der Inszenierung dennoch erhalten bleibt, spielt das Orchester hier für das Publikum unsichtbar auf einer Seitenbühne.

Den Eindruck, ein groß besetztes Symphonieorchester (i.d.R. über 50 Musiker) zu hören, bewirkt dabei nicht nur die aufwendige Technik. Mit dem kleinen Kunstgriff, einen Teil der Musiker in ihren Spielpausen ein anderes Instrument spielen zu lassen (z.B. Wechsel von Oboe zu Englischhorn), erreicht man eine abwechslungsreiche Instrumentierung ('Reed-System').

3.3.1.2 Das Produktprogramm

Auch wenn die Faszination, die von dem Geschehen auf der Bühne ausgeht, das entscheidende Erlebnis ist, gehört zu einem perfekt arrangierten Musical-Besuch ein auf die Bedürfnisse des Kunden abgestimmtes Rahmenprogramm. Das Gefüge der *Stella*-Unternehmungen (vgl. Kap.1.2) dient dazu, den Theaterbesuchern eine Reihe weiterer Wünsche rund um den Musical-Besuch zu erfüllen:

- **Catering in den Theaterfoyers**

Vom Champagnerempfang für das Geburtstagskind vor der Show über den Theaterteller für Geschäftsfreunde in der Pause bis hin zum kalt-warmen Buffet für die anschließende Betriebsfeier bietet die Gastronomie in den *Stella*-Theatern ein breites Angebot, das auf Wunsch individuell zusammengestellt wird.

- **Vermittlung von Hotelübernachtungen**
Als besonders zukunftsträchtig erweist sich die jüngste Erweiterung des Leistungsprogrammes: Auf Wunsch werden sowohl den Privatanreisenden wie auch den Wiederverkäufern Hotelzimmer jeder gewünschten Preisklasse vermittelt. Die Vermittlungsleistung ist dabei für den Kunden umsonst.

- **Künstlerische Rahmenprogramme**
Bei Privat- und Geschäftskunden, die größere Anlässe feiern wollen, ist die Nachfrage nach speziellen künstlerischen Rahmenprogrammen stark gestiegen. Die *Stella Studios* konzipieren, planen und organisieren Musical- und Show-Galas für Jubiläen, Incentives, Produktpräsentationen oder Industriekampagnen in verschiedensten Größenordnungen.

- **Verkauf von Souvenirartikeln (Merchandising)**
Beim Durchblättern des Programmheftes noch einmal die Bilder der Show vor dem inneren Auge vorbeiziehen lassen, den Freunden zuhause noch einmal die eigenen Lieblingssongs mit dem CD-Player vorspielen - die Souvenirartikel aus den Theater-Shops sind für den Musical-Besucher wertvolle Erinnerungsstücke, die gleichzeitig eine nicht unwesentliche Multiplikatorfunktion besitzen.

3.3.2 Preis- und Konditionenpolitk

3.3.2.1 Preispolitik

Der Premium-Positionierung entsprechend betreibt *Stella* für alle Ensuite-Musicals eine Hoch- und Festpreispolitik. Dabei wird mit Blick auf den Endkunden nach dem **Bruttopreisverfahren** gearbeitet: Da etwaige Mittlerprovisionen *(vgl. 3.2.2)* direkt zwischen der Vertriebsgesellschaft und dem Absatzmittler verrechnet werden, entfällt für den Endkunden die Vorverkaufsgebühr: Er zahlt, unabhängig davon, ob er die Karte direkt über die eigene Vertriebsgesellschaft *TeleTicket* oder z.B. bei einer Vorverkaufsstelle erwirbt, stets denselben Preis.

Mit steigender Anzahl der von *TeleTicket* zu vermarktenden Shows hat sich die **Preistransparenz** zu einem wichtigen Gestaltungsprinzip der Preispolitik entwickelt. Daher wurde jüngst die Preisstruktur für alle Musicals noch eimal angeglichen. Demnach gibt es für alle Shows - je nach Platzqualität - vier Preiskategorien (die im übrigen auf allen Produktinformationen mit identischen Farben kommuniziert werden). Auch die Kriterien der Preisdifferenzierung sind für alle Shows identisch:

- eine **zeitliche** Preisdifferenzierung findet über die verschiedenen Wochentage statt, so daß drei Preisstufen entstehen,
- eine **mengenmäßige** Preisdifferenzierung besteht mit dem nach Gruppengröße gestaffelten Gruppenrabatt und
- die **konsumentenorientierte** Preisdifferenzierung bezieht sich, wie im Theatergeschäft üblich, auf Kinder, Schüler, Studenten, Auszubildende, Senioren und Behinderte.

3.3.2.2 Konditionenpolitik

Die Konditionenpolitik für die *Stella*-Shows ist - im Unterschied zu herkömmlichen Theatern - speziell auf die Zusammenarbeit mit den Absatzmittlern ausgerichtet. Diesen gewährt *TeleTicket* **eine Mittlerprovision**, die sich mit steigendem Umsatz erhöht, sowie einen **Jahresbonus**, der die getätigten Umsätze - saisonal gewichtet - mit einer Bonuszahlung belohnt.

Bei den Zahlungszielen wurden für Absatzmittler geschäftsartspezifische Modalitäten entwickelt, die die verschiedenen Liquiditätssituationen der Absatzmittler, z.B. Auschreibungen vs. Festaufträge, berücksichtigen.

3.3.3 Distributionspolitik

3.3.3.1 Vertriebsorganisation

Der Vertriebsstrategie kommt im Rahmen des Marketing Mix für die *Stella*-Musicals - gerade im Hinblick auf die touristischen Absatzmittler - eine entscheidende Rolle zu. Für die Struktur der Vertriebstochter *TeleTicket* gilt daher nahezu idealtypisch das *Chandler'sche* Postulat: "structure follows strategy".

Zu Beginn stand bei *TeleTicket* die Verbesserung des Service für den Endkunden, den Theaterbesucher selbst, im Vordergrund. Als die Firma 1987 entstand, wurden Veranstaltungskarten in Deutschland nämlich noch überwiegend handsortiert aus riesigen "Setzkästen" verkauft. Dabei verteilten sich die grob nach Preisgruppen gestapelten Originaltickets üblicherweise auf wenige Vorverkaufsstellen rund um den Veranstaltungsort. Oft mußten die Besucher, die den Weg zur Kasse auf sich genommen hatten, dort für ihre Karten Schlange stehen.

TeleTicket ging daher sofort mit einer selbst entwickelten Computerreservierungssoftware (CRS) in den Markt, die weltweit erstmalig den computergestützen Telefonservice im Netzverbund ermöglichte. Die Reservierungsoftware realisiert den integrierten Echtzeit-Dialog zwischen den Buchungscomputern in den örtlichen Telefonzentralen und dem Großrechner (Standort Hamburg), der die Tickets zentral verwaltet. Dadurch kann jeder Anrufer präzise informiert werden, wann welche Plätze in den angeschlossenen Theatern noch zur Verfügung stehen; Änderungen der Belegungszustände werden innerhalb von Sekundenbruchteilen bundesweit aktualisiert. Doppelbelegungen oder ähnliche Probleme des herkömmlichen Kontingent-Verfahrens sind damit ausgeschlossen. Die Buchung kann noch während des Telefonates bestätigt werden und nach Zahlungseingang werden die Karten dem Kunden mit der Post direkt ins Haus geschickt.

Auf den einsetzenden Boom im Musical-Tourismus hat *TeleTicket* mit dem Aufbau einer in der Theaterwelt bislang einzigartigen Vertriebsorganisation reagiert. In den einzelnen Vertriebsniederlassungen in Hamburg, Bochum und Stuttgart wurden spezielle Verkaufsteams zur persönlichen Betreuung der Partner in der Touristik gebildet. Heute existieren in jeder der drei strukturgleichen Niederlassungen je ein Team für die Bustouristik, die Hotellerie, für Reisebüros und -veranstalter sowie für Firmen und Verbände, die für ihre Kunden telefonisch unter seperaten Nummernkreisen zu erreichen sind.

Jedes dieser Teams besteht aus Mitarbeitern im Innen- und Außendienst, die nicht nur das Buchungsgeschäft inklusive Kontingentabsprachen und Optionsüberwachung abwickeln, sondern den Kunden auch vor Ort bei Konzeption und Kommunikation ihrer Musical-Packages oder Städtereisen beraten. Damit übernimmt der *TeleTicket*-Mitarbeiter im Außendienst für seine Kunden - gerade im mittelständischen Bereich - oftmals eine 'Marketing-Consulting'-Funktion, die von der Analyse der regionalen Marktpotentials über die Entwicklung individueller Strategien bis hin zur Erarbeitung von Werbe- oder Promotion-Aktionen mit des *TeleTicket*-Verkaufsförderung reicht.

Abb. 9:

Struktur der Vertriebs-Büros (vereinfacht)

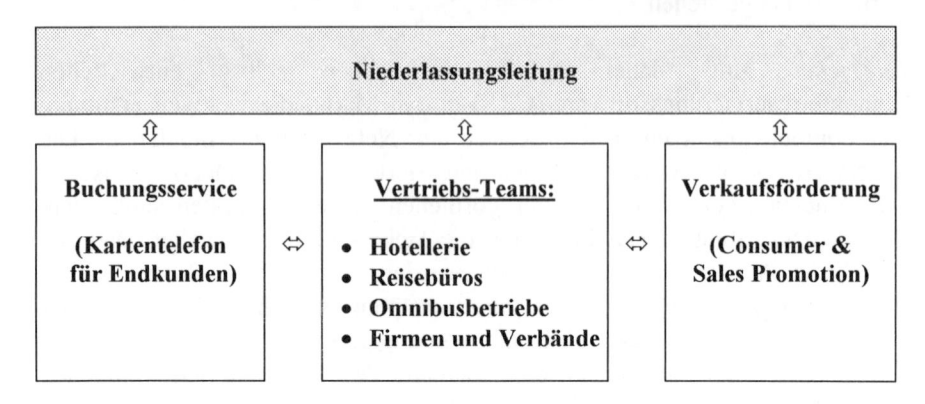

Niederlassungsleitung		
Buchungsservice (Kartentelefon für Endkunden)	Vertriebs-Teams: • Hotellerie • Reisebüros • Omnibusbetriebe • Firmen und Verbände	Verkaufsförderung (Consumer & Sales Promotion)

3.3.3.2 Vertriebswegegestaltung

Drei Vertriebswege sind es, über die *TeleTicket* seine zur Zeit etwa 3 Millionen Tickets im Jahr verkauft: der Direktvertrieb an den Endkunden, der Telefonverkauf über Absatzmittler und der Vertrieb über jene Absatzmittler, die "online" angeschlossen sind. Im letzteren Fall lassen sich dabei noch die *START*-Agenturen von den sogenannten 'externen Mandanten' unterscheiden.

- **Direkter Vertrieb**

Die rund 40 % des Umsatzvolumens, die im Direktvertrieb an Endkunden verkauft werden, werden per Telefon abgewickelt. Der Privatkunde ruft unter der bundesweit einheitlichen Telefonnummer an und der Anruf wird je nach Standort in die nächstgelegene Buchungszentrale weitergeleitet.

- **Indirekter Vertrieb (via Telefon)**

Der (ein- oder mehrstufige) indirekte Vertrieb ist zu einem Großteil ebenfalls reines Telefongeschäft: 43 % des Umsatzes wird mit Absatzmittlern getätigt, die ihre Karten unter den speziellen Telefonnummern direkt bei ihrem Vertriebsteam bestellen.

- **Indirekter Vertrieb (via CRS)**

Rund 17 % der Karten werden über das Computerreservierungssytem 'online' gebucht. Dazu gehören zunächst die ca. 5000 *START Kart*-Reisebüros, die durch eine Kopplung an den Großrechner direkt auf die Musical-Tickets zugreifen können. Darüber hinaus verfügen einzelne bedeutsame

Absatzmittler, die sogenannten 'externen Mandanten', ebenfalls eine über Online-Anbindung.

Abb. 10:
Umsatzanteil der Vertriebswege

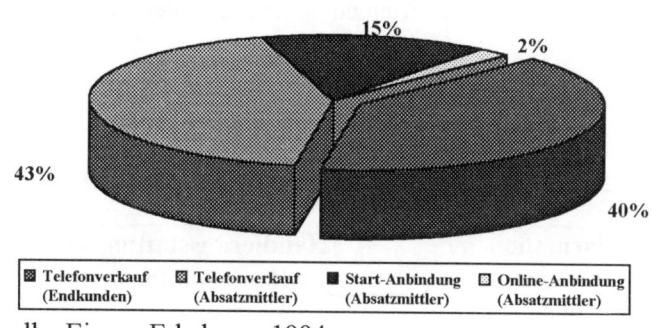

43% Telefonverkauf (Endkunden)
15% Telefonverkauf (Absatzmittler)
2% Start-Anbindung (Absatzmittler)
40% Online-Anbindung (Absatzmittler)

Quelle: Eigene Erhebung, 1994

Zur Optimierung der Vertriebswegegestaltung werden erstens die zu erreichenden Umsatzziele je Vertriebsweg festgelegt. Zweitens folgt die individuelle Kundenbetreuung den Prinzipien des **Key-Account-Managements:** Es geht darum, im Rahmen der naturgemäß beschränkten Kapazitäten aktive Partner - die allerdings nicht in jedem Fall auch die umsatzstärksten Partner sein müssen - besonders zu unterstützen. Dies schlägt sich nicht nur in den schon zuvor erwähnten finanziellen Anreizen, wie der umsatzabhängigen Mittlerprovision oder dem umsatzabhängigen Jahresbonus nieder, sondern beispielsweise auch in der für besondere Akionen gewährten Verkaufsunterstützung durch die Verkaufsförderung.

3.3.3.3 Verkaufsförderung

Im Rahmen der Betreuung der rund 10.000 touristischen Partner kommt den auf Handelsebene ansetzenden Verkaufsförderungs-Programmen, den trade promotions, eine besondere Bedeutung zu. Nicht nur weil sich das Produkt Musical durch dialogorientierte, emotional ausgerichtete Kommunikationsmaßnahmen wie Live-Events oder Video-Präsentationen besonders gut vorstellen läßt, sondern vor allem, weil konsequente

Händlerbetreuung aktive Supportmaßnahmen zur Kundengewinnung und Kundenbindung voraussetzt.

Allgemein verfolgt die absatzmittlerorientierte Verkaufsförderung bei *TeleTicket* zwei wesentliche Ziele: Es geht darum, den jeweiligen Partner erstens bestmöglich über die Produkte zu informieren und ihm entsprechende Arbeitsunterlagen zur Verfügung zu stellen sowie ihn zweitens bei der individuellen Ansprache seiner Kunden optimal zu unterstützen.

Abb. 11:
Beispiele für Verkaufsförderungsmaßnahmen für Absatzmittler

Händlerinformationen / Arbeitsunterlagen	Händlerausstattung zur Endkundeninformation
Theatersaal-Pläne	Thekendisplays
Preisspiegel	Informationsfolder (Hand Out)
Kundenzeitung	Video-Produktpräsentationen
Anzeigenvorlagen	Schaufensterdekorationen
Katalogbausteine	Geschenkgutscheine
Produktschulungen	Floorpost (Rechnungsbeileger)
Informationsveranstaltungen	Kundenveranstaltungen

Nicht zuletzt auch um das einheitliche Erscheinungsbild der Produktmarken zu gewährleisten, hält *TeleTicket* dabei ein breites Sortiment an modular einzusetzendem Informations- und Werbematerial bereit oder läßt dieses - im Fall spezieller Aktionsprogramme - durch die hauseigene Agentur anfertigen.

Beispiel: Eine besondere Verkaufsaktion für die Sommermonate ist die 'Musical-Bustour', deren Zielgruppe die Feriengäste aus den rund um einen Musical-Standort gelegenen Feriengebieten sind. Diesen werden Tagesfahrten zu den Musicals angeboten, deren Routen und Haltestellen *TeleTicket* zusammen mit verschiedenen Busunternehmern ausarbeitet. Zur Bewerbung dieser Touren werden von TeleTicket spezielle Plakate und Handzettel angefertigt, auf denen sämtliche Veranstalter und ihre Touren vorgestellt werden.

3.3.4 Kommunikationspolitik

3.3.4.1 Öffentlichkeitsarbeit

Die Kommunikationspolitik hat für die *Stella*-Musicals in erster Linie flankierenden Charakter. Die hauseigenen, in den vergangenen Jahren regelmäßig durchgeführten Untersuchungen zeigen, daß die Interaktion des Konsumenten mit seinem sozialen Umfeld den stärksten Kaufanreiz erzeugt: Über 42 % der Besucher der *Stella*-Shows werden nicht durch Werbung oder Öffentlichkeitsarbeit gewonnen, sondern dadurch, daß man über sie spricht. Dabei hat der Freundeskreis mit 80 % deutlich den stärksten Einfluß.

An zweiter Stelle steht das Fernsehen: Insgesamt werden 20 % der Erstmotivation durch Fernsehberichte erzeugt, ohne daß *Stella* bislang Werbespots geschaltet hätte. Hier zeigt sich exemplarisch die Bedeutung der Öffentlichkeitsarbeit.

Stella hat daher für jedes Theater eine eigene Presseabteilung, die mit mindestens zwei Mitarbeitern besetzt ist. Ihr Ziel ist es, den Ruf des Unternehmens durch eine auf Transparenz ausgerichtete Informationspolitik zu fördern und den Bekanntheitsgrad der Produktionen zu steigern.

3.3.4.2 Werbung

Die in der Verantwortung der hauseigenen Werbeagentur *thema:* liegende klassische Werbung flankiert die Aktivitäten der Unternehmensgruppe durch Anzeigen und Plakatierungen, die überwiegend der Image- und Erinnerungswerbung dienen. Hin und wieder wird kurzfristig auf vertriebliche Aktivitäten aufmerksam gemacht.

Dem sich durch das Qualitätsniveau der Shows automatisch einstellenden Werbeerfolg entsprechend, ist das für die klassische Werbung - inklusive Messebeteiligungen - eingesetzte Budget mit knapp 5 % des Umsatzes verhältnismäßig gering.

In gestalterischer Hinsicht orientieren sich die Printwerbemittel an dem international einheitlichen Erscheinungsbild der einzelnen Marken, die nicht zuletzt im Hinblick auf die steigende Wettbewerbsintensität *(vgl. Kap. 2.4)* unter der Dachmarke "*Stella - The Musical-Company*" präsentiert werden.

3.4 Fazit

Der Markt für Musical-Reisen boomt in Deutschland und wird in den kommenden Jahren weiter wachsen. Das nimmt die *Stella Musical AG* zum Anlaß, in diesem Marktsegment weitere Musical-Produktionen zu etablieren und ihre Marktführerschaft auszubauen. Dabei setzt *Stella* im Rahmen einer Dachmarkenstrategie ausschließlich auf international erfolgreich eingeführte Marken und große, aufwendig inszenierte Musicalproduktionen, die geeignet erscheinen, auch in Deutschland ein großer Hit zu werden. Dies liegt schon durch die Erfahrung nahe, daß Musical-Reisen eines außergewöhnlichen (Theater-)Erlebnisses als Reisemotiv bedürfen. Marketingstrategisch folgt aus dieser Ausrichtung, daß die Ausgestaltung der Zusammenarbeit mit den touristischen Partnern zur zukunftsweisenden Herausforderung wird.

4. Festivalmanagement
- am Beispiel der Passionsspiele in Oberammergau
von Dr. Manfred G. Lieb, Professor für Betriebswirtschaftslehre
an der FH Heilbronn

4.1 Einleitung

Kulturtourismus beschreibt ein breites Feld unterschiedlicher Aktivitäten: So rangiert sowohl die Exkursion in den Himalaya als auch der Wochenendbesuch der Metropolitan Opera in New York in der Kategorie des Kulturtourismus. Eine besondere und in jüngster Zeit immer häufiger angebotene Attraktion sind Festspiele und Festivals. Diese Art von Veranstaltungen wird in der Regel in den Feuilletons der Presse abgehandelt und mit Blick auf ihre künstlerischen und kulturellen Qualitäten bewertet. Bei dieser Sichtweise gerät meistens in den Hintergrund, daß Festspiele und Festivals touristische Attraktionen darstellen, die nicht unererhebliche finanzielle Ressourcen absorbieren und einen hohen Organisations- und Managementinput erfordern. Der Bereich der Festivals wird im allgemeinen dem sogenannten "Ereignis-Kulturtourismus" *(vgl. Jätzold 1993)* zugeordnet. Allerdings ist auffällig, daß in der Tourismusforschung praktisch keine Literatur zum Thema Festivals existiert. Der folgende Beitrag diskutiert Festivals unter dem Gesichtspunkt touristischer Attraktionen *(vgl. Leiper 1990)* und versucht, sehr unterschiedliche Festivals unter Verwendung einheitlicher Kriterien zu analysieren. Im Mittelpunkt stehen die Fragen der Organisation und des Managements von Festivals, die am Beispiel einzelner Fallstudien untersucht werden[1].

Um die Besonderheit des Managements von Festivals herauszustellen, werden die Passionspiele in Oberammergau in den Vordergrund gestellt. Dieses Beispiel wurde gewählt, weil die Passionspiele ein ungewöhnlich erfolgreiches Produkt darstellen. Aufgrund der internationalen und tourismusbezogenen Vermarktungsstrategie wird darüberhinaus der touristische Charakter von Festivals besonders deutlich.

---

[1] Ein großer Teil der Aussagen wird aus empirischen Untersuchungen entwickelt, die im Auftrag des Autors von Studierenden im Fachbereich Tourismusbetriebswirtschaft der Fachhochschule Heilbronn durchgeführt wurden. Die empirischen Erhebungen zum Zeltfestival in Freiburg wurden von Katharina Reuß, zum Jazz-Festial in Moers von Stefanie Send und zu den Passionspielen in Oberammergau von Peter Druppa gemacht. Ihnen bin ich zu besonderem Dank verpflichtet.

4.2 Der theoretische Bezugsrahmen
- Bestandteile einer touristischen Attraktion

Die Motivation von Menschen, bestimmte Aktivitäten zu entfalten, ist Grundbestandteil jeder Marketing- und Absatzpolitik. Bei touristischen Produkten wird die Motivation in der Attraktivität einer touristischen Destination oder eines Events gesehen. Diese Attraktivität veranlaßt Personen, Zeit, Geld und Anstrengungen aufzubringen, um zu diesem Ereignis zu gelangen. *Leiper (1990, S.371)* definiert eine touristische Attraktion als eine Beziehung zwischen **Personen**, einem **zentralen Element** der angebotenen Destination oder des angebotenen Produktes und der **Information** über diese Attraktion. Wenn diese drei Elemente verbunden werden können, liegt eine touristische Attraktion vor. Je besser diese Elemente wiederum verbunden sind, desto größer ist die Anziehungskraft und damit die Attraktivität. Das zentrale Element kann in einer allgemeinen Form als der **Wettbewerbsvorteil** *(vgl. Porter 1992)* des angebotenen Produktes bezeichnet werden. Diesen Wettbewerbsvorteil gilt es herauszuarbeiten, zu pflegen und an die potentielle Zielgruppe zu kommunizieren. Die wesentlichen Aspekte dieser Aktivitäten finden sich im Marketing wieder. Die Marketinginstrumente Produkt-, Preis-, Vertriebs- und Kommunikationspolitik müssen als **optimales Marketing-Mix** eingesetzt werden *(vgl. Meffert 1991; Kotler/Bliemel 1992)*. Hierbei kommen, aufgrund der speziellen Eigenschaften touristischer Produkte, z.B. dem Dienstleistungscharakter des Produktes, der Ortsgebundenheit der Attraktivität und der Einbindung verschiedener Leistungsträger, die Marketinginstrumente im Tourismus in besonderer Form zum Einsatz *(vgl. Kotler u.a. 1993)*. Wie im weiteren gezeigt wird, liegt gerade den Passionsspielen in Oberammergau der gleiche Mechanismus zugrunde.

4.3 Festivalarten und ausgewählte Beispiele für Festivals

In der Regel wird dann von einem Festival gesprochen, wenn zu einem Thema oder zu einem Themenbereich zu einem bestimmten Zeitpunkt kulturelle Aufführungen angeboten werden. Die Art der kulturellen Darbietungen ist dabei vielfältig. Etabliert haben sich Theaterfestivals, Filmfestivals und Musikfestivals verschiedener Stilrichtungen. Im Gegensatz zu anderen Formen der Kulturdarbietung (etwa von rein kommerziellen Rock-Konzerten oder Rock-Festivals) zeichnen sich Festivals durch folgende Kriterien aus:

- kulturelle Darstellung mit **einheitlichem inhaltlichem Bezugsrahmen;**
- i.d.R. starker **regionaler Bezug** mit z.T. überregionaler Austrahlung;
- häufig **Unterstützung** durch öffentliche Institutionen;
- Organisation durch **semiprofessionelle Veranstalter,** die in vielen Fällen das Festival initiiert haben;
- zu einem hohen Teil **freiwillige** und **ehrenamtliche** Helfer;
- **regelmäßig** wiederkehrender Zeitrahmen zur Festivaldurchführung.

Sowohl der regionale Bezug als auch der einheitliche inhaltliche Bezugsrahmen der Darbietung führen dazu, daß die von einem Festival angesprochene Zielgruppe **eng** definiert werden kann. Die Merkmale der Zielgruppe bei Festivals lassen sich durch wenige regionale und sozio-demographischer Kriterien bestimmen. Diese Tatsache macht Marketingaktionen, d.h. den Einsatz von Marketinginstrumenten mit Blick auf die Zielgruppe, in präziser Form möglich.

Durch die semiprofessionelle Organisation der Veranstaltung entstehen bei der Planung und dem Einsatz der Marketinginstrumente häufig Probleme: Planungsprozesse werden durch die komplizierte Struktur der Veranstalter, in der Frühphase basisorientierte Initiativen, und durch die Einbeziehung öffentlicher Institutionen erschwert. Im Bereich der Produktpolitik wird häufig versäumt, Packages zu bilden, um die Vermarktungschancen im überregionalen Bereich zu erhöhen. Parallel hierzu ist ein zentrales Element die Distributionspolitik. Rechtzeitige Verfügbarkeit von Informationen für die Zielgruppe, die Möglichkeit des Zugangs zu Eintrittskarten, Transportmitteln und Unterbringung für den angesprochenen Personenkreis sind im Rahmen der Distributionspolitik zu gestalten.

Es läßt sich allerdings feststellen, daß einerseits ein Erfahrungslernen auch bei semiprofessionellen Veranstaltern eintritt. Andererseits hat die steigende Publikumsattraktivität, die Kulturfestivals zu verzeichnen haben, sowohl einen Wachstums- als auch einen Professionalisierungsdruck gebracht, d.h. die Festivals werden im Programm umfangreicher, das finanzielle Risiko steigt, und damit auch die Notwendigkeit des professionellen Einsatzes von Marketinginstrumenten. So läßt sich beobachten, daß ein Großteil der Festivals im Laufe der Zeit professioneller, d.h. unter Einsatz aller betriebswirtschaftlichen und vor allem marketingbezogenen Elemente, durchgeführt wird. Dabei darf allerdings nicht übersehen werden, daß in Abgrenzung zu den kommerziellen Anbietern die wesentlichen Charakterzüge beibehalten werden müssen. Dies gilt vor allem für die

Einbindung öffentlicher Institutionen und die Mitarbeit freiwilliger und ehrenamtlicher Helfer.

Betrachtet man die Festivallandschaft in der Bundesrepublik Deutschland, so haben sich vor allem die Filmfestivals mit zum Teil langer Tradition etabliert. Durch Spezialisierungen auf bestimmte Themenbereiche oder Filmgenres und durch die Dauer ihres Bestehens haben, neben der Berlinale, z.B. die Filmfestivals in Oberhausen, Saarbrücken, Mannheim und Hof einen festen Platz beim Publikum erobert. Obwohl diese Filmfestivals eher Programme für Filmspezialisten machen, ist das Potential an interessierten Besuchern beträchtlich: Die Kinos verzeichnen in der Bundesrepublik Deutschland mehr als 100 Millionen Besucher pro Jahr.

Relativ jung ist der Bereich der Musikfestivals. Als Vorreiter der Festivalkultur gelten vor allem private und im weiteren Sinne auch alternative Organisationen. Beispielhaft dafür ist das Freiburger Zeltfestival, das in der Zwischenzeit mit seinem Programm weit über die Region ausstrahlt. 800 Künstler verschiedener Richtungen ziehen hier ca. 100.000 Besuchern pro Jahr an. Gegründet von einer studentischen Initiative, wird das Festival heute von Bund, Land und Stadt bezuschußt.

Ein Festival mit Tradition ist das internationale New Jazz Festival in Moers. 1995 besteht dieses Festival 24 Jahre. Regelmäßig über Pfingsten an vier Tagen treffen sich in der Stadt am Niederrhein ca. 400 Musiker und 15.000 Besucher. Neben einer breiten Grundpalette an Jazzmusik werden jedes Jahr unterschiedliche Schwerpunkte gesetzt. Diese Schwerpunkte werden gebildet von Musik aus New York, aus der Sowjetunion, aus Indien und aus Afrika. In Deutschland gilt dieses Festival als Trendsetter neuer avantgardistischer Musik. Seit 1989 werden die Konzerte vom Westdeutschen Rundfunk übertragen. Die Stadt Moers übernimmt mit ihrem Kulturamt die organisatorische Leitung; die künstlerische Leitung wird an eine kompetente Person mit einem Vertragsverhältnis zur Stadt Moers abgegeben. Diese Form ähnelt sehr stark der Veranstaltungsorganisation von Filmfestivals. Der finanzielle Rahmen betrug zum Beispiel in 1990 ca. 827.000 DM incl. der Ausgaben für die interne Verwaltung. 244.000 DM wurden dabei durch Zuschüsse des Landes Nordrhein-Westfalen, durch Beteiligung des Westdeutschen Runkfunk, des Kommunalverbandes Ruhr, durch Erhebung von Standgeld für Verpflegungsunternehmen und durch sonstige Sponsoren aufgebracht. Bei Eintrittseinnahmen von ca. 354.000 DM hat die Stadt Moers aus ihrem Etat für diese Veranstaltung 80.000 DM Zuschuß aufgebracht.

Dieser Zuschuß wird neben den verwaltungsinternen Leistungen vom Kulturamt aufgebracht.

Alle hier kurz dargestellten Festivals entsprechen den Kriterien, die als **Attraktivitätsbausteine** professionell organisierter Festivals der Veranstaltungen identifiziert werden: Sie haben einen eindeutigen Wettbewerbsvorteil durch ihre inhaltliche Ausrichtung und ihr kulturelles Angebot. Gemeinsam ist allen Veranstaltungen ein regionaler Bezug mit überregionaler Ausstrahlung sowie eine über spezielle Segmente des Kulturmarktes definierte Zielgruppe.

Die Filmfestivals wenden sich an die im engen Sinne interessierten Filmbesucher und vor allem auch an professionelle Vermarkter von Filmen, hier vor allem Filmverleiher, andere Festivalveranstalter und die Fachpresse. Das Zeltfestival in Freiburg spricht durch sein Musikangebot der Stilrichtungen Rock, Jazz und spezielle internationale Musikrichtungen (Lateinamerika, Afrika), Theater und Varieté vor allem die Zielgruppe der jüngeren Leute an. Demgegenüber ist das Jazzfestival in Moers eine Veranstaltung, die ein enges Zielpublikum hat, an modernen Formen des Jazz interessierte Personen. In Moers ist vor allem die professionelle Publikumsansprache hervorzuheben: weltweit werden ca. 800 Journalisten der Jazzmusikfachpresse mit Informationsmaterial versorgt. In ca. 50 Zeitungen werden Anzeigen geschaltet. Daneben werden Handzettel und Poster an Clubs, Jugendzentren und Universitäten verschickt. Aus allen Anfragen an die Stadt Moers wurde eine Adressenkartei aufgebaut, die in der Zwischenzeit mehrere Tausend Adressen enthält. Jedes Jahr werden die Adressenbestände aktualisiert, und die darin verzeichneten Interessierten mit Informationsmaterial über das nächste Festival versorgt. Neben den Besuchern aus der Region sind vor allem Süddeutschland und Holland stark vertretene Einzugsgebiete. Selbst Besucher aus Übersee zieht das Festival an. In einem Jahr reisten sogar 350 Besucher aus Kanada mit einem Charterflugzeug an.

Zusammenfassend läßt sich feststellen: Festivals sprechen eine immer größere Zahl von Menschen an und absorbieren damit auch eine steigende Kaufkraft. Der Professionalisierungsgrad der Durchführung und der eingesetzten Marketinginstrumente steigt mit zunehmender Etablierung von Festivals. Daneben sollte nicht übersehen werden, daß es den Kommunen, in denen die Festivals stattfinden, gelingt, ihren Bekanntheitsgrad zu erhöhen und ein positives Image zu bilden. Neben den Musicals stellen Festivals ideale Aktivitäten dar, um das Besucheraufkommen in den entsprechenden Kommunen zu erhöhen. Allerdings ist in Abgrenzung zu Musicals ein Problem darin zu sehen, daß die Besucher von Festivals nicht kontinuierlich über einen Zeitraum, sondern konzentriert zu einem Zeitpunkt auftreten, d.h. der Organisationsaufwand ist deutlich höher. Trotzdem ist die finanzielle und organisatorische Unterstützung der Kommunen als langfristige Investitionen in Image und Fremdenverkehr zu betrachten.

4.4 Die Passionsspiele in Oberammergau

Eine besondere Rolle in der deutschen Festivallandschaft nehmen die Passionspiele in Oberammergau ein. Nicht nur die professionelle Organisation, der Erfolg in bestimmten Ländern, vor allem den USA, sondern auch die Art der Festivaldarbietung machen Oberammergau zu einem unvergleichlichen Ereignis. Wie im folgenden gezeigt werden soll, sind die Passionsspiele in Oberammergau ein Beispiel für erfolgreiche Organisation und Vermarktung von Festivals.

4.4.1 Zentrale Elemente der Passionsspiele

Die Einmaligkeit der Passionsspiele wird durch drei zentrale Elemente erreicht:

- den **historischen Hintergrund** mit der Leidensgeschichte Jesu und dem Bezug zu **geschichtlichen Ereignissen** in Oberammergau;
- die **Spielfassung** mit starkem Bezug zur Historie und praktisch keinen Konzessionen an modernen Theaterentwicklungen;
- die **Auswahl der Schauspieler**, die klaren, eng gezogenen Regeln entspricht.

Die starke Herausstellung dieser Elemente verleihen den Passionsspielen **einen einzigartigen Charakter**. Aufgrund des historischen Hintergrundes, des regionalen Bezugs und der Historientreue sind die Passionsspiele ein nicht kopierbares Produkt. Sie haben eindeutige und konkurrenzlose Elemente, die vom Publikum erkannt und honoriert werden. Dieser Wettbewerbsvorteil wird in Oberammergau ergänzt und gestützt durch eine gut durchdachte und hochprofessionelle Vermarktung und Organisation der Passionsspiele.

Historischer Ausgangspunkt der Passionspiele ist die Pest, der im Sommer 1632 in den abgelegenen Gebirgstälern Bayerns und Tirols ein Fünftel der Bevölkerung zum Opfer fiel. Im Spätsommer 1633 faßte der Gemeinde- und Ältestenrat von Oberammergau den Beschluß "fortan alle zehn Jahre das fromme Spiel vom Leiden und Sterben Christi aufzuführen, so Gott ein Erbarmen habe und ihr Dorf von der Seuche befreien würde " *(Verkehrs- und Reisebüro der Gemeinde Oberammergau, Abteilung Geschäftsstelle Passionspiele 1990, S. 58).* Trotz des zur damaligen Zeit andauernden

Dreißigjährigen Krieges planten die Oberammergauer, in der Zeit zwischen Ostern und Pfingsten ein Passionspiel aufzuführen. Aufgrund der raschen Durchführung des Beschlusses zur ersten Gelübdeeinlösung wird davon ausgegangen, daß entweder schon ein Passionsspielbuch vorgelegen hatte oder das Kloster Ettal den Oberammergauern eines zur Verfügung stellte. Die erste Passion von 1634 mit ca. 80 Mitwirkenden wird heute als Dankesbezeugung vor Gott angesehen *(vgl. Verkehrs- und Reisebüro der Gemeinde Oberammergau, Abteilung Geschäftsstelle Passionspiele 1990, S. 59)*. Während die erste Passion in der Kirche aufgeführt wurde, fanden die Passionen ab 1680 außerhalb der Kirche im Freien statt. Der Freilichtcharakter der Passionsspiele hat sich bis heute bewahrt.

Von 1634 bis 1800 erlebte das Passionsspielbuch gewisse Veränderungen. 1810 wurde die Pater-Dr.-Othmar-Weis-Textgestaltung eingesetzt, welche die Grundlage für die heutige Fassung der Passion ist. Zu dieser Fassung komponierte Rochus Dedler 1811 die musikalische Untermalung, die für das ganze 19. und 20. Jahrhundert richtungsweisend war. 1949 erlaubte das Passionskomitee eine Bearbeitung durch Eugen Papst. Seither wurden keine Veränderungen mehr vorgenommen *(vgl. Verkehrs- und Reisebüro der Gemeinde Oberammergau, Abteilung Geschäftsstelle Passionspiele 1990, S. 79)*. Über die Zeit änderten sich die Passionsperioden, wobei immer versucht wurde, den 10-Jahres-Rhythmus einzuhalten. 1922 konnte die Passion nicht gespielt werden, da 67 Mitwirkende im Krieg gefallen waren. 1940 und 1950 fiel die Passion aus und wurde 1960 wieder aufgenommen. 1984 wurde zur 350-Jahre-Feier eine Passion angesetzt.

Kennzeichen der Passion in Oberammergau ist, daß die Zahl der Aufführungen kontinuierlich anstieg: im 18. Jahrhundert wurden pro Passionsjahr weniger als 5 Aufführungen gemacht, im 19. Jahrhundert stieg ihre Zahl auf 38. Bis in die 70er Jahre des 20. Jahrhunderts erhöhte sich die Zahl der Vorstellungen auf 100 pro Passionsjahr. Trotz der hohen Attraktivität und des großen Publikumsandrangs scheint mit 100 Aufführungen pro Spieljahr eine Grenze erreicht zu sein. Diese Grenze betrifft einerseits das zu bewältigenden Besucheraufkommen und andererseits die Belastung der Einwohnerschaft des Ortes Oberammergau durch die Mitwirkung bei den Passionsspielen.

Abb. 1:

Anzahl der Aufführungen der Passion in Oberammergau

Jahr	Anzahl der Aufführungen	Jahr	Anzahl der Aufführungen
1700	1	1910	56
1710	2	1922	67
1780	3	1930	80
1790	5	1960	93
1870	35	1970	102
1880	39	1980	100
1890	38	1984	100
1900	46	1990	100

Quelle: Verkehrs- und Reisebüro der Gemeinde Oberammergau 1990, S.87

Die Einbindung der Einwohner der Gemeinde in die Aufführung ist ein weiteres zentrales Element. Alle 2000 Schauspieler sind Laien und Bewohner der Gemeinde. Die Voraussetzung für die Teilnahme an den Passionsspielen ist der Nachweis, Einwohner der Gemeinde Oberammergau zu sein. Wer nicht in Oberammergau geboren wurde, muß mindestens 25 Jahre dort gelebt haben oder 15 Jahre mit einem Bürger oder einer Bürgerin von Oberammergau verheiratet sein. Bis 1990 durften nur ledige Frauen unter 35 Jahren teilnehmen. Diese Regelung wurde durch einen Gerichtsbeschluß außer Kraft gesetzt. Die Nationalität spielt keine Rolle. Da in Oberammergau eine NATO-Schule ansässig ist, werden Nebenrollen häufig durch Kinder und Jugendliche aus dieser Schule besetzt. Die Schauspieler erhalten keine Gage, sondern lediglich ein Honorar, das den Verdienstausfall für die einjährige Probezeit und die 50 bis 100 Aufführungen ausgleichen soll. Seit 1980 werden die 18 Hauptrollen doppelt besetzt, um den Zeitaufwand und die physischen und psychischen Anstregungen der Schauspieler zu begrenzen. Diese Belastung ist bei 100 Spieltage und einer Dauer der Aufführung von ca. 5,5 Stunden für Laienschauspieler enorm.

Berücksichtigt man die Größe der Gemeinde Oberammergau mit ca. 5.000 Bewohnern, wird klar, daß ca. 40% der Einwohner direkt in die Aufführung eingebunden sind. Bei etwa 500.000 Besuchern in einem Zeitraum von 4 Monaten wird deutlich, welcher hohe organisatorische Aufwand die Abwicklung der Passionspiele erfordert.

4.4.2 Die organisatorische Struktur

Die Organisation der Passionsspiele wird auf zwei Ebenen umgesetzt, wobei grundsätzlich eine Arbeitsteilung von künstlerischer, organisatorischer bzw. kaufmännischer Abwicklung vorhanden ist:

- Das **Festspielkomitee** ist für die Aufführungen verantwortlich.
- Die **Geschäftsstelle der Passionspiele** plant, verkauft die Eintrittskarten und wickelt den Besucherverkehr ab.

Die künstlerische Seite wird durch das Festspielkomitee abgedeckt. Ein Jahr vor der ersten Aufführung wird der Spielleiter gewählt. Der Spielleiter schlägt dem Festspielkomitee die beiden Musikdirigenten, den Chorführer, die Musiker, Sänger und die Schauspieler vor. Das Festspielkomitee wählt aus diesem Vorschlag in geheimer Abstimmung die Beteiligten aus. Nach Abschluß des Auswahlvorganges beginnen die Proben für die Aufführungen.

Das *Verkehrs- und Reisebüro der Gemeinde Oberammergau* hat eine Abteilung "Geschäftsstelle Passionsspiele". Diese Abteilung wird als *Arbeitsgemeinschaft der Gemeinde Oberammergau* und des *"Amtlich Bayrischen Reisebüros" (abr)* geführt *(vgl. Verkehrs- und Reisebüro der Gemeinde Oberammergau 1990, S. 87)*. Die Geschäftstelle schließt Verträge mit dem Beherbergungsgewerbe und der örtlichen Gastronomie ab und übernimmt den Verkauf der Arrangements an Reiseveranstalter, Reisebüros und Privatkunden. Diese unterschiedlichen Verträge werden durch die spezielle Produktgestaltung des Festivals notwendig.

4.4.3 Die Produkt- und Preispolitik der Passionsspiele

Das Produkt Passionsspiele ist im wesentlichen durch seine historische Tradition gekennzeichnet. Die konservative Entwicklung der Passion und vor allem der klare und eindeutige Bezug zur Gemeinde Oberammergau und die Art der Schauspielerauswahl konstituieren die zentralen Erfolgsfaktoren des Festivals. Diese Stabilität wiederum läßt eine eindeutige Identifikation des Produktes im Sinne eines Markenartikels *(vgl. Meffert 1991)* zu. Die Zielgruppe für das Festival kann die damit verbundenen Informationen einfach und eindeutig verarbeiten. Zuverlässigkeit im Hinblick auf die Frage "Was erwartet mich ?" ist in jedem Fall gegeben.

Das Produkt Passionsspiele wird für die Zielgruppe auch durch die Begrenzung der Aufführungszahl und durch die relative Konstanz der alle zehn Jahre stattfindenden Aufführungen kalkulierbar. Gleichzeitig ist die Verfügbarkeit des Produkterlebnisses begrenzt, d.h. nicht alle potentiell interessierten Personen können zu jeder Zeit das Produkt konsumieren. Hier zeigt sich eine klare Produktdefinition, die die Einmaligkeit des Festivals in den Vordergrund stellt. Vor allem in preispolitischer Hinsicht läßt sich ein solch klar definiertes Produkt in einem Hochpreissegment ansiedeln. Allerdings kann dieses mit dem Kernprodukt *(vgl. Kotler/Bliemel 1992)* verbundene Hochpreissegment nur durch professionelle Vertriebspolitik ausgeschöpft werden.

Der Zuschauerraum für die Passionsspiele hat 4.850 Plätze, die in drei Kategorien eingeteilt sind. Der weitaus größte Teil umfaßt den sog. 1.Platz, die Kategorie 2.Platz enthält lediglich die rechte und linke Sitzreihe im hinteren Teil des Zuschauerraumes. Für die Kategorie 3.Patz werden im äußeren Randbereich Klappstühle aufgestellt. Diese Kategorie ist als absolute Restkategorie zu verstehen. Sie wird in den offiziellen Ausschreibungsunterlagen nicht explizit aufgeführt. Insgesamt finden pro Aufführung ca. 5000 Zuschauer Platz.

Grundsätzlich werden die Passionsspiele in drei Produktarten angeboten. Für die Passionsspiele 1990 stellte sich dies so dar:

- für 25 Samstagsaufführungen wurden **nur Eintrittskarten** verkauft;
- für 18 Aufführungen an Sonntagen wurden **1-Tages-Arrangements** angeboten;
- für 57 Aufführungen am Montag, Mittwoch und Freitag wurden **2-Tagesarrangements** angeboten.

Zwar werden die Karten für die Samstagsaufführungen ohne Passionsspielarrangement verkauft, aber ein Teil davon wird auf dem inländischen Markt von *abr* nur in Verbindung mit einer Bahnfahrkarte angeboten. Hierzu werden von der *Deutschen Bundesbahn* Sonderzüge nach Oberammergau eingesetzt. Da diese Sonderzüge zum Teil nur zur Hälfte ausgelastet sind, ist zu vermuten, daß die Angebote mit Bahnfahrkarte von Besuchern gekauft werden, nur um eine Eintrittskarte zu bekommen. 1990 betrugen die Preise für die Eintrittskarten im 1.Platz 95 DM, im 2.Platz 65 DM.

Die Aufführungen an Sonntagen sind als Arrangement mit einer Übernachtung von Samstag auf Sonntag vorgesehen. Diese Ein-Tages-Arrangements enthalten neben der Eintrittskarte zwei Hauptmahlzeiten, ein Frühstück, eine Übernachtung und den Eintritt zu einer die Passionsspiele begleitenden Ausstellung im Heimatmuseum. Die Unterkünfte werden in insgesamt zehn Kategorien angeboten. Je nach Unterkunftskategorie bewegen sich die Preise für das Ein-Tages-Arrangement zwischen 211 DM (einfache Zimmer mit fließend kaltem und warmem Wasser in Privatunterkünften) und 345 DM (bestausgestattete Zimmer mit Dusche/WC oder Bad/WC in sehr guten Hotels).

Die Montag-, Mittwoch- und Freitagveranstaltungen werden in Form eines Zwei-Tages-Arrangements angeboten. Dieses beginnt mit einem Abendessen am Vorabend des Spieltages und endet mit dem Frühstück am Tag nach dem Spiel. Eingeschlossen sind zwei Übernachtungen mit Frühstück, drei Hauptmahlzeiten sowie ebenfalls die Eintritte zur Ausstellung und ins Museum. Darüberhinaus können die Linienbusse in Oberammergau und zu den Nachbargemeinden Unterammergau und Ettal kostenlos benutzt werden. Die Preise für dieses Arrangement bewegen sich zwischen 263 DM in der untersten und 494 DM in der besten Unterkunftskategorie.

Von den zehn Unterkunftskategorien werden die obersten neun alle mit Eintrittskarten 1.Platz, lediglich die unterste Kategorie wird mit dem 2.Platz angeboten. Auf alle genannten Preise werden im Verkauf 10% Vorverkaufsgebühr aufgeschlagen.

Da die Gemeinde Oberammergau nur über eine Kapazität von ca. 2000 Betten verfügt, werden mit Beherbergungsbetrieben in zwölf Nachbargemeinden Verträge abgeschlossen. Aufgrund der hohen Nachfrage ist damit eine Gesamtkapazität von ca. 4.800 Betten in der Zeit der Passionsspiele von Mai bis September in der Region voll ausgebucht. Die Arrangementangebote machen deutlich, warum die Geschäftsstelle der Passionsspiele eine umfangreiche Abwicklung von Verträgen mit Beherbergungsbetrieben und Gastronomen zu bewältigen hat.

Um die wirtschaftlichen Auswirkungen der Passionsspiele bewerten zu können, wird im folgenden eine Umsatzkalkulation dargestellt. Aufgrund der differenzierten Unterkunftsstruktur sind dabei nur Annäherungswerte möglich, jedoch wurde mit eher konservativen Werten gerechnet.

Abb.2:
Umsatzauswirkungen der Passionsspiele

Kategorie	Durchschnittspreis (ca. in DM)	ca. Anzahl der Besucher pro Kategorie	Zwischensumme (in DM)	Vorverkaufsgebühr 10% (in DM)	Gesamtsumme (in DM)
nur Eintrittskarten	90	125.000	11.250.000	1.125.000	12.375.000
1-Tages-Arrangement	250	90.000	22.500.000	2.250.000	24.750.000
2-Tages-Arrangement	350	285.000	99.750.000	9.975.000	109.725.000
Gesamtsummen		500.000	133.500.000	13.350.000	146.850.000

Quelle: Eigene Berechnungen nach den Ausschreibungsunterlagen der Geschäftsstelle Passionsspiele 1990

Die dargestellten Zahlen zeigen, welches enorme finanzielle Aufkommen durch die Passionsspiele in Oberammergau und Umgebung anfallen. Bei einem durchschnittlichen Nettoumsatz von 104,60 DM pro Übernachtung in Bayern in 1990 *(vgl. DWIF 1992b)* liegen die Werte für die Passionsspiele deutlich darüber. Berücksichtigt man die touristische Multiplikatorfunktion und die touristische Wertschöpfung *(vgl. DWIF 1992b; DWIF 1987)* dürfte der ökonomische Effekt der Passionsspiele für die Region bei über 200 Millionen DM liegen.

Bedingt durch die hohe Nachfrage ist das gesamte Angebot i.d.R. ein Jahr im voraus ausverkauft. Der Stichtag für die Bezahlung des gesamten Kaufpreises wurde für die Passionsspiele 1990 auf den 30. September 1989 festgelegt, d.h. zu diesem Zeitpunkt war der gesamte Arrangementpreis zu bezahlen. Bei den oben dargestellten Gesamtsummen läßt sich hierdurch noch ein erheblicher Zinsgewinn erzielen. Die ökonomische Vorteilhaftigkeit der Passionsspiele, die aus der relativen Hochpreispolitik resultiert, läßt sich nur durch die Angebotsverknappung und die klare Produktstruktur erzielen. Allerdings ist bei dieser Marktkonstellation der Anspruch an einen reibungslosen Ablauf von Seiten der Besucher hoch.

4.4.4 Die Organisation des Veranstaltungsablaufs

Da in Relation zur Größe der Gemeinde Oberammergau ein gewaltiger Besucherstrom zu bewältigen ist, erfordert die Organisation der Festivalabwicklung einen hohen Aufwand. Nur wenn dies gegeben ist, kann die große Zahl von Besuchern problemlos bewältigt werden. Grundsätzlich reisen die Arrangementbucher am Vortag der Aufführung an. Dies hat zur Folge, daß an einem Sonntagnachmittag ca. 10.000 Festivalbesucher, 5.000 mit 1-Tages-Arrangement für die Sonntagsaufführung und 5.000 mit 2-Tages-Arrangement, die am Sonntag für die Montagsaufführung anreisen, versorgt werden müssen. An Samstagen kommen hierzu noch weitere 5.000 Tagesbesucher. Daneben sind noch Tagesbesucher zu berücksichtigen, die Oberammergau besuchen, ohne an den Passionsspielen teilnehmen zu können oder teilnehmen zu wollen. Eine reibungslose Abwicklung der mit dem Arrangement verbundenen Aktivitäten ist nur in einem klar geplanten und strukturierten Zeitplan möglich.

Während des Festivals besteht um das Passionsspielhaus eine Art **"Bannmeile"**, d.h. jeglicher Kraftfahrzeugverkehr ist untersagt, um die Aufführungen nicht zu stören. Zudem ist die Gemeinde in der Aufführungszeit für fremde Omnibusse gesperrt, um ein Verkehrschaos zu vermeiden. Die Arrangementbucher werden nach der Ankunft in ihren Unterkünften in vorab reservierten Restaurants verpflegt. Am Spieltag werden die Gäste mit **Shuttle-Bussen** in die Nähe des Passionspielhauses gefahren. Nach dem ersten Teil der Aufführung werden die Besucher in vorher festgelegte und reservierte Restaurants geführt bzw. gefahren. In der 3-stündigen Pause werden ca. 5000 Personen gleichzeitig verpflegt. Nach der Aufführung haben die Besucher mit einem 2-Tages-Arrangement die Möglichkeit, wieder mit den Shuttle-Bussen in ihre Quartiere zurückzukehren. Die noch ausstehenden Mahlzeiten sind ebenfalls in bezug auf Restaurants und Essenzeiten klar festgelegt. Die Besucher mit 1-Tages-Arrangement am Sonntag müssen ihre Zimmer bereits am frühen Morgen räumen. Sie werden nach Ende der Aufführung zu einem am Ortsrand gelegenen Busparkplatz gefahren, um die Reise zum nächsten Ziel fortzusetzen. Zur gleichen Zeit reisen die Gäste für die Montagsvorstellung an.

Die Arrangementbesucher erhalten die Einzelleistungen gegen Vorlagen von Gutscheinen/Vouchern. Der Gutschein für die Übernachtung wird nach Bezahlung des Arrangementpreises zugesandt. Die Eintrittskarte für die Aufführung erhalten die Besucher gegen Vorlage des Übernachtungsvouchers in ihrer Unterkunft. Darüberhinaus werden eine Mappe mit einem Ortsplan, Gutscheine für den Besuch des Heimatmuseums, für die Benutzung des örtlichen Nahverkehrs sowie Essensgutscheine ausgegeben. Der Vermieter wiederum erhält von der Geschäftsstelle eine Kopie des Übernachtungsvouchers zur Kontrolle der Gästeankunft. Die Kosten für die Eintrittskarten werden dem Vermieter durch eine bei der Geschäftsstelle hinterlegte Abbuchungsgenehmigung bargeldlos vom Konto abgebucht. Die Leistungsträger können gegen Vorlage der Originalgutscheine bei der angegebenen Bank die Vergütung für die erbrachten Leistungen einfordern. Zur Kontrolle erstellt die Geschäftsstelle für jeden Vermieter eine Auszahlungsliste, die bei der Bank mit vorgelegt werden muß. Bei Ausbleiben des Besuchers muß der Vermieter um 7.00 Uhr morgens des Spieltages die Unterlagen wieder zurückgeben. Die Eintrittskarte wird dann an der Tageskasse verkauft, die Gutscheinkopie für die Übernachtung wird abgestempelt und kann vom Vermieter ebenfalls bei der angegebenen Bank vorgelegt werden.

Sowohl die Abwicklung des Besucherverkehrs als auch die Abwickung der damit zusammenhängenden Geldtransaktionen unterliegen diesen strikten Regelungen, um ein höchstmögliches Maß an Kontrolle und ein geringstmögliches Maß an Friktionen zu erreichen.

4.4.5 Die Zielgruppe der Passionsspiele

Die Zielgruppe der Passionsspiele läßt sich nach mehreren Gesichtspunkten untergliedern. An Samstagen überwiegen Einzelreisende, da für diesen Tag lediglich Einzelkarten verkauft werden. Bei allen Aufführungen, die mit einem Arrangement verbunden sind, besteht der Großteil der Besucher aus Gruppenreisenden, die mit Bussen anreisen. Allerdings besteht auch die Möglichkeit einer Anreise mit dem Flugzeug zum Flughafen München. Für Flugreisende wird eine Sonderbuslinie nach Oberammergau eingerichtet. Interessant ist die Herkunft der Passionsspielbesucher. Aus der Übernachtungsstatistik der Gemeinde Oberammergau lassen sich die Herkunftsländer der Passionsspielbesucher ableiten.

Abb. 3:
Herkunft der Gäste der Passion in Oberammergau

Herkunftsland	Prozentanteil an den Übernachtungen
USA	47,0
Großbritannien	23,0
Bundesrepublik (ohne Bayern)	13,0
Schweden	6,0
Kanada	2,9
Skandinavien (ohne Schweden)	2,3
Australien	1,0
andere Länder	4,8

Quelle: Übernachtungsstatistik der Gemeinde Oberammergau, vom 17. Juli 1990 bis 17. August 1990

Der hohe Anteil von US-Amerikanern, ca. 235.000 auf die gesamte Besucherzahl hochgerechnet, wird bestätigt durch einen Vergleich der Ankünfte von US-Amerikanern in der Bundesrepublik in den Jahren der Aufführung der Passion. 1970, 1984 und 1990 sind deutliche Spitzen in der Ankunft von US-Amerikaner beim Besuch der Bundesrepublik zu verzeichnen *(vgl. Statistisches Bundesamt 1971-1990),* wobei der Anstieg zum jeweiligen Vorjahr in etwa der Zahl der US-amerikanischen Passionsspielbesucher entspricht. Für den Incomingverkehr aus den USA in die Bundesrepublik haben die Passionsspiele somit eine außerordentlich hohe Bedeutung.

Über die Motive der Passionsspielbesucher läßt sich nur spekulieren. Sicherlich spielen religiöse Motive eine Rolle beim Besuch der Passionsspiele. Es ist allerdings zu vermuten, daß gerade die US-Amerikaner den Besuch der Passionsspiele mit einer Europareise verbinden. Die Passionspiele mögen für das betreffende Jahr der Reiseanlaß sein, allerdings eingebettet in eine geplante Europareise. Durch die Besucherstruktur wird klar, daß die Passionsspiele in Oberammergau als **internationales Mega-Event** mit starken Auswirkungen auf den bundesdeutschen Fremdenverkehr anzusehen sind.

4.4.6 Die Distributionspolitik für die Passionsspiele

Die Verknappung des Produktes spiegelt sich in der Nachfrage wieder. Für die insgesamt 500.000 verkauften Arrangements und Eintrittskarten gingen 1,5 Million Anfragen ein, d.h. nur **ein Drittel der gesamten Nachfrage** konnte befriedigt werden. Diese enorme Nachfrage hat zwei Auswirkungen. Zum einen ist damit der Verkauf des Produktes praktisch risikolos, eine 100% Auslastung ist sichergestellt, da die Passionsspiele ein Jahr im voraus ausverkauft sind. Zum anderen muß der Verkauf streng reglementiert und organisiert werden, um einen Schwarzmarkt zu vermeiden.

Die Geschäftsstelle der Passionsspiele koordiniert die Bestellungen für Arrangements und Eintrittskarten. Lediglich zwei ortsansässige Reisebüros verfügen über feste Kontingente für die gesamte Aufführungsperiode hinweg. Sie fungieren als offizielle Verkaufsagenturen der Geschäftsstelle. Aufgrund des langfristigen Planungshorizonts sind die **Abnehmer** in erster Linie **Reiseveranstalter und Reisebüros**. Die Geschäftsstelle hat hierzu umfangreiche Geschäftsbedingungen erstellt. Neben der Beschreibung des Leistungsumfanges der Arrangements sind hier die Bestell-, Zahlungs- und Rücktrittsmodalitäten geregelt. Wegen ihrer rechtlichen Besonderheit bezüglich Zahlungs- und Stornierungsbedingungen mußten diese Geschäftsbedingungen von der Kartellbehörde des Wirtschaftsministeriums in Bayern genehmigt werden.

Da der Kaufpreis für Eintrittskarten und Arrangements für die Passionsspiele i.d.R. zum 30. September des Vorjahres fällig ist, muß die Bestellung seitens der Abnehmer auf einem vorgeschriebenen Bestellformular erfolgen. Pro Bestellschein waren 10 DM für Porto und Versandspesen zu bezahlen. Wird die Bestellung von der Geschäftsstelle bestätigt, waren 100 DM Anzahlung für jedes Arrangement fällig d.h., die Abnehmer müssen hohe Vorlaufkosten zu einem frühen Zeitpunkt akzeptieren. Zudem sind die Rücktrittsbedingungen relativ hart abgefaßt. Im Falle einer Abbestellung eines Abnehmers verfällt der Anspruch auf Rückzahlung bei einer Frist von weniger als 90 Tagen vor der entsprechenden Aufführung. Dieser nicht den üblichen Geschäftsgewohnheiten entsprechende frühe Leistungseinkauf und vor allem die damit verbundene Vorauszahlung lassen sich nur mit der weltweiten Nachfrage nach den Passionsspielarrangements wirtschaftlich rechtfertigen. Das Risiko für Reisebüros und Reiseveranstalter ist aufgrund der hohen Nachfrage als gering einzustufen.

Der Planungszeitraum für die Vermarktung der Arrangements für die Passionsspiele liegt bei 1-3 Jahren vor dem Aufführungsjahr. Das Arrangement wird von den ausländischen Abnehmern i.d.R. in ein **Europareise-Package** eingegliedert. Dabei treten die inländischen Reiseunternehmen in erster Linie als Reisemittler auf, indem sie das um Zusatzleistungen erweiterte Arrangement an ausländische Reiseveranstalter verkaufen. Diese wiederum verkaufen das Package als eigenes Produkt an den ausländischen Endverbraucher. Für die US-Amerikaner, die Briten und die Australier werden dabei i.d.R. mehrwöchige Europareisen zusammengestellt und verkauft. Der Vorteil für die Veranstalter besteht darin, daß sie durch die Verbindung ihrer Reisen mit den Passionsspielen in Oberammergau zusätzliche Nachfragegruppen ansprechen können. Die Struktur der angebotenen Reisearten ist dabei unterschiedlich. Einerseits werden vorgefertigte Gruppenreisen per Katalog verkauft, andererseits ist die individuelle Zusammenstellung der Gruppenreisen möglich. Die zweite Form richtet sich vor allem an Gruppen, die mit starken religiösen Motiven die Passionsspiele besuchen. So können z.B. Pfarrer für ihre Gemeinden Reisen nach Oberammergau buchen.

Neben den Gruppenreisenden treten auch Individualtouristen als Nachfrager auf. Die deutschen Incomingagenturen bilden eine Art Restplatzbörse für zurückgegebene Karten für Einzelnachfrager aus aller Welt. Die Auslandsvertretungen der *Deutschen Zentrale für Tourismus (DZT)* und die deutschen Konsulate fungieren dabei als Informationsmittler. Die *DZT* beispielsweise führt eine Vakanzliste mit Namen und Telefonnummern der Veranstalter, die noch über Kapazitäten verfügen. Mit den Informationen aus dieser Liste kann der Kunde die Buchung direkt beim Veranstalter vornehmen.

Die deutsche Incomingagentur, die überwiegend als Mittler für Gruppenreisen fungiert, muß ihr verkaufsfähiges Angebot sehr frühzeitig ausgearbeitet haben, um die frühe Nachfrage befriedigen zu können. Da die Zahlungsbedingungen der Geschäftsstelle an die nachgelagerten Stellen weitergegeben werden können, entfällt das Risiko einer Vorfinanzierung. Der ausländische Reiseveranstalter kann sich direkt an die Geschäftsstelle wenden oder an eine deutsche Incomingagentur. Ein Problem stellt die Terminplanung dar. Wegen der Vorfinanzierung birgt ein früher Einkauf von Kapazitäten ein gewisses Risiko, hat aber den Vorteil, daß Termin- und Hotelwünsche berücksichtigt werden können. Trotz der Erfahrungen aus früheren Passionspielen werden die Buchungen zu einem späteren Zeitpunkt vorgenommen. Dabei entsteht das Problem, daß durch den Handel von Arrangements Gruppenpakete, die von der Geschäftsstelle für jeweils ein Hotel verkauft werden, auseinandergerissen werden. Dies hat zur Folge, daß Reisegruppen vor Ort in verschiedenen Hotels untergebracht werden müssen.

Weiterhin ist zu beobachten, daß ausländische Spezialveranstalter, wie z.B. *Oberammergau Tours, Nawas* und *Rostad Tours,* nur zu den Passionspielen auf dem europäischen Tourismusmarkt auftreten. Diese Veranstalter nutzen die Chance, die von der Einzigartigkeit der Passionsspiele ausgeht, um hochwertige und damit auch hochpreisige Europareisen anzubieten. Demgegenüber ist festzustellen, daß die Vermarktung der Passionsspiele im deutschen Reisemarkt, vor allem durch Busunternehmen, häufig an den hohen Preisen und den strikten Bedingungen der Geschäftsstelle scheitert. Solange allerdings die Vertriebspolitik der Geschäftsstelle der Passionsspiele auf den relevanten ausländischen Märkten so erfolgreich ist wie bisher, wirkt sich ein solches Verhalten nicht negativ auf die Veranstalter aus. Die Geschäftsstelle achtet allerdings darauf, daß Spekulationsverkäufe von Arrangements ohne Eintrittskarte, wie sie bereits vorgekommen sind, unterbleiben. Grundlage dieser Spekulation war die Hoffnung auf einen starken Rücklauf nicht verkaufter Karten. Der Aufkauf dieser Karten in Verbindung mit einem Arrangement sollte kurzfristig die Nachfrage erfüllen *(vgl. o.V. 1990).* Solche Verhaltensweisen von Veranstaltern können die Stabilität der Kundenerwartungen, vor allem im Ausland, gefährden. Die Geschäftsstelle der Passionsspiele ist allerdings bemüht, diesen Spekulationen durch ihre restriktive Verkaufspolitik entgegenzutreten.

4.5 Zusammenfassung: Die Passionsspiele in Oberammergau als Beispiel für Festivals

Sicherlich stellen die Passionsspiele eine einmalige Form der Festivaldarbietung dar. Am Beispiel von Oberammergau können aber die wesentlichen Anforderungen an Aufbau, Marketing und Management von Festivals exemplarisch dargestellt werden. Die Herausarbeitung eines zentralen Elementes, des

Wettbewerbsvorteils *(vgl. Porter 1992 und Porter 1992a)*, ist für den Erfolg eines Festivals entscheidend. Dieser Wettbewerbsvorteil kann sowohl in der speziellen Programmdarbietung als auch in der Ansprache der Zielgruppe eingesetzt werden. Für Oberammergau sind der historische Bezug, der regionale bzw. kommunale Schwerpunkt der Darbietung und die professionelle Vermarktung herauszustellen. Ein historischer Bezug kann von jedem Festival durch die Regelmäßigkeit der Darbietung, i.d.R. zum selben Aufführungszeitpunkt in jährlicher Folge, hergestellt werden. Dieser historische Bezug muß durch ein entsprechendes Gesamtprogramm ergänzt werden.

Das Beispiel Zeltfestival in Freiburg ist durch ein breites Spektrum der Darbietungen gekennzeichnet. Dieses Spektrum läßt die Ansprache einer im Hinblick auf die speziellen Kulturformen breiten, aber im Einsatz der Marketinginstrumente zielgerichteten Publikumsansprache zu: jüngere und an modernen Kulturformen interessierte Personen, die im Umkreis von ca. 100 km leben. Demgegenüber bietet das Jazzfestival in Moers ein hochspezialisiertes Programm an. Dieses Programm wiederum wird regional weit gestreut vermarktet. Die Zielgruppe für das Jazzfestival in Moers wird weltweit durch einschlägige Medien angesprochen.

Die Betonung der Festivalherkunft, durch Personen, Gruppen oder durch historische Bezüge, die Einbindung von freiwilligen und ehrenamtlichen Helfern grenzen erfolgreiche Festivalaktivitäten von rein kommerziellen Angeboten, wie z.B. bei Rock- und Popfestivals, ab. Dieser Bezug ist für die Herausbildung eines **Festivalimages** und damit wiederum für die Schärfung des zentralen Elementes entscheidend. Hier kann sowohl eine Binnen- wie auch eine Außenwirkung erreicht werden. In Oberammergau ist der Einsatz der Gemeindemitglieder als Laienschauspieler ein solcher Effekt. Für Festivalveranstalter gilt also, daß ihr Erfolg vor allem von der Abgrenzung zu kommerziellen Angeboten abhängt. Dafür ist auch die Unterstützung durch öffentliche Institutionen maßgebend. Nicht nur werden organisatorische Aspekte, wie z.B. die Bereitstellung von Aufführungsstätten, die Genehmigungen für gastronomische Aktivitäten und auch die Akzeptanz durch die Bevölkerung, erleichtert, auch organisatorische Unterstützung durch kommunale Einrichtungen fördert die Professionalisierung der Festivalaktivität. Sicherlich ist Oberammergau in dieser Hinsicht ein Sonderfall, jedoch als Beispiel für eine hochprofessionelle Vermarktungsform optimal geeignet.

Zentral für den Erfolg einer Festivalaktivität ist der Einsatz der Marketinginstrumente, das optimale Marketingmix. Die Produkte müssen in klarer Form dargestellt werden. Ein differenziertes, breit gefächertes Produktangebot kann die Ausschöpfung der Zielgruppe sicherstellen. Produktpolitisch ist hier vor allem an eine Differenzierung der Eintrittskarten zu denken. Diese Differenzierung, verbunden mit der Gestaltung von Packages, erlaubt es der Zielgruppe, ihren Festivalbesuch langfristig zu planen und an ihre speziellen Reise- und Kulturbedürfnisse anzupassen. Gerade die in Oberammergau vorzufindende Arrangementstruktur ist hier vorbildlich. Zu beobachten ist, daß der Verkauf von Eintrittskarten bei Festivals zunehmend professioneller abgewickelt wird. Vorverkaufsstellen in den angesprochenen Regionen werden bestückt, und damit wird die Streuung des Kartenzugangs erleichtert. Noch zu wenig genutzt werden überregionale Kartenvorverkaufssysteme, wie z.B. *START-Ticket* oder das bundesweite Ticketsystem *CTS (Computer Ticket Service),* die von den professionellen Musikveranstaltern aufgebaut wurden. Daneben ist die Bildung von Packages für den Interessierten eine Möglichkeit, einen großen Teil des Aufwandes, etwa für Transport und Unterkunft, zu minimieren. Mit solchen Angeboten kann eine größere Zielgruppe erreicht werden.

Die Kommunikationspolitik wiederum muß sich den Erfordernissen einer Event-Vermarktung anpassen. Lange **Vorlaufzeiten** in der Information, die zielgruppengerechte Ansprache in **Spezial-Interest-Magazinen** oder eine breit angelegte regionale Kampagne sind unverzichtbare Voraussetzungen für den Erfolg eines Festivals. Auch hier bieten Packages die Möglichkeit, einen Teil der Kommunikationspolitik an die Mittler abzugeben. Im Falle der Passionsspiele sind die Mittler mit ihren Verkaufsaktivitäten die zentralen kommunikationspolitischen Akteure. Sie aktivieren mit ihrer Werbe- und Produktpolitik das interessierte Publikum. Sponsoren und Unterstützer, vor allem aus dem Bereich der Funkmedien, sind als Multiplikatoren wichtig und i.d.R. kostengünstige Vermittler der Informationen über das Festival. Sowohl für das Zeltfestival in Freiburg als auch für das Jazzfestival in Moers sind die beteiligten regionalen Rundfunkanstalten ideale Kommunikationsmittel. Die Attraktivität eines Festivals als quasi touristische Destination *(vgl. Leiper 1990)* wird dadurch herausgestellt und möglicherweise sogar überhöht.

Neben den Marketingaktivitäten ist eine reibungslose Organisation eine Grundvoraussetzung für den Erfolg von Festivals. Die gigantischen Organisationsanforderungen der Passionsspiele werden in Oberammergau durch eine beispielhafte und straffe Abwicklung der Abläufe bewältigt. Die exakte Planung der Auftritte und der mit öffentlichem Nahverkehr abgestützte Transport der Besucher ersparen sowohl den Gästen als auch der betroffenen Bevölkerung in den Kommunen unnötige Probleme. Damit steigt das Potential der Publikumsbindung und die Wahrscheinlichkeit der Wiederholung des Festivalbesuches in den Folgejahren. Ein hoher Planungsaufwand kann also das Risiko von Chaos und

Chaosmanagementstrategien veringern. Festivals, bei denen die An- und Abfahrtprobleme zeitaufwendiger sind als die Aufführung selbst, wie dies bei kommerziellen Rock- und Popfestivals häufig zu beobachten ist, schrecken kaufkräftige und bereitwillige Zielgruppen ab.

Nicht zuletzt soll nochmals der Aspekt der **Imageprofilierung** für die Kommune hervorgehoben werden. Die Bereitschaft kommunaler Entscheidungsträger, die Planung und Durchführung von Festivals zu unterstützen, kann optimal für die Fremdenverkehrswerbung eingesetzt werden. Der Bekanntheitsgrad, den Oberammergau in der Welt hat, wäre sicherlich ohne die Passionsspiele nicht erreichbar gewesen. Zwar mögen Festivals, vor allem im Musikbereich, nicht immer Kulturformen sein, die als Bestandteil der traditionellen Kultur in der Bundesrepublik Deutschland anzusehen sind, sie haben aber bei einem großen Teil der Bevölkerung eine hohe Akzeptanz und können Trends im Tourismus, wie z.B. die Internationalisierung des Reiseverkehrs, die Individualisierung des Reiseverhaltens *(vgl. Schrand 1992)* und das steigende Interesse an Kultur- und Städtereisen *(vgl. Lettl-Schröder 1995)* für kommunale Fremdenverkehrsaktivitäten nutzen. In diesem Sinne sind Festivals nicht nur Kulturereignisse, die die Feuilletons der Printmedien füllen, sondern Potentiale und Marktchancen für eine moderne Fremdenverkehrsentwicklung.

5. Stadtfeste
- am Beispiel des Münchner Oktoberfestes
von Dr. Gabriele Weishäupl, Fremdenverkehrsdirektorin der Landeshauptstadt München

5.1 Einführung

Wer an München denkt, denkt gleichzeitig fast immer auch an das Oktoberfest. Das Bild der Stadt ist eng verknüpft mit dem Fest der Feste, der "Wiesn". Viel geliebt, aber auch viel gescholten ist dieses große Fest Bestandteil des Stadtlebens, Teil der Tradition, Wirtschafts- und Imagefaktor, Höhepunkt des Münchner Jahres und kollektive Münchner Ausnahmesituation.

Immer wenn das Oktoberfest *(in diesem Beitrag auch häufig nur kurz "das Fest" genannt)* beginnt, fühlen sich alle in positiver oder negativer Weise dazu aufgerufen, an diesem Phänomen der Lebensfreude mitzuwirken oder aber dasFest zu kritisieren und zu meiden. Das größte Volksfest derWelt gilt als bayerisches Nationalfest, ja wird sogar als Synonym für deutsche oder europäische Festesfreude gesehen.

Zeitlos, aber auch zeitgemäß zieht es alljährlich zwischen sechs und sieben Millionen Besucher aus aller Welt an. Das Oktoberfest wird seit über 100 Jahren von der Stadt München und seit 20 Jahren von dessen Fremdenverkehrsamt, das dafür über eine eigene Abteilung Veranstaltungen verfügt, organisiert. Alle wichtigen Entscheidungen, wie beispielsweise die alljährliche Zulassung der Stand-Bewerber zum Oktoberfest, trifft der Wirtschaftsausschuß des Stadtrats als endgültiges Beschlußorgan auf Vorschlag des Fremdenverkehrsamtes. Damit liegt das Fest in kommunaler Hand - eine Organisationsform, die sich hier bewährt hat.

5.2 Die Geschichte des Oktoberfestes

In den 185 Jahren seines Bestehens hat das Oktoberfest immer wieder **Zeitgeist** widergespiegelt. Es spiegelte den Geist der Monarchie in seinen Anfängen, den Aufbruch und den zunehmenden Reichtum des Bürgertums zur Jahrhundertwende, die Not- und Kriegszeiten ebenso wider wie den rasanten Wirtschaftsaufschwung der 50er und 60er Jahre und den Umstieg vom quantitativen zum qualitativen Wachstum und zur ökologischen

Besinnung. Was heute ein vielschichtiges Phänomen ist und eine Touristenattraktion, die ihresgleichen auf der Welt sucht, beruht auf klaren historischen Grundlagen.

Am 12. Oktober 1810 feierte Kronprinz Ludwig, der spätere König Ludwig I., seine Vermählung mit Prinzessin Therese von Sachsen-Hildburghausen. Die Festlichkeiten, zu denen auch die Münchner Bürger eingeladen waren, fanden auf einer damals noch vor denToren der Stadt gelegenen Wiese statt, die zu Ehren der Braut seit diesem Zeitpunkt den Namen "Theresienwiese" trägt (daher auch die Bezeichnung "Wiesn"). Den Abschluß der Hochzeitsfeierlichkeiten bildete ein Pferderennen, das in Anwesenheit der königlichen Familie als ein Fest für ganz Bayern gefeiert wurde. Durch den Beschluß, das Rennen im folgenden Jahr zu wiederholen, entstand die Tradtion der "Oktober"-Feste .
1811 kam zum Pferderennen das erste Landwirtschaftsfest als Fachausstellung zur Hebung der bayerischen Agrarwirtschaft hinzu. Während das Pferderennen als ältester und beliebtester Veranstaltungspunkt nach 1938 aus organisatorischen Gründen von der "Wiesn" verschwand, findet das "Zentrallandwirtschaftsfest" noch heute im Turnus von drei Jahren im Südteil des Areals während des Oktoberfestes statt.

Das Angebot an allgemeinen Vergnügungen war in den ersten Jahrzehnten bescheiden. 1818 wurden das erste Karussell und zwei Schaukeln aufgestellt. In kleinen Buden, deren Zahl rasch wuchs, konnten sich die Besucher mit Bier versorgen. Den Bierbuden folgten ab 1896 die ersten großen Bierburgen, aufgestellt von unternehmungslustigen Wirten in Zusammenarbeit mit den Brauereien. Der andere Teil des Festgeländes wurde durch das Vergnügungsangebot der Schausteller bestimmt. Das Angebot wuchs seit den 70er Jahren des 19. Jahrhunderts mit der Entwicklung des Schaustellergewerbes in Deutschland.

5.3 Das Oktoberfest als Wirtschaftsfaktor

Das Fest hat eine enorme wirtschaftliche Bedeutung für München und sein Umland. Nach Meinung von Experten stellt es einen ökonomischen Faktor von mehr als einer Milliarde Mark dar. Dabei ist noch nicht der sogenannte Werbewert des Festes für die Stadt berücksichtigt, der nicht monetär erfaßbar ist.

Auf dem Fest selbst gibt der Besucher im Schnitt 74,- DM aus. Das entspricht einem Gesamtbetrag von rd. 440 Millionen Mark, die auf der Theresienwiese gelassen werden. 10 Prozent der Besucher geben kein Geld aus und sind "Sehleute". Für Übernachtung, Verpflegung, Einkäufe, Taxifahrten oder die Benutzung der öffentlichen Verkehrsmittel kommen weitere 370 Millionen dazu. Addiert man die Anreisekosten der auswärtigen Besucher dazu, kommt man auf insgesamt über eine Milliarde Mark *(Angaben auf der Grundlage des Markt- und Meinungsforschungsinstituts Dr. Reuter).*

Diese sozio-ökonomischen Zahlen stehen im Zusammenhang mit den Besucherzahlen, die von der Festleitung ermittelt werden. Dazu gibt es eine neuere wissenschaftliche Studie des *Münchner Verkehrs- und Tarifverbundes (MVV)* aus dem Jahr 1994, die bestätigte, daß die zuvor oft angezweifelten Zahlen zum Besucheraufkommen korrekt sind.

Abb.1:

Oktoberfestbesucher 1972 bis 1994

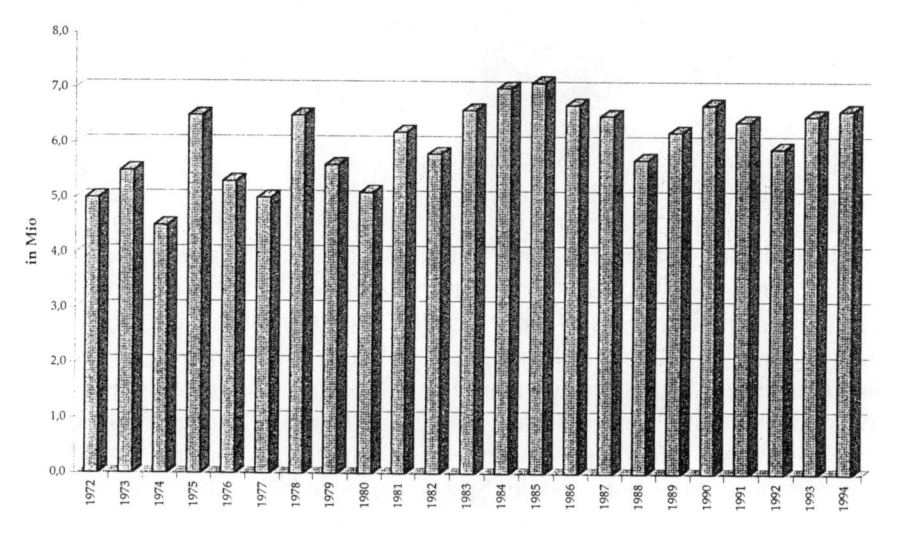

Demnach besuchten zwischen 6,6 Millionen (Festleitung) und 6,684 Millionen *(MVV)* Menschen das Oktoberfest 1994.
Ferner ist der Studie zu entnehmen, daß das größte Volksfest der Welt großen Anklang bei der jüngeren Generation findet: Ein Viertel der Besucher ist - laut Studie - zwischen 20 und 29 Jahren. Jeweils ein Fünftel wird den Altersstufen zwischen 30 und 39 zugerechnet - bzw. zwischen 40 und 49 Jahren. Ein gutes Fünftel ist 50 Jahre oder älter.

Mehr Männer als Frauen folgten der Aufforderung "Auf geht's zur Wiesn"; der männliche Anteil an "Wiesn"besuchern lag bei 55% gegenüber 45% weiblichen "Wiesn"-Fans. Durchschnittlich besuchte man das Oktoberfest dreimal. Etwas öfter ließen sich die Besucher blicken, die per pedes unterwegs waren, nämlich fünfmal. Der größte Teil der Oktoberfestbesucher (40 %) kam zu zweit. Nur 9 % der Besucher begaben sich alleine ins Vergnügen.

Abb. 2:

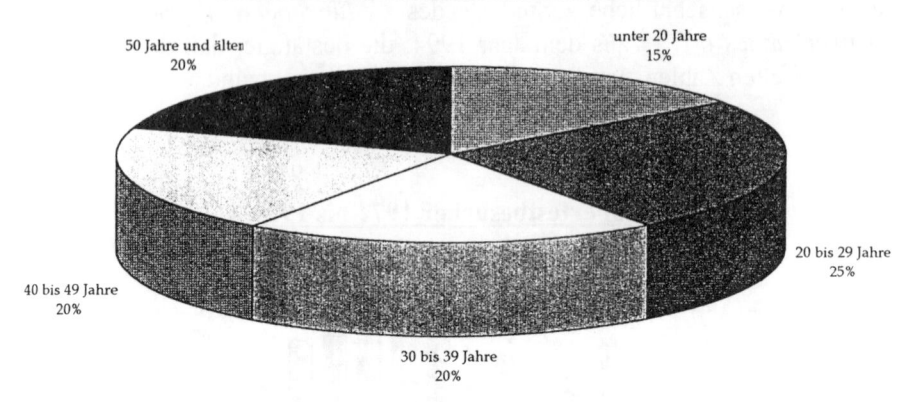

Altersstruktur der Oktoberfestbesucher

- 50 Jahre und älter: 20%
- unter 20 Jahre: 15%
- 20 bis 29 Jahre: 25%
- 30 bis 39 Jahre: 20%
- 40 bis 49 Jahre: 20%

Hinsichtlich der Nationalität der "Wiesnbesucher" konnten die Interviewer 8% - das sind 550.000 - Gäste aus dem Ausland feststellen, 86% wurden als Deutsche quantifiziert. Angeführt wird die Liste der ausländischen Besucher von den Gästen aus den Nachbarländern Österreich und Schweiz. An dritter Stelle stehen die Besucher aus den USA. Die Ausländerquote ist eventuell höher anzusiedeln, denn 6% der befragten "Wiesn"-Besucher gaben den Interviewern auf der Theresienwiese keine Antwort, wobei der Anteil bei ausländischen Gästen aufgrund der Sprachbarriere relativ höher liegen dürfte.

Abb. 3:

Wohnorte der Oktoberfestbesucher

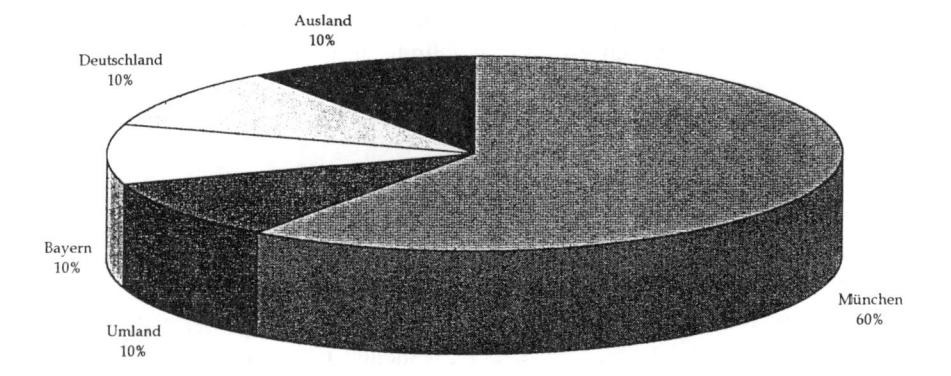

- Ausland: 10%
- Deutschland: 10%
- Bayern: 10%
- Umland: 10%
- München: 60%

Die Mehrzahl der Oktoberfestbesucher stammt aus Bayern. 60% leben im Stadtgebiet München und davon 36% innerhalb sowie 24% außerhalb des Mittleren Rings. 10% kommen aus den Umlandgemeinden, die mit dem *MVV* erreichbar sind. Weitere 10% sind aus dem gesamten bayerischen Raum außerhalb der Landeshauptstadt. Schließlich reist ein Zehntel der Oktoberfest-Besucher aus den Bundesländern jenseits der bayerischen Grenzpfähle an.

5.4 Die Organisation des Festes

Für die Planung und Organisation des Festes wird das gesamte Jahr benötigt. Nach Abschluß und Abbau des aktuellen Oktoberfestes erscheint alljährlich im November die Ausschreibung für das Oktoberfest des kommenden Jahres im Amtsblatt der Landeshauptstadt München und in der Fachzeitschrift für das Schausteller-und Reisegewerbe "Komet". Die Bewerbungen um einen Standplatz müssen bis 31. Januar eingereicht werden. Etwa 1.500 Bewerbungen erreichen jedes Jahr das Amt, wobei ca. 700 Bewerbungen berücksichtigt werden können.

Die Auswahl erfolgt nach dem Prinzip "bekannt und bewährt". Die Bewerber für die einzelnen Bereiche geben auf Formblättern wichtige Daten zu den von ihnen betriebenen Geschäften an, die den Mitarbeitern der Veranstaltungsabteilung die Beurteilung für eine Zulassung ermöglichen. Vorrangig werden in München ansässige Bewerber berücksichtigt. Die ausgewählten Bewerber werden dem Wirtschaftsausschuß des Stadtrates dann zur endgültigen Entscheidung vorgelegt.

Für die Dienststellen, die zusammen mit dem Fremdenverkehrsamt für einen reibungslosen Ablauf des Festes sorgen, werden auf dem Behördenhof des Festplatzes eigene Büros eingerichtet:
- Kreisverwaltungsreferat
- Polizei
- Jugendamt
- Fundamt
- Rotes Kreuz (Sanitätsstation und Betreuungsstelle für verlorengegangene Kinder)
- Finanzamt
- Wasser- und Elektrizitätsversorgung
- Feuerwehr
- TÜV
- Bankfiliale

Der Aufbau des Oktoberfestes beginnt jedes Jahr bereits im Juli nach einem exakt vermessenen Aufbauplan; als erstes ziehen die großen Festhallen der Münchner Traditionsbrauereien auf, denen Zug um Zug bis kurz vor Festbeginn die übrigen Beschicker folgen. Wichtig ist hierbei das harmonische **Gleichgewicht zwischen Hightech und Nostalgie**. Auf Traditionsgeschäfte wird bei der Gestaltung des Oktoberfestes besonderer Wert gelegt. Es gibt Betriebe, die sonst auf keinem Festplatz mehr zu finden sind (z. B. die Krinoline, das kleine Russenrad, der Schicht'l, der Flohzirkus, die Hex'nschaukel oder der Toboggan).

Abb. 4:

Oktoberfestbeschicker 1994

Art des Betriebes	Anzahl
Feinkoststände	174
Süßwarenstände	137
Souvenirstände	107
Schieß- und Wurfbuden	86
Gastronomische Betriebe	63
Fahrgeschäfte	48
Schau- und Belustigungsgeschäfte	26
Sonstige Betriebe (z.B. Glückshafen)	26
Kindergeschäfte	22

Innerhalb der Stadtverwaltung zählt das Oktoberfest zu den gewerblichen Betrieben, die ihre Kosten selbst erwirtschaften und sogar einen kleinen, im Rahmen der gesetzlichen Vorgaben, Gewinn für die Stadtverwaltung einspielen. Der jährliche Etat beläuft sich auf rd. 6 Millionen Mark, wovon ca. dreiviertel durch Platzgeldeinnahmen gedeckt werden. Weitere Einnahmen erzielt man durch Anschluß- und Leitungsgebühren sowie durch Lizenzeinnahmen. Gerade dieser Bereich soll in Zukunft ausgebaut werden.

5.5 Zur Entwicklung eines umweltverträglichen Festes

Das Münchner Oktoberfest gilt auf internationaler Ebene als Vorbild für die umweltverträgliche Gestaltung von Großveranstaltungen. Seit 1991 sind Betriebsvorschriften gültig, die u.a. eine erhebliche Reduzierung von Müll zur Folge hatten. Beim Vergleich der Abfallmenge von 1989 von ca. 840 Tonnen mit der Abfallmenge von 1994 von ca. 480 Tonnen, wird eine Reduzierung von fast 40 %erkennbar. Folgende Regeln der Betriebsvorschriften tragen zur Abfallreduzierung bei:

- Es muß ausschließlich Mehrweggeschirr und-besteck verwendet werden.
- Limonadengetränke dürfen nur in Mehrwegflaschen gegen ein Mindestpfand von 1,-DM abgegeben werden.
- Die Abgabe von Getränken in Dosen ist gänzlich untersagt.
- Bei der Anlieferung von Lebensmitteln und Bierkrügen sollen - soweit möglich - wiederverwendbare Transportbehältnisse benutzt werden (Ausnahme nur dann, wenn hygienerechtliche Vorschriften dagegen sprechen, z.B. bei Tiefkühlkost).
- Alle Abfälle müssen sortiert und die Wertstoffe in die dafür vorgesehenen Sammelbehälter gebracht werden. Hierfür stellt das Fremdenverkehrsamt acht Preßcontainer für Papier und Kartonagen und je sechs Iglus für Weißglas und Grünglas auf. Die gastronomischen Großbetriebe entsorgen ihr Altglas über eigene Container.
- Die anfallenden Küchen- und Speisereste sind getrennt zu erfassen und der gesonderten Verwertung zuzuführen (Tierkörperverwertung etc.).
- Für die Entsorgung des nicht recyclingfähigen Restmülls stellt das Fremdenverkehrsamt weitere elf Preßcontainer auf, zu deren Betreuung eigens ein Ordnungsdienst engagiert wurde.
- Erstmals werden in diesem Jahr auch zwei Preßcontainer für Holzabfälle und Weißblech angeboten.

Die auf der "Wiesn" zugelassenen Betriebe verfügen über eigene Spüleinrichtungen, so daß keine zentrale Einrichtung geschaffen werden mußte.

Als flankierende Maßnahme werden die Besucher des Oktoberfestes stets über die Presse gebeten, für die im Zuge des Umweltschutzgedankens erforderlich gewordenen Maßnahmen, insbesondere auch für die Flaschenpfanderhebung, Verständnis aufzubringen.

5.6 Die kommerzielle Vermarktung des Oktoberfestes

5.6.1 Logo und Merchandising

Erstmals wird zum Oktoberfest 1995 ein extrageschaffenes **Logo** für die kommerzielle Vermarktung des Festes sorgen. Dieses Logo wurde von dem renommierten britischen Designer *Alan Fletcher* geschaffen und ist patentrechtlich geschützt.

Abb. 5:
Das Oktoberfest-Logo

Das Logo für das größte Volksfest der Welt - zwei lachende Maßkrüge - ist ein Symbol mit hohem Wiedererkennungswert. Die "Wiesn" soll als ein Stück Münchner Kulturgut in geschützter Form weltweit exportiert werden. Das Oktoberfest-Logo ist das **Gütesiegel**, das für Authentizität bürgt. Die markenrechtlich geschützte Wort-Bildmarke Oktoberfest München darf nur nach Zahlung einer Lizenzgebühr verwendet werden.

- **Merchandising**

Auf der Wiesn 1995 wird das Logo dem Besucher vielfach entgegenlachen (am Eingang, in den Bierzelten, sogar auf den Hendlmarken) um es im Bewußtsein, auch der Millionen Fernsehzuschauer, zu verankern. Die Firma *OM* wird in einem eigenen Stand Souvenirs mit dem Qualitätssiegel Oktoberfestlogo anbieten.

Krüge, Tassen, T-Shirts, Spiele, Bücher, Anstecker, Münzen, Videos, CDs mit Wiesn-Hits - die Einsatzmöglichkeiten des Logos sind vielfältig. Darüber hinaus ist geplant, das Oktoberfest mit original Wiesn-Zelt, Blasmusik und Bier weltweit auf die Reise zuschicken.

Jedes Produkt, jede Promotion oder PR-Aktion muß von der Landeshauptstadt lizensiert werden. Die Vermarktungsfirma ist exklusiv sowohl mit der Akquisition als auch dem Merchandising betraut. Sie überwacht die Herstellung der Produkte und deren Qualität. Beauftragte Subunternehmen unterliegen den gleichen Auflagen.

Die Höhe der **Lizenzgebühren** wird jeweils frei vereinbart. Teilweise werden Zahlungen auch in Form von Naturalien geleistet (z.B. Lieferung von Bierkrügen für Repräsentationszwecke). Insgesamt wurden für 1995 ca. 500.000 DM an Lizenzeinnahmen erwartet. Die Verwendung der Gelder kommt zum einen Teil dem Fest und andererseits der touristischen Werbung für München zugute.
Beispiele für die Höhe der Lizenzgebühren:
- 6.000 DM für ein Lebkuchenherz-Logo
- bis zu mehr als 100.000 DM für Schirmmützen-Logo

In Deutschland wurde das Logo in 21 Warenklassen hinterlegt. Zur Zeit erfolgt die internationale Anmeldung in den 20 wichtigsten Industrieländern der Welt unter Berücksichtigung der touristischen Hauptquellmärkte der Landeshauptstadt, u.a. Europa, USA, Japan, Australien, Hongkong, China, Kanada, Brasilien, Taiwan, Südafrika und Korea.

Das vertraglich festgelegte volle Mitspracherecht der Landeshauptstadt München garantiert die **kontrollierte Vermarktung** des seit 1810 veranstalteten Oktoberfestes bei Wahrung seiner Identität.

5.6.2 Verkaufsförderung und Public Relations

Weltweit gibt es mehr als 2.000 Nachahmungen des original Münchner Oktoberfestes. Die hauptsächlichen Träger sind Luftfahrtgesellschaften, Hotels und die diplomatischen und konsularischen Vertretungen der Bundesrepublik Deutschland im Ausland. Aber auch verschiedene Städte (Peking, Tokyo etc.) und sonstige gastronomische und touristische Organisationen führen Oktoberfeste durch. Damit ist dieses Fest ein Exportartikel, der in Tokyo ebenso bekannt ist wie in New York oder in Brisbane. Insgesamt steht für das Oktoberfest im Fremdenverkehrsamt ein relativ geringer Betrag, nämlich nur rd. 80.000,- DM, für die eigentliche Werbung zur Verfügung. Allerdings bewirkt die Tatsache, daß Stadt und Fest eine Symbiose eingegangen sind, daß das Fest in der gesamten Stadtwerbung mit vermarktet wird. Stadt und Fest sind hier so eng verbunden wie wohl nirgendwo. Hier hat das Volksfest auch das Image einer Stadt geprägt.

Insgesamt veranstaltet das Fremdenverkehrsamt rd. 100 Präsentationen im Jahr rund um den Globus. Das sind

- Workshops
- Pressekonferenzen
- Einzelakquisitionen
- Großpräsentationen
- Münchenwochen
- Publikumsveranstaltungen
- Fachveranstaltungen für Multiplikatoren (wie Reisebüros und Kongreßveranstalter)
- Gemeinschaftswerbung mit Oberbayern, Bayern und den bundesdeutschen touristischen Organisationen.

Die Werbemittel erscheinen in 21 Sprachen und orientieren sich an einem mittelfristig angelegten Promotionplan, der die wichtigsten Zielgruppen-Länder berücksichtigt.

Ein neuer Weg der Werbung und Informationsdarbietung wurde in diesem Jahr mit der Präsentation Münchens und speziell des Oktoberfestes im **Worldwide Web**, dem multimedialen Dienst im weltumspannenden **Internet**, beschritten. Umfangreiche Informationen und Bilder, wahlweise in deutscher oder englischer Sprache, stehen rund um die Uhr unter der Adresse **"www.bayern.de/muenchen"** abrufbereit zur Verfügung. Als besonderes "Schmankerl" werden drei kurze Videosequenzen zum Oktoberfest angeboten.
Die internationale Resonanz auf dieses zukunftsträchtige Informationsangebot ist äußerst positiv. Bereits in den ersten drei Monaten nutzten mehrere Hunderttausend Internetteilnehmer die Möglichkeit, sich über München und die "Wiesn" zu informieren und auch einen optischen Eindruck vom größten und berühmtesten Volksfest der Welt zu bekommen.

Gleichbedeutenden mit den Verkaufsförderungsmaßnahmen ist die Öffentlichkeitsarbeit für das Oktoberfest. Diese erstreckt sich insbesondere auf

- die Organisation von Pressekonferenzen,
- die Herausgabe von Pressetexten in den verschiedenen Sprachen und
- die Einrichtung einer eigenen Pressestelle in einem alten Schaustellerwagen auf dem Oktoberfest.

Hier werden während jedes Oktoberfestes rund 1.000 Journalisten aus aller Welt betreut, und hier schließt sich innerhalb des Fremdenverkehrsamtes dann der Kreis vom Volksfest zur Stadtwerbung in einem einmaligen Synergieeffekt. Festorganisation und Stadtwerbung sind in einer Hand, das Volksfest ist Teil des Stadtbildes und die selbe Institution ist in allen Stufen von der Organisation bis zur Vermarktung dieses großen Festes eingeschaltet.

6. Museumsmanagement
von Dr. Christoph Becker, Professor für Fremdenverkehrsgeographie
und Susanne Höcklin, Dipl. Geographin, Universität Trier

6.1 Museen im Aufwind

"Museen im Aufwind" charakterisiert treffend den allgemeinen Tenor der aktuellen Museumsdiskussion: Museen gehören heute mehr denn je zur unverzichtbaren **kulturellen Grundausstattung einer Stadt**, Museen sind derzeit weltweit "in". Die Popularität der Museen, die auch zu einer wachsenden Anzahl an Publikationen von Museumsfachleuten, Wirtschaftswissenschaftlern und Kulturpolitikern geführt hat, erklärt sich aus der folgenden Statistik:

Abbildung 1:
Entwicklung der Besucher- und Museumszahlen von 1981 bis 1989
(Bezugsgrundlage: alte Bundesländer)

	Anzahl					jährliche durchschnittl. Veränderungen in %
	1981	1984	1986	1988	1989	1981/1989
Museen	2.076	2.025	2.185	2.624	2.813	3,4
Museen mit Angaben über Besucherzahlen	1.391	1.586	1.763	2.107	2.301	6,1
Besuche in Mio.	54,2	65,7	62,4	66,4	70,0	2,9

Quelle: Hummel 1992, S. 156

Wie diese Zahlen belegen, kann jedenfalls in den 80iger Jahren von einem wirklichen Museumsboom gesprochen werden: Sowohl die Anzahl der Museen als auch die Zahl der Besucher haben sich um ein knappes Drittel erhöht.

Wenn auch eine derartige Zahlenübersicht nach Hintergründen und weitergehenden Erklärungen verlangt, so ergibt sich bereits allein aus der quantitativen Entwicklung in der aktuellen Museumslandschaft heraus ein Handlungsbedarf. Die aufgezeigten Trends verlangen ein sensibles Steuern, ein Eingreifen von Seiten der Verantwortlichen, um aus diesem Boom in jeder Hinsicht Gewinn zu erzielen und der Gefahr eines "Museumswildwuchses" entgegenzuarbeiten. Welcher Art ein lenkendes Eingreifen sein kann, ist Thema dieses Beitrages.

6.1.1 Kritische Würdigung aktueller musealer Trends

Der ausgeprägteste Trend in der Museumsentwicklung der jüngsten Vergangenheit zeichnet sich sicherlich in dem soeben skizzierten Anstieg der Museumshäuser sowie der Zunahme der Besucherzahlen ab. Um jedoch aus dieser Erscheinung Maßnahmen abzuleiten, bedarf es einer kritischen Reflexion der statistischen Daten. 737 zusätzliche Museen sowie 15,8 Mio. Besucher mehr als neun Jahre zuvor sind zwar eindrucksvolle Größen, sie relativieren sich aber vor dem Hintergrund der jeweils zugrundeliegenden Erhebungsgesamtheit. So ist schwer auszumachen, wieviele Museen tatsächlich auf Neueröffnungen zurückzuführen sind, wieviele hingegen auf eine verbesserte statistische Ausschöpfungsrate. Auch der Anstieg der Besucherzahlen darf nicht als absoluter Zuwachs interpretiert werden. Die zur Untersuchung herangezogene Basis veränderte sich insofern, als sich 1989 die Museen mit Angabe über Besucherzahlen im Vergleich zu 1981 mehr als verdoppelt hatten (*siehe Spalte 2 der Abbildung 1*).

Neben dem zahlenmäßigen Anstieg der musealen Einrichtungen weiten sich inhaltlich betrachtet deren Thematiken aus. Der Trend geht hin zu **Naturwissenschaft und Technik** bzw. zu sehr **speziell orientierten Ausstellungsthematiken** (*Mensendiek 1993, S. 36*).

Auch in der Art und Weise der Präsentation ist ein Wandel erkennbar. Die Anforderungen an die Darbietung der Exponate nehmen zu, worauf viele Museen mit Sonderausstellungen und Extraveranstaltungen reagieren. Dies ist ein beliebter Weg, um schnell ein großes Publikum anzuziehen sowie die Aufmerksamkeit der Medien auf sich zu lenken. In Fachkreisen wird dagegen eine Vernachlässigung langfristig angelegter Basisarbeit befürchtet zugunsten eben dieser sogenannten "Eventkultur" für Museen.

Ein weiteres Merkmal der Museen von heute ist ihre schwach ausgebildete ökonomische und konzeptionelle Basis. Dies macht sie angreifbar gegenüber Druck von außen, sei es von politischer Seite, die von Prestigedenken geprägt das Museum als Mittel zum Erreichen ihrer Ziele nutzt, oder sei es von seiten Privater, die über ihr Kapital bzw. über Schenkungen eine gewisse Macht oder Mitspracherechte erlangen können.

Fehr (1994 S. 12) bezeichnet die Rolle der Museen als zunehmend mehrdimensional. Direkt und indirekt am Markt teilnehmend, als Non-Profit-Organisationen und besonders auf dem Kunstmarkt mit großen Summen operierend, sind sie weder eindeutig abzugrenzen noch einer Kategorie von Unternehmen zuzuordnen.

Dies zeigt sich auch in bezug auf die Beschäftigten im Museum. Das Museum als Arbeitsplatz ist im Vergleich zu anderen Institutionen sehr ungenau definiert. So werden zum Beispiel die im Museum Tätigen von den Gewerkschaften nicht als eigene Berufsgruppe wahrgenommen, es existieren weder feste Berufsbilder noch Ausbildungsregelungen. Nicht nur die fehlenden Merkmale eines Museums-Berufsprofils sind kritisch zu bewerten, Kritik gilt ebenso der absoluten Anzahl an Stellen schlechthin. *Borger (1991, S. 49)* formuliert diesbezüglich, kein Organisationsamt (Hauptamt) einer Stadt würde es ertragen wollen, mit der Personalausstattung auszukommen, mit welcher die Museen auskommen müßten.

Auch diese vorgestellten inhaltlichen Merkmale der gegenwärtigen musealen Situation erfordern eine Reaktion. Noch steigen die Zahlen der Museumsgründungen, noch ist das Wort "Museumsboom" unangezweifelt in aller Munde. Doch nur mit einem Bewußtsein für die ebenfalls existierenden Schwachpunkte innerhalb der Museumsstruktur können Verbesserungen vorgenommen werden. Nur mit dem Wissen um ökonomische, politische und organisatorische Probleme kann gezielt gesteuert werden und somit die positive Entwicklung der wachsenden Museen unterstützt und beibehalten werden. Auf das "Wie" des Eingreifens könnte wiederum ein durchdachtes Museumsmanagement eine Antwort geben.

6.1.2 Die Bedeutung der Museumsentwicklung für Stadt und Tourismus

Ein Museum gibt kulturelle Impulse, die die Lebensqualität der Menschen in seinem Einzugsbereich erhöhen. Museale Einrichtungen sind in der Lage, Stadträume zu gliedern bzw. Stadträume aufzuwerten. So kann ein Ausstellungshaus, von Grünanlagen umgeben, als Zielpunkt von Rad- und Fußwegen oder als Blickpunkt auf Plätzen Stadtstrukturen betonen. Museumsarchitektur vermag die Attraktivität von Quartieren zu erhöhen. Besonders größere Ausstellungshäuser ziehen Einrichtungen spezifischer Konsummöglichkeiten oder kulturelle Aktivitäten nach sich, die eine Region oder ein Stadtviertel beleben - und dies nicht nur in bezug auf ihren Freizeitwert.

Auch die Wirtschaft profitiert zunehmend von kultureller Aktivität. Dienstleistungs- und Einzelhandelsunternehmen verbuchen höhere Umsätze dank eines durch die kulturelle Einrichtung angezogenen Publikums. Am Ende der durch Kultur initiierten Wirkungskette können die Immobilienwerte eines Quartiers steigen.

Im Zusammenhang mit dem gezielten Einsatz von Kultur als Mittel zur Aufwertung von Räumen, Kommunen oder Vierteln ist auch der Imagebegriff ein zentrales Thema. So sind Namen von Städten oder Landstrichen erst über die Assoziation mit einem berühmten Ausstellungshaus, einer Galerie oder einem Schloßmuseum in das Bewußtsein einer breiteren Masse gelangt. Hildesheim zum Beispiel, eine 100.000-Einwohnerstadt Niedersachsens, erfreut sich einer deutschlandweiten Bekanntheit vor allem aufgrund seiner berühmten Sonderausstellungen des *Roemer- und Pelizaeus-Museums*. Zu Paris gehört der *Louvre* wie zu München das *Deutsche Museum* oder zu London *Madame Toussauds*.

Museums- und Besucherzahlen steigen also nicht unbemerkt oder isoliert in die Höhe, sie beeinflussen vielmehr verschiedenartigste Wirkungsketten, formen Assoziationen mit Museumsorten, deren Bekanntheitsgrad und wirtschaftliche Struktur. Und genau dies ist ein Phänomen, das für die Branche des Kulturtourismus von nicht unwesentlicher Bedeutung ist, eine Branche, die von kulturinduziertem Image oder Bekanntheitsgraden ihrer Zielgebiete lebt.

Der Kulturtourismus hat sich in der Reiselandschaft zu einer eigenen Größe entwickelt, für die wiederum die museale Einrichtung, neben diversen Sehenswürdigkeiten, Bauwerken, Theatern, Veranstaltungen usw. einen essentiellen Bestandteil darstellt.
Auch der Kulturtourismus "boomt", glaubt man den Statistiken. So haben 1991 knapp zwei Drittel deutscher Touristen *(Erhebungen der Reiseanalyse des Studienkreises für Tourismus)* im Rahmen ihres Urlaubes Bauwerke, Sehenswürdigkeiten und Museen besichtigt. Von 1981 bis 1990 erhöhte sich der Anteil der klassischen Bildungsreisen an den Haupturlaubsreisen von 6 % auf 17,5 %.

6.1.2.1 Zur Bedeutung musealer Einrichtungen für den Kulturtourismus

Die Tatsache, daß ein Museum ein bedeutender Anziehungspunkt für kulturinteressierte Touristen ist, steht außer Frage. Problematisch wird es hingegen, diese touristische Bedeutung musealer Einrichtungen verallgemeinernd mit Zahlenmaterial zu belegen. Dies liegt einerseits an statistischen Erfassungsschwierigkeiten, andererseits an der Uneinheitlichkeit der Museumslandschaft an sich.

Im Kulturtourismus ist die Erfassung der Besucher aufgrund typischer kurzer Aufenthalte mit besonderen Schwierigkeiten verbunden; erst ab einer Übernachtung kann auf die Daten der amtlichen Fremdenverkehrsstatistik zurückgegriffen werden. Auch das Erfragen des eigentlichen Reisegrundes wirft Probleme auf. Häufig überlagern sich verschiedene Motivationen, oder es fehlt das klare Bewußtsein für den Reisegrund.

Hier haben Einzelerhebungen von Museumshäusern durchaus ihren exemplarischen Wert. So wurde zum Beispiel im Zuge einer Studie für fünf Nürnberger Museen (*Huntzelmann 1989, S. 93*) gezielt nach den Reisemotivationen der auswärtigen Besucher gefragt. Es waren 60 % der Besucher ausschließlich nach Nürnberg gekommen, um das betreffende Museum zu besichtigen.

In Goslar wurde die Altstadt mit den Bergwerksanlagen des Rammelsbergs von der *UNESCO* zum Weltkulturerbe der Menschheit ernannt. Das dortige *Rammelsberger Bergbaumuseum* besuchten nach einer Marktanalyse von *Dreyer (FH Harz)* zu
- 33% Langzeiturlauber (Reisende, die fünf und mehr Tage unterwegs sind)
- 26% Kurzurlauber (zwei bis vier Tage)
- 33% Tagestouristen
- 8% Einheimische.
(Vgl. Dreyer 1994c, S.23)

Derartige museumsinterne Untersuchungen lassen jedoch keine Rückschlüsse auf die touristische Bedeutung der heterogenen Museumslandschaft im allgemeinen zu. Kleinere Heimatmuseen können in touristisch genutzten Gebieten als Fremdenverkehrsfaktor von besonderer Relevanz sein, in der lokalen Nutzung jedoch fast keine Rolle spielen. Ein gleich strukturiertes, kleineres Regionalmuseum in einer nicht ausgesprochen touristisch geprägten

Gegend ist hingegen wenig bis gar nicht in der Lage, einen Beitrag zum Fremdenverkehr zu leisten.

6.1.2.2 Vorschläge zur Zusammenarbeit zwischen Museen und Touristikern

Da den Kulturtouristikern angesichts der eingangs skizzierte Zunahme der Museen und ihrer Besucher die Bedeutung vieler musealer Einrichtungen bewußt ist, besteht ein Bestreben zur partnerschaftlichen Zusammenarbeit zwischen Tourismus-Verbänden und Museumsleitungen, für die *Mensendiek (1993, S. 41)* folgende konkrete Umsetzungsmöglichkeiten vorschlägt:

- Schaffen von sogenannten Lobby-Koalitionen zwischen Vertretern des Fremdenverkehrs und der Kultureinrichtungen, um deren Position gegen- über Kommunen, Regionen und Geldgebern zu stärken;
- Herstellen von Kontakten auch auf Regionalebene, Kreisebene und auf lokaler Ebene;
- Einbinden der Museumsfachleute in kommunale Planung;
- Organisation gemeinsamer Seminare, Praktika oder Hospitationen vor allem zu den Themen Marketing, Kommunikation und Werbung.

Eine Form der Annäherung zeigt sich in der Tatsache, daß 1993 der *Deutsche Fremdenverkehrsverband* einen Kulturausschuß eingerichtet hat, in dem neben Verbandsgeschäftsführern auch ein Vertreter des *Deutschen Museumsbundes* integriert ist.

Auch diese Schritte, die ein Museum in Richtung einer Kooperation mit touristischen Partnern unternimmt, könnten ihre Verankerung und praktische Umsetzung im Rahmen eines Museumsmanagement-Konzeptes erfahren.

6.2 Management als Antwort auf die aktuelle Museumssituation

Management wird als Gestaltung und Lenkung zweckorientierter sozialer Systeme definiert *(vgl. Ulrich 1987, S. 13)*. Außer betriebswirtschaftlichen Aspekten verleihen psychologische, soziologische, soziale und soziokulturelle Komponenten dem Management-Phänomen einen interdisziplinären Charakter (*Heinrichs 1993, S. 2*).

Gegenstand einer managementorientierten Betriebsführung sind u. a.
- die Herausbildung einer Museums-Philosophie
- die strategische Positionierung
- die Mitarbeiterführung
- die Organisation
- die Gestaltung der operativen Maßnahmen

Im Zusammenspiel von Management und Kultur bedient sich die Kultur eines planvollen, öffentlichen und ökonomisch orientierten Handelns sowie kommunikativer, technologischer, organisatorischer, rechtlicher sowie wirtschaftlicher Bedingungen, um sich optimal entfalten zu können (*Rauhe 1994, S. 6*). Management fungiert als Mittel, um konkrete künstlerische und kulturelle Leistungen zu ermöglichen und eine Infrastruktur zu erstellen, die für künstlerische, soziale, politische, pädagogische und psychologische Ziele von Kultur eine Voraussetzung schafft (*Heinrichs, 1993, S. 10*).

Auch für die Institution Museum könnte ein managementgeprägter Weg in die Zukunft eine effektive Reaktion auf den skizzierten Museumsboom sein und zugleich eine Antwort auf ebenfalls existierende negative Szenarien. *Spielmann (1994, S. 288*) geht sogar soweit zu formulieren: **"Ein Museumschef ohne Beherrschung des Managements ist heute bereits ein Anachronismus"**.

In welchen Bereichen ist es der kulturellen Einrichtung des Museums konkret möglich, die Instrumente des Managements auf ihre Belange zugeschnitten einzusetzen?
Zu den entscheidenden und für ein durchdachtes Museums-Management geeigneten Ansatzpunkten zählen vor allem Erwerbungstätigkeit, Bau und Präsentation, Ausstellungen sowie Didaktik und Pädagogik (*Spielmann, 1994, S. 284*) .

- **Erwerbungstätigkeit:**

Erwerbungen sind für ein Museum mit Kosten verbunden, die oft die finanziellen Möglichkeiten desselben übersteigen. Neben den fachlichen Kompetenzen, einem qualifizierten Urteilsvermögen beim Einkauf neuer Ausstellungsstücke, sind Managementfähigkeiten erforderlich, die Ankäufe zu reellen Konditionen möglich machen. Hier gilt es, sich für Staatszuschüsse oder Lottogelder einzusetzen bzw. Anreize für Sponsoren zu schaffen. Eine ökonomisch effiziente Erwerbungstätigkeit schafft Respekt bei Donatoren und Politik.

- **Bau und Präsentation:**
Auch bei der Darbietung der musealen Sammlung ist die Kombination von Fachwissen und managementorientiertem Handeln gefragt. Die fachgerechte Aufbewahrung der ausgestellten Gegenstände ist ebenso von Belang wie ein Verständnis für das Museumsgebäude und seine Möglichkeiten. *Spielmann* fordert "eine so weitgehende Beherrschung des Technischen, daß es unbemerkt dient, ohne ins Auge zu fallen" (*1994, S. 286*). Zusätzlich zu inhaltlichen Gesichtspunkten muß ein Museumsmanager in der Lage sein, für bauliche und architektonische Vorhaben Fachkollegen, politische Gremien, Presse und Lobbies für sich zu gewinnen.

- **Ausstellungen:**
Im Rahmen von Ausstellungen, die nur über einen begrenzten Zeitraum zu sehen sind, können andere, kurzlebigere Effekte eingesetzt werden, als dies bei permanenten Sammlungen der Fall ist. Ein Manager sollte in diesem Zusammenhang über fundierte Kenntnisse der Mittel und Techniken eines Marketingfachmanns verfügen, um den Erfolg der Ausstellung kalkulierbarer zu gestalten. Hier gehören die Organisation einer zeitlich gezielt eingesetzten Information und Werbung sowie die Steuerung von Sympathiekundgebungen der Medien zu seinen Aufgaben.

- **Didaktik und Pädagogik:**
Zielsetzung der Museumspädagogik ist der Versuch, Besuchern musealer Einrichtungen einen Zugang zu den Sammlungen zu verschaffen. Dies kann sich über Beschriftungen der Objekte, Wegweiser, Faltblätter, Kassettenführungen bis hin zu Filmen, Audiovision und Gruppenführungen realisieren lassen.

Theoretisch läßt sich der begriffliche Bezug zwischen Museum und Management plausibel beschreiben. Bei der Formulierung konkreter Umsetzungsvorschläge von Managementideen für die Praxis ist es jedoch nur schwer möglich, der Gesamtheit aller Museen gerecht zu werden. Der Anspruch auf Allgemeingültigkeit scheitert an der Heterogenität der deutschen Museumslandschaft. Jedes Museum hat neben seiner individuellen Ausstellung, seiner Größe oder seinem Umfeld seine ureigene Museumsvergangenheit. Es hat Ansprüche und Ziele, die aus seiner Geschichte heraus zu erklären sind, und es ist eingebunden in seine ländliche oder städtische, intellektuell geprägte oder eher weniger an Kultur interessierte Umgebung. Es muß daher vielmehr Wert auf individuell ausgearbeitete Ansätze gelegt werden, die den Charakteristika des jeweiligen Museums Rechnung tragen.

Grundlage des Managementgedankens ist ein Prozeß der aus folgenden Faktoren besteht:
1. Situationsanalyse
2. Planung
3. Umsetzung
4. Kontrolle.

Basis des Museumsmanagements ist demnach eine fundierte Situationsanalyse. Das Wissen um die Struktur der deutschen Museumslandschaft ermöglicht es, sich zu orientieren, die Positionierung des eigenen Museums vorzunehmen, Anregungen zu sammeln und objektiv urteilen zu können. Die folgenden Ausführungen nehmen zu diesem ersten Schritt im Prozeß des Museumsmanagement Stellung. Es folgen detaillierte Überlegung zur Umsetzung des Managementgedankens in ausgewählten Bereichen.

6.3 Situationsanalyse der deutschen Museumslandschaft

6.3.1 Die museale Entwicklung im Rückblick

Ein Blick in die historische Vergangenheit des Museums als Institution soll eine Basis schaffen, vor deren Hintergrund der heutige Stellenwert musealer Einrichtungen in einen Gesamtkontext eingeordnet und fundierter diskutiert werden kann. Aufbauend auf ihrer Geschichte wird ein Verständnis für die Funktion und Bedeutung der Museen in ihrer Entwicklung und ihrer Gegenwart geschaffen.
Museen sind ständig dem **Wechsel der Zeit** unterworfen. Vergangene Ziele und Formen des Sammelns wirken noch in unseren heutigen Museen fort, gegenwärtige politische und gesellschaftliche Strömungen prägen die aktuelle Museumslandschaft. Die Kenntnis derartiger Interdependenzen zwischen Historie, zeitlichen Strömungen und musealer Situation ist eine wichtige Voraussetzung für ein sensibles und effizientes Museumsmanagement.

Das Wort Museum geht auf das von Ptolemaios I. (304-285 v. Chr.) gegründete "Museion" zurück, ein Ort der Zusammenkunft für Philosophen. In der Zeit des Hellenismus entwickelte sich allmählich ein Gefühl für den rein künstlerischen Wert eines Kunstwerkes. Neben der religiösen Verehrung von Gegenständen, die in Tempeln oder Privathäusern gesammelt wurden, dem Zauber und der Magie dienten oder als Totenbeigaben in Gräbern gefunden wurden, repräsentierten Kultstatuen hellenistisches Kulturbewußtsein.
Im Mittelalter waren es dann fast ausschließlich religiöse Gesichtspunkte, die zum Sammeln veranlaßten. Seit dem 14. Jahrhundert wurden Reliquienkammern von Fürsten und Kirchen bereichert durch sogenannte Raritätenkabinette und Wunderkammern. Das Privileg des Sammelns war bis zu dieser Zeit den höheren Schichten vorbehalten (*Böhner, 1974, S. 88*).
Erst die Zeit der Aufklärung und das Gedankengut der französischen Revolution machten das Museum zu einer Einrichtung des öffentlichen Sammelns und schufen das Fundament für unser heutiges Museumsverständnis (*Reising, 1987, S. 1*). Das *Britische*

Museum (1753), die *Vatikanischen Sammlungen* (1779) oder der *Louvre* (1791) wurden mit dem Ziel einer allgemeinen Belehrung der Öffentlichkeit zugänglich gemacht.

Entwicklungen in Gesellschaft und Forschung prägten die Form des Museums. Während in Klassizismus und Romantik noch eine idealisierte Geisteshaltung die Ausstellungen bestimmte, erleichterten im folgenden Expeditionen und Ausgrabungen eine wissenschaftlichere Forschung. Neben dem Interesse für fremde Hochkulturen rückten Volkskunde der eigenen Breiten, Stadt- und Landesgeschichte, die Geschichte des Handwerks oder der ländlichen Baukunst in den Vordergrund. Die wissenschaftliche Arbeit der Museen gab den Anstoß zur Entstehung zahlreicher Forschungseinrichtungen wie der vor- und frühgeschichtlichen Archäologie, der regionalen Kulturgeschichte oder der Völkerkunde. Rein äußerlich dokumentierte sich die Leistung der kulturgeschichtlichen Museen in neuen Museumsgebäuden mit oft palastartigen Formen.

Um die Jahrhundertwende reagierte die Fachwelt auf die sich mittlerweile zwischen Publikum und Museum aufgebaute Distanz durch Versammlungen zu dem Thema "Museen als Volksbildungsstätte". Ein Museum sollte nicht mehr lebensfern, unverständlich und verstaubt wirken, die Bedürfnisse der Wissenschaft sollten wieder mit denen der Öffentlichkeit in Einklang gebracht werden (*Böhner, 1974, S. 90*).

Interessant ist hier ein fast hundertjähriger Sprung in die Gegenwart: Auch heute - und vielleicht gerade heute - ist die Thematik "Öffentlichkeit und Museum" wieder aktuell. Ein Grund für den Anstieg der Besucherzahlen in den Museen ist unter anderem der endgültig gelungene Abbau der noch aus dem 19. Jahrhundert stammenden Hemmschwelle gegenüber musealen Einrichtungen (*Borger, 1991, S. 45*).

Es zeigt sich immer wieder, wie eng museale Entwicklung und zeitliche Strömungen miteinander verwoben sind: "Jede Epoche schafft ihre Wissenschaft und jede Epoche schafft ihre Museen" (*Klein 1981, S. 22*). So hat zum Beispiel die marketingbestimmte Sichtweise der Gegenwart auch vor den Museen nicht Halt gemacht. Besucherforschung, Publikumsinteressen und Besucherzahlen sind für jeden Museumsdirektor von Interesse. Der mit Freude registrierte Museumsboom wird mittels Marktforschungsmethoden hinterfragt.

Nach außen hin manifestiert sich das gestiegene Interesse am Museum durch eine herausragende Architektur. Bauherren der Städte und Länder achten auf eine ästhetische Qualität, die das Gesicht und das Image der Stadt prägen.

6.3.2 Definition und Aufgaben heutiger Museen

Die Formulierung einer Museumsphilosophie setzt neben der Kenntnis ihrer Entwicklung und ihres gegenwärtigen Stellenwertes eine klare definitorische Abgrenzung einerseits des Begriffs Museum und andererseits der musealen Aufgaben voraus. Ein wichtiger, erster Schritt innerhalb eines Managementablaufs ist der Erwerb einer genauen Subjektkenntnis. 1978 grenzte der *Deutsche Museumsbund* den Museumsbegriff wie folgt ab:

- Ein Museum ist eine von öffentlichen Einrichtungen oder von privater Seite getragene, aus erhaltenswerten kultur- und naturhistorischen Objekten bestehende Sammlung, die zumindest teilweise regelmäßig als Ausstellung der Öffentlichkeit zugänglich ist, gemeinnützigen Zwecken dient und keine kommerzielle Struktur oder Funktion hat.
- Ein Museum muß eine fachbezogene Konzeption aufweisen.
- Ein Museum muß fachlich geleitet, seine Objektsammlung muß fachmännisch betreut werden und wissenschaftlich ausgewertet werden können.
- Die Schausammlung des Museums muß eine eindeutige Bildungsfunktion besitzen.

(Klein 1981, S. 38)

Ob eine Institution eindeutig einer musealen Einrichtung zuzuordnen ist oder nicht, ist vor allem für statistische Erhebungen relevant. Abhängig von der Definitionsgrundlage sind die unterschiedlichsten veröffentlichten Daten zur Museumslandschaft zu verstehen. Bei dem durch das Institut für Museumskunde operationalisierten Museumsbegriff bleiben zum Beispiel Schlösser, Sakralbauten oder Baudenkmäler ohne Sammlungsgut, Privatgalerien, Fachmessen oder Kunstmärkte unberücksichtigt, obwohl sie aus touristischer Sicht zum Teil erhebliche Relevanz besitzen.

Beispiel: Schloß Neuschwanstein als beliebtestes Touristenziel in der Bundesrepublik Deutschland.

Als Aufgaben eines Museums werden in der Literatur drei klassische Bereiche genannt:
- Sammeln und Bewahren
- Forschen
- Bilden

Eine moderne Ergänzung findet diese Auflistung durch die 1989 im Rahmen eines Gutachtens "Die Museen - Besucherorientierung und Wirtschaftlichkeit" formulierten Museumsziele. Neben den drei traditionellen Zielen bestehe die Aufgabe des Museums darüber hinaus in einem Beitrag zur **sinnvollen Freizeitgestaltung** und der **Steigerung der Anziehungskraft des Ortes** (*KGST 1989, S. 10*). Auch hierin spiegelt sich der bedeutende Einfluß der gesellschaftlichen Strömungen auf die museale Einrichtung wider. Das Museum fungiert als Antwort auf die zunehmende Bedeutung des Faktors Freizeit in unserer Gesellschaft und das Bestreben der Kommunen, sich im Konkurrenzkampf der Städte und Gemeinden untereinander durch ein positives Image zu profilieren.

6.3.3 Charakteristika der deutschen Museumslandschaft im Überblick

6.3.3.1 Regionale Verteilung der Museumseinrichtungen in Deutschland

In den neuen sowie in den alten Bundesländern ist die Museumsverteilung durch ein Nord-Süd-Gefälle geprägt. Sachsen und Thüringen weisen analog zu Baden-Württemberg und Bayern in puncto Museumsdichte ein engmaschiges Netz auf, während im Norden, in Mecklenburg-Vorpommern, Brandenburg und Schleswig-Holstein erheblich weniger museale Einrichtungen gezählt werden können.

Rein zahlenmäßig dominiert im vereinigten Deutschland das Museumswesen der alten Länder mit 3407 Museen gegenüber dem der neuen Länder mit 909 musealen Einrichtungen, entspricht aber dem jeweiligen Bevölkerungsanteil. Bayern ist das Bundesland, das mit 812 Museen eindeutig an der Spitze liegt. Um aussagekräftige Rückschlüsse auf die Angebotsqualität und Struktur der deutschen Museumslandschaft zu ziehen, ist es notwendig, obige, quantitative Daten unter Hinzuziehung ergänzender Faktoren zu bewerten. So wie der Bezug zur Größe eines Bundeslandes für eine Statistikauswertung eine Rolle spielt - so hat zum Beispiel Bayern rein geographisch mehr Raum für museale Einrichtungen als das Saarland - relativiert auch die Betrachtung der jeweiligen Größe und Art der Museen eine rein quantitative Interpretation. Eine gleiche Anzahl an Museen läßt keinesfalls auf eine identische museale Situation schließen.

Abb. 2:
Verteilung der Museen nach Bundesländern (1991)

Bundesland	Anzahl der Museen	Bundesland	Anzahl der Museen
Hamburg	46	Mecklenburg-Vorp.	115
Bremen	21	Berlin	122
Schleswig-Holstein	130	Brandenburg	131
Niedersachsen	457	Sachsen-Anhalt	134
Nordrhein-Westfalen	513	Thüringen	142
Rheinland-Pfalz	221	Sachsen	265
Hessen	387		
Saarland	51		
Baden-Württemberg	769		
Bayern	812		

Quelle: Zimmer, 1994, S. 20

6.3.3.2 Museumsarten und ihre Häufigkeit

Auf die Frage nach Sammlungsschwerpunkten, die die deutsche Museumslandschaft prägen, und auf deren Resonanz bei der Bevölkerung gibt nachfolgende Abbildung eine graphische Antwort. Ihr liegt eine Klassifikation des Instituts für Museumskunde zugrunde, die seit 1986 in Anlehnung an die *UNESCO*-Klassifikation neun Museumsarten voneinander abgrenzt.

Abb. 3:

Museen und Besuche nach Museumsarten 1989
(Angaben in Prozent)

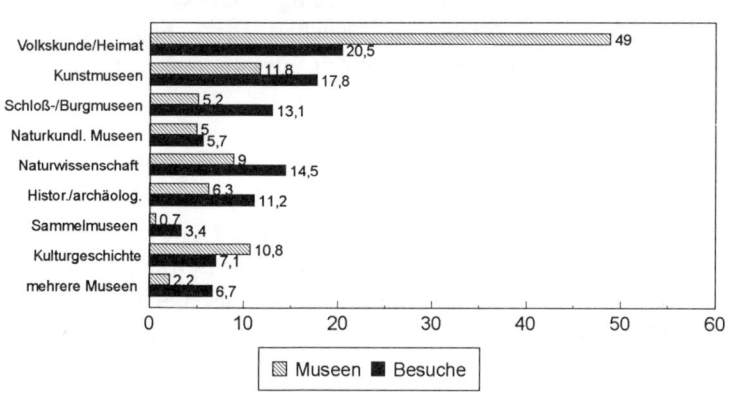

Museumsart	Museen	Besuche
Volkskunde/Heimat	49	20,5
Kunstmuseen	11,8	17,8
Schloß-/Burgmuseen	5,2	13,1
Naturkundl. Museen	5	5,7
Naturwissenschaft	9	14,5
Histor./archäolog.	6,3	11,2
Sammelmuseen	0,7	3,4
Kulturgeschichte	7,1	10,8
mehrere Museen	2,2	6,7

Quelle: Hummel, 1992, S. 155

Eine Betrachtung der markantesten Daten der einzelnen Museumsarten hinsichtlich ihrer Anzahl und ihrer Besucherzahlen zeichnet folgendes Bild: Die Volkskunde- und Heimatmuseen stellen die Hälfte aller Museumsarten in Deutschland und ein Fünftel aller Besuche. Etwa gleich hoch in der Publikumsgunst stehen dann die Kunstmuseen, die naturwissenschaftlichen Museen sowie die Schloß- und Burgmuseen, die jeweils etwa ein Siebtel der Museumsbesuche auf sich vereinigen. Auch diese Ergebnisse bedürfen einer kritischen Interpretation. Die Tatsache, daß die Volkskunde- und Heimatmuseen in der Besucherstatistik an erster Stelle rangieren, ist vor allem auf den großen Anteil dieser Sparte an der Gesamtzahl aller Museen zurückzuführen. Hierbei handelt es sich in erster Linie um kleinere Einrichtungen mit jeweils sehr niedrigen Besucherzahlen (*Zentrum für Kulturforschung 1991, S. 13*). Die Besucherzahlen der Kunstmuseen liegen unter denen der Volkskunde- und Heimatmuseen, obwohl erstere relativ gesehen sehr viel höher frequentiert sind, denn 17,8% aller Museumsbesucher entfallen auf eine Sparte, die nur einen Anteil von 11,8% am Gesamtvolumen der gezählten Museen stellt.

Diese Zahlenverhältnisse aufgreifend wird in den Berichten zur Kulturstatistik für die Gesamtheit der Verhältnisse "Museumszahl zu Besucheranzahl" eine interessante Gesetzmäßigkeit abgeleitet. Ausgehend von den vielen, aber im einzelnen nur schwach frequentierten Kleinmuseen[1] ergibt sich eine umgekehrt proportionale Verteilung zwischen der Zahl der Museen und der Dimension ihres Jahresbesuchs: Jedes einzelne der vielen kleinen Museen weist nur eine geringe Besucherzahl auf. Diese Erkenntnis bestätigt sich bis zu einer Größenordnung von etwa 25.000 Besuchern. Danach kehrt sich das Verhältnis um: Die wenigen großen Museen können jeweils eine besonders hohe Anzahl an Besuchern verbuchen. Die Ursache hierfür wird weniger in Spartenpräferenzen als vielmehr in regionalen Standortbedingungen gesehen.

Die Umkehr des Verhältnisses markiert die Grenze zwischen regionalen Museen in provinzieller Lage einerseits und den konzentrierten Museumseinrichtungen und größeren Städten andererseits. Derartige statistische Betrachtungen liefern ein Indiz für die Wichtigkeit der Betrachtung musealer Einrichtungen in ihrem Umfeld, die Beeinflussung musealer Charakteristika durch ein ländliches oder urbanes Umfeld.

6.3.3.3 Museen und ihre Trägerschaft

Etwa 42 % der deutschen Museen werden von Gemeinden getragen, rund 30 % von Vereinen und Körperschaften, 14 % liegen in der Trägerschaft von Bundesländern, Kreisen und sonstigen Trägern, die restlichen 14 % sind Eigentum privater Gesellschaften (*Zentrum für Kulturforschung, 1991, S. 9*). Somit liegt über die Hälfte aller Museen in der Hand öffentlicher Träger. Hier wiederum existiert eine vielfältige Bandbreite von **Organisationsformen** *(Lange 1993, S. 11).*

- Die verbreitetste Form besonders in kleineren und mittleren Städten ist das Museum **als Organisationseinheit eigener Art**. Abhängig von seiner individuellen Geschichte hat es Institutscharakter, ist in fachlichen

---

[1] Laut Kulturstatistik (*Zentrum für Kulturforschung, 1991, S. 12*) sind fast die Hälfte aller Museen kleine Einrichtungen, die weniger als 5.000 Besucher im Jahr registrieren. Ihre Bedeutung nimmt zu, ihr Anteil an den Gesamtbesucherzahlen stieg von 1981 bis 1989 um 4,3% auf 46,3 % an.

Fragen unabhängig und wird in bezug auf Personal-, Organisations- und Finanz-angelegenheiten von einem Museumsamt oder dem Kulturamt betreut.
- Möglich ist auch die Führung des Museums als **Abteilung des Kulturamtes**. Hier kann der Kulturdezernent fachliche Weisungen aussprechen oder gar selber als Museumsleiter fungieren.
- Die Trägerschaft eines Museums in Form eines **Zweckverbandes** trägt der Tatsache Rechnung, daß vielerlei Aufgabenbereiche nicht nur auf die eigene Gemeinde beschränkt sind, sondern sich in Zusammenarbeit mit anderen Gemeinschaften kostengünstiger und erfolgversprechender lösen lassen.
- Ein besonderes Maß an Unabhängigkeit wäre der musealen Einrichtung als **eigenes Amt** in einer Kommune gewährt. So könnte die Museumsleitung in Eigenverantwortung über verwaltungsfachliche und finanzielle Aufgaben entscheiden, ohne von Weisungen des Kulturamtes abhängig zu sein.

In jüngster Vergangenheit zeichnet sich ein Trend ab in Richtung einer **zunehmenden Privatisierung** der Museen bzw. ihre Umwandlung in Stiftungen. Das muß nicht zur Folge haben, daß sich der Staat seiner kulturellen Verantwortung entzieht. Er kann weiterhin Gebäude und Sammlungsgegenstände in seinem Besitz behalten und das Museum durch Subventionen unterstützen. Die Museumsleitung erhält jedoch Freiheiten, im Sinne des Stiftungszweckes eigenverantwortlich über die Verwendung des Etats, der Eintrittsgelder, Schenkungen und Sponsorengelder zu entscheiden.

Ergänzende Erkenntnisse liefert eine Betrachtung der Beziehung zwischen der Trägerschaft des Museums und dessen Größe sowie seinen Ausstellungsinhalten. So handelt es sich bei den von den Bundesländern getragenen Einrichtungen in der Regel um große, überregional bedeutsame Museen, bei von Vereinen und Gemeinden getragenen Museen eher um kleinere heimat- oder ortsgeschichtliche Sammlungen.

6.3.3.4 Zielgruppen der Museen

Eine zielgerichtete Ansprache eines Museumspublikums, eine Information und Motivation der zukünftigen Museumsbesucher ist nur möglich auf der Basis einer genauen Kenntnis ihrer Charakteristika. Während in den USA bereits 1973 eine geradezu inflationäre Häufung von Besucherbefragungen den Sozialwissenschaftler *Loovis* zu der Äußerung veranlaßte "Please, not

another survey", ist die differenzierte Besucherforschung in Deutschland nicht in dem Maße populär.
Klassisch werden Besucherstrukturen anhand soziodemographischer Daten beschrieben. Es wird nach Informationsquellen der Besucher gefragt, nach ihren Erwartungen an einen Museumsbesuch, nach geographischen Einzugsgebieten oder nach der Beurteilung der museumspädagogischen Arbeit. Hierbei legt jedes Museum seine Befragungsschwerpunkte in Abhängigkeit von der eigenen Struktur fest.

Eine derartige Befragung und die anschließende Korrelation der erhobenen Merkmale erlaubt die Skizzierung eines "Porträts des typischen Museumsbesuchers" - wiederum jedoch in Abhängigkeit vom Ausstellungshaus.
So verfügt zum Beispiel der klassische Museumsbesucher von kunst- oder kulturgeschichtlichen Museen über ein hohes Bildungsniveau, hat Abitur oder Fachabitur. Einfache und mittlere Bildungsschichten zeigen eher eine Vorliebe für naturkundliche und technische Museen. Eine geschlechtsspezifische Betrachtung ergibt für den Bereich der Kunstausstellungen einen prozentual höheren Anteil der weiblichen Museumsbesucher (*Zentrum für Kulturforschung, 1991, S. 22*). Aufgrund einer differenzierten Kombination von Bildungsstand, Alter, Wohnort, Geschlecht, sozialer Stellung usw. ist es möglich, Museumsbesuchergruppen ähnlichen Charakters zu bilden, auf die wiederum individuell zugeschnitten eine zielgerichtete Ansprache erarbeitet werden kann.

Jedes Museumsmanagement hat in der individuellen Situation seiner Ausstellungsbestände, seines Standortes, seiner Architektur, seiner personellen und finanziellen Ausstattung andere Voraussetzungen und Möglichkeiten der gezielten Ansprache seines Publikums. Je detaillierter aber auf Grund einer durchdachten Befragung das Porträt des typischen Museumsbesuchers gezeichnet werden kann, um so zielgerichteter kann ein Museumsmanagement auf die Bedürfnisse seiner Besuchergruppe abgestimmt werden.

Eine von dieser Norm abweichende Alternative zu der Klassifizierung nach rein soziodemographischen Faktoren bietet die Museumsforscherin *Schuck-Wersig (1988 a, S. 6),* indem sie Besucher typologisiert und sie drei Clustern zuordnet. Für jede dieser Gruppen muß das Museumsmanagement eine spezifische Ansprachemöglichkeit entwickeln:

Abb. 4:
Typen von Museumsbesuchern und die Möglichkeit ihrer individuellen Ansprache

A-Typ: Er ist eine Art *Museumssammler*, besucht Museen vornehmlich auf Reisen, sieht sie als Programmpunkt kultureller Städtetrips, hat jedoch eher eine unverbindlicherer Beziehung zum Museum.	Der **A-Typ** reagiert auf Prestige und Außendarstellung eines Museums. Dem sollte man durch konsequente Kampagnen begegnen; ein unverwechselbares Image bedeutet für ihn: "da muß man gewesen sein, da muß ich hin".
B-Typ: Er ist der *eigentliche Museumsmensch*, hat eine intensive und selbstverständliche Beziehung zum Museum. Das Museum gehört zu seinem Lebensstil und ist ein integrierter Teil seines Lebens.	Der **B-Typ** braucht eine intensive, tiefgehende Kontaktpflege, z.B. durch Rundbriefe, Veranstaltungskalender, Vorträge, Informationen über aktuelle Aktivitäten und Ausstellungen oder eine Bindung durch Mitgliedschaft.
C-Typ: Er ist in gewisser Weise *Museumsbenutzer*, hier pflegt er soziale Kontakte, sucht nach kognitiver Aufrechterhaltung, will z. B. sein berufliches Wissen erweitern. Er nutzt das "Angebot Museum", wenn es interessant und nützlich ist.	Der **C-Typ** möchte mit dem Museumsbesuch das Angenehme mit dem Nützlichen verbinden. Der informative Gehalt des Museums sollte unterhaltsam präsentiert werden. Spielerisches und Amüsantes könnte mit Wissen verknüpft werden.

6.4 Umsetzung durch museales Marketing-Management

Aus dem breiten Spektrum der Handlungsmöglichkeiten *(siehe Kapitel 6.2)* sollen im folgenden einige Aspekte kritisch beleuchtet werden: das Ausstellungsmanagement als ein zentrales Element der Produktpolitik und wichtige Aspekte der Kommunikationspolitik im Rahmen des Marketing-Management sowie Kooperation der Museen mit Institutionen ihres Umfeldes. Diese Auswahl erfolgte einerseits aus der Überlegung heraus, Managementgedanken vorzustellen, die sich für die Allgemeinheit der deutschen Museen als von Interesse und als anwendbar erweisen könnten und die andererseits einen aktuellen Trend in der gegenwärtigen Diskussion um das Thema "Museumsmanagement" wiederspiegeln.

6.4.1 Grundlagen

Museum und Marketing - sie verkörpern zwei Komplexe, die ihrer begrifflichen Definition nach schwer vereinbar scheinen. Da ist auf der einen Seite das Museum, so beschreibt es *Schuck-Wersig* (*1988b, S. 1*), der Bewahrer des Guten und Schönen, der Hüter von Geschichte und Kultur und auf der anderen Seite das Marketing als Kernkonzept des Geschäftslebens, das von Gewinnstreben, Wettbewerb und Konsumentenvorteilen dominiert wird.

Doch auch ein Museum, eine eher ideell geprägte Einrichtung, kann sich der Realität einer ständig wachsenden Flut des Angebots, der Konkurrenz und der gestiegenen Ansprüche der Besucher nicht mehr verschließen. Es bedient sich - eingebettet in sein Managementkonzept - zunehmend des Instruments "Marketing" als eines *"Prozesses im Wirtschafts- und Sozialgefüge, durch den Einzelpersonen und -gruppen ihre Bedürfnisse und Wünsche befriedigen, indem sie Produkte und andere Dinge von Wert erzeugen und miteinander austauschen"* (*Kotler/Bliemel 1992, S. 6*).

Ein Museum ist nicht mit einer ökonomischen Organisation gleichzusetzen, deren Ziel es ist, Gewinne zu erwirtschaften. Als sogenannte "Non-Profit-Organisation" sollte ein Museum das Bedürfnis nach einer "kulturellen Botschaft" befriedigen, zu deren Beschaffung und Vermittlung allerdings gleichfalls Mittel zur Verfügung stehen müssen. Ein Museum muß zu seiner Zielerreichung in zwei Marketing-Bereichen tätig werden:

- Im **Botschaften-Marketing** gilt es, die Austauschbeziehungen zwischen potentiellen Nachfragern und der kulturellen Botschaft zu organisieren.
- Im **Ressourcen-Marketing** sind die Austauschbeziehungen zwischen materiellen Ressourcen und den potentiellen Lieferanten sicherzustellen (*Schuck-Wersig, 1988b, S. 4*).

Innerhalb dieser beiden Bereiche muß ein musealer Marketinggedanke - gleich jedem Profit-Organisations-Marketingvorhaben - die Stationen des auf das Marketing angewendeten Managementprozesses *(siehe Kap. 2)* durchlaufen:
1. Analyse der Ausgangssituation
2. Formulierung von Marketingzielen und -strategien
3. Festlegung der Marketingmaßnahmen und Umsetzung
4. Kontrolle der Marketingaktivitäten

Die in Punkt 3 angedeuteten Marketingmaßnahmen lassen sich im Überblick subsumiert unter die einzelnen Marketinginstrumente, wie folgt darstellen:

Abb. 5:
Marketinginstrumente für Museen im Überblick

Produktpolitik	Preispolitik	Distributions-politik	Kommunikations-politik
• Schausammlung/ Ausstellung	• Eintrittsgeld	• Verkehrsanbindung	• Werbung
• Vermittlung	• Öffnungszeiten	• Gebäude	• Public Relations
• Zusatzangebote		• Umfeld	• Sponsoring
• Cafeteria/ Restaurant			

Quelle: Dreyer 1995b, S. 84 in Verbindung mit KGST 1989, S. 32

6.4.2 Ausstellungsmanagement als Teil der Produktpolitik

"Jedem Museum seine Sonderausstellung(en)" - Zahlen belegen diesen Trend: In dem Zeitraum von 1981 bis 1989 stieg die Anzahl der in den alten Bundesländern organisierten Ausstellungen um 11,7 % auf 4.701 Ausstellungen im Jahr - bei einer Gesamtmuseumsanzahl von 2.813 *(Hummel 1992, S. 156)*. In die Organisation von Ausstellungen investieren die Museen zunehmend Geld, Zeit und Engagement. Was ist es, das den Sonderausstellungen einen solchen Stellenwert verschafft? Warum streben die Museen an, Veranstalter, Träger und Ort von Ausstellungen zu werden und warum könnte es im Interesse von Museumsmanagern liegen, auf diese Entwicklungen zu reagieren und das Terrain der Sonderausstellungen zu ihrem Betätigungsfeld werden zu lassen?

Unabhängig von der Größe eines Museums erhöhen Sonderaktivitäten - hierbei stehen Sonderausstellungen an erster Stelle, die Besucherzahlen um mehr als hundert Prozent *(Mai 1986, S. 106)*. Sonderausstellungen bieten dem Museum die Möglichkeit, Sammlungsobjekte aus permanenten Kollektionen häufig erstmalig auszustellen oder durch die Einbindung in neue Zusammenhänge vorteilhafter zur Geltung zu bringen. Auch finanzielle Mittel zur Restaurierung und Pflege eines Werkes werden vielfach im Zuge von Sonderausstellungen schneller bewilligt. Der Kreislauf des Geldes ist hier ein anderer als beim ständigen Etat, da Wirtschaft, Prestige, persönliche Interessen oder auch Sponsoringmöglichkeiten einen Rahmen vorgeben, der wiederum Sondermittel und Sonderkonditionen zur Verfügung stellt.

Und nicht nur in finanzieller Hinsicht löst die kulturelle Sonderausstellungsarbeit positive Impulse aus, auch die Wissenschaft profitiert von der Möglichkeit des projektorientierten Arbeitens. Eine gewisse Ausstellungsdynamik setzt Kräfte und Motivationen frei, führt nicht nur Werke, sondern häufig auch Wissenschaftler unter einer bestimmten Themenstellung zusammen. Parallel zu derartigen Zusammenkünften werden werbeträchtige Veröffentlichungen erstellt und Kolloquien organisiert. Die Wissenschaftspublizistik wird in Form von Katalogen belebt, Kolloquien werden Mittel der öffentlichen Imagepflege. So kann die Wissenschaft pressewirksam und profitabel in den Dienst der Werbung gestellt werden (*Mai 1986, S. 96*).

Ausstellungen kurbeln die Infrastruktur in Wissenschaft, Verwaltung und Politik beträchtlich an, ihre Organisation involviert Speditionen, Versicherungen, Druckereien, Bewachungsfirmen und Reinigungsdienste, Graphikstudios und Werbeagenturen. Im Umfeld einer Ausstellung profitiert der Fremdenverkehr, insbesondere das Hotel- und Gaststättengewerbe, der Einzelhandel und die Freizeitindustrie. Eine Ausstellung wird mehr und mehr zum werbeträchtigen Prestige- und Wirtschaftsfaktor für Stadt, Region und Unternehmen.

Ein bedachtes Museumsmanagement müßte konsequenterweise daran interessiert sein, sein Ausstellungswesen auszubauen, um von den eben skizzierten positiven Effekten zu profitieren, dies aber mit offenem Blick für mögliche ausstellungsinduzierte Gefahren und Problematiken. So kann das positive Ausstellungsimage zum Beispiel schnell in einen Prestigedruck umschlagen, wenn der Wert einer Ausstellung vorrangig nach ihrem Prestige- und Werbenutzen bemessen wird. Wenn Kulturpolitiker im Wettbewerb der Städte untereinander wissenschaftliche Ausstellungen ausschließlich zu einem Instrument kulturpolitischer Strategien degradieren, werden Bilder und Ausstellungsgegenstände zu Imageträgern abgewertet. Dies birgt die Gefahr in sich, der Profilierungssucht einzelner Objekte von unersetzbarem Wert zu opfern, da gerade das Weiterverleihen und der Transport empfindlichen Ausstellungsgegenständen irreparable Schäden zufügen können.

Für den Museumsmanager interessant ist auch die museumsinterne Komponente. Die Frage nach der Verteilung der Besucherzahlen auf Ausstellung und permanente Sammlung fällt eindeutig zugunsten der Ausstellungen aus. Sind diese vorbei, fallen die Besucherzahlen abrupt ab, ein Profitieren der ständigen Sammlungen von den Sonderausstellungen hat sich nicht bestätigt. Mai (*1986 S. 90*) geht sogar so weit, von einem museumsinternen Konkurrenzverhältnis zu sprechen. Ein ausstellungsbedingter überproportionaler Bedarf an Arbeitskräften und Engagement bei aber gleichbleibenden Kapazitäten geht oft zu Lasten der Pflege und Öffentlichkeitsarbeit der permanenten Sammlungen. Hier ist an das Museumsmanagment die Herausforderung eines sensiblen Umgangs mit dem Thema "Sonderausstellung" gestellt, eines Abwägens und letztendlich durchdachten Gestaltens einer möglichen Exposition neben dem alltäglichen Museumsbetrieb.

6.4.3 Aspekte der Kommunikationspolitik

Im Rahmen des musealen Marketing-Mix wird im folgenden näher auf die Pressearbeit als Teil der Public Relations eingegangen. Sie gehört in der musealen Marketingsituation zu den wichtigsten Marketing-Faktoren. Denn ungeachtet aller Vorzüge eines Museums, sei es die Qualität der Museumspädagogik, der Zusatzangebote und Ausstellungen, seien es niedrige Eintrittspreise und lange Öffnungszeiten, gute Verkehrsanbindungen oder ein attraktives Gebäude: Ins Museum geht nur, wer es kennt und über sein Angebot Bescheid weiß. Diese Informationsfunktion, die Interesse erweckt und neugierig macht, soll durch gezielte Pressearbeit geleistet werden, die von der bezahlten Werbung ergänzt werden muß. Nur wer neugierig wird, will wissen; und wer wissen will, geht ins Museum.

Durch **Werbung** soll Sympathie für das Museum geweckt werden und dies nicht nur beim Besucher, sondern auch bei Behörden und Politikern, bei potentiellen Geldgebern und Donatoren.
Gezielte Museumswerbung soll die Wahrnehmung musealer Angebote fördern. Diese Wahrnehmung wiederum ist in besonderem Maße von den Medien beeinflußt, denn Medien definieren in entscheidender Weise die heutige Realität. Weil die menschliche Wahrnehmung beschränkt ist und nur die unmittelbare Umgebung zu erfassen vermag, verlassen sich viele auf die Medien, die die Welt sozusagen "second hand" ins Haus bringen. Was die Medien ignorieren, findet meist auch keinen Eingang in das Bewußtsein des modernen Menschen *(Herger, 1991, S. 29)*.

Eine Museumsleitung sollte demnach sorgfältig abwägen, über welche Medien und Kanäle die Kommunikationsbotschaften in eben das Bewußtsein der anvisierten Zielgruppen gelangen können bzw. welche Kommunikationskanäle generell zur Verfügung stehen und wie ihre Wirksamkeit eingeschätzt werden kann.

- **Werbung und Informationsvermittlung für Touristen:**
Knappe und präzise Informationen haben durchaus ihren Stellenwert. Durch die steigende Bedeutung von Ausstellungs- und Kulturtourismus nimmt das individuelle Bedürfnis nach Information zu. Museen haben die Möglichkeit, in Faltblättern, Magazinen, Mitteilungsblättern, Veranstaltungskalendern oder Kulturrubriken erwähnt zu werden, wobei neben touristischen Besucherzielgruppen auch ortsansässigen Kulturinteressierte erreicht werden können.

- **Pressearbeit:**
Die Pressearbeit letztendlich nimmt in der Museumswerbung einen besonderen Stellenwert ein. Über Kontakte mit der Presse kann die größte Aufmerksamkeit überhaupt erzielt werden. Hier sind keine zeitlichen Restriktionen vorhanden wie etwa bei elektronischen Medien. Ganz im Gegenteil, zusätzlich zur zeitlichen Ungebundenheit können mit Presseberichten sogar Langzeiteffekte erzielt werden. Kulturinteressierte schneiden Artikel aus, heben sie auf oder lesen sie mehrfach. Ein gezieltes Timing, abgestimmt mit dem zeitlichen Einsatz anderer Werbeträger, kann die Effizienz der Pressearbeit noch erhöhen.
In der Rangfolge der Aktualitätenpriorität steht das Radio an erster Stelle. Was schon in der Zeitung abgehandelt wurde, ist für das Radio nicht mehr interessant, was aber im Radio angekündigt wurde, wird in der Zeitung um so mehr beachtet (*Herger, 1991, S. 31*).

Auch in finanzieller Hinsicht kann die Pressearbeit für ein Museum von besonderem Interesse sein. Lediglich die Kosten für die Organisation und Durchführung einer Pressekonferenz sowie das Bereitstellen von entsprechendem Info- und Bildmaterial hat das Museum zu tragen. Sie bewirkt Feuilletonartikel und Fotos in verschiedenen Zeitungen, Zeitschriften, Tages- und Wochenblättern in einem vom Publikationsanlaß abhängigen Verbreitungsgebiet. Eine Hochrechnung des eigentlichen Wertes eines Feuilletonartikels über das Mittel des Anzeigenpreises - d.h. der Summe, die ein Museum zu zahlen hätte, erschiene eine Anzeige in der Größe des entsprechenden Artikels - verdeutlicht die bedeutenden finanziellen Einsparungen durch diese Art des Werbens. Darüber hinaus ist der Informationsgehalt eines Feuilleton-Artikels weitaus größer, als der einer Anzeige, eines Plakates oder einer Notiz in einem Veranstaltungskalender.
Voraussetzung aber für das journalistische Interesse der Berichterstatter ist eine Thematik von allgemeinem Interesse. Weniger das Permanente ist eines Berichtes würdig als vielmehr aktuelle Ereignisse, Spektakuläres, Außergewöhnliches. Und diese Anlässe, die das Interesse der Öffentlichkeit

auf sich ziehen, muß die Museumsleitung erkennen und in Szene setzen, seien es Neuerwerbungen, Umbauten oder vor allem Sonderausstellungen. Ein engagiertes Museumsmanagement steht ständig unter dem Druck, derartige werbewirksame und berichtenswürdige Ereignisse zu schaffen und über die Medien zu vermarkten, um ins Bewußtsein der Besucherzielgruppe zu gelangen oder in ihm verhaftet zu bleiben.

6.4.4 Kooperation der Museen mit Institutionen ihres Umfeldes

Eine Management-Konzeption mit ausschließlicher Konzentration auf die museale Einrichtung an sich würde den Verflechtungen des Museums mit seinem Umfeld nicht gerecht werden. Ein Museum ist Teil einer ländlichen Kommune oder eines urbanen Raumes, ist Konkurrent zu anderen kulturellen Angeboten eines Gebietes oder kann rechtlich und institutionell mit seiner Umgebung verbunden sein. Dies bedeutet für die Museumsmanagementarbeit einerseits zusätzliches Engagement über die Belange und Aufgaben des eigenen Hauses hinaus, andererseits aber auch die Möglichkeit, von Kooperation und Zusammenarbeit zu profitieren.

- **Corporate Design für Stadt- und Museumsmarketing**
Äußerlich könnte eine Zusammenarbeit des Museums mit seinem Umfeld durch die Strategie des "Corporate Design" realisiert werden. Hierunter ist eine optische Einheit zu verstehen, mit der sich zum Beispiel eine Stadt und ihr Museum der Öffentlichkeit gegenüber präsentieren. Wiedererkennung, Geschlossenheit, Vertrauenswürdigkeit und Einheitlichkeit schaffen ein prägnantes Selbstverständnis für Bevölkerung, Wirtschaft, Verwaltung oder Fremde. Eine sofortige Assoziation eines Museums mit seinem Umfeld kann den Bekanntheitsgrad und das Image **beider** erhöhen.

- **Mögliche Synergieeffekte**
Bei einer Kooperation auch inhaltlicher Art können Museum und Partner von den jeweiligen Beziehungen, Kontakten und aufgebauten Strukturen des anderen profitieren. Ein Museum kann beispielsweise für die Stadt mitwerben, indem kulturinteressierten Ausstellungsbesuchern zusätzlich eine Stadtbesichtigung mit Führung und Übernachtung angeboten wird. Bei ausstellungsbedingten Pressekonferenzen könnte Informationsmaterial der Stadt eingeflochten und so über Museums-Publikationen in Printmedien kostenlos verbreitet werden. Im Gegenzug sind Städte in der Lage, zum Beispiel auf Messen im Rahmen der Präsentation der Stadt ihr Museum

mitvorzustellen. Voraussetzung jedoch, derartige synergetische Effekte gewinnbringend zu nutzen, ist eine Bewußtseinsschärfung bei allen Beteiligten für die Struktur gegenseitiger Abhängigkeiten und die Vorteile koordinierter Aktivitäten.

- **Überregionale Marketingkooperationen**
Neben der Kooperation zwischen dem Museum und seinem unmittelbaren Umfeld eröffnet der Blick über regionale Grenzen hinaus interessante Perspektiven. Es besteht die Möglichkeit, sich durch eine Nischenpolitik gegenüber Nachbarmuseumslandschaften abzuheben und ein eigenes Profil zu formen. Erfolgsversprechend kann aber auch eine Strategie der Gemeinschaft sein, eine Werbung und ein Marketing im Verbund. Die museale "Macht" nimmt im Verbund durch ein partnerschaftliches Auftreten gegenüber Medien, Behörden und Touristikverbänden zu. Weitergefaßte gemeinschaftliche Werbekampagnen über Fremdenverkehrsverbände können kostengünstiger eine größere Zielgruppe ansprechen. Gemeinschaftsangebotspakete von Museen und Kultureinrichtungen sind vor allem für auswärtige Besucher von Interesse, für die lange Anfahrtswege durch ein größeres und vielfältigeres Angebot noch lohnender werden.

6.5 Ausblick: Museumsmanagement - ein Thema der Zukunft?

Der engagierte Kultur- und Museumsexperte *Hoffmann* beschreibt im Rahmen seiner Veröffentlichung zu dem Thema "Ein Museum für die neunziger Jahre" ein eher pessimistisches Szenario: Jedem Wachstumsprozeß folge gesetzmäßig ein Ende, Umkehrerscheinungen und eine Ablösung durch neue Trends und Innovationen *(1988, S. 67)*.

Als Indikator für eine museale und allgemein kulturelle Abkühlungsphase könnten drastische Preiseinbrüche am Kunstmarkt herangezogen werden. Eine zunehmende Ressourcenknappheit der öffentlichen Akteure im Kulturbereich zeichnet sich ab. Bei steigendem Anteil der festen Kosten für Personal und Betrieb innerhalb des Kulturetats, bei steigenden Baukosten und Grundstückspreisen werden immer weniger Investitionen getätigt. Auch inhaltlich wird an der Entwicklung der Museen Kritik laut. Der Museumsboom mache aus Museen "Kultursupermärkte", voll des Lärms und der Hektik, verursacht durch "Kaffeekränzchen, Kegelvereine, Schulklassen, Busladungen um Busladungen" *(derselbe, 1988, S. 69)*.

Gerade auch auf diese negativen Trends und Befürchtungen muß ein sensibles Museumsmanagement reagieren. Über ein durchdachtes und innovatives Management-Konzept könnte es möglich sein, dem Szenario eines zuendegehenden Booms entgegenzuwirken und durch museale Einrichtungen das kulturelle Leben in deren Umfeld weiterhin zu bereichern.
Auf verschiedenartige Trends, die eine fundierte Situationsanalyse offenlegt, kann im Zuge eines Management-Konzeptes gezielt reagiert werden.

Die Art und Weise dieser Reaktion jedoch, das detaillierte "wie" eines Museumsmanagements, liegt in der Hand eines jeden einzelnen Museums. Ein jedes Museumsmanagement muß der Individualität seines Hauses, dessen Geschichte, Situation und dessen Umfeld gerecht werden. Nur so kann es erfolgreich den Anforderungen seiner Besucher Rechnung tragen und sich in dem Interessensfeld von Wirtschaft und Bürgern, Sponsoren und Touristen, Medien und Wissenschaft auch in der Zukunft erfolgreich behaupten.

7. Kulturtourismus in einer Stadt
- der Weg zu einem Konzept am Beispiel von Weimar
von Thomas Wolber, wissenschaftlicher Mitarbeiter an der Universität Trier

7.1 Einleitung

In Europa ist Weimar im Hinblick auf seine geschichtliche Vergangenheit einer der bedeutendsten Zielorte für den hauptsächlich kulturell motivierten Tourismus. Die kleine im Thüringer Becken am Saalezufluß Ilm gelegene Stadt mit 60.000 Einwohnern ist erklärte Kulturhauptstadt Europas im Jahr 1999, zum 250. Geburtstag Johann Wolfgang von Goethes. "Weimar hat den Ruhm einer wissenschaftlichen und kunstreichen Bildung über Deutschland, ja über Europa verbreitet" beschrieb der Dichter die Bedeutung seiner Wirkungsstätte im Jahre 1815 *(Patze 1968, S. 482)*. Außer ihm lebten hier Persönlichkeiten wie Lucas Cranach, Johann Sebastian Bach, Wieland, Schiller, Herder und Franz Liszt. Die kunsthistorische Episode des Bauhauses hatte ihre Ursprünge in Weimar und ist mit den Namen Gropius, Kandinsky, Klee und Lyonel Feininger verbunden.

Am Beispiel der Stadt Weimar soll zunächst ein Überblick über das vorhandene Angebotspotential zur Erfüllung der Funktion als touristischer Zielort gegeben werden. Insbesondere soll der Frage nachgegangen werden, was die Attraktivität der Stadt als Reiseziel für die Nachfragegruppe der Kulturtouristen ausmacht. Denn die materiellen und immateriellen Zeugnisse der Geschichte stellen ein unverwechselbares kulturelles Potential dar. Sie verleihen Weimar eine Alleinstellung (Unique Selling Proposition), die für das Marketing eines touristischen Produktes von großer Bedeutung ist.

Auf dieser Grundlage soll eine anschließende Analyse verdeutlichen, inwieweit das kulturelle Potential für interessierte Besucher zugänglich gemacht wird. Im Vordergrund der Betrachtung stehen dabei konzeptionelle Ansätze im Weimarer Kulturtourismus. Es wird der Frage nachgegangen, mit welchen Konzepten aus dem städtetouristischen Potential ein kulturtouristisches Angebot für kulturell motivierte Nachfragegruppen entwickelt werden kann.

7.1.1 Historische Entwicklung

Weimar ist ein Synonym für Kultur geworden. Nur an wenigen anderen Orten in Europa haben sich Historie und Kunst in so konzentrierter Weise räumlich ausgeprägt. Ein Verständnis für dieses kulturelle Erbe sollte in Verbindung mit dem Überblick über die wesentlichen Phasen der historischen Entwicklung gewonnen werden. Die **materielle Kultur**, also alle greifbaren- und sichtbaren Objekte, wird auf diese Weise durch die **immaterielle Kultur**, also das Wissen um historische Zusammenhänge und den jeweiligen Zeitgeist, erst erklärbar und bewertbar.

Prähistorische Funde am südlichen Rand des Ilmtals im Travertingestein in der Nähe des heutigen Weimar-Ehringsdorf am Südhang des Ettersberges und im heutigen Stadtgebiet deuten auf eine frühe Besiedlung des Raumes hin. Das *Museum für Ur- und Frühgeschichte Thüringens* hat sich dieser Thematik angenommen. Dort sind zahlreiche Funde ausgestellt, welche die Siedlungstätigkeit im Thüringer Becken zeigen.

Die heutige Stadt Weimar entwickelte sich aus drei Siedlungskernen: aus einer ersten Siedlung auf dem Jakobshügel im Bereich der heutigen Jakobskirche, aus dem Dorf Oberweimar und aus einer Wasserburg am Westufer der Ilm, wo heute das Schloß steht.
Weimar wurde 975 erstmals urkundlich erwähnt. Um 1250 wurde eine planmäßige Stadtanlage zwischen den drei Siedlungskernen vollzogen. Mittelpunkt dieser Stadtanlage war die Jakobskirche, in der Lucas Cranach in der Gruft beigesetzt ist. Der Bereich um die Kirche St. Peter und Paul liegt im Süden. Hier beginnen in der Regel auch die heutigen Stadtführungen. Sie dauern gewöhnlich zwei Stunden und werden neben dem allgemeinen historisch orientierten Rundgang zu sechs verschiedenen Themen angeboten. Die Stadtkirche St. Peter und Paul wird auch Herderkirche genannt, weil Johann Gottfried Herder hier predigte. Sie ist eine der ältesten Bauwerke Weimars.
Mit steigender Einwohnerzahl wurde zu Beginn des 14. Jahrhunderts eine Stadterweiterung nach Süden vorgenommen. Neuer Mittelpunkt der Stadt wurde der heutige Marktplatz. Eine besondere Bedeutung erlangte Weimar im Mittelalter jedoch nicht. Die Stadt lag abseits der Handelsstraße von Frankfurt a.M. nach Leipzig. Zudem trat Erfurt 1426 der Hanse bei und verfügte seit 1392 über eine Universität, was eine starke Konkurrenz zum nahegelegenen Weimar darstellte.
Neben der Residenzstadt Wittenberg hatte Weimar auch als Herrschaftssitz keine Bedeutung. Als Zeugnisse jener Zeit findet man außer den Kirchen noch Reste der alten Stadtbefestigung, z.B. den Kasseturm und den Bibliotheksturm.
Erst Kurfürst Johann Friedrich von Sachsen ernannte die Stadt 1552 zur Residenz. Bis 1918 war Weimar ununterbrochen Herrschaftssitz des Herzogtum bzw. ab 1815 Großherzogtum Sachsen-Weimar. Diese Funktion prägte im Zeitverlauf sowohl das Stadtbild als auch die Bevölkerungsstruktur. Dem kunsthistorisch interessierten Besucher bieten sich deshalb heute Bauwerke der Renaissance, z.B. am Markt. Der Renaissancemaler Lucas Cranach d.Ä. begann 1552 hier sein letztes Werk, das dreiteilige Altarbild, das heute in der Kirche St. Peter und Paul zu besichtigen ist. Seitdem hat sich Weimar im Laufe der Zeit zu einem Zentrum für bildende Kunst entwickelt.

Wegen seiner Hauptstadtfunktion im Herzogtum Sachsen-Weimar zogen viele Beamte in die Stadt. Der Bevölkerungsdruck wurde so groß, daß Mitte des 18. Jahrhunderts eine erneute Stadterweiterung durchgeführt wurde, in deren Verlauf die Stadtmauer fiel. Die Ausdehnung der Siedlung vollzog sich nach Süden und Westen.

Um 1775 begann in Weimar die klassische Periode. Herzog Carl August trat die Regierung an und holte Goethe in die Stadt. Dieser traf dort auf den Erzieher Wieland und zog schon bald Herder und Schiller nach.
Goethe wirkte in dieser Blütezeit des kulturellen Lebens in Weimar nicht nur als Literat, sondern auch als Politiker und nahm Einfluß auf die Gestaltung des Residenzschlosses sowie des Parks an der Ilm. 1791 erhielt er die Leitung des neugegründeten Hoftheaters und führte es ab 1798 zusammen mit Schiller.
Aus der Epoche der Klassik stammen viele Gebäude im klassizistischen Stil, die Weimar entsprechend seiner damaligen kulturellen Bedeutung großstädtischen Charakter verleihen sollten und heute das Bild des Stadtzentrums prägen. Verantwortlich zeichnet der 1816 berufene Stadtbaumeister Clemens Wenzeslaus Coudray. Mit dem Tod Goethes 1832 endete das klassische Weimar.

In den folgenden Jahrzehnten kam es zu Gründungen von kulturellen Einrichtungen und Verbänden, die bis heute das kulturelle Leben in Weimar mitgestalten helfen, wie z.B. die Kunstschule (1860), aus der die Weimarer Malerschule als Stilrichtung hervorging, die Deutsche Shakespeare-Gesellschaft (1864), die erste deutsche Orchesterschule (1872) sowie deren Nachfolgeinstitution, die Hochschule für Musik 'Franz Liszt' (seit 1956), und schließlich das Staatliche Bauhaus (1919).
Politische Bedeutung erlangte Weimar als Tagungsort der Nationalversammlung (1919).
Auch die Zeit des Nationalsozialismus hat ihre Spuren in Weimar hinterlassen; z.B. das Gauforum, den Sitz des Gauleiters von Thüringen. Nördlich von Weimar ist heute das Konzentrationslager Buchenwald als Mahnstätte zu besichtigen.

7.1.2 Entwicklung des Tourismus in Weimar

Bereits in den letzten Jahrzehnten des 19. Jahrhunderts legte man wichtige Grundlagen für den modernen Tourismus. 1885 wurden die Goethestätten von den Nachfahren Johann Wolfgang von Goethes der Öffentlichkeit zugänglich gemacht. 1885/86 wurden das Goethe-Nationalmuseum, das Goethe-Archiv und die Goethe-Gesellschaft gegründet. Diese Einrichtungen dienten zunächst der wissenschaftlichen Nutzung und wurden schon bald zum Attraktionsfaktor für einen kulturell motivierten Tourismus.
Die Weimarer Gäste jener Zeit gehörten überwiegend intellektuellen Kreisen an sowie dem gehobenen Bürgertum mit überdurchschnittlichem Einkommen *(Seifert, 1993)*. 1889 wurde das Goethearchiv als Goethe- und Schillerarchiv weitergeführt. Bereits 1893 gründete man einen "Verein zur Förderung des Fremdenverkehrs in Weimar" mit der Hauptaufgabe, im In- und Ausland für einen Besuch in der Stadt zu werben. Und geworben wurde damals wie heute mit dem Hinweis auf die Relikte der bedeutenden Vergangenheit. "Diese Verbindung von 'klassischer Literatur' und 'klassischer Landschaft' ist ein geradezu paradigmatischer Fall, um den Zustrom nach Weimar, der um 1900 einsetzte, zu erklären." *(Seifert, 1993, S. 8)*

Mit Gründung der DDR wurde ein sozialistisches Gesellschaftssystem installiert und eine Zentralverwaltungswirtschaft eingesetzt, was letztendlich auch den Tourismus in Weimar prägte. Bis November 1989 kamen hauptsächlich organisierte Gruppenreisende aus der DDR und Osteuropa, für die ein umfangreiches Besichtigungsprogramm obligatorisch war. Eine Folge war die umfassende Ausschöpfung des kulturellen Potentials, wodurch übermäßige Belastungen einzelner Kulturdenkmäler vermieden wurden.

Der Tourismus war vor allem durch staatliche Lenkungsmaßnahmen charakterisiert. Eine an den Bedürfnissen der Reisenden orientierte, also marktgerechte Aufbereitung des touristischen Potentials war nicht erforderlich. Auch die **Denkmalpflege** in der ehemaligen DDR hatte andere Schwerpunkte; sie war im Gegensatz zur Bundesrepublik Deutschland, wo Denkmalpflege in der Zuständigkeit der Länder liegt, zentralistisch organisiert und forcierte die Erhaltung der nationalen Denkmäler. Regional und lokal bedeutende Bauwerke wurden in der Regel vernachlässigt. Eine finanzielle Förderung von Eigeninitiativen zur Erhaltung denkmalwürdiger Gebäude, wie es sie in den alten Ländern der Bundesrepublik Deutschland seit Ende der siebziger Jahre gibt, fehlte. Die Folge war, daß wir nach dem Beitritt der DDR zur Bundesrepublik Deutschland in Weimar auf der einen Seite gut erhaltene Kulturdenkmäler von überragender Bedeutung vorfinden, z.B. das Goethe- und das Schillerhaus, und auf der anderen Seite stark vernachlässigte Einzelgebäude und Gebäudeensemble, wie das Kirms-Krackow-Haus und den Lutherhof.

Über die Bemühungen der Denkmalpflege hinaus wurden zur Zeit der DDR weitere wichtige Grundlagen für den heutigen Weimarer Kulturtourismus geschaffen. 1953 kam es zur Gründung der nationalen Forschungs- und Gedenkstätte Buchenwald. 1984 wurde die Albert-Schweitzer-Begegnungsstätte errichtet. Und 1988 übergab man das neuerbaute Schillermuseum, der einzige Museumsneubau in der DDR, seiner Bestimmung.

Mit der Grenzöffnung der DDR im November 1989 und dem folgenden Beitritt zur Bundesrepublik Deutschland hat sich in Weimar auch die Besucherstruktur verändert. Nun wird die Stadtregion vornehmlich von einkommensstärkeren Individualreisenden aus Deutschland und Westeuropa besucht. Folglich verteilt sich der Besucherstrom jetzt ungleichmäßig. Am stärksten werden das Goethe-Nationalmuseum, das Schillerhaus/-museum und das Gartenhaus Goethes im Park an der Ilm frequentiert.
Die meisten Besuchern assoziieren die Epoche der Weimarer Klassik mit der Stadt *(Vosberg 1992, S. 30f)*. Alle Stätten jener Zeit befinden sich in der Trägerschaft der *Stiftung Weimarer Klassik,* die 1991 gegründet wurde.

7.2 Nachfragestruktur

"Weimar, schon vor 1989 eines der beliebtesten Reiseziele der ehemaligen DDR, hat an touristischer Attraktivität im vereinigten Deutschland nichts eingebüßt" *(Engelhardt 1993, S. 15)*. Heute *versucht* (nach Angabe des *Amtes für Tourismus und Weimar-Werbung*) jedes Jahr ein Teil der etwa 140.000 Übernachtungsgäste und rund 1,5 Millionen Tagesbesucher, einen Zugang zu diesem kulturellen Erbe zu erlangen. Im Rahmen einer eigenen im April und Mai 1994 durchgeführten Gästebefragung auf den Straßen und Plätzen Weimars gaben 68% der 286 privat motivierten Touristen unter den zufällig ausgewählten Städtebesuchern 'Interesse am kulturellen Angebot' an. Obwohl diese Untersuchung keine repräsentative Erhebung darstellt, ist es vertretbar, von der Tendenz zu sprechen, daß das Kulturmotiv in der Motivstruktur (im Sinne von *Steinecke 1994, S. 23*) der Weimarer Gäste relativ stark ausgeprägt ist. Soweit es das Zeitbudget der beruflich motivierten Touristen erlaubt, nehmen auch sie das kulturelle Angebot als Rahmenprogramm an, wie die Befragung zeigt.

Das Gästeaufkommen ist (nach Angabe des *Amtes für Tourismus und Weimar-Werbung*) zum einen durch den beruflich bedingten Tourismus charakterisiert. Etwa 75% der rund 250.000 Übernachtungen entfallen auf Geschäfts- und Kongreßreisende. Auch der überwiegende Anteil der Tagesgäste kommt aus beruflichen Gründen. Zum anderen wird Weimar von privat motivierten Tagestouristen besucht. Deren durchschnittliche Aufenthaltsdauer von knapp zwei Tagen läßt auf eine hohe Zahl von Wochenend- und Kurzurlaubern schließen. Diese Kurzurlaubsreisen konzentrieren sich auf die Frühjahrs- und Herbstmonate. Im Hochsommer ist die Auslastung der Beherbergungsbetriebe gering. Einen Ausgleich schafft der über das Jahr relativ gleichmäßig verteilte Geschäftsreiseverkehr.

Der Anteil der ausländischen Gäste ist im Vergleich zu den sonst üblichen Werten im Städtetourismus mit etwa 15% relativ schwach ausgeprägt. Ihm wird allerdings eine steigende Tendenz zugesprochen.

Das Hauptinteresse der kulturell motivierten Touristen richtet sich auf das Goethe- und das Schillerhaus. Stellt man diesen Besuchern die Frage nach ihrer Assoziation mit Weimar, so wird Weimars Bekanntheitsgrad als Stadt der deutschen Klassik eindrucksvoll bestätigt.
Nicht zuletzt auch wegen des kulturellen Ambiente besteht in Weimar eine Nachfrage nach Tagungsmöglichkeiten. Traditionell haben hier gegründete Vereine bzw. Gesellschaften, wie z.B. die Shakespeare-Gesellschaft, ihre Tagungen abgehalten. "Auch heute, in der Mitte Deutschlands gelegen, ist

Weimar für Veranstalter von Tagungen, Kongressen und Seminaren von großer Attraktivität." *(Engelhardt 1993, S. 16).*

In Abbildung 1 gibt *Lindstädt (1994, S. 39)* eine Übersicht über allgemeine Nachfragemerkmale im Kulturtourismus auf der Grundlage mehrerer Sonderauswertungen von Repräsentativerhebungen des ehemaligen *Studienkreises für Tourismus Starnberg e.V. (Reiseanalyse 1987; kurz: RA 87),* der *Österreichischen Gesellschaft für Angewandte Fremdenverkehrswissenschaft Wien (Gästebefragung Österreich 1988; kurz: GBÖ 88)* sowie des *Fremdenverkehrsverbandes Ostbayern (Gästebefragung zu kulturellen Jahresthemen 1986, 1988 und 1989; kurz: Ostbayern 86/88/89).* Diese allgemeinen Nachfragemerkmale werden in der eigenen 1994 in Weimar durchgeführten nicht repräsentativen Erhebung (kurz: *Weimar 94*) zum Kulturtourismus dennoch bestätigt *(vgl. Abb.1).*

Abb.1:
Merkmale der Nachfrage im Kulturtourismus

Kriterium	RA '87	GBÖ '88	Ostbayern '86, '88, '89	Weimar '94
Alter der Reisenden	geringes Übergewicht von unter 30- und über 50jährigen	überdurchschnittlich hoher Anteil der unter 29jährigen	Übergewicht der über 50jährigen	geringes Übergewicht von unter 30- und über 50jährigen
Ausbildung	Abiturienten haben größten Anteil, aber jeder 3. Studienreisende hat Hauptschulabschluß	nicht erhoben	nicht erhoben	66% mit Abitur/Hochschulabschluß
Beruf	nicht erhoben	Angestellte und Beamte größte Gruppe, gefolgt von Selbständigen und leitenden Angestellten	Angestellte und Beamte, auch in leitenden Positionen größte Gruppe, gefolgt von Rentnern	rd. 28% Selbständige und Beamte (Arbeiter/Angestellte nicht differenziert)
Einkommen	Gleichverteilung von unter und über 3.500 DM/Monat Verdienenden	nicht erhoben	2000-3000 DM/Monat stärkste Gruppe, gefolgt von Gruppe mit über 5000 DM monatlich	über 6000 DM 25%, unter 2000 DM 24% ansonsten gleich verteilt

Kriterium	RA '87	GBÖ '88	Ostbayern '86, '88, '89	Weimar '94
Unterkunftsart	Bevorzugung des Hotels	Bevorzugung des Hotels	Bevorzugung des Hotels, aber dicht gefolgt von Gasthof und Pension	Bevorzugung des Hotels
Verkehrsmittel	überdurchschnittlicher Anteil des Flugzeugs gegenüber PKW	höchster Anteil bei PKW, aber auch überdurchschnittliche Benutzung des Flugzeugs	sehr hoher Anteil des PKW, gefolgt von Bus und Bahn, Flugzeug entfällt	66% bevorzugen PKW
Aufenthaltsdauer	nicht erhoben	höchster Anteil bei Haupturlaubsreise, aber überdurchschnittlich viele Kurzreisen, durchschn. Aufenthalt 8 Tage	Tendenz zum Kurzurlaub bei kulturellem Anlaß der Reise, sonst traditioneller Urlaub von 10-14 Tagen	Tendenz zum Kurzurlaub, 80% max. 3 Tage
Reiseausgaben	nicht erhoben	höhere Reise- und Nebenausgaben gegenüber sonstigen Gästen	nicht erhoben	nicht erhoben
Reisemotive	Hauptmotive sind Erweiterung des Horizontes, andere Länder erleben, Einheimische kennenlernen, neue Eindrücke	wichtigstes Motiv ist Erholung, gefolgt von „Neues erleben" und Vergnügen	Landschaft, Ruhe, Erholung vorrangig, aber danach folgen kulturelle Aspekte	wichtigstes Motiv ist „Kultur erleben"
Urlaubsaktivitäten	Hauptaktivität ist die Besichtigung von Sehenswürdigkeiten, gefolgt von Ausflügen, Gesprächen mit anderen Menschen und Fotografieren	hoher Anteil von Besuchen kultureller Veranstaltungen und Besichtigungen von Kunstwerken, gefolgt von Rundreisen und Einkäufen	Besichtigung von Sehenswürdigkeiten, Besuch von historischen Städten rangiert noch vor Wandern und sportlichen Aktivitäten	Besichtigung der Kulturstätten (v.a. Klassikstätten) steht im Vordergrund

Quelle: Lindstädt (1994), S. 39, verändert

7.3 Städtetouristisches Potential

"Die Attraktivität der Stadt als Reiseziel verschiedener Nachfragegruppen wird von einer Reihe objektiver, aber auch subjektiver (Angebots-) Elemente bestimmt, die zusammen das **städtetouristische Potential** bilden." *(Meier 1994, S. 31).* Ansätze zur Systematisierung der städtetouristisch bedeutsamen Angebotsfaktoren haben *Bernhauer (1974), Stiller (1980), Jansen-Verbeke (1988), Häfner (1989)* und *Kaspar (1991)* vorgestellt. Als wesentliche Elemente des städtetouristischen Potentials hebt *Meier* die **Erreichbarkeit**, die **Hotellerie** und **Gastronomie**, die **Kultur** sowie **Messe- und Kongreßeinrichtungen** hervor *(vgl. Meier 1994, S. 31f).*

Von zentraler Bedeutung in Weimar ist die Kultur. Da Tagungs- und Kongreßeinrichtungen auch Bestandteile kulturtouristischer Angebote werden können, sollen sie am Rande behandelt werden.

7.3.1 Erreichbarkeit

Weimar kann mit der Bahn, mit dem Auto und mit dem Flugzeug erreicht werden. Bereits 1876 wurde die Eisenbahnlinie Weimar - Jena - Gera fertiggestellt. Heute liegt die Stadt an der Verbindung Kassel - Eisenach - Gotha - Erfurt und kann im Intercitynetz von Berlin und Frankfurt a.M. gleichermaßen gut erreicht werden.

Mit dem Auto kommt man über die Autobahn (A 4) Dresden - Eisenach nach Weimar, und der Flughafen Erfurt-Bindersleben liegt etwa 30 Kilometer von Weimar entfernt. Zwischen dem Flughafen und dem Erfurter Zentrum verkehrt eine Buslinie.

7.3.2 Beherbergung

Das Beherbergungswesen wird in Weimar von Hotels, Jungendherbergen und Privatzimmern getragen. Die Hotels gehören überwiegend der gehobenen und mittleren Qualitätskategorie an. Betriebe im einfachen Ein- bis Zwei-Sterne-Bereich sind unterrepräsentiert. Drei Jugendherbergen bieten etwa 270 Betten an. Die Zimmer der Privatvermieter sind in der Regel einfach ausgestattet und gehören der unteren Qualitätskategorie an. Unmittelbar nach Öffnung der innerdeutschen Grenze stellten sie aber einen wichtigen Teil der Beherbergungskapazität dar.

Abb. 2:
Entwicklung der Bettenkapazität

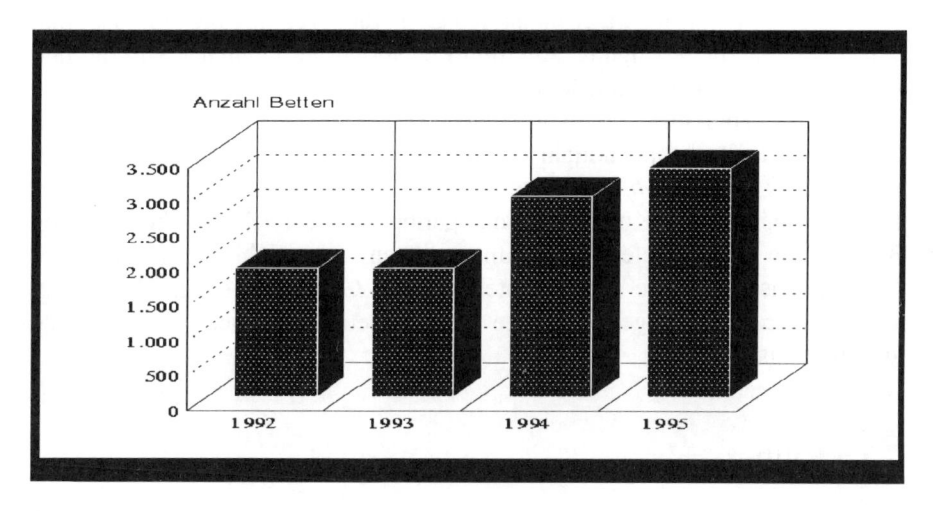

[Balkendiagramm: Anzahl Betten 1992–1995]

Quelle: Amt für Tourismus und Weimar-Werbung

Im Zuge der Erhöhung der Bettenkapazität *(vgl. Abb.2)*, die vor allem auf die Eröffnung größerer Hotelbetriebe des Mittelklassesegmentes beruht, ist der Anteil der Privatquartiere relativ zurückgegangen. Dennoch stellen sie immer noch einen wichtigen Faktor im Segment der unteren Preisklasse dar. Ihre Modernisierung wird mit Förderprogrammen unterstützt *(Engelhardt 1993, S. 15)*. Für die Stadt Weimar gehört die verantwortungsvolle Entwicklung der Beherbergungskapazitäten seit 1992 zu den zentralen Zielen *(Engelhardt 1993, S. 15)*.

7.3.3 Gastronomie

Das gastronomische Angebot hat sich zu Beginn der neunziger Jahre stark verändert. Einerseits haben alte Weimarer Traditionsbetriebe wiedereröffnet. Andererseits prägt eine Vielzahl von Neueröffnungen das Bild und macht das Angebot vielfältiger und internationaler. Das Angebot an regionaltypischen Speisen, die für einen Kulturtourismus nicht unwichtig sind, erscheint jedoch eher unterrepräsentiert. In Stadtzentrumslagen fallen heute relativ viele Schnellimbißbetriebe auf.

7.3.4 Tagungs- und Kongreßeinrichtungen

Für größere Veranstaltungen steht lediglich die Weimarhalle mit maximal 1.100 Plätzen zur Verfügung. Allerdings entspricht ihr baulicher Zustand und die technische Ausstattung keinem internationalen Kongreßstandard. Nach Ansicht der Tourismusverantwortlichen benötigt die Stadt auch im Hinblick auf das Kulturhauptstadtjahr 1999 ein modernes Kongreßzentrum *(Engelhardt 1993, S. 16)*.

Für Tagungen und Kongresse mit geringeren Teilnehmerzahlen stehen Kapazitäten in Schulen und Universitäten, im Schloß, im Goethe-Nationalmuseum sowie in der Hotellerie und Gastronomie zur Verfügung. Insbesondere verfügen einige Hotelbetriebe über modernste Ausstattungsstandards.

7.3.5 Kultur

Die Frage nach dem kulturellen Potential einer Stadt, auch wenn es, wie in diesem Fall, nur auf das touristisch relevante Kulturangebot reduziert ist, setzt eine andere Überlegung voraus: Was ist Kultur? Darüber ließe sich trefflich philosophieren. Eine Vielzahl von Definitionen liegt bereits vor *(Deutsches Institut für Wirtschaftsforschung 1992, S. 14f* und *Meier-Dallach 1991, S. 5f)*, so daß für die folgenden Ausführungen der relativ weit gefaßte Definitionsansatz der UNESCO zugrundeliegt. Danach gehören das kulturelle Erbe, Literatur, Musik, darstellende und bildende Kunst, Film und Photographie, Hörfunk und Fernsehen, Soziokultur, Sport sowie Natur- und Landschaftspflege zum Kultursektor *(Deutsches Institut für Wirtschaftsforschung 1992, S. 14)*.

Aus der Übersicht über die historischen Epochen *(vgl. Kap. 7.1.1 und 7.1.2)* werden bereits wichtige Elemente des Weimarer Kulturangebots (Gebäude, Einrichtungen und Persönlichkeiten) und ihre überregionale Bedeutung erkennbar. Dabei hat die Zeit der Weimarer Klassik ohne Zweifel das wichtigste kulturelle Erbe hinterlassen. Der geschichtliche Abriß macht aber ebenso deutlich, daß nach dem Ende der Klassik weitere bedeutende kulturelle Beiträge folgten. Und gerade die Vielfalt des Kulturangebotes erlaubt an dieser Stelle nur eine systematische Übersicht.

Wer jetzt in Erwartung einer Auflistung der touristisch relevanten Kulturangebotselemente steht, sei zunächst enttäuscht, sodann aber auf die vielen guten Reise- bzw. Kunstreiseführer verwiesen. Im Rahmen einer

Bestandserhebung und -bewertung des Kulturangebots gibt es mehrere Varianten der systematischen Vorgehensweise:

- Zuordnung nach Epochen/Baustilen,
- Differenzierung nach Einrichtungen und Veranstaltungen,
- Zuordnung zu Trägerschaften,
- Unterscheidung nach Hoch- und Alltagskultur der Geschichte und der Gegenwart,
- Zuordnung zu den Bereichen des Kultursektors (gemäß UNESCO-Definition),
- Erfassung nach (kunst-)historischer Bedeutung und/oder Frequentierung durch Besucher.

7.3.5.1 Kulturelle Einrichtungen

"Ganz vorn in der Gunst der Gäste rangiert die historische Innenstadt als Ganzes, ein sympathisches Stadtbild, das es zu erhalten gilt." *(Engelhardt 1994, S. 36)*
Im einzelnen zählen hierzu die sakralen Bauten (z.B. Jakobs-, Herder- und Russisch-orthodoxe Kirche), Schlösser und Palais (z.B. Residenzschloß, Wittumspalais sowie die Schlösser Belvedere und Tiefurt in der näheren Umgebung Weimars), historische Gebäude (z.B. Kirms-Krackow-Haus, Herzogin-Anna-Amalia-Bibliothek und Deutsches Nationaltheater), Wohnstätten (z.B. Cranach-, Goethe-, Herder-, Schiller- und Liszthaus), Museen (z.B. Goethe-, Schiller-, Wieland-, Stadt- und Bauhausmuseum), Denkmäler und Brunnen, Friedhöfe und Parks (z.B. Historischer Friedhof und Park an der Ilm) und Gedenkstätten (z.B. Buchenwald und Albert-Schweitzer-Gedenkstätte). Die meisten dieser Kultureinrichtungen sind räumlich im Stadtzentrum Weimars konzentriert.

7.3.5.2 Kulturelle Veranstaltungen

Kontinuierliche Kulturveranstaltungen im Jahresprogramm der Weimarer Spielstätten und sonstiger Veranstaltungslokalitäten, wie Theateraufführungen, Kinovorstellungen, Kleinkunstdarbietungen, Lesungen und Vorträge, einerseits und **periodische** kulturelle Großveranstaltungen (Events) andererseits zeichnen das Angebot aus.
Die periodischen Veranstaltungen decken den Zeitraum von März bis Oktober bzw. Dezember ab. Solche Veranstaltungen, die vor allem auf die

Zielgruppe der Kulturgäste ausgerichtet sind, können einen Beitrag zum Saisonausgleich leisten. In den Sommermonaten Juli/August mit schwachem Gästeaufkommen finden z.B. das Kunstfest und die Feierlichkeiten zu Goethes Geburtstag statt. Bei diesen Veranstaltungen handelt es sich um Beiträge der **Hochkultur**. Der Zwiebelmarkt im Herbst hingegen gehört als historischer Markt (erstmalige Erwähnung 1653) zur **Alltagskultur**. In der Zeit zwischen Zwiebelmarkt und den Bachwochen im März fehlt es bislang an attraktiven Kulturveranstaltungen *(Engelhardt 1994, S. 36)*.

7.3.5.3 Kulturträger

Das Weimarer Kulturangebot wird von vier Säulen getragen:
(1) die Stadt Weimar,
(2) die Stiftung Weimarer Klassik,
(3) Vereine und Gesellschaften der Hochkultur sowie
(4) Vereine und Bürgergruppen der Hoch- und Alltagskultur.

(1) Stadt Weimar

Die Stadt Weimar kümmert sich um Belange der Denkmalpflege und nimmt auch über die Stadtplanung Einfluß auf das Stadtbild. Sie ist Träger kultureller Einrichtungen (z.B. Deutsches Nationaltheater, Stadtmuseum) und kultureller Veranstaltungen (z.B. Thüringer Töpfermarkt, Zwiebelmarkt, Weihnachtsmarkt). Das zuständige städtische Amt ist die Kulturdirektion.
Das *Amt für Tourismus und Weimar-Werbung* koordiniert das Angebot im Kulturtourismus, vermittelt Unterkünfte, kümmert sich um die Information der Kulturtouristen und wirbt für Besuche. Es organisiert Stadtführungen, die in der Regel im Bereich um die Kirche St. Peter und Paul beginnen und etwa zwei Stunden dauern. Neben dem allgemeinen historisch orientierten Rundgang werden etwa sechs verschiedenen Themen angeboten.

(2) Stiftung Weimarer Klassik

Die *Stiftung Weimarer Klassik* trat 1991 die Rechtsnachfolge der *Nationalen Forschungs- und Gedenkstätten der klassischen deutschen Literatur in Weimar* an. Sie hat den Status einer gemeinnützigen Stiftung des öffentlichen Rechts und wird zu 50% vom Bund, zu 40% vom Land Thüringen und zu 10% von der Stadt Weimar getragen. Ihre Aufgabe besteht in der Erhaltung und Erforschung des kulturellen Erbes aus der klassischen Epoche in Weimar, aus der Zeit Franz Liszts sowie Friedrich Nietzsches. Der Öffentlichkeit soll der Zugang zu den kulturellen Gütern ermöglicht werden. Zum Bestand gehören die Goethe- und Schillerstätten, das Wittumspalais mit dem Wielandmuseum, das römische Haus, das Liszthaus, das Nietzschearchiv, das Kirms-Krackow-Haus, die Fürstengruft mit russisch-orthodoxer Kapelle, die Schlösser Tiefurt mit Park, Ettersburg und Belvedere mit Park, der Park an der Ilm sowie weitere Objekte in der näheren und weiteren Umgebung vom Weimar. Der *Stiftung Weimarer Klassik* obliegen Besucherinformationen und -führungen ebenso wie die Durchführung von Lesungen, Vorträgen, Tagungen, Kolloquien etc. Sie ist Trägerin der Feierlichkeiten zu Goethes Geburtstag und Mitveranstalterin des Kunstfestes Weimar.

(3) Vereine und Gesellschaften der Hochkultur

Hierzu zählen Kulturvereine, wie z.B. die *Goethe-Gesellschaft e.V.*, die *Deutsche Shakespeare-Gesellschaft e.V.*, der *Weimarer Schillerverein e.V.* und Institutionen, wie z.B. die *Hochschule für Musik 'Frank Liszt'* und die *Hochschule für Architektur und Bauwesen*. Sie treten vor allem als Organisatoren von periodischen und kontinuierlichen Veranstaltungen auf. So finden die Shakespeare-Tage im April statt, die Tagung der Goethe-Gesellschaft zweijährlich im Mai, das internationale Musikseminar im Juli, die Liszt-Tage im Oktober und die Schiller-Tage im November.

(4) Vereine und Bürgergruppen der Hoch- und Alltagskultur

Eine Reihe von privaten Initiativen bzw. Bürgervereinen leistet einen Beitrag zur kulturellen Vielfalt in der Hoch- und Alltagskultur. Nicht alle können hier genannt werden, aber einige Beiträge sollen exemplarisch die Vielfalt andeuten.
Das *Bürgerzentrum zur 'Grünen Aue'* führt Literaturveranstaltungen durch. Die *Evangelisch-lutherische Kirchengemeinde Weimar* organisiert

Kirchenkonzerte und Gesprächskreise. Das *Frauenzentrum e.V.* bietet Seminare und Vorträge an. Im *Kasseturm* werden Pop- und Rockkonzerte in kleinerem Rahmen abgehalten. Der *Klub 'Bruno Bordert'* organisiert Veranstaltungen für ältere Bürger. Allerdings sind diese Initiativen nicht primär auf den Kulturtourismus ausgerichtet, sondern sprechen eher die Weimarer Bürger an.

Eine Reihe von Galerien in Kombination mit Cafés, Restaurants oder Kneipen bieten ständig Ausstellungen an.

7.4 Vom kulturellen Potential zum kulturtouristischen Angebot

"Fast für alle Kulturbereiche gilt: Je höher die Bildung, desto eher wird an Kultur partizipiert. Besonders deutlich ist die soziale Schichtung in der Teilnehmerfrequenz beim klassischen Kulturangebot zu erkennen. Die klassische Kultur ist die Domäne der höher Gebildeten, ist somit etwas für die feinen Leute." *(Meier-Dallach 1991, S. 41)* Dieser Trend zur Kulturpartizipation schlägt sich räumlich nieder durch einen gestiegenen Bedarf an kultureller Infrastruktur, d.h. an Einrichtungen und Veranstaltungen.

Die Bestandsanalyse in Weimar hat gezeigt, welche Vielfalt an kulturellem Potential dort gegeben ist und wie das übrige städtetouristische Potential ausgeprägt ist. Nun stellt sich die Frage, wie eine Stadt mit diesen Voraussetzungen auf die gestiegene Nachfrage reagiert. Mit welchen konzeptionellen Ansätzen wird das Weimarer Potential für eine kulturtouristische Nutzung zugänglich gemacht?

7.4.1 Organisatorische Anforderungen

Neben der Stadt Weimar und der *Stiftung Weimarer Klassik* als die Hauptkulturträger leistet eine Reihe anderer Gruppen und Einzelpersonen ihren Beitrag zum kulturellen Leben. Darüber hinaus gehören zu einem kulturtouristischen Produkt Leistungen des Transportwesens, der Hotellerie, der Gastronomie und weiterer Serviceanbieter (z.B. für Gästeführungen oder für Tagungsmöglichkeiten). Das erfordert ein **hohes Maß an Koordinierungs- und Harmoniesierungsbemühungen zwischen den Akteuren der Angebotsseite.** *Unger (1993, S. 120)* fordert eine intensive Zusammenarbeit zwischen Kulturwissenschaftlern und Tourismuspraktikern.

Gegenseitige Vorbehalte müssen durch einen anzustrebenden Interessenausgleich und die Schaffung gemeinsamer Leitbilder abgebaut werden. Zukunftswerkstätten im Sinne von *Jungk* und *Müllert (1990)* können dabei dienlich sein.
Als Mittel eignet sich das "Innenmarketing", dem ein außengerichtetes Marketing folgen muß. Das Tourismusmanagement sollte die beteiligten Akteure ständig über geplante Marketingaktivitäten informieren. Persönliche Kontakte müssen gepflegt werden, indem man Probleme miteinander bespricht. Ein ständiger Kontakt der Tourismusverantwortlichen zu Fachleuten der Kultur ist sinnvoll *(Unger 1993)*.

7.4.2 Konzeptionelle Anforderungen

Konzeptionelle Anforderungen an kulturtouristische Angebote hat *Steinecke (1994)* in Anlehnung an *Koch (1993)* formuliert:

- "Die **Glaubwürdigkeit** und **Authentizität** des kulturtouristischen Angebots ist sicherzustellen.
- Durch Maßnahmen des **"Innenmarketings"** ist in der Tourismusregion/ im Tourismusort die Sensibilität für das eigene kulturelle Erbe zu wecken und zu fördern.
- Den Einheimischen und den Touristen ist die **Gleichrangigkeit von Hochkultur und Alltagskultur** zu vermitteln.
- Die Vereinbarkeit von **Kultur und Konsum** ist zu demonstrieren; dabei ist es notwendig, für den Touristen ein erlebnisreiches Angebot in attraktivem Ambiente zu schaffen."

7.4.3 Konzeptionelle Ansätze in Weimar

Für die Entwicklung des Weimarer Kulturtourismus liegt weder ein formeller Leitfaden noch ein ganzheitliches Konzept vor, an dem man sich orientieren könnte. Die Stadt verfügt zwar über Strategien zur Förderung des Tourismus einschließlich konkreter Maßnahmenvorschläge, aber der Kulturtourismus wird in diesem Konzept weder explizit noch zielgerichtet angesprochen. Eigene Erhebungen in Form von Expertengesprächen mit Vertretern der Kulturdirektion, des *Amtes für Fremdenverkehr und Weimar-Werbung*, der *Stiftung Weimarer Klassik* sowie der Hotellerie lassen konzeptionelle Ansätze deutlich werden.

Auf dem vorhandenen kulturellen Fundament aufbauend, sieht das Grundkonzept des Weimarer Kulturtourismus die Herausstellung der alles überragenden Epoche der Klassik vor. Die Besucher sollen durch diesen Hauptattraktionsfaktor angezogen werden; es soll ihnen in Weimar die Botschaft des klassischen Humanismus mitgegeben werden. Auch im Prospekt- und Werbematerial findet der Gast vor allem Hinweise auf die Weimarer Klassik. Auf der einen Seite festigen die Tourismusverantwortlichen damit Weimars Unique Selling Proposition. Andererseits führt diese Fokussierung auf eine bestimmte Epoche gleich zu mehreren negativen Begleiterscheinungen. Erstens liegt damit der Schwerpunkt des Angebots eindeutig auf der Hochkultur. Die von *Koch (1993)* geforderte Gleichrangigkeit von Hoch- und Alltagskultur kann nicht vermittelt werden. Zweitens wird der Besucherstrom auf wenige Einrichtungen bzw. Veranstaltungen konzentriert. Überlastungserscheinungen und letztendlich **die Gefährdung der stark frequentierten Kulturstätten**, wie z.B. des Goethehauses, sind die Folge.

Um diese und andere Gefahren des Kulturtourismus für den besuchten Raum mit seinen Kulturdenkmälern *(Steinecke 1994, S. 21)* zu vermeiden, versuchen Kultur- und Tourismusverantwortliche in Weimar die Zeugnisse der anderen Epochen ebenso zu Angeboten zu bündeln. Somit möchte man sich vom Klassikzentrismus etwas hin zur Kulturbreite bewegen. Indem eine kulturelle Vielfalt dargeboten wird, hofft man auf eine längere Aufenthaltsdauer der Besucher und auf eine stärkere Entzerrung der Saison im privat motivierten Tourismus. Es wurden mehrere konzeptionelle Ansätze entwickelt.

7.4.3.1 Goethe-/Schillermuseumskonzept

Mit dem Bau des Schillermuseums wurde ein architektonisches Museumskonzept umgesetzt, das die Trennung von Erinnerungsstätte (Schillerhaus) und Museum zum Ziel hat. Hier wurde ein moderner Neubau an ein bestehendes Kulturdenkmal unmittelbar angegliedert. Eine Beeinträchtigung der Erinnerungsstätte hat dieses Vorgehen nicht mit sich geführt. Im Gegenteil, die Erinnerungsstätte konnte nach Fertigstellung des Museumsanbaus sogar erweitert werden, da die literaturgeschichtliche Präsentation zu Schillers Leben und Werk in die Räumlichkeiten des Museums verlagert werden konnte. Sie war vorher im Schillerhaus untergebracht. Seit 1988 kann das gesamte historische Haus als Erinnerungsstätte genutzt werden. *(Beyer 1989)*
Das gleiche Konzept wurde schon früher im Goethehaus/-museum realisiert. Hier erfolgten in den Jahren 1913 und 1935 Museumsanbauten. Bei den

Besuchern findet das Konzept großen Anklang *(Vosberg 1992)*. Zeigt es doch auch, daß Denkmalpflege und museale Nutzung vereinbar sind.

7.4.3.2 Verkehrskonzept

In Weimar konzentrieren sich die wichtigsten Kulturdenkmäler auf relativ engem Raum *(Vosberg 1992, S. 22)*. Der Vorteil besteht in der Erreichbarkeit der Stätten zu Fuß. Ein touristisches Leitsystem führt zu den Beherbergungsbetrieben und weist zu den Sehenswürdigkeiten. Die Beschilderung fügt sich dezent in das Stadtbild ein, obwohl sie eher futuristisch wirkt.

Alle Hotels in Weimar und die außerhalb des Stadtzentrums gelegenen Sehenswürdigkeiten sind an das öffentliche Busnetz angeschlossen. Während der Öffnungszeiten der Stätten fahren die Busse alle 30-60 Minuten. Sogar die relativ außerhalb gelegenen Punkte sind angebunden, wie z.B. Schloß Ettersberg, Buchenwald, Schloß Belvedere oder Tiefurt. Im Prospektmaterial findet der Besucher die nötige Information. Das öffentliche Busliniennetz ist auf den Goetheplatz ausgerichtet, so daß alle Verbindungen über diesen zentralen Punkt laufen.

Für Reisebusse steht ein Ein-/Aussteigsparkplatz zur Verfügung. Er befindet sich auf dem Stadionvorplatz und ist etwa 15 Minuten zu Fuß vom Zentrum entfernt. Einen Busparkplatz mit kürzerer Distanz zum Stadtkern würden die Tourismusverantwortlichen jedoch präferieren.

Etwa zwei Drittel der Weimarbesucher reisen noch mit dem PKW an. Für sie stehen am Rande des Zentrums Park & Ride-Plätze zur Verfügung. Dort befinden sich Informationstafeln mit Stadtplänen. In das Zentrum gelangt man entweder mit dem Bus oder geht etwa 15 Minuten zu Fuß.
Bei allen konzeptionellen Ansätzen darf aber nicht vergessen werden, daß es bislang an einem Gesamtverkehrskonzept fehlt. Im Zusammenhang mit den Vorbereitungen auf das Kulturhauptstadtjahr 1999 wird daran gearbeitet.

7.4.3.3 Kunstfest Weimar

1991 hat man das Kunstfest Weimar initiiert. Es wird in Zusammenarbeit von Land, Stadt und *Stiftung Weimarer Klassik* getragen. Der Präsident der *Stiftung Weimarer Klassik* ist Organisator. Hinter dem Kunstfest steht das

Konzept, an Altes, an die Klassik, anzuknüpfen und es in die Gegenwart zu übersetzen. Mit einer starken Orientierung auf die darstellende Kunst werden u.a. moderne Faustaufführungen und Tanztheater angeboten. Das Kunstfest findet stets in den auslastungsschwachen Sommermonaten statt.

7.4.3.4 WeimarCard

Seit 1995 bietet die Stadt ihren Gästen die WeimarCard an. Sie gilt 48 Stunden. Für einen Pauschalpreis können bestimmte kulturelle Einrichtungen besucht, die öffentlichen Busse benutzt und reduzierte Tarife für Stadtführungen und den Eintritt ins *Deutsche Nationaltheater* in Anspruch genommen werden. Der Vertrieb der WeimarCard erfolgt über die Tourismus-Information, über die Verkehrsbetriebe, über die angeschlossenen Museen sowie über verschiedene Hotels.

Ziel dieses Konzeptes ist es, für die Besucher verschiedene kulturtouristische Angebote zusammenzufassen und gemeinsam zu vermarkten. Zwecks sinnvoller Verkehrsvermeidung wird stets eine Nutzung des ÖPNV einbezogen. Schließlich kann die WeimarCard einen Beitrag zur gleichmäßigen Verteilung der Besucherströme auf die kulturellen Einrichtungen leisten, weil nicht nur auf die Highlights, sondern auch auf weniger bekannte Angebote aufmerksam gemacht wird. Bevor Weimar sich zu einem Card-Konzept entschloß, wurde es bereits in Hamburg (1990), Bonn (1992), Frankfurt a.M., Hannover und Dresden (1994) eingeführt.

Die Umsetzung des WeimarCard-Konzeptes erfordert ein hohes Maß an **Kooperationsbereitschaft** zwischen den am Kulturtourismus beteiligten Akteuren der Kultur, dem Transportwesen und der Hotellerie. Das örtliche Tourismusmanagement hat dabei die Funktion der Koordinierung übernommen. Zum Gelingen der WeimarCard trägt sicherlich der offene Dialog zwischen allen Beteiligten bei. Denn der Vertrag über die Karte ist von allen unterzeichnet worden, und auch die Abrechnung der Karte liegt allen Beteiligten offen, so daß kein Mißtrauen aufkommen kann.

7.4.4 Europäische Kulturhauptstadt 1999 als Chance

Die Idee der Prädikatsverleihung 'Europäische Kulturhauptstadt' wurde Mitte der achtziger Jahre von der damaligen griechischen Kulturministerin Melina Mercouri initiiert, um die kulturelle Zusammenarbeit und Verflechtung zwischen den Mitgliederstaaten der Europäischen Union zu forcieren. Wenn sich jedes Jahr eine andere Stadt in Europa mit ihrem kulturellen Potential präsentiert und ein Forum für weitere besondere kulturelle Ereignisse schafft, zieht das wegen des überregionalen bzw. internationalen Charakters der Veranstaltungen stets auch Tourismus nach sich. Die jeweiligen Kulturhauptstädte bzw. Stadtregionen erhalten damit die Chance, sich international vorzustellen und letztendlich auch ihr Gästeaufkommen zu steigern *(Koch 1993, S. 31).*

Weimar hat sich um das Prädikat 'Europäische Kulturhauptstadt 1999' beworben. Im Herbst 1993 erhielt die Stadt die Zusage der Kommission der Europäischen Union. Die Organisation und Koordination wird von einer *Kulturhauptstadt GmbH* geleistet. Ihre Hauptaufgabe ist es zunächst, von den Partikularinteressen der Akteure zu einem Konsens über ein gemeinsames Leitbild zu kommen. Noch immer bestehen wechselseitige Vorbehalte zwischen Kultur und Tourismus. Betroffene Vereine und Bürgergruppen der Stadt artikulieren ihre Vorstellungen und können wertvolle Beiträge zur Soziokultur leisten. Eine **Vernetzung** der zuständigen Ämter, Büros und Vertretungen wird nach Auskunft der befragten Experten begrüßt. Man wird versuchen müssen, sich auf die gegenseitigen Bedürfnisse einzustellen, um zu einer **Corporate Identity** zu kommen.

Im Rahmen der Kulturhauptstadt-Konzeption werden in Weimar sowohl die Verkehrskonzeption als auch ein für notwendig erachtetes Kongreßzentrum angegangen. In der Kulturdirektion werden inhaltliche Überlegungen für ein Kulturprogramm angestrengt. Der *Kulturhauptstadt GmbH* obliegt die Organisation des **Event-Managements** in Verbindung mit einem leistungsfähigen Distributionssystem. Weimar verfügt über einen Anschluß an *'GermanSoft'*. Die Tickets für Veranstaltungen sollen über *START* buchbar sein.

Ein Modell zur Professionalisierung stellt *Koch (1993, S. 39)* vor. Von fundamentaler Bedeutung ist danach die Zusammenlegung der Bereiche 'Kultur' und 'Tourismus' unter dem Dach einer Managementgesellschaft, wie der *Kulturhauptstadt GmbH* Weimar. Von einem separierten Wirken beider Bereiche rät *Koch* dringend ab, da sie sich über Programminhalte, Kapazitäten, Terminplanung, Rahmenbedingungen, Besucherlenkung, Marketingaktivitäten, touristische Produkte und Sponsoring abstimmen sollten. Ein ständiger und effektiver Kommunikationsprozeß ist unabdingbar. Die *Kulturhauptstadt GmbH* arbeitet mit Dritten zusammen, wie z.B. Sponsoren und Kooperationspartnern. Eine beratende Kontrolle kann durch Expertenbeiräte erreicht werden.

Schon heute ist Weimar aus touristischer Sicht wegen der Einzigartigkeit und inhaltlichen Vielfalt seines kulturellen Potentials ein Selbstläufer. Ein kulturtouristisches Gesamtkonzept fehlt jedoch bislang. Einige interessante konzeptionelle Ansätze sind vorhanden. 'Weimar 1999' als gemeinsames Ziel aller Beteiligten stellt eine Chance zur Konzeptionierung des Kulturtourismus in Weimar im Sinne einer Vernetzung der Potentiale dar. Eine ansatzweise Vernetzung erscheint mit dem Konzept der WeimarCard z.B. recht gut gelungen zu sein.

Tourismus und Kultur sind aber nur einzelne Funktionen von Weimar. Eine Stadt ist stets multifunktional. Deshalb wäre die Einbindung einer kulturtouristischen Konzeption in eine sinnvolle Stadtentwicklung wünschenswert.

8. Reiseleitung im Kulturtourismus
von Dr. Renate Freericks, wissenschaftliche Assistentin mit den Schwerpunkten Freizeitpädagogik, Kulturarbeit und Tourismus an der Universität Bielefeld

8.1 Einführung

Mit dem Thema dieses Beitrags "Reiseleitung im Kulturtourismus" wird die Aufmerksamkeit auf ein differenziertes, anspruchsvolles Tätigkeits-/Berufsfeld im Tourismus gerichtet, die Reiseleitung, dem meiner Ansicht nach im Kulturtourismus eine bedeutende Rolle zukommt. Der Beitrag knüpft an die aktuelle Diskussion um das Berufsbild der Reiseleitung und die Ausbildung von Reiseleitern[1] an, die insbesondere vor dem Hintergrund der Streitigkeiten um eine freie Berufsausübung im gemeinsamen europäischen Markt geführt wird. Die in diesem Zusammenhang formulierten Aufgaben, Tätigkeitsmerkmale und Kompetenzen des Reiseleiters sind Ausgangspunkt dieses Artikels. Ein Ziel ist es, die spezifischen und neuen Anforderungen an die Reiseleitung im Kulturtourismus hervorzuheben. Zunächst soll über eine Klärung des Stellenwertes und Verständnisses von Kulturtourismus die Bedeutung der Reiseleitung im Kulturtourismus kurz skizziert werden.

Im weiteren wird dann auf das Tätigkeitsfeld, die Aufgaben und Kompetenzen des Reiseleiters im Kulturtourismus als Manager einer kulturtouristisch attraktiven organisierten (pauschalierten) Gruppenreise, - wie es auch die Zuordnung unter das Kapitel dieses Bandes "Management von kulturtouristisch relevanten Organisationen" erfordert - näher eingegangen. Der Reiseleiter hat als Beschützer und Vermittler des kulturellen Erbes, als Mittler zwischen Reisenden und Einheimischen der Kulturregion mit dem übergeordneten Ziel der interkulturellen Verständigung eine unschätzbare Bedeutung sowohl für das Unternehmen/ den Veranstalter (er ist zumeist einziger Repräsentant des Veranstalters) als auch für den Reisenden und die bereiste Region.

Trotz der zunehmenden Professionalisierung der Reiseleitertätigkeit gibt es bisher in Deutschland im Vergleich zu anderen Ländern der EG weder eine staatlich anerkannte Ausbildung noch ein anerkanntes Berufsbild für Reiseleiter. Abschließend sollen die aktuellen Bestrebungen zur Verbesserung der

---
[1] Frauen tragen die Funktionsbezeichnung in der weiblichen Form.

Ausbildungssituation von Reiseleitern aufgezeigt und im Hinblick auf die Zukunft der Reiseleitung im Kulturtourismus gewürdigt werden.

8.2 Stellenwert und Verständnis von Kulturtourismus

Wie das Reisen zu unserer Kultur gehört, so gehört zum Reisen die Kultur - ein Ausspruch von *Unger (Fremdenverkehrsverband Ostbayern, Regensburg)* auf der Tagung des *Europäischen Tourismus Instituts (ETI)* 1992 in Trier zum "Kulturtourismus in Europa". Damit die Kultur aber ebenso wie die Reise zu einem Erlebnis wird, werden an die Ausgestaltung kulturtouristischer Veranstaltungen *(vgl. Unger 1993, S. 121)* und Reisen hohe Anforderungen gestellt - und damit auch an die Reiseleitung. Die Verbindung von Reisen und Kultur, mit Bildung und Erlebnis erfordert eine attraktive freizeitgemäße Gestaltung des Angebots, damit das kulturtouristische Angebot nicht nur zum Verständnis der bereisten Region mit ihrer spezifischen Kultur, ihren Menschen, Brauchtümern und Traditionen beiträgt, sondern auch im Sinne einer interkulturellen (europäischen) Verständigung erlebt werden kann.

Das Erlebnis einer europäischen Völkerverständigung wird hier bewußt hervorgehoben, zum einen verweist es auf die hohe Bedeutung, die dem Reiseleiter als Mittler zwischen verschiedenen Kulturen zukommen kann, und zum anderen - ein nur struktureller Aspekt - wurde der Begriff Kulturtourismus in den 80er Jahren durch die EG in Deutschland eingeführt *(vgl. Becker 1993).* Die Förderung des Kulturtourismus in der EG, wie z.B. die Errichtung europäischer Kulturrouten sowie auch die Förderung einer Vielzahl weiterer kultureller Projekte in ländlichen Regionen wird als Mittel zur Erreichung einer europäischen Völkerverständigung, zur Schaffung einer europäischen Einheit und europäischen Identität gesehen. Daß es sich hierbei um ein sehr hochgestecktes Ziel handelt, verdeutlichen u.a. die zahlreichen Schriften der Tourismuskritiker, die die negativen ökonomischen, soziokulturellen und ökologischen Effekte des Tourismus aufzeigen *(vgl. auch Schmeer-Sturm 1990).* Aber auch kleine Schritte in Richtung eines Verständnisses für andere Kulturen und Lebensformen und des Bewußtwerdens der eigenen Kultur sowie der Entstehung eines neuen Regionalbewußtseins[2] sollten hier nicht außer acht gelassen werden.

---

[2] Die Gefahren, die mit der Entstehung eines neuen regionalen, insbesondere nationalen Bewußtseins verbunden sein können, das statt einen Beitrag zur Völkerverständigung und Vergangenheitsbewältigung zu leisten, ins Gegenteil umschlagen kann, müssen kritisch verfolgt werden. Eine kritische Reflexion kultureller Vergangenheit darf nicht versäumt werden.

8.2.1 Positive Effekte des Kulturtourismus

Zudem lassen sich folgende positive Effekte des Kulturtourismus nennen:
- eine gewisse Entlastung der massentouristischen Bewegungen nach Südeuropa durch eine stärkere Hinwendung zu Mitteleuropa, einschließlich Deutschland (Ost/ West) *(vgl. Nahrstedt in diesem Band)*, aber auch Osteuropa,
- eine Entzerrung der Touristenströme durch den Effekt der Saisonverlängerung und der Einbeziehung neuer touristischer Gebiete,
- die finanzielle Wertschöpfung der Region durch die hohe Kaufkraft der Kulturtouristen,
- die Entwicklung strategischer Marketingkonzepte (Imagebildung) auf der Grundlage eines umwelt- und sozialverträglichen Kulturtourismus,
- eine Zunahme der Beschäftigungsmöglichkeiten für Reiseleiter wie auch für Gästeführer sowie eine weitere Professionalisierung dieses Bereichs aufgrund der positiven Wachstumsraten im "arbeitsintensiven Sektor" *(Steinecke 1993, S. 247)* Kulturtourismus.

Deutlich wird, daß es sich beim Kulturtourismus um einen weitgehend positiv besetzten Sektor im Tourismus handelt, für den die von Tourismuskritikern aufgezeigten Negativeffekte nur begrenzt zutreffen. Voraussetzung hierfür ist jedoch nicht zuletzt eine qualitativ hochwertige Reiseleitung. Um im Sinne der interkulturellen Völkerverständigung tätig werden zu können, sollte der Reiseleiter nicht nur Kenntnisse über die Kultur der bereisten Region, des bereisten Landes und seiner Bewohner haben, sondern auch über das Bild der Reisenden von der Region/ dem Land und ihren/ seinen Menschen sowie über das Bild der Einheimischen von den Reisenden, um mögliche Vorurteile und Stereotypen abbauen zu helfen. Als zumeist die einzige zentrale Person, mit der der Reisende direkt zusammentrifft, kommt dem Reiseleiter als Mittler zwischen Reisenden und Bereisten eine hohe Bedeutung zu.

8.2.2 Wachstumsperspektiven des Kulturtourismus

Die positiven Wachstumsraten und -perspektiven des Kulturtourismus auf dem europäischen Markt belegen u.a. die Untersuchungen des *Irish Tourist Board (1988)*. Es lassen sich 34,5 Mio. Touristenankünfte (23,5% aller Ankünfte) in den EG-Ländern dem Kulturtourismus zuordnen *(vgl. auch Steinecke 1993, S. 247)*. Kriterium für die Zuordnung ist der Besuch der Touristen von kulturellen Attraktionen (visiting cultural attractions). Zudem geben die Ergebnisse der Reiseanalyse (1992) Aufschluß darüber, welchen Stellenwert der Kulturtourismus (nur bezogen auf Haupturlaubsreisen als

Studien-/ Besichtigungs-/ Bildungsreisen) aus Sicht der deutschen Urlauber einnimmt. 1992 ordneten 16,7% (7,5 Mio) der Reisenden ihre Haupturlaubsreise als Studien-/ Besichtigungs-/ Bildungsreise ein. Im Vergleich West und Ost waren es 13% zu 28% *(vgl. Gayler u.a. 1993, S. 51)*.

Da die Haupturlaubsreise der deutschen Urlauber jedoch häufig ins Ausland führt (66% Ausland zu 33% Inland) und darüber hinaus ein Großteil der kulturtouristischen Aktivitäten den Kurzreisen und Tagesausflügen zuzurechnen sind, sagen die Zahlen nur wenig über den Stellenwert des Kulturtourismus in Deutschland aus *(vgl. hierzu Nahrstedt in diesem Band)*. Ein Indiz für die guten Wachstumschancen des Kulturtourismus in Deutschland sind die steigenden Besucherzahlen in Theatern, Museen, bei Festivals, Stadtfesten und Festspielen, die wachsenden Teilnehmerzahlen bei Stadtführungen, die steigenden Nachfragen an inländischen Bildungs-, Besichtigungs- und Studienreisen.

Bei vielen dieser kulturtouristischen Angebote spielt die Reiseleitung eine entscheidende Rolle: Sei es als Reiseleiter bei Bildungs-/ Besichtigungs-/ Studienreisen, sei es als Animateur in Freizeitparks, bei Festivals, sei es als Städteführer/ Gästeführer bei Stadtrundfahrten/ -rundgängen, als Touristmanager bzw. Kulturmanager bei speziellen (regionalen) kulturellen Attraktionen oder als Museumsführer. Um Irritationen zu vermeiden, sei hier erwähnt, daß ich bei meinen Ausführungen im wesentlichen den **Reiseleiter im klassischen Sinne** im Blick habe, der eine Reisegruppe von Anfang bis Ende der Reise begleitet und neben Betreuungs- und Organisationsaufgaben auch Aufgaben der Informationsvermittlung übernimmt. Eine Trennung der beiden Arbeitsbereiche wird aufgrund der damit verbundenen finanziellen Belastung der Veranstalter allgemein nicht vorgenommen *(zu Ausnahmen vgl. Schmeer-Sturm 1990)*. Überschneidungen mit dem Tätigkeitsfeld des Gästeführers/ Stadtführers (local guide) oder auch des Museumsführers, Kulturmanagers sind dadurch gegeben.

Darüber hinaus ist an dieser Stelle festzuhalten, daß neben den Reisen zu kultur- und kunsthistorischen Stätten, Objekten und Veranstaltungen (Hochkultur), -die zumeist Gegenstand klassischer Studienreisen und Stadtführungen sind -, auch die Alltagskultur wie Feste, Bräuche (regionale Musik, Volkstanz, Mundart, etc.), die Lebensgewohnheiten und -umstände der Menschen in der bereisten Region zum Kulturtourismus zählen.[3] Deutlich

---

[3] Eine Ausnahme bilden u.a. Busreisen ohne höheren inhaltlichen Anspruch. Die Betreuung erfolgt durch eine Reisebegleitung oder den Fahrer und die Informationsvermittlung durch örtliche Führer (zu weiteren Ausnahmen, vgl. *Schmeer-Sturm 1990, S. 9 und 31ff*)

wird dieses bereits an der Auswahl der Beiträge in diesem Band *(vgl. auch Becker u.a. 1993).* Implizit bedeutet dies eine stärkere Hinwendung zur Gegenwartskultur. Für die Reiseleitung hat dies insofern Folgen, als ein umfassendes Wissensrepertoire gefordert ist. Das heißt, der Reiseleiter muß sowohl kultur- und kunsthistorische Kenntnisse aufweisen als auch Kenntnisse der Alltagskultur der bereisten Region.

Dem Kulturtourismus wird demnach ein erweiterter **Kulturbegriff** zugrundegelegt, der "Kunst ebenso umfaßt wie die traditionellen Lebensformen der einheimischen Bevölkerung und die durch die lokale Wirtschaftsweise geprägte Landschaft" *(Struck, SPD Bundestagsfraktion, Tourismuspolitische Leitlinien der SPD, S. 8).*Diesem erweiterten Verständnis von Kultur läßt sich übergangslos die von *Becker* formulierte **Definition** des Kulturtourismus anschließen:
"Der Kulturtourismus nutzt Bauten, Relikte und Bräuche in der Landschaft, in Orten und in Gebäuden, um dem Besucher die Kultur-, Sozial- und Wirtschaftsentwicklung des jeweiligen Gebietes durch Pauschalangebote, Führungen, Besichtigungsmöglichkeiten und spezifisches Informationsmaterial nahezubringen. Auch kulturelle Veranstaltungen dienen häufig dem Kulturtourismus" *(Becker 1992, S. 21).*

Dieser Definition schließe ich mich als Grundlage für meine weiteren Ausführungen an, zumal sie sowohl den vielfältigen und differenzierten Sektor Kulturtourismus verdeutlicht als auch Bezüge zum Tätigkeitsfeld und zur Aufgabe der Reiseleitung ermöglicht. Die Reiseleitung hat die Aufgabe, bei Pauschalgruppenreisen, u.a. bei Führungen, Besichtigungen, beim Besuch spezifischer Veranstaltungen unter Nutzung von spezifischem Informationsmaterial (Literatur über die Region, Kulturkalender etc.) dem Reisenden die Kultur-, Sozial- und Wirtschaftsentwicklung des jeweiligen Gebietes nahezubringen. Ergänzen möchte ich an dieser Stelle nur, daß auch das Bewahren und Schützen der Bauten, Relikte und Bräuche und nicht nur deren Nutzung eine Aufgabe des Reiseleiters wie aller am Kulturtourismus Beteiligten ist im Sinne eines sozial- und umweltverträglichen Tourismus.

8.3 Reiseleitung - Tätigkeitsfeld und Aufgaben

Die Tätigkeit der Reiseleitung im Kulturtourismus, ihre Aufgaben und Kompetenzen gilt es im weiteren zu spezifizieren. Der folgende Blick auf die historische Entwicklung der Reiseleitertätigkeit macht deutlich, daß mit der Veränderung und der Ausdifferenzierung verschiedener Reiseformen stets ein Wandel im Verständnis von Reiseleitung einherging und entsprechend veränderte Anforderungen an den Reiseleiter formuliert wurden.

Abb. 1: Entwicklung der Reiseleitertätigkeit

Reise Zeit/Gründer	Zweck/Art der Reise	Bezeichnung der Reiseleitung	Beschreibung der Tätigkeiten	zusätzliche Funktionen
Antike	"Vergnügungsreisen"	"Exegetai" " Perjegetai"; Heloten (Sklaven)	Erklärungen, Führungen; Reiseorganisation	Schriftsteller (Pausanias)
Mittelalter	Pilgerfahrten		Leitung der Vertreter	Schriftsteller bzw. Handbücher auf Pilgerfahrt abgestimmt
Jahrhundert der Entdeckungen (17./18. Jh.)	"Bildungstour" der jungen Kavaliere durch die Hauptstädte Europas ("Grand Tour", "Kavalierstour")	Reisemarschall bzw. Hofmeister, "Mentor", "Tutor", (erste Ansätze von Ausbildung durch A. Schlötzer, 1772/95)	meist ein kenntnisreicher, ehemaliger wenig bemittelter Student, übernahm Aufgaben des Mentors u. leitenden Organisators, sprachenkundig	Abbés: landes- u. stadtkundige Gelehrte (Frühformen der örtlichen Fremdenführung und Reiseleitung)
18./19. Jh.	Aufkommender Alpentourismus (sportliche Gentlemen als Gipfelstürmer)	"Bergführer" "Skiführer"	einheimischer landes- u. gebirgskundiger Organisator	
5.6.1841	Erste "Gesellschaftsreise" durch Thomas Cook	Reiseleiter und Organisator	Allround-Fachmann	Schriftsteller Reiseliteratur
1878	Erste Gesellschaftsreise um die Welt durch Carl Stangen	Reiseleiter und Organisator	Schriftsteller	Reiseliteratur
Jahrhundertwende	Gesellschaftsreisen Seereisen		Organisator, Reiseleiter u. Gesellschafter ("Maitre de plaisir"), "Cruise Director", Lektor	
Nach 1924	organisierte Pauschalreisen (z.B. durch Mitteleuropäisches Reisebüro MER)	"Reiseleiter"	überwiegend organisatorische Aufgaben	
Seit 1928	Volkshochschule (Dr. Tigges)		Sonderform der Reiseleitung: der Reiseleiter als "Volksbildner", Reiseleitung als volkspädagogische Aufgabe	
30er Jahre	Erholungsreisen für alle Bevölkerungsschichten; KdF,- organisierter, "politischer" Tourismus		meist Funktionäre zur politischen Betreuung der Erholungsuchenden	
50er Jahre	Aufkommen des (organisierten) Pauschal-/ Massentourismus und "Wiedergeburt" des Studientourismus oft auf wiss. Niveau	Ortsreiseleiter bzw. Gästeführer und Reisebegleiter, (wissenschaftl.) Studienreiseleiter		Organisation und landeskundliche Hinweise, Organisation und permanente Reisebegleitung
Ab 70/80er Jahre	zunehmende Spezialisierung; Rundreise Studienreise, wissenschaftliche Studienreise	Bemühen um Schaffung eines Berufsbildes bzw. Schutz des Begriffs "Studienreise"	Tätigkeit u. Bezeichnung wie in den 50er Jahren	

Quelle: Vogel 1993, S. 517f

Eine Fortführung der Tabelle zur Reiseleitertätigkeit mit Blick auf die 90er Jahre könnte meiner Ansicht nach aufgrund der zunehmenden Tendenz zur Entwicklung kulturtouristischer Angebote folgendermaßen aussehen:

Reise Zeit/Gründer	Zweck/Art der Reise	Bezeichnung der Reiseleitung	Beschreibung der Tätigkeiten
90er Jahre	Kultur(erlebnis)reisen (aber auch weiterhin Studienreisen, Bildungsreisen mit Tendenz zur stärkeren Regionalisierung und Themenorientierung)	Reiseleiter (Typendifferenzierung - Studienreiseleiter, Standortreiseleiter, Animateur, Jugend-, Seniorenreiseleiter etc.), Gästeführer (local guide)	Organisation/Betreuung und freizeitgemäße Informationsvermittlung (insbesondere regionale Kultur-, Sozial-, Wirtschaftsentwicklung), ortsbezogene animative Informationsvermittlung

Quelle: Freericks 1995

Diese kurze Übersicht läßt sich verstehen als eine Zusammenfassung der Erkenntnisse der vorherigen Ausführungen und zugleich als Ausblick auf die folgende nähere Bestimmung der Reiseleitung und der Reiseleitertätigkeit im Kulturtourismus.

Zunächst soll eine **Definition** von Reiseleitung gegeben werden, die versucht, die besondere Tätigkeit der Reiseleitung im Kulturtourismus zu berücksichtigen:

> Reiseleitung umfaßt die präzise organisatorische Durchführung eines Pauschalangebots zu speziellen meist thematisch ausgerichteten Zielen in der Absicht, den Teilnehmern die Vielfalt und das Verständnis für die kulturelle Eigenart einer Region mittels fachkundiger, präziser, vergleichender, alltagsorientierter und freizeitnaher Information und Kommunikation nahezubringen.

Sicherlich läßt sich nicht das ganze Tätigkeitsspektrum der Reiseleitung in einer Definition wiedergeben. Doch macht diese Definition bereits deutlich, welche hohen Anforderungen an die Reiseleitung im Kulturtourismus gestellt werden. Das Beispiel einer Stellenausschreibung für einen Studienreiseleiter, die kürzlich in *DIE ZEIT* erschienen ist, mag dies noch stärker hervorheben (siehe Abb. 2).

Der Reiseleiter muß meist eine oder mehrere Fremdsprachen beherrschen. Er muß organisatorische Fähigkeiten, pädagogische (Methodik/ Didaktik) und psychologische Kenntnisse (Gruppendynamik) sowie rhetorische Fähigkeiten besitzen. Dieses Anforderungsprofil läßt sich weitgehend auf alle Typen der Reiseleitung übertragen.

Abb. 2:
Stellenausschreibung

Quelle: Die Zeit, Nr. 22, 26.5.1995.

8.3.1 Diverse Typen der Reiseleitung

Einige Typen der Reiseleitung seien hier kurz genannt: (wissenschaftlicher) Studienreise-/Rundreiseleiter, Standortreiseleiter, Animateur, Jugendreiseleiter, Seniorenreiseleiter etc. *(vgl. Schmeer-Sturm 1990).* Gewisse Unterschiede lassen sich u.a. festmachen an der jeweiligen Gewichtung der Arbeitsbereiche Organisation und Information. So wird z.B. bei der **wissenschaftlichen Reiseleitung** der Schwerpunkt auf die fachwissenschaftliche Vermittlung von Wissen gelegt, ein Reisebetreuer oder -begleiter wird zusätzlich eingesetzt[4], während der **Studien- oder Rundreiseleiter** eher über allgemeine länderkundliche bzw. regionale Kenntnisse verfügen muß, zudem in gleicher Wertigkeit von ihm pädagogische und psychologische Fähigkeiten erwartet werden (insbesondere Teilnehmererwartung), und eine weitere Hauptaufgabe des Studienreiseleiters die einwandfreie Organisation der Studienreise (insbesondere Expertenauffassung) ist *(vgl. Langemeyer 1992, S. 6).*

Wir sind in Europa das marktführende Touristikunternehmen. Jedes Jahr verreisen mehr als 3 Millionen Menschen mit uns. Im Mittelpunkt unserer Arbeit steht der Reisegast. Er bestimmt unser Handeln.

Ihr *länderkundliches Wissen* ist gefragt! Unser Studienreiseleiterteam freut sich auf Ihre freiberufliche Unterstützung für einige Wochen im Jahr. *Kontaktfreudig* und *kompetent - freundlich* und *fundiert:* Entwickeln Sie mit uns Ihr "zweites berufliches Standbein" als

STUDIENREISELEITER/IN

In der Hauptreisezeit für Studienreisen (April/Mai und September/Oktober) werden Sie *selbständig Reisegruppen betreuen.* Sie lassen Ihre Reisegäste an Ihrem großen Wissensschatz teilhaben; aber auch bei organisatorischen Fragen ist Ihre helfende Hand gefragt. Sie kennen sich in einem Land Asiens, Südamerikas, Europas (hier besonders Polen, Rußland, Portugal, im skandinavischen oder Mittelmeer-Raum), Nordafrikas (z.B. Marokko, Tunesien) oder in Israel, Jordanien, Syrien sehr gut aus und können die in dem jeweiligen Land erforderlichen Sprachkenntnisse vorweisen. Sie sollten ein *Hochschulstudium* (vorzugsweise im Bereich Geisteswissenschaften) abgeschlossen haben und verbinden *didaktisches und psychologisches Geschick* mit der Fähigkeit, Wissen anschaulich und phantasievoll zu vermitteln.

Bei Ihrem Start werden wir Sie durch eine intensive Schulung und Einarbeitung unterstützen. Bewerben Sie sich bitte schriftlich mit vollständigen Unterlagen (Lebenslauf, Zeugniskopien, Lichtbild etc.) bei

TUI *TUI Studienreisen*
z.Hd. Frau Koren, Karl-Wiechert-Allee 23
30625 Hannover
Schöne Ferien!

---

[4] Der wissenschaftliche Reiseleiter taucht immer seltener in Prospekten der Reiseveranstalter auf, insbesondere aus finanziellen Gründen.

Beim **Standortreiseleiter** wird hingegen das Hauptgewicht auf die organisatorischen und Verwaltungsaufgaben (Erstellen von Informationsmappen, Transferlisten, Abrechnungen, Ausflugsverkauf) gelegt. Er wird zumeist von großen Touristikunternehmen in touristischen Ballungszentren eingesetzt. Die primäre Aufgabe des **Animateurs** (Ferienclubs) sind die Aktivierung der Gäste zu kreativen, sportlichen, kommunikativen Urlaubsaktivitäten sowie die Organisation und Durchführung verschiedener Angebote. Beim **Jugendreiseleiter** stehen ebenfalls animative und organisatorische Fähigkeiten im Vordergrund. Darüber hinaus werden jedoch insbesondere auch pädagogische, psychologische Fähigkeiten und Kenntnisse im Umgang mit der spezifischen Zielgruppe erwartet (Zielgruppenorientierung). Letzteres gilt natürlich auch für den **Seniorenreiseleiter**. Er muß über spezifische gerontologische Kenntnisse verfügen. Zudem werden hohe Erwartungen an die organisatorische Abwicklung der Reise gestellt *(vgl. Schmidt 1990)*.

Mit Ausnahme der beiden letztgenannten Typen von Reiseleitung[5] hat die Reiseleitung es zumeist mit der **Zielgruppe** Erwachsene (mittleres, höheres Erwachsenenalter) zu tun. Für alle jedoch überwiegend zutreffend ist die folgende Charakterisierung der Zielgruppe: Mittelschicht, hohes Bildungsniveau, mittleres bis hohes Einkommen. Entsprechend ist das Reiseprodukt der Veranstalter auch auf diese Zielgruppe zugeschnitten. Erst seit kurzer Zeit werden auch Studienreisen konzipiert, die ein breiteres Publikum bzw. verstärkt neue Zielgruppen ansprechen sollen. Als Beispiel sei hier auf das Konzept *Young Line* von *Studiosus* (München), dem Marktführer im Studienreisemarkt verwiesen *(siehe Dietsch in diesem Band)*. Mit dem neuen Reiseprodukt *Young Line* sollen vor allem jüngere Erwachsene angesprochen werden.

Aber auch insgesamt zeichnen sich im Konzept Studienreise Veränderungen in Richtung einer stärkeren Erlebnis- und Freizeitorientierung ab. Das Bildungsmotiv bleibt zwar weiterhin erhalten, doch zeigen die aktuellen Vermarktungsstrategien einen neuen Trend im Studienreisemarkt: "Anderen Urlaub erleben!", "Freizeit genießen - Kultur erleben!" *(Slogans von Studiosus München)*. Es zeigt sich deutlich, daß die Veranstalter, die Planer und Werber den Trend erkannt haben: **Kultur(erlebnis)reisen**, die nicht nur "trockene" Bildung, sondern auch Erlebnis, Geselligkeit und Unterhaltung bieten, sind der Markt der Zukunft.

---

[5] Eine Ausnahme sind in diesem Zusammenhang auch die Standortreiseleiter wegen häufig wechselnden Teilnehmern und die Animateure, insbesondere wegen der Zielgruppe Familie.

In diesem Zusammenhang sei auch kurz auf Ansätze und Modelle verwiesen, die zum Teil bereits in den 70er und 80er Jahren entstanden sind: das Animationsmodell Länderkunde *(Müllenmeister 1978)*, das Konzept Spurensuche bzw. Spurensicherung *(Isenberg 1987)*, das Konzept Stattreisen *(Arbeitskreis neue Städtetouren 1991)*. Anführen lassen sich auch die im Rahmen eines Forschungsprojekts entwickelten Konzepte freizeitorientierter Weiterbildung *(Nahrstedt u.a. 1994)*.

Diese Modelle können allesamt als Beispiele für eine stärkere Verknüpfung von Freizeit und Bildung betrachtet werden. Sie versuchen sowohl auf der inhaltlichen als auch auf der didaktischen Ebene, eine freizeitgemäße Gestaltung des Angebots zu realisieren. Dies geschieht u.a. durch eine stärkere Einbeziehung aktueller und alltagsbezogener Themen, durch eine stärkere Einbindung der Eigenaktivität der Teilnehmer und durch eine stärkere Einbeziehung freizeit-/ ferienrelevanter Aspekte, wie Unterhaltung, Geselligkeit, Erlebnis, aber auch Muße und Ruhe.

Diese Modelle und Konzepte finden mittlerweile eine breitere Resonanz. Selbst die etablierten Studienreiseveranstalter zeigen sich - wie oben bereits angedeutet - hiervon nicht unbeeindruckt. Neue Reiseformen werden konzipiert und vermarktet. Sie lassen sich als Kultur(erlebnis)reisen bezeichnen.

8.3.2 Reiseleitung als Qualitätsmerkmal

Doch nun zurück zur Reiseleitung: Welche Rolle spielt die Reiseleitung in diesem Zusammenhang? Der Reiseleiter ist an der Entwicklung und Vermarktung des Reiseprodukts im eigentlichen Sinn nicht beteiligt. Der Veranstalter übernimmt die Planung, die Werbung, die Reiseleiterausbildung und die Administration, das Reisebüro den Vertrieb des Reiseprodukts (hier: des Pauschalangebots), und die verschiedenen Leistungsträger (Hotels, Restaurants, Transportgesellschaften usw.) bieten die entsprechenden Einzelleistungen gemäß Vertragsvereinbarungen. Spätestens an dieser Stelle kommt jedoch die Reiseleitung als weitere vertraglich vereinbarte Reiseleistung ins Spiel[6]. Orientiert an den im Reiseprogramm zugesicherten Einzelleistungen, bereitet der Reiseleiter die inhaltliche, organisatorische/ zeitliche und methodisch-didaktische Ausgestaltung der Reise vor, mit dem Ziel, die

---

[6] Bei kleineren Unternehmen, wie z.B. Bildungseinrichtungen, kirchliche Institutionen, Jugendverbände, die ebenfalls organisierte Reisen anbieten, liegt die Entwicklung, Vermarktung und Durchführung der Reise meist in einer Hand.

Einzelleistungen zu einem Gesamterlebnis zu verbinden. Dem Reiseleiter obliegt schließlich die qualifizierte Durchführung der Pauschalreise. Die Reiseleitung hat als besonderes Qualitätsmerkmal des Veranstalters eine immense Bedeutung, sowohl für den Veranstalter als auch für die Reiseteilnehmer und die bereiste Region oder das bereiste Land.

Die folgende Übersicht nach *Schmeer-Sturm (1990)* verdeutlicht dies:

"1. **Bedeutung der Reiseleitung für das Unternehmen**
- in den meisten Fällen der einzige Repräsentant des Veranstalters, mit dem der Reisende zusammentrifft: Imagewirkung für das Unternehmen
- Kontrolle der Leistungsträger vor Ort
- qualifizierte Erfüllung des ausgeschriebenen Programms
- qualifizierte und möglichst sofortige Bearbeitung und Erledigung von Kundenreklamationen
- flexible Umstellung bzw. alternative Gestaltung des Programms in Problemsituationen ...
- Wahrung der Interessen des Unternehmens gegenüber Leistungsträgern und Kunden

2. **für den Reisegast**
- perfekte/r Organisator/ -in und freundliche, gleichmäßige Betreuung aller Gäste
- Durchführung des ausgeschriebenen Programms und Sorge für die Erbringung der im Prospekt angekündigten Leistungen
- Reiseleiter/ -in (RL) als Betreuer/ -in und kontinuierlicher Beistand bei Problemen ...
- Vermittler und Medium zum bereisten Land
- RL als kompetenter Ratgeber, der über das Programm hinaus auch Tips für die Freizeitgestaltung gibt
- Hilfe bei Sprachschwierigkeiten
- RL als zumeist einziger Ansprechpartner (Vertreter) des Veranstalters, um Wünsche, Erwartungen, Fragen, Probleme, Reklamationen zur Sprache zu bringen ...

3. **für das bereiste Land**
- optimaler Ausgleich zwischen den ökonomischen Interessen des Veranstalters, der Kunden und der Leistungsträger
- Repräsentant ... seines Herkunftslandes
- Begeisterung für das bereiste Land bei den Gästen wecken
- Imagebildung für das bereiste Land

- Abbau von Vorurteilen bei den Gästen über das bereiste Land
- Vorbeugen und Grenzen setzen in bezug auf Fehlverhalten der Gäste
- Mittler in der Kommunikation zwischen Reisenden und Bereisten"
(Schmeer-Sturm 1990, S. 13f).

Dieser Überblick spiegelt die Vielzahl der grundsätzlichen Managementaufgaben des Reiseleiters bei der Durchführung des Reiseprogramms wieder. Die Aufgaben und Kompetenzen des Reiseleiters, die hierfür Voraussetzung sind und wesentlich bereits bei der Vorbereitung der Reise zum Tragen kommen, lassen sich - wie folgt - kurz skizzieren:

8.3.3 Aufgaben und Kompetenzen der Reiseleitung

1. Sachkompetenz
- allgemeine und spezielle Kenntnisse der jeweiligen Region, des Landes
- allgemeine länder- bzw. regionsübergreifende Kenntnisse, die einen interkulturellen Vergleich ermöglichen
- Spezialkenntnisse bezogen auf das jeweilige Thema
- Beherrschung der deutschen Sprache und mindestens einer Fremdsprache (einschließlich besonderer Dialekte)
- Kenntnisse der jeweiligen örtlichen Gegebenheiten (z.B. Straßenführung, falls der Fahrer nicht informiert ist, Öffnungszeiten von Besichtigungsobjekten)
- Zielgruppenkenntnisse

Die Sachkompetenz ist Grundlage für die inhaltliche Ausgestaltung des Programms. Der Reiseleiter hat die Aufgabe, die Inhalte in Anlehnung an das Programm zusammenzustellen und zu strukturieren.

2. Methodisch-didaktische Kompetenz
- Fähigkeit, die Inhalte mit den aufgestellten Zielen (Grob-/ Feinziele) abzustimmen
- rhetorische Fähigkeiten (freie Rede, Karteikarten als Hilfestellung)
- Fähigkeit zur anregenden Informationsvermittlung unter Anwendung abwechslungsreicher Methoden (Einsatz von zusätzlichem Illustrationsmaterial (Bilder, Stadtpläne etc.)
- Fähigkeit zur Anwendung didaktischer Prinzipien (Ziel-/ Zielgruppenorientierung, Gegenwartsbezüge, Herstellung von Zusammenhängen, Fragestellung, Wiederholungen etc.)

- Fähigkeit zur Präsentation der Inhalte im interkulturellen Vergleich (interkulturelle, europäische Völkerverständigung)
- Kommunikationsfähigkeit
- Fähigkeit zur Ausübung eines sozial-integrativen Führungsstils
- Kenntnisse der Gruppendynamik

Bei der inhaltlichen Ausgestaltung des Programms muß parallel die methodisch-didaktische Gestaltung erfolgen. Das heißt, der Reiseleiter muß orientiert an den ausgewählten Inhalten festlegen, welche Ziele für die entsprechende Reise zentral sind, welche spezifischen Methoden er wann zum Einsatz bringt, um eine animative Gestaltung der Reise zu gewährleisten.

3. Organisatorische Kompetenz
- Kenntnisse über die Organisations- und Betriebsabläufe in der Touristik (einschließlich reiserechtlicher Kenntnisse - Reklamationsbearbeitung)
- Fähigkeit zur exakten zeitlichen Planung und Durchführung des Programms (Festlegen der Abfahrtszeiten, Besichtigungszeiten, der Pausen- und Essenszeiten, orientiert an den jeweiligen Öffnungszeiten)

In Abstimmung mit der inhaltlichen und methodisch-didaktischen Planung der Reise muß der Reiseleiter den exakten zeitlichen und organisatorischen Ablauf der Reise festlegen. Er hat die Aufgabe, für jeden Reisetag eine genaue zeitliche Struktur mit Zuordnung der jeweiligen Inhalte und Methoden der Vermittlung einen Ablaufsplan zu erstellen. Dazu gehört auch, auf mögliche Pannen oder Programmverschiebungen vorbereitet zu sein, das heißt flexibel und mit Rücksicht auf die Teilnehmer (um Reklamationen zu vermeiden) Programmumstellungen zu organisieren.

4. Soziale Kompetenz
- Fähigkeit zur Empathie
- positive Grundeinstellung
- Durchsetzungsfähigkeit, Führungskompetenz
- Konfliktfähigkeit
- physische und psychische Belastbarkeit
(Vgl. im Überblick hierzu auch Schmeer-Sturm 1990, Eder 1993.)

Die soziale Kompetenz stellt ein grundsätzliches Persönlichkeitsmerkmal des Reiseleiters dar, die sicher bereits bei der Wahl der Tätigkeit als Reiseleiter als persönliche Anlage vorhanden sein muß. Während sich die Kompetenzen auf der inhaltlichen, methodisch-didaktischen und organisatorischen Ebene im Rahmen einer Ausbildung vermitteln lassen, ist die soziale Kompetenz nur begrenzt vermittelbar.

Insgesamt läßt sich festhalten, je vollständiger und ausgeprägter die Kompetenzen bei der Reiseleitung vorhanden sind, umso mehr trägt der Reiseleiter durch die Bewältigung seiner Aufgaben zum Erfolg der Reise bei. Eine optimale Reiseleitung setzt jedoch auch eine optimale Ausbildung voraus.

8.4 Ausbildungssituation von Reiseleitern

Bisher gibt es für Reiseleiter in Deutschland keine geregelte Ausbildung und entsprechend auch weder ein staatliches Zertifikat noch ein festes Berufsbild. Die Ausbildung von Reiseleitern wird meist von den jeweiligen Reiseveranstaltern selbst organisiert. Das heißt, sie führen für ihre potentiellen Reiseleiter kurze Schulungsseminare durch. Die Dauer der Ausbildung ist je nach Veranstalter unterschiedlich, doch umfaßt die Schulungszeit nach meinen Informationen nur selten mehr als ein bis zwei Wochen, zum Teil liegt sie sogar darunter. Für diejenigen Reiseleiter, die nicht von ihrem Unternehmen geschult werden, gibt es einige Seminarveranstalter, die entsprechende Kurse anbieten *(siehe Schmeer-Sturm 1990)*. Angesichts dieser kurzen Schulungszeit kann sicherlich nicht mehr als ein gedrängter Überblick über die wichtigsten Anforderungen an die Reiseleitung gegeben werden. Von einer Ausbildung, die die weiter oben skizzierten Kompetenzen vermittelt, kann hier nicht gesprochen werden. Der engagierte Reiseleiter ist insofern auf ein intensives Selbststudium angewiesen.

Die kurze Dauer der Schulungszeit ist zum Teil aber auch darauf zurückzuführen, daß bei vielen Studienreiseleitern, die Fähigkeit zur Reiseleitung bereits bei der Bewerbung vorausgesetzt wird. Das kurze Seminar hat insofern eher den Zweck, in die Betriebsführung des Unternehmens einzuführen und eine Auswahl geeigneter Reiseleiter treffen zu können. Diese Studienreiseleiter haben in der Regel ein abgeschlossenes Studium, das meist in den Fächern Geschichte bzw. Kunst-/ Kulturgeschichte oder Linguistik und Literaturwissenschaft absolviert wurde. Sie verfügen entsprechend über Kenntnisse der Geschichte, der Kultur und der Sprache eines Landes. Es fehlen jedoch meist pädagogisch-psychologische Kenntnisse, das heißt auch Kompetenzen auf methodisch-didaktischer, sozialer und organisatorischer Ebene. Diese gilt es wiederum im Selbststudium sich anzueignen, um so die jeweiligen Spezialkenntnisse zu erweitern. Eine qualitätsvolle Ausbildung, die das gesamte genannte Kompetenzspektrum beinhaltet, kann allein aus finanziellen Gründen kaum von einem Reiseveranstalter umgesetzt werden. Doch der bisherige Weg, die Weiterqualifikation den Reiseleitern in einem meist nicht nur zeitintensiven, sondern auch zum Teil kostenintensiven Selbststudium zu überlassen, kann auch keine Lösung auf Dauer sein.

Demgegenüber gibt es - wenn auch erst seit kurzer Zeit - die Möglichkeit, im Rahmen eines einjährigen Touristikaufbaustudiums an der *Freien Universität Berlin* mit dem Schwerpunkt Management und Regionalplanung spezifische touristische Qualifikationen und so u.a. auch Kompetenzen der Reiseleitung zu erwerben. Die Seminarstunden, die hierfür vorgesehen sind, sind allerdings sehr gering, so daß auch hier nicht von einer umfassenden Ausbildung zur Reiseleitung gesprochen werden kann. Auch an anderen expliziten Touristik-Fachschulen bzw. -Fachhochschulen, die zunehmend in den letzten Jahren gegründet wurden (insbesondere in den neuen Bundesländern), ist eine Ausbildung von Reiseleitern nicht vorgesehen.

Darüber hinaus in diesem Zusammenhang erwähnenswert ist die Ausbildung zum Gäste- bzw. Museumsführer, die unter der Leitung von *Schmeer-Sturm* in Kooperation mit der *Universität München* durchgeführt wird. Einige der Lehrinhalte sind auch für Reiseleiter relevant. Diese wie auch die Ausbildung in den anderen Einrichtungen ersetzt jedoch nicht die Notwendigkeit, eine geregelte qualitätsvolle Ausbildung verbunden mit der Vergabe eines staatlichen Zertifikats in Deutschland einzuführen.

Die Notwendigkeit gründet zum einen auf den steigenden Ansprüchen an eine qualifizierte Reiseleitung und zum anderen auf dem zunehmenden Bedarf an qualifizierten Reiseleitern, nicht zuletzt vor dem Hintergrund des wachsenden Trends zu Kultur(erlebnis)reisen im Kulturtourismus. Leider gibt es bisher keine offizielle Statistik über die Zahl von Reiseleitern. Schätzungen zu Folge soll es in Deutschland 3000 Reiseleiter und 1000 Animateure geben *(vgl. Schmeer-Sturm 1990, S. 16)*. Als Beispiel sei hier genannt, daß nach meiner Information bei der *TUI* (Hannover) in einer Saison ca. 500 Reiseleiter beschäftigt werden und bei *Ruf-Reisen* (Bielefeld) ca. 400 in einer Saison. Zum größten Teil werden Reiseleiter nur saisonal als Freiberufler angestellt. Daß es unter dieser großen Zahl von Reiseleitern sicherlich eine Vielzahl ausgezeichneter Reiseleiter gibt, die die geforderten Kompetenzen und Aufgaben durchaus leisten, wird kaum jemand bezweifeln.

Der Hauptgrund für die Forderung einer geregelten Ausbildung für Reiseleiter in Deutschland verbunden mit einer staatlichen Anerkennung ist denn auch das Problem der Anerkennung der Reiseleiter in den anderen Ländern der EG. Insbesondere in den Ländern Griechenland, Italien und Frankreich, die mit zu den wichtigsten Zielländern für Reisen mit Reiseleitung zählen, werden die Reiseleiter an der Ausübung ihrer Tätigkeit gehindert. Diese wird auf die Organisation und Betreuung der Reisegruppe beschränkt. Gruppen zu führen, wird ihnen verboten. Der Grund ist das fehlende staatliche Zertifikat mit entsprechender Ausbildung. Im *EU-Vertrag* (§ 59ff) wird zwar die Dienstleistungsfreiheit in Europa sichergestellt und der *EU-Gerichtshof* hat auch die EG-Staaten zur Rücknahme ihrer Restriktionen verpflichtet, doch hat dies an der Situation nichts geändert. Das Urteil des *EU-Gerichtshof* geht von einer mit anderen EG-Ländern vergleichbaren deutschen Reiseleiterausbildung aus, die es jedoch bisher nicht gibt.

Daß sich auch an der Ausbildung in den anderen EG-Ländern Kritik äußern ließe, sei hier nur am Rande erwähnt *(vgl. Eder 1993, S. 180)*. Zur endgültigen Lösung des Problems müßte eine Vereinheitlichung der Reiseleiterausbildung in Europa geschaffen werden, dies liegt jedoch noch in weiter Ferne und ist sicherlich mit vielen Schwierigkeiten verbunden. Zunächst gilt es kurz- bzw. mittelfristige Lösungen zu finden, das heißt die Schaffung einer umfassenden anerkannten Ausbildung für Reiseleiter in Deutschland.

8.5 Perspektiven

Erste Schritte zur Lösung des Problems der Behinderung von deutschen Reiseleitern in anderen EG-Mitgliedstaaten wurden vom *Präsidium der deutschen Touristikwirtschaft*[7] unternommen, indem ein Berufs-Zertifikat geschaffen wurde, das die Kompetenzen zur Reiseleitung nach bestandener Prüfung bescheinigt. Dieses Zertifikat findet jedoch im Ausland keine Anerkennung, da es sich um ein verbandsinternes und nicht um ein staatliches Zertifikat handelt. Weitere Bestrebungen bezogen sich wesentlich auf die Entwicklung einer umfassenden Ausbildung für Reiseleiter. Es wurde ein Modell "Qualifizierung von Reiseleitern" entwickelt und beantragt, Hauptträger war der *Studienkreis für Tourismus (StfT, Starnberg)*. Dieser Modellversuch wurde jedoch leider nicht realisiert, da der *StfT* 1993 in Konkurs ging.

Vor diesem Hintergrund bildete sich 1994 auf der *Internationalen Tourismusbörse* in Berlin spontan eine neue Initiative, bestehend "aus Vertretern der *Universität Bielefeld*, des *Instituts für Freizeitwissenschaft und Kulturarbeit e.V. (IFKA)*, des *Verbandes für StudienreiseleiterInnen e.V.*, des *SSI Berlin* sowie einige(n) andere(n) Institutionen" *(Buck 1995, S. 15)*. Es wurde ein Curriculum entwickelt, orientiert am Zertifikat des *Präsidiums der deutschen Touristikwirtschaft*, das aus vier sogenannten Bausteinen zusammengesetzt ist:

---

[7] Das *Präsidium der deutschen Touristikwirtschaft* setzt sich zusammen aus dem *Deutschen Reisebüroverband (DRV)*, der *Arbeitsgemeinschaft Deutscher Luftfahrt-Unternehmen (ADL)*, dem *Bundesverband mittelständischer Reiseunternehmen (asr)*, dem *Bundesverband Deutscher Omnibusunternehmer e.V. (bdo)* und dem *Reise-Ring Deutscher Autobusunternehmungen e.V. International (RDA)*.

- Tourismuskunde
- Methodik/ Didaktik der Reiseleitung
- Reiseorganisation und Reisedurchführung
- Soziale Kompetenz.

Damit beinhaltet dieses Curriculum, soweit es mir bekannt ist, die oben skizzierten Kompetenzen und Aufgaben der Reiseleitung im Kulturtourismus. Die Vermittlung didaktischer Prinzipien mit Blick auf die Bedeutung, die der Reiseleitung im Kulturtourismus als Mittler zwischen Reisenden und Bereisten zukommen kann im Sinne einer interkulturellen und europäischen Verständigung, sowie die Vermittlung einer freizeitgemäßen Didaktik in Richtung einer Verbindung von Kultur und Erleben findet in diesem Ausbildungskonzept ebenso Berücksichtigung wie die Vermittlung einer organisatorischen und sozialen Kompetenz. Nicht aufgeführt wird jedoch die Sachkompetenz, die -so ist zu vermuten - durch den Erwerb einer anderen Ausbildung (z.B. Studium) vorausgesetzt wird. Im Rahmen dieser Ausbildung sollte die Vermittlung regionaler Besonderheiten und themenorientierter Kenntnisse nicht fehlen, die einen interkulturellen Vergleich ermöglichen. Mit der Umsetzung dieses relativ umfassenden Ausbildungskonzepts würden die Voraussetzungen und Bedingungen für eine qualifizierte Reiseleitung im Kulturtourismus geschaffen.

Um nun darüber hinaus auch einen anerkannten Abschluß bei Umsetzung dieses Curriculums zu gewährleisten, könnte entweder eine Prüfung (§ 46.1 Berufsbildungsgesetz) bei einer *Industrie- und Handelskammer (IHK)* erfolgen oder eine Prüfung (§ 46.2 Berufsbildungsgesetz) durch Regelung des *Bundesministeriums für Bildung und Wissenschaft* mit dem *Bundesministerium für Wirtschaft*. Nur bei letzterem würde es sich um einen staatlich anerkannten Abschluß handeln. Dieses sollte angesichts der Problemlage auch Ziel der Umsetzung sein, doch läßt es sich kurzfristig leider nicht erreichen. Während sich bei der erstgenannten Möglichkeit, der Prüfung bei einer Industrie- und Handelskammer, bereits erste Erfolge abzeichnen. So hat insbesondere die *IHK Cottbus* bereits großes Interesse an einer Umsetzung signalisiert. Das kann als erster Schritt in Richtung einer staatlichen Anerkennung gesehen werden.

Weitere Schritte zur Verbesserung der Ausbildungssituation von deutschen Reiseleitern zeichnen sich in Gesprächen zwischen *Vertretern der Universität Bielefeld (Fakultät für Pädagogik)*, des Studienreiseveranstalters *Studiosus*, München, und der *TUI*, Hannover, ab. In der Diskussion ist, unter welchen Bedingungen eine qualifizierte Reiseleiterausbildung mit staatlichem Abschluß an der *Universität Bielefeld* geschaffen werden kann. Inwieweit es sich hierbei um eine realistische Möglichkeit handelt, ist derzeit noch nicht abzusehen.

Zusammenfassend ist festzuhalten, daß einerseits trotz intensiver Bemühungen zur Verbesserung der Ausbildungssituation von Reiseleitern in Deutschland aktuell noch keine endgültige Lösung erreicht wurde. Andererseits zeichnen sich aber bereits erfolgversprechende Umsetzungsstrategien ab, die den Weg für eine freie Berufsausübung in der EG und damit auch für eine qualitätsvolle und geregelte Ausbildung mit staatlicher Anerkennung für die Reiseleitung im Kulturtourismus ebnen.

9. Rechtsprobleme im Kulturtourismus und Veranstaltungsmanagement

von Dr. Frank P. Zundel, Mag. rer. publ.; Rechtsanwalt, Mosbach/Baden

Kulturtourismus. Die großen Opernhäuser und Bühnen dieser Welt. Ferne Länder und fremde Sprachen. Schillernde Künstler und lockende Feste. Bei Kulturtourismus kommt man leicht ins Schwärmen über das, was man bereits erlebt hat, über das, was man sich selbst noch erträumt, und das, womit man andere anlocken kann. Gedanken an Rechtsprobleme kommen einem dabei selten in den Sinn. Dennoch durchdringt das Recht längst unser gesamtes Leben und bereitet den Träumen ein mitunter jähes Ende.

Unter wirtschaftlicher Betrachtungsweise - und Kulturtourismus ist ja längst ein "riesiger Markt" und hat demzufolge zwangsläufig mit wirtschaftlichen Überlegungen zu tun - geben einem rechtliche Aspekte schon eher zu denken. Rechtliche Risiken sind auch wirtschaftliche Risiken, derer man sich - will man im wirtschaftlichen Überlebenskampf bestehen - zumindest bewußt sein sollte, um sie "kalkulieren" und gegebenenfalls versichern zu können - oder noch besser, gegen die man gewappnet sein sollte, um sie vermeiden zu können.

Was hat es für Folgen, wenn Tom Jones sein Konzert nach 30 Minuten abbrechen muß (so geschehen am 21. Mai 1995 in Bielefeld), wenn David Copperfield seinen Auftritt kurzfristig absagt und zehntausende Fans vergeblich warten (so im April 1995 in Hannover), wenn eine Aufführung verschoben werden muß, weil die angemieteten Räumlichkeiten nicht zur Verfügung stehen *(bezüglich kommunaler öffentlicher Einrichtungen vgl. Zundel 1991, S. 472)* oder wenn sich Peter Hofmann während seines zweistündigen Tourneeauftritts kaum bewegt und anteilnahmslos sein Programm abspult *(vgl. Rhein-Neckar-Zeitung vom 04.04.1995 über einen Auftritt von Peter Hofmann in Heilbronn)* ?
All dies ist zwangsläufig mit wirtschaftlichen Konsequenzen und gegebenenfalls auch mit rechtlichen Auseinandersetzungen verbunden.

9.1 Vertragsgestaltungen beim Kulturtourismus

Die Auseinandersetzung mit dem Begriff "Kulturtourismus" wurde in vorangegangenen Beiträgen dieses Buches (insbesondere von *Dreyer* und *Nahrstedt*) geführt. Für diese rechtliche Abhandlung wird allerdings eine wertneutrale (dafür aber auch wenig erklärende) Definition zugrundegelegt, die Kultur als "Gesamtheit der geistigen und künstlerischen Errungenschaften einer Gesellschaft" begreift.

Kulturtourismus bedeutet demgemäß vertragsrechtlich, daß ein Veranstalter - welcher Art auch immer - einem Reisenden bzw. anreisenden Fremden die Möglichkeit zur Teilnahme an einer "geistigen und/oder künstlerischen Errungenschaft" gibt. Aus wirtschaftlichen Gründen geschieht dies mitunter in einem "Angebotspaket", in dem diese geistige und/oder künstlerische Errungenschaft nur einen - wenn auch möglicherweise zentralen - Teilbereich der Leistungen des Veranstalters, zu deren Erbringung er sich vertraglich verpflichtet, ausmacht. Weitere Teilbereiche seiner vertraglichen Leistungspflicht können der Transport zu der Kulturstätte, die Unterbringung, die Verpflegung usw. sein *(vgl. zum ganzen Zundel 1995, S. 131 ff)*.

9.1.1 Reisevertragsrecht als lex specialis

Verpflichtet sich der Veranstalter gegenüber dem Touristen auch zur Erbringung einer Bus-, Bahn-, Flug- oder wie auch immer gearteten Reise, findet das Reisevertragsrecht der §§ 651a ff BGB als lex specialis Anwendung *(zum Anwendungsbereich des Reisevertragsrechts vgl. Palandt, Einführung vor § 651a BGB; Teichmann, Kommentierung zu § 651a ff BGB; Schwerdtner, Vorbem. zu §§ 651a-k BGB)*.
Der Reisevertrag greift immer dann, wenn ein Reiseveranstalter für den Touristen als seinen Vertragspartner in eigener Verantwortung *(sonst gegebenenfalls nur Reisevermittlung, vgl. BGH NJW 1985, S. 906)* eine Gesamtheit von Reiseleistungen erbringen soll. Genau dies kommt im Bereich des Kulturtourismus recht häufig vor, da die angebotenen "geistigen und/oder künstlerischen Errungenschaften" Touristen mitunter nur "anlocken" sollen, um ihnen gleichzeitig weitere Leistungen wie Hotelunterbringung, Busfahrten oder Flugreisen offerieren zu können. Wird allerdings nur der bloße Transport geschuldet, liegt mangels einer Gesamtheit von Reiseleistungen kein Reisevertrag, sondern nur ein Beförderungsvertrag vor; die Sondervorschriften der §§ 651a ff BGB gelten hierfür nicht *(insbes. gelten dann die allg. Gewährleistungsvorschriften des Werkvertragsrechts; vgl. OLG Frankfurt a.M. NJW-*

RR 1994, S. 633; LG Stuttgart NJW-RR 1992, S. 1272; LG Frankfurt a.M. NJW-RR 1993, S. 124 und S. 1270).

a) Vertragsbeziehungen zum Reisebüro

Mit dem Reisebüro selbst wird allerdings i.d.R. kein Reisevertrag, sondern lediglich ein Vermittlungsvertrag abgeschlossen. Das Reisebüro tritt nämlich typischerweise in einer Doppelfunktion auf, und zwar als Erfüllungsgehilfe (und Empfangsvertreter) des Reiseveranstalters bei Abschluß des Pauschalreisevertrags einerseits und als selbständiger Vertragspartner für die Vermittlung dieser Fremdleistung andererseits, wobei dem Reisebüro aus diesem Vermittlungs- oder Geschäftsbesorgungsvertrag *(LG Göttingen NJW-RR 1990 S. 1307; LG Konstanz NJW-RR 1992 S. 691)* selbstverständlich Beratungspflichten hinsichtlich der Reiseleistungen obliegen *(vgl. LG Stuttgart NJW-RR 1993 S. 1020; Isermann, S. 996).*

b) Hinweis- und Informationspflichten des Reiseveranstalters

Vor allem obliegen aber konkrete Hinweis- und Informationspflichten bezüglich der Gestaltung der Reise und dem Inhalt der Reiseleistungen dem Reiseveranstalter *(die Rechtsprechung gründete diese Pflichten bislang insbes. auf dem Grundsatz der Prospektwahrheit, vgl. z.B. BGH NJW 1986, S. 1748; LG Frankfurt a.M. NJW-RR 1991, S. 879; NJW-RR 1987, S. 566).* Zur Erfüllung dieser Hinweis- und Informationspflichten kann sich der Veranstalter sowohl Prospekten, Videofilmen und ähnlichen Medien als auch Reisebüros und deren Mitarbeiter bedienen.

Diese Hinweis- und Informationspflichten der Reiseveranstalter sollen nun (im Zuge der europäischen Integration) durch eine neue "Verordnung über die Informationspflichten von Reiseveranstaltern" (InfVO), die auf dem neu eingeführten § 651a Abs. 5 BGB beruhen wird, konkretisiert werden *(vgl. hierzu im einzelnen Isermann, S. 997 ff; Führich, S. 2450 ff).* Dabei sind Mindestanforderungen an Prospektangaben, Unterrichtungspflichten vor und nach Abschluß des Reisevertrags, Reisebestätigungen und Allgemeine Reisebedingungen vorgesehen *(zum Entwurf der InfVO vgl. BR-Drucks. 190/93 S. 35 ff).*

Allerdings muß weder auf Selbstverständliches hingewiesen werden noch trägt der Veranstalter jedes Risiko einer tatsächlichen Erfolglosigkeit. Insbesondere Fälle der höheren Gewalt (z.B. Regen oder Sturm während einer Freiluftveranstaltung) fallen nicht in den Verantwortungsbereich des Veranstalters und sind deshalb als solche vom Reisenden (ersatzlos) hinzunehmen.

Im allgemeinen hat der Veranstalter auch keine Pflicht, auf bestimmte mögliche Witterungsverhältnisse hinzuweisen. So ist z. B. hinlänglich bekannt, daß es in manchen - nämlich den meisten - Gebieten dieser Erde auch einmal regnen kann. Derartige Umstände betreffen das allgemeine Lebensrisiko, so daß eine Einstands- oder Hinweispflicht des Reiseveranstalters insoweit nicht besteht (*ebenso Wolter, Anm. 19 zu § 651c BGB*).

c) Gewährleistungspflichten des Reiseveranstalters

Im übrigen ist der Reiseveranstalter nach § 651c Abs. 1 BGB verpflichtet, die Reise so zu erbringen, daß sie die zugesicherten Eigenschaften hat und nicht mit Fehlern behaftet ist, die den Wert oder die Tauglichkeit zu dem gewöhnlichen oder dem Vertrag vorausgesetzten Nutzen aufheben oder mindern. Ist die Reise nicht von dieser Beschaffenheit, so knüpfen sich hieran mehrere rechtliche Konsequenzen:

- Zunächst kann der Reisende - und sollte dies auch tun!- von seinem Reiseveranstalter **Abhilfe verlangen.**

- Leistet der Reiseveranstalter nicht innerhalb einer vom Reisenden zu bestimmenden (angemessenen) Frist Abhilfe, so kann der Reisende nach § 651c Abs. 3 BGB **selbst Abhilfe schaffen** und **Ersatz der erforderlichen Aufwendungen** verlangen.

- Ist die Reise mangelhaft und zeigt der Reisende dem Reiseveranstalter den Mangel an, so **mindert sich der Reisepreis** gem. § 651d BGB für die Dauer des Mangels kraft Gesetzes.

- Wird die Reise schließlich infolge des Mangels erheblich beeinträchtigt, kann der Reisende den **Vertrag** nach § 651e BGB **kündigen**, es sei denn, der Reiseveranstalter schafft auf entsprechendes Verlangen des Reisenden binnen einer von diesem zu bestimmenden (angemessenen) Frist Abhilfe. Einer Fristbestimmung durch den Reisenden bedarf es allerdings nicht, wenn die Abhilfe unmöglich ist, dem Reisenden eine Fristbestimmung nicht zugemutet werden kann oder Abhilfe von vornherein verweigert wird. Im Falle einer wirksamen Kündigung verliert der Reiseveranstalter den Anspruch auf den vereinbarten Reisepreis und ist überdies verpflichtet, die notwendigen Maßnahmen zu treffen, die durch die Vertragsaufhebung erforderlich werden, also insbesondere den Reisenden gegebenenfalls zurückzubefördern. Für erbrachte Reiseleistungen kann der Reiseveranstalter allerdings eine Entschädigung verlangen.

- Hat der Reiseveranstalter den Mangel gar zu vertreten *(zum Vertretenmüssen vgl. auch OLG Köln JW-RR 1993, S. 252: bei höherer Gewalt entfällt das Vertretenmüssen, vgl. BGH NJW 1987, S. 1938, LG Frankfurt a.M. NJW-RR, S. 314, LG Frankfurt NJW-RR 1991, S. 313)*, beruht der Mangel also auf einem Verschulden des Veranstalters bzw. eines seiner Erfüllungsgehilfen, kann der Reisende nach § 651f BGB **Schadensersatz wegen Nichterfüllung** verlangen *(zur Haftungsbegrenzung infolge Mitverschuldens des Reisenden vgl. OLG Köln NJW-RR 1994, S. 55; OLG Düsseldorf NJW-RR 1990, S. 38)* und zwar unbeschadet einer etwaigen Kündigung oder geltend gemachten Minderung, wobei die Neufassung des § 651f Abs. 1 BGB nun eine Beweislastverteilung zu Lasten des Reiseveranstalters trifft *(die Beweislastumkehr entspricht allerdings ohnehin seit dem sog. "Nilfall" des BGH NJW 1987, S. 1938, der ständigen Rechtsprechung)*.
Dieser Schadensersatzanspruch umfaßt auch materielle Begleit- und Folgeschäden, wie z.B. Mietwagenkosten *(LG Köln MDR 1991, S. 840)* oder Zusatzkosten für einen Anschlußflug *(LG Frankfurt a.M. NJW-RR 1991, S. 690)*.

- Wird die Reise schließlich vereitelt oder erheblich beeinträchtigt, kann der Reisende auch wegen der nutzlos aufgewendeten Urlaubszeit nach § 651f Abs. 2 BGB eine **angemessene Entschädigung** in Geld verlangen.

- Außerdem kann der Reisende nach § 651a Abs. 4 BGB bei einer (nach § 651a Abs. 3 BGB nur eingeschränkt zulässigen) Preiserhöhung um mehr als 5 % des Reisepreises oder bei einer "erheblichen" Änderung einer "wesentlichen" Reiseleistung **kostenfrei zurücktreten** und stattdessen - wie auch bei einer Absage der Reise durch den Veranstalter - die **Teilnahme an einer mindestens gleichwertigen anderen Reise** verlangen, wenn der Reiseveranstalter in der Lage ist, eine solche Reise ohne Mehrpreis für den Reisenden aus seinem Angebot anzubieten *(die Gewährleistungsrechte wie Minderung (§ 651d BGB) oder Schadensersatz (§ 651f BGB) bleiben hiervon unberührt, vgl. zur Begründung BT-Drucks. 12/5354, S. 7)*. Der Reisende hat diese Rechte allerdings unverzüglich, also ohne schuldhaftes Zögern, nach der Änderungsmitteilung durch den Veranstalter diesem gegenüber zu erklären (§ 651a Abs. 4 S. 4 BGB).

d) Ausschluß- und Verjährungsfristen

Die Gewährleistungs- und Schadensersatzansprüche aus den §§ 651c - 651f BGB sind nach § 651g BGB innerhalb einer **Ausschlußfrist von einem Monat** nach der vertraglich vorgesehenen Beendigung der Reise gegenüber dem Reiseveranstalter geltend zu machen und **verjähren innerhalb von sechs Monaten**, nachdem der Reiseveranstalter die Ansprüche schriftlich zurückgewiesen hat, müssen also anschließend innerhalb eines halben Jahres gerichtlich geltend gemacht werden; dabei ist ein Hinweis auf diese Fristen seitens des Reiseveranstalters nicht erforderlich.

e) Haftungsbeschränkungen

Im übrigen kann der Reiseveranstalter seine Haftung für Sach- und Vermögensschäden nach dem neuen § 651h BGB durch Vereinbarung mit dem Reisenden auf den dreifachen Reisepreis beschränken, soweit der Schaden des Reisenden weder vorsätzlich noch grob fahrlässig herbeigeführt wurde oder der Reiseveranstalter nur wegen eines Verschuldens seiner Erfüllungsgehilfen verantwortlich ist. Eine Haftungsbeschränkung bei reinen Personenschäden ist hingegen (sowohl hinsichtlich vertraglichen als auch hinsichtlich deliktischen Ansprüchen) nicht mehr zulässig *(zur früheren Rechtslage vgl. BGH NJW 1988, S. 1380; OLG Köln NJW-RR 1992, S. 1185).*

Die Systematik des Reisevertragsrechts läßt sich wie folgt graphisch darstellen *(hierzu auch bereits Zundel 1995, S. 135):*

Gewährleistungsrechte des Reisenden nach dem Reisevertragsrecht

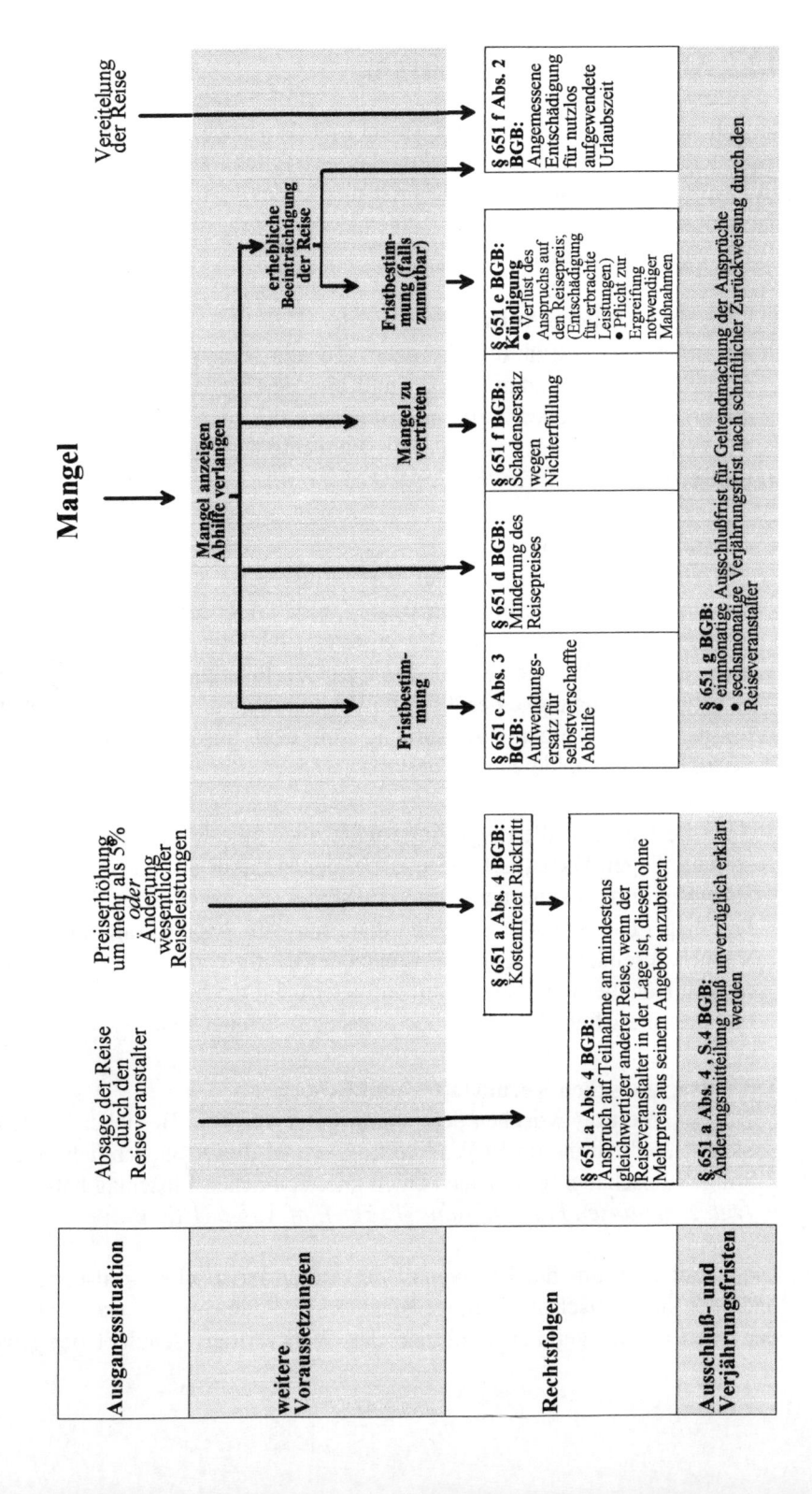

Ausgangssituation:
- Absage der Reise durch den Reiseveranstalter
- Preiserhöhung um mehr als 5% *oder* Änderung wesentlicher Reiseleistungen
- Mangel
- Vereitelung der Reise

weitere Voraussetzungen:
- Mangel anzeigen, Abhilfe verlangen
- Fristbestimmung
- Mangel zu vertreten
- erhebliche Beeinträchtigung der Reise → Fristbestimmung (falls zumutbar)

Rechtsfolgen:

- **§ 651 a Abs. 4 BGB:** Kostenfreier Rücktritt
  - **§ 651 a Abs. 4 BGB:** Anspruch auf Teilnahme an mindestens gleichwertiger anderer Reise, wenn der Reiseveranstalter in der Lage ist, diesen ohne Mehrpreis aus seinem Angebot anzubieten.
  - **§ 651 a Abs. 4, S.4 BGB:** Änderungsmitteilung muß unverzüglich erklärt werden

- **§ 651 c Abs. 3 BGB:** Aufwendungsersatz für selbstverschaffte Abhilfe

- **§ 651 d BGB:** Minderung des Reisepreises

- **§ 651 f BGB:** Schadensersatz wegen Nichterfüllung

- **§ 651 e BGB: Kündigung**
  - Verlust des Anspruchs auf den Reisepreis; (Entschädigung für erbrachte Leistungen)
  - Pflicht zur Ergreifung notwendiger Maßnahmen

- **§ 651 f Abs. 2 BGB:** Angemessene Entschädigung für nutzlos aufgewendete Urlaubszeit

Ausschluß- und Verjährungsfristen:

§ 651 g BGB:
- einmonatige Ausschlußfrist für Geltendmachung der Ansprüche
- sechsmonatige Verjährungsfrist nach schriftlicher Zurückweisung durch den Reiseveranstalter

Abb. 1:

9.1.2 Allgemeines Vertragsrecht

Jedoch nicht nur im Reisevertragsrecht, sondern auch im allgemeinen Vertragsrecht gilt, daß der Veranstalter die vertraglich vereinbarten Leistungen zu erbringen hat, während der Tourist hierfür das vereinbarte Entgelt schuldet. Unter der Oberfläche dieser "allgemeinen Vertragsweisheit" ist allerdings weiter zu differenzieren.

- **Urheberrechtliche Aufführungsrechte**
  Bei einer Kunstaufführung (Konzert, Theater, Schaustellung) eines urheberrechtlich geschützten Werks muß ein Vertrag zwischen dem Inhaber der urheberrechtlichen Aufführungsrechte (i.d.R. der Schöpfer des Werks) und dem Veranstalter vorliegen, der Elemente des Pacht-, Werk- und Verlagsvertrages enthält *(BGHZ 13, S. 115)*.

- **Aufführungsvertrag**
  Zwischen dem Veranstalter und dem aufführenden Künstler oder dem Ensemble kommt ein Aufführungsvertrag, also i.d.R. ein Werkvertrag *(OLG Karlsruhe VersR 1991, S. 193)* zustande, d.h. die Aufführenden stellen nicht nur ihre Arbeitszeit und -kraft zur Verfügung, sondern verpflichten sich zur Erbringung eines bestimmten kulturellen Erfolges. Demgemäß hängen deren Vergütungsansprüche von dem tatsächlichen Eintritt des vertraglich geschuldeten Erfolges ab.

  Sind die Künstler allerdings Angestellte oder freie Mitarbeiter des Veranstalters, liegen Dienstverträge vor, bei denen das Risiko des gewünschten Erfolgseintritts alleine bei dem Veranstalter als Arbeitgeber bzw. Dienstherr liegt. Die Künstler schulden dann nur ihre Arbeitskraft für den vertraglich vereinbarten Zeitraum. Wegen der häufig vorhandenen Individualität von Künstlern und sonstigen Darbietern und deren Wunsch nach Unabhängigkeit dürften Dienstverträge indes eher seltener sein.

- **Vertrag zwischen Veranstalter und Besucher**
  Bei dem Vertrag zwischen dem Veranstalter und dem Besucher handelt es sich schließlich um einen Werkvertrag, wobei dieser hinsichtlich eines etwaigen Zuschauerplatzes auch einen mietrechtlichen Einschlag haben kann *(vgl. zum ganzen Palandt, Rdnr. 15 zur Einf. v. § 631 BGB)*.

Die Leistungen um die Erbringung der kulturtouristischen - also geistigen und/oder künstlerischen - Errungenschaften sind demgemäß wesentlich durch den Werkvertrag geprägt. Aufgrund des Werkvertrags schuldet der jeweils

Verpflichtete die Erbringung des vertraglich vorgesehenen bzw. vereinbarten Erfolgs und nicht nur etwa darauf gerichteten Bemühungen. Der Erfolg selbst steht demzufolge im Synallagma zur vereinbarten Gegenleistung. Bleibt der Erfolg daher gänzlich aus, verliert der Veranstalter nach §§ 323 f BGB seinen Anspruch auf die Gegenleistung, es sei denn, der Tourist hätte die Unmöglichkeit des Erfolgseintritts zu vertreten. Wird die Leistung teilweise unmöglich, so mindert sich der Anspruch auf die Gegenleistung verhältnismäßig. Hat der Veranstalter gar seinerseits die Unmöglichkeit zu vertreten, sorgt er z.B. nicht für die erforderliche Ausstattung, kann er die Künstler nicht bezahlen o.ä. und kann deshalb die Veranstaltung nicht stattfinden, hat der Tourist sogar gem. § 325 BGB einen Anspruch auf Schadensersatz wegen Nichterfüllung.

Der Veranstalter tut deshalb gut daran, die ihm nach dem Vertrag obliegende Leistungspflicht exakt festzulegen. Soll z.B. eine Freiluftveranstaltung nach 30-minütigem Dauerregen ohne Regreßansprüche der Besucher abgesagt werden können, so sollte dies im Vertrag ausdrücklich festgelegt werden. Andernfalls droht die Gefahr, daß der Veranstalter seinen Anspruch auf die Gegenleistung (zumindest teilweise) verliert oder sich gar über den Erlös der Veranstaltung hinausgehenden Forderungen ausgesetzt sieht.

9.2 Haftungsrisiken beim Kulturtourismus

Das Vertragsrecht wird in erster Linie geprägt von den beiderseitigen Leistungspflichten, die auf dem Willen der Vertragsparteien beruhen. Im Gegensatz hierzu begründet das Haftungsrecht (wirtschaftliche) Einstandspflichten, die von den Beteiligten mitunter weder gesehen werden noch gewollt sind.

9.2.1 Verkehrssicherungspflichten der Veranstalter

Nach ständiger Rechtsprechung hat im Rahmen des Vertrags- und Deliktsrechts derjenige, der eine Gefahrenquelle schafft, dafür Sorge zu tragen, daß sich die damit verbundenen Gefahren nicht verwirklichen. Aufgrund dieser sog. Verkehrssicherungspflichten haben sich insbesondere Vertragsparteien bei der Abwicklung von Schuldverhältnissen so zu verhalten, daß Personen, Eigentum und sonstige Rechtsgüter des jeweiligen Vertragspartners nicht verletzt bzw. beeinträchtigt werden. Diese Verkehrssicherungspflichten gelten aber nicht nur innerhalb von Schuldverhältnissen (dort Vertragspflichten), sondern stellen eine allgemeine Rechtspflicht für jeden dar *(vgl. grundlegend*

BGH NJW 1966, S. 1457; vgl. hierzu auch Kötz, S. 87 ff. sowie Börner, S. 34 ff.; die bloße Duldung genügt hierfür u.U. allerdings nicht, vgl. OLG Bamberg VersR 1969, S. 85).

Eine Verkehrssicherungspflicht, die jeden Unfall ausschließt, ist allerdings nicht erreichbar. Es muß deshalb nicht für alle denkbaren (und entfernten) Möglichkeiten eines Schadenseintritts Vorsorge getroffen werden *(vgl. Palandt, Rdnr. 58 zu § 823 BGB)*. Es bedarf nur solcher Sicherungsmaßnahmen, die ein verständiger und umsichtiger, in vernünftigen Grenzen vorsichtiger Mensch für ausreichend halten darf, um andere Personen vor Schäden zu bewahren, und die ihm den Umständen nach zumutbar sind *(BGH VersR 1980, S. 67, Schlegelmilch, S.391 f)*. Es besteht somit keine Pflicht, jeder abstrakten Gefahr durch vorbeugende Maßnahmen zu begegnen. Nur diejenigen Vorkehrungen, die von den Sicherheitserwartungen des jeweils betroffenen Verkehrs erwartet werden, sind erforderlich *(BGH NJW 1985, S. 1076)*.

Was demnach zur Gefahrvermeidung "erforderlich" ist, läßt sich nicht allgemein beantworten. Generell läßt sich aber sagen, daß einerseits umso eher gefahrvermeidende Vorkehrungen getroffen werden müssen, je höher die konkrete Gefahr ist, und andererseits die Pflichten eines Veranstalters von den Möglichkeiten der Gefahrvermeidung abhängen.

Die Verkehrssicherungspflichten haben sich aber auch an den jeweils angesprochenen Touristen selbst zu orientieren. So ist es Teilnehmern an einem Marathonlauf oder Zuschauern eines Fußballspiels zwischen England und Irland sicherlich eher zuzumuten, die Risiken ihrer Teilnahme einzuschätzen und gegebenenfalls Sicherungsvorkehrungen zu treffen (oder von einer Teilnahme Abstand zu nehmen) als einer Opernbesucherin, die sich auf Pfennigabsätzen und im langen Abendkleid auf keinerlei Zwischenfälle eingestellt hat und dies i.d.R. wohl auch nicht muß.

Im Vordergrund steht aber die Höhe des Risikos, das der Veranstalter mit der Durchführung seiner Veranstaltung setzt. Im Bereich von Freizeiteinrichtungen sind die Benutzer dabei vor allem vor solchen Gefahren zu schützen, die über das übliche Risiko hinausgehen, vom Benutzer nicht vorhergesehen und auch nicht ohne weiteres erkannt werden können *(BGH VersR 1980, S. 864)*. Soweit allerdings Benutzer besondere Gefahren wegen des damit verbundenen "besonderen Reizes" bewußt in Kauf nehmen, haften die Betreiber für die typischen Risiken nicht *(LG München II VersR 1979, S. 42, hinsichtlich mutwilligen Auffahrens mit Autoscooter; aber zumindest ein gefahrloses Ein- und Aussteigen muß bei derartigen gefährlichen Geräten möglich sein, BGH VersR 1977, S. 334)*.

Insbesondere bei der Durchführung von Großveranstaltungen gleich welcher Art spielen die Verkehrssicherungspflichten demgemäß eine große Rolle *(vgl. grundlegend Börner, S. 14 ff.; MünchKomm/Mertens, RdNr. 215 ff zu § 823 BGB)*. Dabei sind die Verkehrssicherungspflichten in den unterschiedlichsten Bereichen zu beachten, angefangen von der Planung und Organisation der Veranstaltungen, gegebenenfalls über das Errichten von Absperrungen, Aufstellen von Schutzzäunen, Überprüfung von Tribünen bis hin zum Bereithalten von Ordnungspersonal *(Wussow, RdNr. 128 m.w.N.)*. Finanzielle Erwägungen dürfen dabei keine oder jedenfalls nur eine untergeordnete Rolle spielen; Art und Umfang der Sicherungsvorkehrungen sind vom Veranstalter vielmehr danach zu bemessen, ob und inwieweit sie erforderlich sind, um Teilnehmer und/oder Zuschauer vor Gefahren zu schützen *(OLG Karlsruhe, Urteil vom 13.01.1954, Az. U 152/52)*.

Fall: So hatte der Bundesgerichtshof *(Urteil vom 02.10.1979, abgedruckt z.B. in VersR 1980, S. 87 f)* zu entscheiden, ob ein Veranstalter, der auf einem Flugplatz einen Flugtag durchführte, zu dem etwa 50.000 Zuschauer erschienen, die auf dem - durch einen Zaun abgegrenzten - Nachbargelände von Besuchern dieser Veranstaltung verursachten Schäden begleichen müsse.

Entscheidung: Der BGH hat den Veranstalter als verpflichtet angesehen. Wer für eine Massenveranstaltung verantwortlich sei, habe aufgrund der ihm obliegenden allgemeinen Verkehrssicherungspflichten alle Vorkehrungen zu treffen, die zum Schutze Dritter notwendig seien. Dabei erstrecke sich die Verkehrssicherungspflicht auch auf die Abwehr von Gefahren, die erst durch den unerlaubten und vorsätzlichen Eingriff eines Dritten entstünden, falls für einen Sachkundigen die naheliegende Möglichkeit zu einem solchen Eingriff ersichtlich sei und diesem durch zumutbare Maßnahmen vorgebeugt werden könne.

Sowohl innerhalb als auch außerhalb von Vertragsverhältnissen setzt eine Haftung in der Regel aber ein Verschulden voraus. Für eine Haftung des Veranstalters ist also regelmäßig erforderlich, daß dieser selbst oder einer seiner Erfüllungsgehilfen die im Verkehr erforderliche Sorgfalt außer Acht gelassen hat (§ 276 Abs. 1 BGB). Das Oberlandesgericht Nürnberg *(Urteil vom 03.03.1955, Az. 3 U 7/54)* bejahte z.B. ein Verschulden, wenn es der Veranstalter bei einem Fußballspiel zu einer Überfüllung des Stadions kommen lasse und nicht durch geeignete Anlagen oder Maßnahmen dafür sorge, daß jeder Zuschauer ausreichend Platz sowie gute Sichtmöglichkeit und Bewegungsfreiheit erhalte, wobei als Norm zur Errechnung des Fassungsvermögens einer Tribüne davon ausgegangen werden könne, daß auf 1 qm etwa 4 Personen einige Stunden bequem stehen könnten.

Dabei kann und muß der Veranstalter nicht alle Verkehrssicherungspflichten selbst wahrnehmen. Er kann sich für die Ausführung von Schutzmaßnahmen

Dritter bedienen, haftet dann allerdings für durch diese Dritten verursachten Schäden nach § 278 bzw. § 831 BGB.

9.2.2 Haftung für Reiseleiter, Reiseführer, Animateure etc.

Ferner stellen Kulturveranstalter häufig Reiseleiter, -führer, Animateure o.ä. zur Verfügung, die die Touristen begleiten, unterrichten oder unterhalten sollen. In der Regel bestehen zwischen diesen Begleitpersonen und den Touristen keine (eigenen) vertraglichen Beziehungen, wohl aber (natürlich) zwischen den Touristen und den Veranstaltern, die diese Hilfspersonen gegenüber den Touristen als Erfüllungsgehilfen einschalten und demgemäß für das Verschulden dieser Personen nach § 278 BGB einzustehen haben.

Derartige Hilfs- bzw. Begleitpersonen sind dann ihrerseits dem Veranstalter gegenüber vertraglich verantwortlich. Da diese allerdings regelmäßig in Anstellungsverhältnissen beschäftigt werden, kommen ihnen arbeitsrechtliche Haftungsprivilegien zugute. Das Bundesarbeitsgericht geht nämlich in ständiger Rechtsprechung davon aus, daß Arbeitnehmer für Schäden, die sie bei der Verrichtung ihrer Arbeit *(unabhängig von einer Gefahrneigung, vgl. BAG GS NJW 1995 S. 210 ff)* fahrlässig verursachen, dem Arbeitgeber nur nach den folgenden Grundsätzen haften: Bei grober Fahrlässigkeit haben die Arbeitnehmer den gesamten Schaden zu tragen *(kritisch hierzu hinsichtlich der Außerachtlassung von Opfer- bzw. Zumutbarkeitsgrenzen Zundel 1995a, F IV 2)*, bei leichtester Fahrlässigkeit haften die Arbeitnehmer gar nicht, und bei normaler Fahrlässigkeit wird der Schaden in aller Regel zwischen den Arbeitgebern und den schadensverursachenden Arbeitnehmern quotal verteilt, wobei die Gesamtumstände von Schadensanlaß und Schadensfolgen nach Billigkeitsgründen und Zumutbarkeitsgesichtspunkten gegeneinander abzuwägen sind *(grundlegend BAG NJW 1958, S. 235)*.

Wegen dieser gesetzlich vorgesehenen Einstandspflicht der Veranstalter für ihre Hilfspersonen stellt sich bei der Betreuung von Touristen durch Reiseleiter, -führer, Animateure usw. die Frage, welche Sorgfaltspflichten von diesen zu beachten sind, und welche Risiken eingegangen werden dürfen. Da zumindest voraussehbare Schäden vermieden werden müssen, ist vor allem die Leistungsfähigkeit der begleiteten Touristen zu beachten. Außerdem sind die Einhaltung von Sicherheitsvorkehrungen, die Gewährung von Hilfestellungen, Erläuterungen, Ermahnungen und Beaufsichtigungen sowie gegebenenfalls ein tatkräftiges Eingreifen erforderlich.

Daß aber nicht jedes Risiko, das für den Touristen erkennbar ist, vermieden werden muß, verdeutlicht nochmals die Entscheidung des Landgerichts Frankfurt a.M. *(Urteil vom 06.05.1991, abgedruckt z.B. in NJW 91, 2573):*

Fall: Die Kläger nahmen als Touristen an einer Bergwanderung teil, die aus einer Fahrt per Bus und per Telekabine auf 3550 m sowie anschließendem Abstieg zu Fuß auf 2500 m bestand. Die Bergwanderung wurde durch einen ortsansässigen Bergführer geleitet, die Anmeldung erfolgte bei der örtlichen Reiseleitung der Beklagten, die auch die Vergütung kassierte und sodann Gutscheine mit der Aufschrift einer ortsansässigen Firma verteilte. Die Bergwanderung war - jedenfalls für die Kläger - zu beschwerlich. Bei dem Abstieg stürzte die Klägerin zu 2) mehrfach und zog sich erhebliche Prellungen, Quetschungen der Gesäßmuskulatur und Hämatome am Gesäß zu. Bei dem Kläger zu 1) stellten sich Atem- und Kreislaufbeschwerden ein, die erst nach zwei bis drei Monaten abklangen. Der Kläger zu 1) war schließlich in der Nutzung seines Resturlaubs gehindert, da er sich auf den Krankheitszustand seiner Frau - der Klägerin zu 2) - habe einstellen und sie pflegen müssen.

Entscheidung: Die Klage wurde in der Berufungsinstanz abgewiesen, da eine Pflichtverletzung des Bergführers nicht nachgewiesen werden könne. Bei der Höhenlage, in der der Abstieg stattgefunden habe, könne nicht mit genau festliegenden Wegen gerechnet werden, sondern höchstens mit Pfaden, die durch Gestein und Geröll führten und gelegentlich auch nur einfach markiert seien. Die Beeinträchtigungen der Kläger seien vielmehr offensichtlich darauf zurückzuführen, daß sie den Schwierigkeitsgrad eines solchen Abstiegs in dieser Höhenlage und bei besonderer Sommerhitze unterschätzt hätten. Diese Dinge seien indes vorhersehbar und müßten einkalkuliert werden. Aus dieser Voraussehbarkeit sei überdies zu folgern, daß weder die Reiseleiterin noch den Bergführer eine Aufklärungspflicht über die Beschaffenheit der Wanderung traf. Die Teilnehmer der Wanderung hätten diese Schwierigkeiten ohne weiteres erkennen können.

9.2.3 Halterhaftung für Gerätschaften

Daß für Veranstalter, die besondere Gerätschaften zur Verfügung stellen, mitunter Haftungsrisiken bestehen, wenn von diesen Geräten Gefahren ausgehen, zeigt beispielhaft eine Entscheidung des Amtsgerichts Lüdinghausen *(Urteil vom 14.02.1986, abgedruckt z.B. in NJW 1987 S. 75 f):*

Fall: Der Beklagte stellte seinen Heißluftballon einem Gast zur Verfügung, der mit diesem Ballon eine Fahrt unternahm. Auf dieser Ballonfahrt fuhr der Gast mit relativ geringer Höhe über den Bauernhof des Klägers hinweg. Auf einer etwa 70 bis 200 m seitlich von der Überfahrtstrecke entfernt liegenden Wiese befanden sich einige Zuchtsauen des Klägers. Der Kläger behauptete, durch den Ballon, insbesondere durch die Betätigung des Gasbrenners und den damit verbundenen lauten Geräuschen seien die Sauen in Panik geraten, wodurch eine der Zuchtsauen einen Zaun durchbrach und in einen Graben geriet, kopfüber in den Schlamm fiel und infolgedessen verendete. Zwei weitere Sauen verendeten mitten auf der Wiese.

Entscheidung: Das Amtsgericht verurteilte den Beklagten auf Ersatz des dem Kläger entstandenen Schadens, für den er nach § 33 Abs. 1 Luftverkehrsgesetz als Halter des Ballons ohne weiteren Verschuldensnachweis (also im Rahmen einer Gefährdungs- oder Erfolgshaftung) einzustehen habe.

9.3 Zulässigkeit von Haftungsbeschränkungen

Angesichts der bestehenden Risiken und der gesetzlich völlig unbeschränkten Haftung der Veranstalter stellt sich die Frage, ob Veranstalter ihre Haftung nicht durch vertragliche Vereinbarung einer Haftungsbeschränkung vermindern oder zumindest teilweise ausschließen können; daß eine angemessene Einschränkung des Haftungsrisikos durch Veranstalter deren legitimen (Wirtschafts-) Interesse entspricht, wird heute wohl kaum noch ernsthaft bestritten !

Im Bereich des Reisevertragsrechts ist die Möglichkeit einer Haftungsbeschränkung mittlerweile gesetzlich geregelt. Wie bereits dargelegt, kann der Reiseveranstalter in diesem Bereich seine Haftung nach § 651h BGB vertraglich auf den dreifachen Reisepreis beschränken, soweit der Schaden des Reisenden von dem Reiseveranstalter (selbst) weder vorsätzlich noch grob fahrlässig herbeigeführt wird oder soweit der Reiseveranstalter für einen dem Reisenden entstehenden Schaden allein wegen eines Verschuldens eines Leistungsträgers - also eines seiner Erfüllungsgehilfen - verantwortlich ist.

Außerhalb des Reisevertragsrechts sind vertragliche Haftungs-beschränkungen hingegen nicht besonders gesetzlich geregelt und unterliegen demzufolge keinen speziellen Einschränkungen. Von besonderem Interesse sind deshalb Haftungsbeschränkungen durch Allgemeine Geschäftsbedingungen (*AGB's*). Nach § 11 Ziff. 7 des Gesetzes zur Regelung des Rechts der Allgemeinen Geschäftsbedingungen (*AGB-Gesetz*) ist zwar ein Ausschluß oder eine Begrenzung der Haftung für Schäden, die auf einer grob fahrlässigen Vertragsverletzung des Verwenders oder auf einer vorsätzlichen oder grob fahrlässigen Vertragsverletzung eines gesetzlichen Vertreters oder Erfüllungsgehilfen des Verwenders beruhen, unwirksam. Das bedeutet aber im Umkehrschluß, daß ein Haftungsausschluß bei "normaler" Fahrlässigkeit durch AGB's grundsätzlich zulässig ist.

Will ein Veranstalter demzufolge seine Haftung durch AGB's auf vorsätzlich oder grob fahrlässig verursachte Schäden einschränken, muß er ein besonderes Augenmerk darauf richten, daß die verwendeten AGB's wirksam in das

Vertragsverhältnis einbezogen werden. Nach § 2 AGB-Gesetz werden AGB's nämlich nur dann Bestandteil eines Vertrages, wenn

1. der Verwender bei Vertragsschluß die andere Vertragspartei ausdrücklich (oder, wenn ein ausdrücklicher Hinweis wegen der Art des Vertragsschlusses nur unter unverhältnismäßigen Schwierigkeiten möglich ist, durch deutlich sichtbaren Aushang am Ort des Vertragsabschlusses) auf seine AGB's hinweist,

2. er der anderen Vertragspartei die Möglichkeit verschafft, in zumutbarer Weise von dem Inhalt seiner AGB's Kenntnis zu nehmen und

3. wenn die andere Vertragspartei (zumindest konkludent) mit ihrer Geltung einverstanden ist.

Die **wirksame Einbeziehung** der AGB's in das jeweilige Vertragsverhältnis erfordert demzufolge i.d.R., daß der Veranstalter auf seine AGB's **vor Vertragsschluß hinweist**. Ohne einen solchen ausdrücklichen Hinweis kann auch ein konkludenter Haftungsausschluß oder -verzicht für Schadensfälle nicht angenommen werden, selbst wenn zuvor eine Eintrittskarte gelöst wurde *(OLG Karlsruhe, Urteil vom 13.01.1954, Az. U 152/52)*. Auch der bloße Aufdruck einer Haftungsbeschränkung auf den Eintrittskarten genügt nicht, da im Zeitpunkt der Aushändigung der Karte der Vertrag i.d.R. bereits wirksam zustandegekommen und demzufolge eine Kenntnisnahme von den AGB's erst nach Vertragsschluß möglich ist *(ebenso Wolf/Horn/Lindacher, RdNr. 16 zu § 2 AGB-Gesetz; ähnlich LG Berlin NJW 1982, S. 343, für den Abdruck auf der Rückseite eines Flugtickets; anderer Ansicht MünchKomm/Kötz, RdNr. 7 zu § 2 AGB-Gesetz)*.
Das *LG Hannover (Urteil vom 27.11.1959, Az. 10 S 168/59)* hat allerdings einen Haftungsausschluß für die fahrlässige Verursachung von Schäden, die den Besuchern einer Veranstaltung zustoßen, durch bloßen, deutlich lesbaren Aufdruck auf den Eintrittskarten für wirksam gehalten. In jedem Fall genügt aber nach einer Entscheidung des *OLG Nürnberg (Urteil vom 03.03.1955, Az. 3 U 7/54)* ein knapp 2 mm hoher Aufdruck auf der Eintrittskarte: "Keine Haftung für Sach- und Körperschäden" hierfür nicht.

Eine besondere Situation ergibt sich beim Verkauf von Eintrittskarten und sonstigen Tickets durch **Online-Buchungen per Computer**. Da die Platzangebote der Veranstalter im Zentralcomputer keine Angebote im Rechtssinne sind, sondern ihrerseits nur eine Aufforderung zur Abgabe eines Angebots durch potentielle Interessenten darstellen (sog. "invitatio ad offerendum"), gibt erst der „Kartenkäufer" seinerseits ein rechtsverbindliches Angebot zum Vertragsschluß ab, dem natürlich keine AGB's des Veranstalters zugrundeliegen. Soweit der Veranstalter die Kartenbestellung nun unter Zugrundelegung seiner AGB's bestätigt, indem er die Eintrittskarten mit seinen entsprechenden AGB-Zusätzen ausdrucken läßt, stellt dies rechtlich - da es ja vom Angebot des Kartenkäufers abweicht - nach § 150 Abs. 2 BGB die Ablehnung des Angebots des Kartenkäufers dar. Mit dem Ausdruck der Karten ist der Vertrag folglich noch nicht zustandegekommen.

Zugleich gibt der Veranstalter mit dem Ausdruck der Eintrittskarten aber ein eigenes Angebot ab (dem nun seine AGB's zugrunde liegen). Widerspricht der Kartenkäufer hiergegen nicht, sondern zahlt schlicht den geforderten Kartenpreis, nimmt er damit das um die AGB's veränderte Angebot des Veranstalters konkludent an. Dadurch sind die AGB's dann Vertragsbestandteil geworden.

Statt eines ausdrücklichen Hinweises auf die Geltung der AGB's genügt u.U. auch ein deutlich sichtbarer Aushang am Ort des Vertragsabschlusses, wenn ein ausdrücklicher Hinweis nach Art des Vertragsabschlusses nur unter unverhältnismäßigen Schwierigkeiten möglich ist. Dies ist insbesondere dann gegeben, wenn allein wegen des ausdrücklichen Hinweises Personal eingestellt werden müßte bzw. wenn das Personal wegen des typischerweise massenhaften Vertragsabschlusses, wie z.B. bei Veranstaltungen mit großem Publikum, überfordert wäre *(Wolf/Horn/Lindacher, RdNr. 19 zu § 2 AGB-Gesetz)*. Dies ist bei Theatern, Museen, Schwimmbädern und sonstigen Veranstaltungen, insbesondere auch Sportveranstaltungen regelmäßig gegeben *(Wolf/Horn/Lindacher, RdNr. 20 zu § 2 AGB-Gesetz)*.

Ein ausreichend deutlicher Aushang liegt vor, wenn die Existenz der AGB's dem Kunden ohne weiteres auffallen muß. Dazu muß der Aushang eine auffällige Schriftgröße und eine auffällige Plazierung am Ort des Vertragsschlusses aufweisen, so daß er bereits zum Zeitpunkt des Vertragsschlusses - und nicht erst danach - gesehen werden kann. Ein Aushang an Plätzen, die üblicherweise erst nach dem Vertragsabschluß aufgesucht werden, ist deshalb nicht ausreichend. Bei Massenveranstaltungen ist ein deutlich sichtbarer Aushang am Eingangsschalter o.ä. am besten.

Obwohl der Aushang an die Stelle des ausdrücklichen Hinweises tritt und dieser deshalb grundsätzlich nur den Hinweis auf die AGB's und nicht die AGB's selbst enthalten muß, empfiehlt sich wegen des Erfordernisses der Möglichkeit einer zumutbaren Kenntnisnahme i.d.R. der Aushang der AGB's selbst. Mit dem Aushang wird dann nämlich zugleich die zumutbare Möglichkeit der Kenntnisnahme verschafft *(BGH NJW 1985, S. 850; Wolf/Horn/ Lindacher, RdNr. 21 zu § 2 AGB-Gesetz).*

Was alles zur zumutbaren Kenntnisnahme gehört, richtet sich nach den Umständen bei Vertragsabschluß und nach den Bedürfnissen der beteiligten Kundenkreise. Erforderlich ist dabei regelmäßig, daß die AGB's für den Kunden verfügbar sind, und zwar grundsätzlich auch noch nach Abschluß des Vertrages, z.B. in einem Prospekt *(BGH NJW 1986, S. 1748 f.).* Der bloße Hinweis, der Vertragsabschluß erfolge "zu den jederzeit einsehbaren Geschäftsbedingungen" *(LG Stuttgart AGBE I § 9 Nr. 25)* oder "zu den Gesamtbedingungen, die im Reisebüro zur Verfügung stehen" *(LG Frankfurt a.M. NJW-RR 1987 S. 745 f)* genügt dabei nicht, denn dadurch soll die freie Verfügbarkeit eingeschränkt werden. Dies verstößt gegen § 9 AGB-Gesetz und § 134 BGB *(Wolf/Horn/Lindacher, RdNr. 24 zu § 2 AGB-Gesetz),* so daß die AGB's in diesem Falle nicht Vertragsbestandteil werden.
Die Vorlage oder der Aushang der AGB's unmittelbar am Ort des Vertragsschlusses dürfte demzufolge ausreichen. Am besten ist jedoch, wenn die wesentlichen Elemente der AGB's auf der Rückseite der Eintrittskarte wiederholt werden.

Durch das Erfordernis der Einverständniserklärung der anderen Vertragspartei stellt der Gesetzgeber jedenfalls klar, daß die Einbeziehung der AGB's auf vertraglicher Grundlage und nicht durch einseitige Erklärung des Verwenders erfolgt. Die Einverständniserklärung braucht jedoch nicht konkret auf jede einzelne Klausel nachgewiesen zu werden. Vielmehr erstreckt sich ein (gegebenenfalls auch konkludentes) Einverständnis des Vertragspartners grundsätzlich pauschal auf die zur Kenntnis genommenen AGB's insgesamt, es sei denn, es handelt sich um überraschende Klauseln i.S.d. § 3 AGB-Gesetz. Bei Haftungsfreizeichnungsklauseln geht die Rechtsprechung allerdings von einer engen Auslegung aus; an das Einverständnis mit einer völligen Haftungsfreistellung sind besonders strenge Anforderungen zu stellen *(BGH NJW 1982, S. 1144).*

Das bloße Schweigen ist grundsätzlich nicht als Einverständnis anzusehen *(Wolf/Horn/Lindacher, RdNr. 43 zu § 2 AGB-Gesetz).* Nimmt der Kunde aber die (unter den Voraussetzungen von § 2 Abs. 1 Ziff. 1 und 2 AGB-Gesetz) unter Zugrundelegung von AGB's angebotene Leistung an, so liegt darin i.d.R. ein stillschweigendes Einverständnis, falls er nicht ausdrücklich widerspricht.

Mit der Frage, unter welchen Voraussetzungen der Verkehrssicherungspflichtige seine Haftung durch einen einseitigen Aushang (Schild, Anschlag usw.) ausschließen kann, hatte sich auch der Bundesgerichtshof *(Urteil v. 16.02.1982, abgedruckt z.B. in NJW 1982, S. 1144 f)* zu beschäftigen:

Fall: Die Beklagte betrieb eine Freizeitanlage, zu der neben einer Gaststätte ein Campingplatz und eine Badegelegenheit an einem Baggersee gehörten. Das Gelände war eingezäunt und durfte nur gegen ein an der Kasse zu entrichtendes Entgelt betreten werden. Neben der Kasse befand sich ein 50 x 70 cm großes Schild mit der Aufschrift: "Benutzung des Badesees auf eigene Gefahr. Für evtl. Schäden wird nicht gehaftet." Der ohnehin flache Baggersee gewann vom Ufer des Freizeitgeländes aus nur allmählich an Tiefe. Auf dem See befand sich ein 7 x 5 m großes Floß, auf dem auf einem Eisengestell ein Sprungbrett von etwa 1,20 m Höhe angebracht war. Ursprünglich war das Floß an der tiefsten Stelle des Sees verankert; später wurde es dann aber am Ufer festgemacht und nur noch als "Aussichtsposten" benutzt.
Zu dieser Zeit besuchte der damals 14 1/2 Jahre alte Kläger mit seinen Eltern und zwei jüngeren Geschwistern das Freizeitgelände. Die Kasse war nicht besetzt. Die Familie begab sich zunächst zum Wohnwagen eines Bekannten. Nachdem die drei Kinder vormittags gebadet hatten, gingen sie nach dem Mittagessen nochmals zum Baden an den See. Sie zogen das frei bewegliche Floß gemeinsam vom Ufer weiter in Richtung Seemitte. Als der Kläger vom Floß aus einen Kopfsprung machte, und zwar in Richtung zur flacheren Uferseite des Freizeitgeländes hin, prallte er mit dem Kopf auf dem Grund des Sees auf und konnte sich nicht mehr bewegen; der Kläger ist seitdem total querschnittsgelähmt.
Er nahm die Beklagte, weil sie ihre Verkehrssicherungspflicht ihm gegenüber verletzt habe, unter Einräumung eines Mitverschuldens von 25 Prozent auf Ersatz von 75 Prozent seines materiellen und immateriellen Schadens in Anspruch.

Entscheidung: Der BGH bestätigte die Auffassung des Berufungsgerichts, eine (etwaige) Haftung der Beklagten entfalle nicht schon aufgrund des an der Kasse angebrachten Anschlags "Benutzung des Badesees auf eigene Gefahr. Für evtl. Schäden wird nicht gehaftet." Zwar ging auch der BGH davon aus, daß die Haftung für die hier allein in Betracht kommende normale Fahrlässigkeit grundsätzlich durch stillschweigende Vereinbarung ausgeschlossen werden könne, wenn der Anschlag Vertragsinhalt geworden sei. Eine solche Haftungsfreistellung könne auch durch deutlich sichtbaren Anschlag in einer Sportstätte, in welcher dessen Benutzer üblicherweise mit einer solchen rechnen müsse, vorgenommen werden. Der Veranstalter der Freizeitanlage könne sich jedoch von einer Haftung für Verstöße gegen Verkehrssicherungspflichten, die üblich seien, durch einen solchen bloßen Anschlag nicht befreien.
Nach den im Verkehr herrschenden Vorstellungen erstrecke sich bei Veranstaltungen der im Streitfall vorliegenden Art die Freizeichnung im allgemeinen nicht auf die Haftung für Schäden, die aus der Verletzung grundlegender Verpflichtungen des Veranstalters herrührten. Denn der Freizeichnungsgegner gehe bei Abschluß eines solchen Haftungsausschließungsvertrages davon aus, daß der Veranstalter zunächst alles getan habe, was für die Sicherheit der Benutzer der Anlage erforderlich sei. Die Freizeichnung erstrecke sich daher nur auf Beschädigungen, die durch eine besondere Gefahrenlage veranlaßt seien und denen der Veranstalter nur mit unverhältnismäßig hohem Aufwand begegnen könne; von der Einhaltung normaler Verkehrssicherungspflichten

könne sich der Veranstalter jedoch nicht durch einseitigen Aushang, hier durch jenes Schild befreien. Schließlich seien an die Bejahung einer stillschweigenden Unterwerfung des Vertragspartners unter das Ansinnen einer derartigen vollständigen Haftungsfreistellung durchweg strenge Anforderungen zu stellen. Der Verzicht einer Haftung für die Verletzung grundlegender Verkehrssicherungspflichten könne nicht ohne weiteres daraus hergeleitet werden, daß der Vertragspartner dem im Aushang, in einem Schild oder dergleichen zum Ausdruck gekommenen Verlangen nach Haftungsfreistellung nicht ausdrücklich widersprochen habe. Wenn es auch zur Verneinung eines (vereinbarten) Haftungsausschlusses nicht genüge, daß sich der Vertragspartner über die Haftung überhaupt keine Gedanken gemacht habe, weil alsdann u.U. eine nach Treu und Glauben gebotene ergänzende Vertragsauslegung eingreife, so sei insoweit doch auch im Rahmen vertraglicher Kontakte große Zurückhaltung geboten (BGH NJW 1980, S. 1681), insbesondere dann, wenn es sich wie hier um Gefahren für Leben und Gesundheit handele.

Eine Bejahung des Haftungsverzichts durch ergänzende Vertragsauslegung erfordere indes die Feststellung, daß sich der Geschädigte dem Verlangen des Verkehrssicherungspflichtigen auf Übernahme des vollen Risikos billigerweise nicht hätte versagen können; gerade dies treffe hier aber nicht zu. Im Gegenteil sprächen die gesamten Umstände, die an den Anschauungen des redlichen Verkehrs der Beteiligten und den versicherungsrechtlichen Möglichkeiten (!) zu messen seien, gegen eine Abwälzung des Haftungsrisikos auf den Geschädigten, wenn der Veranstalter einer Freizeitanlage grundlegende Verkehrssicherungspflichten verletze; und bei der mangelnden Sicherung des Floßes handele es sich um eine solche.

Nicht der Kläger verstoße schließlich mit der Inanspruchnahme der Beklagten gegen Treu und Glauben (venire contra factum proprium), sondern die Beklagte, indem sie sich trotz der der Freizeitanlage innewohnenden Aufforderung, diese zu benutzen, von jeglicher Haftung freistellen wolle (BGH VersR 1976, S. 1175 ff.).

Eine wirksame Haftungsbeschränkung bezieht sich im Zweifel auch auf die **Eigenhaftung der Erfüllungsgehilfen.** So hatte das OLG München *(Urteil vom 22.05.1981, Az. 8 U 3046/79)* folgenden Fall zu entscheiden:

Fall: Der Kläger nahm an einem von einer Drachenflugschule abgehaltenen Drachenflugkurs teil. In dem von ihm unterzeichneten Anmeldeformular heißt es u.a.: "Für Stürze und Folgeverletzungen gleich welcher Art haftet der Schüler bzw. Kursteilnehmer selbst." Der Kläger stürzte kurz nach dem Start ab und zog sich einen Bruch des Oberarmschaftes zu.

Entscheidung: Die Schmerzensgeldklage gegen den Fluglehrer wurde abgewiesen, da die Haftungsausschlußklausel auch zugunsten des beklagten Fluglehrers gelte. Im Hinblick darauf, daß die Klausel auch Folgeverletzungen erwähne und ein Absturz häufig Körperverletzungen des Fliegers zur Folge habe, sei die Klausel dahingehend auszulegen, daß die Freizeichnung nicht nur die vertragliche, sondern auch die deliktische Haftung betreffe. (Die verwendete Klausel ist allerdings ohne Einschränkung hinsichtlich grob fahrlässigen oder vorsätzlichen Verhaltens des Fluglehrers bedenklich, denn nach § 11 Nr. 7 AGB-Gesetz ist eine Begrenzung der Haftung für einen Schaden, der auf einer grob fahrlässigen Vertragsverletzung des Verwenders oder auf einer vorsätzlichen oder grob fahrlässigen Vertragsverletzung eines Erfüllungsgehilfen beruht, ohne Wertungsmöglichkeit unwirksam).

9.4 Versicherungsrecht

9.4.1 Veranstalter-Haftpflichtversicherung

Wegen der umfangreichen (und nicht vollständig ausschließbaren) Haftungsrisiken bietet sich für den Veranstalter der Abschluß einer speziellen Veranstalter-Haftpflichtversicherung an, durch die ein Veranstalter seine vielfältigen Haftungsrisiken kalkulierbar(er) machen kann. Der Versicherungsschutz setzt allerdings eine genaue Festlegung des "Betriebscharakters" (im weiteren Sinne) voraus. Die Haftungsrisiken müssen also exakt geprüft und beschrieben werden, damit der nach dem Versicherungsvertrag bestehende Versicherungsschutz diese umfaßt.

4.2 Unfallversicherung

Denkbar ist für den Veranstalter aber auch der Abschluß einer zusätzlichen Unfallversicherung, durch die die Teilnehmer an einer Veranstaltung gegen Risiken, die vom Haftungsbereich des Veranstalters unabhängig sind, abgesichert werden, z.B. durch Kapitalzahlungen im Todes- oder Invaliditätsfall (so schließen mitunter Fußballvereine derartige Unfallversicherungen für die Besucher eines Fußballspiels ab, wobei die Prämie im Eintrittspreis jeweils anteilig enthalten ist).

9.4.3 Veranstaltungs-Ausfall-Versicherung (VAV)

Im übrigen liegt - sobald in den Planungs- und Vorbereitungsphasen von Veranstaltungen Kosten anfallen oder Verbindlichkeiten eingegangen werden - ein versicherbares Interesse für den Fall vor, daß die Veranstaltung nicht durchgeführt werden und der Veranstalter dadurch seine Kosten nicht amortisieren kann. Dabei sind Veranstaltungen z.T. mit einem erheblichen Kostenaufwand verbunden, wie z.B. für Werbung (Anzeigen, Plakate, Rundfunk, Fernsehen), Hallenmiete, Licht- und Tontechnik, Künstlergagen, Catering, Personalkosten, Hotel- und Anreisekosten u.v.m.

Gegen einen solchen Ausfallschaden bieten manche Versicherungsgesellschaften mittlerweile eine sog. Veranstaltungs-Ausfall-Versicherung (VAV) an; die VAV übernimmt das Risiko des Veranstalters, daß die Vorbereitungs- und Durchführungskosten nicht durch entsprechende Einnahmen gedeckt werden, weil die Veranstaltung ausfällt. Im Einzelfall lassen sich sogar Gewinne aus Eintrittsgeldern mitversichern, wenn sie prognostizierbar bzw. nachweisbar sind, z.B. durch den Vorverkauf. Gleiches gilt für Geldleistungen, die Sponsoren dem Veranstalter zur Verfügung stellen. Der Ausfallschaden muß allerdings außerhalb des Einflußbereichs des Versicherungsnehmers oder der von ihm beauftragten Organisatoren liegen *(§ 1 Ziff. 2 der AVB Veranstaltungs-Ausfall 1987).*

Seitdem die ersten Versicherungsgesellschaften 1987 mit der VAV auf den Markt gingen, wurden zahlreiche Veranstaltungen und Künstler für den Fall eines Ausfalls versichert.

> **Beispiele**: Versichert wurden u.a. das "Schleswig-Holstein-Musik-Festival" mit Künstlern wie Menuhin, Gregiev, Rostropowitsch, Metha, Frantz u.v.a. und natürlich auch Leonard Bernstein, dessen plötzlicher Tod 1990 unmittelbar vor Beginn seiner großen Europatournee den bis dato größten Schaden in dieser relativ jungen Versicherungssparte verursachte *(ALBINGIA Information im "Agenturbrief" vom September 1991).* Auch im Bereich der Rockmusik waren Größen von "BAP" über Herbert Grönemeyer bis Heinz Rudolf Kunze und "Torfrock" versichert, im Bereich des Jazz z.B. das "Branford Marsalis", das "Modern Jazz Quartett" und der Chansonsänger Paolo Conte. Theateraufführungen und Musicals gehörten gleichermaßen schon zu den Veranstaltungen, die gegen Ausfall versichert wurden, so z.B. die Tourneen von Heidi Kabel und Willy Millowitsch sowie Galavorstellungen der Stella-Musicals "Cats", "Starlight Express" und "Phantom der Oper". Aber auch das sowjetische Segelschulschiff "MIR" wurde bereits gegen Ausfall versichert wie auch ein Gastspiel der Magier "Siegfried und Roy" oder der französischen Dressurreitschule "Cadre Noir".

Der größte bekanntgewordene Ausfall im Sportbereich war die Absage der Sportler aus den USA bei den Olympischen Spielen 1980 in Moskau. Alleine den amerikanischen Fernsehanstalten entgingen dadurch Werbeeinnahmen von mehr als 70 Millionen Dollar. Deshalb wurde z.B. die Fußball-WM 1990 umfangreich versichert. Die FIFA als Veranstalter und die ISL als Vermarktungsgesellschaft der Werberechte hatten alleine für das Eröffnungsspiel eine Ausfallsumme von 18 Millionen DM versichert; die komplette Ausfallsumme für die Fußball-WM 1990 betrug 340 Millionen DM *(Gerling Industrie Service, Info-Blatt "Veranstaltungs-Ausfall-Versicherung").*

Versicherungsnehmer sind in all diesen Fällen i.d.R. die Veranstalter der jeweiligen Projekte. Dabei ist praktisch jede Art von Veranstaltung versicherbar, seien es Tourneen, Konzerte, Schauwettkämpfe, Theateraufführungen,

Messen, Kongresse, Tagungen, Vereins-, Betriebs-, Volks- oder Stadtfeste wie auch sonstige Festlichkeiten und Darbietungen, wobei die VAV dabei i.d.R. lediglich eine reine Kostendeckung für die jeweilige Veranstaltung bietet.

Gemäß den Versicherungsbedingungen "Veranstaltungs-Ausfall-Versicherung (AVB-Veranstaltungs-Ausfall Form A+B) und Klausel" bestehen zwei Grundformen des Deckungsschutzes.

a) All-Gefahren-Ausfalldeckung gem. Form A

Die All-Gefahren-Ausfalldeckung gem. Form A der Bedingungen umfaßt alle schadensauslösenden Gefahren, soweit diese nicht in der Kontrolle oder den Einflußbereich des Versicherungsnehmers, seiner Organisatoren oder der teilnehmenden Personen fallen und soweit keiner der Standardausschlüsse erfüllt ist. Weiterhin sind nach Form A das Nichterscheinen von Personen sowie Wettergefahren vom Versicherungsschutz ausgeschlossen. Beispielhaft lassen sich als versicherte Ausfall-Tatbestände demgemäß nennen:

- Abbrennen der Halle kurz vor Beginn der Veranstaltung
- Ausfall der öffentlichen Stromversorgung
- behördlich angeordnete Staatstrauer
- Sperrung des Veranstaltungsorts.

b) Nicht-Auftritts-Deckung gem. Form B

Die Nicht-Auftritts-Deckung gem. Form B der AVB bietet für den Fall Versicherungsschutz, daß eine Veranstaltung von dem Erscheinen oder dem Auftritt einer oder mehrerer Personen abhängt. Der Standard-Deckungsschutz umfaßt dabei die Gefahren Unfall, Krankheit und Tod.

Durch besondere Vereinbarung ist diese Deckung natürlich aber auch zu einer All-Gefahren-Deckung erweiterbar. Ferner läßt sich zu den vorgenannten Deckungsformen bei Freiluftveranstaltungen eine Wettergefahren-Ausfall-Deckung zusätzlich vereinbaren. Da im übrigen die genannten Deckungsformen untereinander kombinierbar sind, kann der Versicherungsschutz jeder Veranstaltung individuell angepaßt werden.

c) Schadensminderung

Kann der Versicherungsnehmer in einem Schadensfall, der auf einen versicherten Tatbestand zurückzuführen ist, den entstandenen Schaden dadurch mindern, daß er die Veranstaltung entweder örtlich verlegt oder zeitlich verschiebt, so sind alle damit zusammenhängenden Mehrfachaufwendungen bis zur Höhe der Versicherungssumme mitversichert. Gleiches gilt auch für den Einsatz von Ersatzpersonen oder bei Verlegung einer Veranstaltung vom Freien in eine Halle bei der Mitversicherung von Wettergefahren.

d) Unterversicherung und Ausschlüsse

Auch in der Sparte Veranstaltungs-Ausfall gibt es die Gefahr der Unterversicherung, so daß die Versicherungssummen möglichst genau und korrekt ermittelt werden müssen. Ist der Schaden dann dem Grunde nach festgestellt, so leistet die VAV Ersatz bis zur Höhe des nachgewiesenen Schadens abzüglich etwaig vereinbarter Selbstbeteiligungen. Nach oben hin ist die Entschädigungsleistung also durch die Versicherungssumme limitiert, wobei im Falle einer Unterversicherung die Entschädigungsleistung im entsprechenden Verhältnis gekürzt wird.

Wie in anderen Versicherungssparten gibt es auch bei der VAV Standard-Ausschlüsse. Darauf zurückzuführende Schäden fallen also nicht unter den Versicherungsschutz. Da es sich bei der VAV um eine All-Gefahren-Deckung handelt, sind nicht die versicherten Gefahren enumerativ aufgezählt, sondern es findet eine Eingrenzung durch die Standardausschlüsse statt, also z.B. bei Schäden, die durch Krieg, Kernenergie, Streik, mangelndes Publikumsinteresse, Vertragsbruch, grobe Fahrlässigkeit oder Vorsatz etc. entstanden sind. Der Ausschlußkatalog kann durch "Besondere Vereinbarungen" modifiziert, demgemäß begrenzt oder ergänzt werden.

e) Ersatzansprüche gem. § 2 der AVB Veranstaltungs-Ausfall 1987

Zusammenfassend ersetzt die VAV (gem. § 2 der AVB Veranstaltungs-Ausfall 1987):

- **bei Ausfall der Veranstaltung**
  1. die für die Vorbereitung und Durchführung der Veranstaltung nachweislich aufgewendeten oder aufgrund von Verträgen noch aufzuwendenden Gesamtkosten abzüglich Erlöse und - soweit dies zusätzlich vereinbart wird -
  2. den nachweislich entgangenen Gewinn aufgrund von Rückgabe bereits verkaufter Eintrittskarten sowie
  3. Gagen, sofern der Veranstalter vertraglich zur Erstattung verpflichtet ist,

- **bei Änderungen in der Durchführung der Veranstaltung die Mehrkosten**
  1. durch ersatzweisen Einsatz vergleichbarer anderer Personen oder
  2. durch Verlegung des Aufführungstermins innerhalb eines zumutbaren Zeitraums und

- **bei Abbruch der Veranstaltung**
  1. einen entsprechenden Prozentsatz der Eintrittsgelder, soweit die Rückerstattung ganz oder teilweise branchenüblich ist, und
  2. die Aufwendungen des Versicherungsnehmers zur Abwendung oder Minderung des Schadens bei Eintritt des Versicherungsfalls gem. § 63 VVG sowie
  3. die Kosten der Schadensfeststellung durch Dritte.

5. Resümee

Viele Städte, Regionen und Unternehmen haben den Kulturtourismus als lukrative Einnahmequelle einer "sanften" Tourismusbewegung erkannt. Es geht daher längst nicht mehr nur um den Genuß, der mit den großen Opernhäusern und Bühnen dieser Welt, mit fernen Länder und fremden Sprachen oder mit den schillernden Künstlern und den lockenden Festen verbunden sein kann. Für den verantwortlichen Tourismusmanager und den "guten Geschäftsmann" geht es um die Frage, wie das Angebot gestaltet sein soll, organisiert und gegebenenfalls versichert werden muß. Der vorausschauende Manager berücksichtigt dabei die rechtlichen Anforderungen, die an ihn als Veranstalter gestellt werden, die Möglichkeiten einer Haftungseinschränkung durch Vertragsgestaltung und die etwaigen Erfordernisse eines ausreichenden Versicherungsschutzes. Der verantwortungsvolle Unternehmer hat längst erkannt, daß sich rechtliche Anforderungen in wirtschaftliche niederschlagen (können) und unnötige rechtliche Auseinandersetzungen nicht nur seine Organisation lähmen, sondern letztlich sogar das wirtschaftliche Aus bedeuten können.

Autorenverzeichnis

Becker, Christoph, Prof. Dr. rer. nat., Professor an der Universitat Trier, Abteilung Angewandte Geographie/ Fremdenverkehrsgeographie. Fachdirektor am Europäischen Tourismus Institut GmbH an der Universität Trier. Studium der Geographie, Kartographie, Geologie und Volkswirtschaft in Berlin und Frankfurt (Abschluß als Dipl.-Geooraph). Arbeitsgebiete: Regionalentwicklung durch Fremdenverkehr, regionalpolitische Effekte des Fremdenverkehrs, aktionsräumliches Verhalten von Urlaubern, Kulturtourismus, Reisebiographien.

Becker, Peter, Stellvertretender Geschäftsführer und Romanikbeauftragter beim Landestourismusverband Sachsen-Anhalt in Magdeburg, Dozent für Weiterbildung im Tourismus (dsf).
Studium der Germanistik, der katholischen Theologie und Pädagogik in Münster. Nach dem Staatsexamen Gründung einer Zeitschrift und Referent in der Erwachsenenbildung; danach Geschäftsführer einer Weiterbildungseinrichtung im Tourismus und Leiter eines Verkehrsamtes für 24 Gemeinden. Seit 1994 tätig beim Tourismusverband Sachsen-Anhalt; dort u.a. zuständig für den Bereich Marketing, die "Straße der Romanik" sowie die Einführung des "Touristischen Informations- und Reservierungssystems" (TIRS).

Dietsch, Klaus A., Dr. phil., Medienreferent von Studiosus Reisen München.
Studium der Sinologie und der Politischen Wissenschaften in München und Taipeh/Taiwan. Promotion über ein literaturwissenschaftliches Thema aus dem neuzeitlichen China. Besuch der Deutschen Journalistenschule in München. Redakteur der »Süddeutschen Zeitung«. Pressesprecher eines Münchner Studienreiseveranstalters. Ab Januar 1995 bei Studiosus Reisen München. Seit 1974 Studienreiseleitungen in den gesamten Fernen Osten. Buchveröffentlichungen über China, Korea, Hongkong, Taiwan, die Loire und den Gardasee.

Dreyer, Axel, Prof. Dr. rer. pol., Professor für Tourismuswirtschaft und Betriebswirtschaftslehre mit Schwerpunkt Marketing an der Fachhochschule Harz sowie Lehrbeauftragter für Sportmanagement und -marketing an der Universität Göttingen.
Studium der Betriebswirtschaftslehre sowie der Publizistik- und Kommunikationswissenschaften in Göttingen (Abschluß als Diplomkaufmann), Promotion im Fachbereich Wirtschaftswissenschaften zum Themenbereich Sponsoring. Danach Geschäftsführer einer Mediengesellschaft und eines Dienstleistungsunternehmens. Forschungsschwerpunkte: Marketing- und

Kommunikationsmanagement von Dienstleistungsunternehmen, insbesondere in den Bereichen Tourismus, Freizeit und Sport; Gästezufriedenheit; Institutionenlehre im Tourismus; Konkurrenzforschung.

Freericks, Renate, Dr. phil., wissenschaftliche Assistentin an der Universität Bielefeld, Fakultät für Pädagogik mit dem Schwerpunkten Freizeitpädagogik, Kulturarbeit und Tourismus.
Studium der Erziehungswissenschaft, Schwerpunkt Freizeitpädagogik an der Universität Bielefeld (Abschluß als Diplom-Pädagogin), Promotion an der Fakultät für Pädagogik zum Themenbereich theoretische Grundlegung der Freizeitpädagogik. Forschungsschwerpunkte: Zielgruppen in Freizeit und Tourismus, Konzepte freizeitorientierter Weiterbildung, Zeitforschung.

Freyer, Walter, Prof. Dr. rer. pol., Professor für Tourismuswirtschaft an der Technischen Universität Dresden.
Studium der Volkswirtschaftslehre und Promotion an der Universität Regensburg. Wissenschaftlicher Assistent am Fachbereich Wirtschaftswissenschaften der Technischen Universität Berlin. Danach Geschäftsführer eines Reiseveranstalters und -mittlers in Berlin. Lehrbeauftragter im Bereich Tourismusökonomie an verschiedenen Hochschulen und im Bereich Sportmarketing für den Deutschen Sportbund sowie verschiedene Landessportbünde. 1991 Berufung zum Professor für Fremdenverkehrswirtschaft und Volkswirtschaftslehre an die Fachhochschule Heilbronn, Fachbereich Tourismusbetriebswirtschaft. 1993 Berufung zum Universitätsprofessor für Tourismuswirtschaft an die Technische Universität Dresden. Forschungsschwerpunkte: Marketing und gesamtwirtschaftliche Aspekte in den Bereichen Tourismus, Freizeit, Sport.

Höcklin, Susanne, Diplom-Geographin, Stipendiatin der Studienstiftung des deutschen Volkes.
Studium der Fremdenverkehrsgeographie mit den Nebenfächern Kunstgeschichte und Marketing an der Universität Trier. Im Rahmen der Diplomarbeit Beschäftigung mit dem Einsatz des kommunikationspolitischen Instrumentes der Werbung im kulturellen Bereich unter besonderer Berücksichtigung der musealen Einrichtung. Forschungsschwerpunkt im Rahmen der Dissertation ist die Erfolgskontrolle kulturtouristischer Projekte.

Kirsch, Karsten, Prof. Dr. rer. pol., Professor für Betriebswirtschaftslehre (Marketing) und Tourismuswirtschaft (regionale und sektorale Strukturpolitik) an der Fachhochschule Harz in Wernigerode.
Studium der Betriebswirtschaft in Tübingen und Köln; Promotion an der TU Braunschweig über regionale Wirtschaftspolitik und Fremdenverkehr. Tätigkeiten im öffentlichen Dienst und touristischen Beratungsunternehmen. Zahlreiche Untersuchungen auf dem Gebiet der fremdenverkehrlichen

Planung und Entwicklung der öffentlichen Hand sowie Standortuntersuchungen ausgewählter fremdenverkehrlicher Einrichtungen.

Lieb, Manfred G., Prof. Dr. rer. pol., Professor für Betriebswirtschaftslehre am Fachbereich Tourismusbetriebswirtschaft der Fachhochschule Heilbronn.
Studium der Betriebswirtschaftslehre in Berlin und Mannheim (Abschluß als Diplomkaufmann), Promotion an der Fakultät für Betriebswirtschaftslehre der Universität Mannheim zu einem organisationswissenschaftlichen Thema. Danach Mitarbeiter in einem Unternehmen der Markenartikelindustrie. Forschungsschwerpunkte: Freizeitverhalten, Marketing im Tourismus, Erfolgsfaktoren von erwerbswirtschaftlichen Unternehmen.

Nahrstedt, Wolfgang, Prof. Dr. phil., Professor für Freizeitpädagogik und Kulturarbeit an der Universität Bielefeld. Vorsitzender des Instituts für Freizeitwissenschaft und Kulturarbeit e.V. (IFKA), Bielefeld. Lehrbeauftragter an der University of Illinois, an der TU Chemnitz-Zwickau und an der Universität Potsdam. Chairman der Beratergruppe "Ausbildung" der "European Leisure and Recreation Association" (ELRA).
Arbeitsschwerpunkte: Freizeitpädagogik, Kulturarbeit, Tourismuswissenschaft.

Rothärmel, Bettina, Dipl.-Kauffrau, Mitarbeiterin in der Öffentlichkeitsarbeit der Stella Musical Mangement GmbH in Hamburg.
Studium der Betriebswirtschaftslehre mit dem Schwerpunkt Marketing an der Universität Bielefeld. Neben ihrer Arbeit in der Öffentlichkeitsarbeit für die Stella-Gruppe ist sie als Referentin im Studiengang Kulturmanagement an der Hochschule Musik und Theater Hamburg tätig.

Schwark, Jürgen, Dr. phil., Lehrkraft für besondere Aufgaben im Studiengang Tourismuswirtschaft der Fachhochschule Harz/Wernigerode mit dem Schwerpunkt Freizeitpädagogik/-soziologie.
Ausbildung zum Betriebsschlosser, Studium der Sozialwissenschaften mit den Fächern Soziologie, Soziale Arbeit und Erziehung sowie Sport (Abschluß als Dipl.-Sozialwiss.). Danach Pädagogischer Mitarbeiter beim Bildungswerk des Landessportbundes Nordrhein-Westfalen und Lehrbeauftragter im Studiengang Sozialwissenschaften an der Universität -Gesamthochschule- Duisburg. Promotion an der Universität -Gesamthochschule- Paderborn (Stipendiat der Hans-Böckler-Stiftung). Arbeitsschwerpunkte und Publikationen in den Bereichen Sport, Erwachsenenbildung, Sport- und Kulturtourismus.

Weber, Carl-Hans, Dipl. Touristik-Betriebswirt, Geschäftsleiter Touristik des Reiseveranstalters „E u.H-Reisen" in Könnern.
Besitzt das Reiseleiterzertifikat des Deutschen Reisebüro Verbandes (DRV) und war als Reiseleiter für Städte- und Studienreisen tätig. Studium der Betriebswirtschaftslehre an der Fachhochschule München (Abschluß als Diplom-Betriebswirt für Tourismus). Danach Geschäftsleiter Touristik der Firma Eu.H-Reisen mit der Verantwortung für Einkauf, Verkauf, Kataloggestaltung und Gruppenreisen. Nebenberufliche Tätigkeit als Lehrbeauftragter an der Fachhochschule Harz in Wernigerode mit den Schwerpunkten Reiseveranstalter, Reisemittler und Freizeiteinrichtungen.

Weishäupl, Gabriele, Dr. phil, M.A., Direktorin des Fremdenverkehrsamtes der Landeshauptstadt München, Leiterin des Münchner Oktoberfestes, Vizepräsidentin des Deutschen Fremdenverkehrsverbandes und des Tourismusverbandes München-Oberbayern e.V.
Studium der Kommunikationswissenschaft, der Bayerischen Geschichte und der Politischen Wissenschaft an der Universität München. Promotion zum Thema Messe als Kommunikationsmedium. Lokalreporterin in München und Leiterin der Stabsabteilung Öffentlichkeitsarbeit bei der Münchner Messe- und Ausstellungsgesellschaft. Seit März 1985 Fremdenverkehrsdirektorin in München.

Wolber, Thomas, Diplom-Geograph, wissenschaftlicher Mitarbeiter an der Universität Trier.
Studium der Angewandten Geographie/Fremdenverkehrsgeographie mit den Nebenfächern Marketing und Öffentliches Recht von 1985-1991 in Trier. 1987-1991 Studentische Hilfskraft in der Literaturdokumentation Tourismus und Freizeit. Seit 1992 Wissenschaftlicher Mitarbeiter am Lehrstuhl von Professor Chr. Becker, Universität Trier. Arbeitsschwerpunkte: Destinationslebenszyklus, Tourismusmarketing, Stadtgeographie, Städtetourismus; derzeitiger Forschungsschwerpunkt im Rahmen der Dissertation: Kulturtourismus im urbanen Raum.

Zundel, Frank Peter, Dr. jur., Rechtsanwalt in Mosbach.
Studium der Rechtswissenschaften in Göttingen, Freiburg und Wien. 1988 erstes juristisches Staatsexamen in Göttingen, anschließend Referendariat am Landgericht Mosbach und zweites juristisches Staatsexamen in Stuttgart. Seit 1990 Lehrbeauftragter der Berufsakademie (Staatliche Studienakademie) Mosbach. Postgraduierten-Studium mit anschließender Promotion zum Dr. rer. publ. an der Hochschule für Verwaltungswissenschaften in Speyer. Seit 1992 am Landgericht Mosbach zugelassener Rechtsanwalt.

Literaturverzeichnis

ADAC (Hrsg.) (1989): Neues Denken im Tourismus, München.
AIEST (Hrsg.) (1987): Der Einfluß von Großveranstaltungen auf die nationale und regionale Fremdenverkehrsentwicklung, Tagungsband, Calgary, St. Gallen.
Antz, C. (1994): Straße der Romanik - Entdeckungsreise in das deutsche Mittelalter. In: Touristische Straßen - Beispiele und Bewertung (Arbeitsmaterialien zur Raumordnung und Raumplanung, H. 137), S. 75-90, Bayreuth.
Ashworth, G. (1989): Marketing of the Historic City for Tourism. In: Heritage Sites: Strategies for Management and Development, hsg. v. D.T. Herbert u.a., Aldershot, S. 162-175
Auer, M./Diederichs, F.A. (1993): Werbung below the line, Landsberg a. Lech.
Bänsch, A. (1995): Käuferverhalten, 6. durchgesehene Aufl., München.
Barkowski, N./Dreyer, A. (1996): Marktstrategien in der Bustouristik, Braunschweig (im Druck).
Baum, A./Stalzer, H. (1991): Event-Marketing liegt im Trend - Kommunkation zum Anfassen macht Informationen zum Ereignis, in: Marktforschung und Management, Heft 3/1991, S. 113-116.
Becker, C. (1994): Touristische Straßen: einige grundsätzliche Überlegungen. In: Touristische Straßen - Beispiele und Bewertung (Arbeitsmaterialien zur Raumordnung und Raumplanung, H. 137) Bayreuth.
Becker, C./Steinecke, A. (Hrsg.) (1993): Kulturtourismus in Europa: Wachstum ohne Grenzen? Trier.
Becker, J. (1993): Marketing-Konzeption: Grundlagen des strategischen Marketings, 5. Aufl., München.
Behrens, G. (1991): Konsumentenverhalten, Frankfurt a. M.
Bergler, R. (1976): Vorurteile erkennen, verstehen, korrigieren, Köln.
Bergsma, J. R. (1988): Planning of Tourist Routes: The Green Coast Road in the Netherlands. In: Goodal/Ashworth (Hrsg.), Marketing in the Tourism Industry, London, S. 89-100.
Bernauer, E. (1981): 93 Touristikstraßen in Deutschland. Der Fremdenverkehr, 33. Jg., Darmstadt.
Bernhauer, E. (1974): Tourismus-Bilanz für Städte? Saldo als Ausdruck einer Gesamtbeurteilung. Der Fremdenverkehr, Tourismus und Kongreß, 26. Jg., Heft 9, S. 32-34.

Bernskötter, H. (1995): Benchmarking, in Marketing Journal, Heft 2/1995, S. 120-121.
Beuchelt, E. (1988): Zur Gruppendynamik in Studienreisegruppen, in: Studienkreis für Tourismus (Hrsg.): Festschrift zum 60. Geburtstag von Paul Rieger, Starnberg.
Beyer, J. (1989): Die Weimarer Dichtergedenkstätten. Historische Gestalt und aktuelle Präsentation. In: Denkmalpflege und Tourismus II, Hrsg. Chr. Becker (Materialien zur Fremdenverkehrsgeographie, Bd. 18), Trier, S. 78-83.
Böck, I. (1995): Immer schön im Kreis herum, in: Focus Heft 46/ 1995, S. 228-229.
Böhme-Köst, P. (1992): Tagungen-Incentives-Events gekonnt inszenieren - mehr erreichen, Hamburg.
Böhner, K. (1974): Kulturgeschichtliche Museen, in: Deutsche Forschungsgemeinschaft (DFG) Bonn-Bad Godesberg (Hrsg.): Denkschrift Museen. Zur Lage der Museen in der Bundesrepublik Deutschland und Berlin (West), Boppart.
Bonarius, S. (1993): Event-Marketing, Schwerpunkt-Thema, in: mangement & seminar, Heft 3/1993, S. 45-53.
Borger, H. (1991): Anmerkungen zum Museum, in: Loock, F. (Hrsg.): Kulturmanagement, Wiesbaden, S. 43-57.
Börner, Joachim (1985): Sportstätten-Haftungsrecht, Berlin.
Bottler, S. (1995): Flughafen-Marketing. Fertigmachen zur Landung. In: werben & verkaufen, Heft 19/1995, S. 64-67.
Brandt, U. (1995): Aktiver Telefonverkauf: Kein Hexenwerk, in: touristik management, Heft 3/1995, S. 28-34.
Braun, O. L. (1993): Reiseentscheidung, in: Hahn, H., Kagelmann, H. J. (Hrsg.), Tourismuspsychologie und Tourismussoziologie, München, S. 307-320.
Bremkes, W. (1995): o. Titel, in: Touristik Report, Heft. 12/95, o. Seite).
Bruhn, M./ Stauss, B. (Hrsg.) (1991): Dienstleistungsqualität, Wiesbaden.
Bund Deutscher Omnibusunternehmer e.V. (Hrsg.) (1994): Das private Omnibusgewerbe in Deutschland stellt sich vor, Bonn.
Casson, L. (1976): Reisen in der Alten Welt, München.
Corsten, H. (1990): Betriebswirtschaftslehre der Dienstleistungsunternehmungen, 2. durchgesehene Aufl., München.
Danuser, H.P. (1991): Marketingkonzeption für einen Kurort: Beispiel St.Moritz, in: Wolf, J./Seitz, E. (Hrsg.) Tourismusmanagment und -marketing, Landsberg/Lech, S.573-597.
Datzer, R. (1986): Studienreisen - eine bewährte Reiseform im Wandel, in: FVW 1/1986, Hamburg.
Datzer, R./Lohmann, M. (1981): Der Beruf des Reiseleiters, Starnberg.

Deutscher Bühnenverein / Bundesverband Deutscher Theater (Hrsg.):
Werkstatistik (jährliche Veröffentlichung) Köln.
Deutsches Institut für Wirtschaftsforschung (Hrsg.) (1992): Kultur als Wirtschaftsfaktor in Berlin.- Studie im Auftrag der Senatsverwaltung für kulturelle Angelegenheiten. Berlin.
Deutscher Fremdenverkehrsverband (Hrsg.) (1993): Verzeichnis der Touristischen Routen und ihrer Trägerschaften, Bonn.
Diekhof, R. (1995): Neueste allgemeine Verunsicherung, in: werben & verkaufen, Heft 20/1995, S. 58-61.
Dreyer, A. (1986): Werbung im und mit Sport, Göttingen.
Dreyer, A. (1987): Aktionen und Athleten. Was leisten Sportwerbemedien?, in: Absatzwirtschaft, Sondernummer Oktober, 30. Jg., Düsseldorf, S. 196-208.
Dreyer, A. (1988): Sportwerbemedien und Sportwerbeziele, in: Sportsponsor, Heft 2, Berlin, S. 12-16.
Dreyer, A. (1994a): Die Auswahl der richtigen Sponsoring-Maßnahmen, in: Krüger, A., Damm-Volk, C. (Hrsg.), Sportsponsoring, Berlin, S. 70-81.
Dreyer, A. (1994b): Sport-Tourismus aus der Sicht von Management und Marketing, ITB-Vortragsmanuskript, Wernigerode.
Dreyer, A. (1994c): Marketing-Konzeption für das Rammelsberger Bergbaumuseum, Braunschweig, Goslar 1994.
Dreyer, A. (1995a): Der Markt für Sporttourismus, in: Sporttourismus, Management- und Marketing-Handbuch, München, S. 9-51.
Dreyer, A. (1995b): Die Marketinginstrumente im Sporttourismus, in: Dreyer/ Krüger (Hrsg.), Sporttourismus, München, S. 83-104.
Dreyer, A. (1996): Events als Marketinginstrument von Destinationen, in: Bieger, T. (Hrsg.), Incoming-Tourismus - Management von Destinationen, München (im Druck).
Dreyer, A./Krüger, A. (Hrsg.) (1995): Sporttourismus, Management- und Marketing-Handbuch, München.
DWIF (Hrsg.) (1987): Die ökonomische Bedeutung des Ausflugs- und Geschäftsreiseverkehrs (ohne Übernachtung) in der Bundesrepublik Deutschland, München.
DWIF (Deutsches Wirtschaftswissenschaftliches Institut für Fremdenverkehr) (1992a): Touristisches Strukturgutachten für den Ostharz, München.
DWIF (1992b): Die Ausgabenstruktur im übernachtenden Fremdenverkehr in der Bundesrepublik Deutschland, München.
DWIF (1992c): Die qualitative und quantitative Bedeutung des Fremdenverkehrs für Hamburg, München.
DWIF (1993a): Touristisches Strukturgutachten für die Region Anhalt-Wittenberg, München.

DWIF (1993b): Touristisches Strukturgutachten für die Region Elbe-Börde-Heide, München.
DWIF (1993c): Die Ausgabenstruktur im übernachtenden Fremdenverkehr in den neuen Bundesländern, München.
DWIF (1994): Zusammenführung der fünf touristischen Regionalgutachten und Erarbeitung der sich daraus ergebenden Umsetzungsstrategien für das Reiseland Sachsen-Anhalt, München.
Engelhardt, R. (1993): Entwicklung des Tourismus in Weimar.- Weimar Kultur Journal, Heft 4/1994, S. 36-37.
Engelhardt, R. (1993): Tourismus in Weimar 1993 vor großen Herausforderungen.- In: Fremdenverkehrsverein Weimar e.V. (Hrsg.), 100 Jahre Fremdenverkehr in Weimar, Weimar, S. 15-18.
Eschenbach, R., Horak, Ch. (1991): Museumsmanagement, Wien.
Evangelischer Arbeitskreis Freizeit - Erholung - Tourismus und Kontaktbüro Luther-Jahr '96 der evangelischen Kirche Deutschlands (Hrsg.) (1995): Reporter, Ausgabe 1 und 2/1995, Halle.
Fehr, M. (1994): Museumspolitik, in: Kulturpolitische Gesellschaft e.V. (Hrsg.): Museen in der Krise, Kulturpolitische Mitteilungen, Nr. 65, Hagen, S. 36-37.
Festinger, L. (1957): A Theory of Cognitive Dissonance, Stanford.
Feßmann, I. (1993): Das kulturelle Erbe in der Stadt: Möglichkeiten und Grenzen der touristischen Vermarktung, in: Becker/Steinecke (Hrsg.), Kulturtourismus in Europa: Wachstum ohne Grenzen? Trier, S. 14-25.
Fink, K. (1989): Musik und Kunst als Fremdenverkehrsmagneten: Mit Kultur neuen Gästen auf der Spur, in: touristik management, Heft 6/1989, S. 90-94.
Fink, K. (1990): Exotische Feste in strategischer Verpackung, in: touristik management, Heft 5/1990, S. 36-40.
Franke, N./ Kißling, V./ Schneider, M. (1995): Tele-Shopping: Wie stehen die Chancen heute? In: Marketing Journal Heft 3/1995, S. 198-201.
Freyer, W. (1990): Handbuch des Sport-Marketing, Wiesbaden (3. Aufl. 1996 Heidelberg, im Druck).
Freyer, W. (1991a): Ganzheitliches Marketing im Tourismus, in: Studienkreis für Tourismus (Hrsg.), Marketing im Tourismus, Starnberg , S. 137-162.
Freyer, W. (1991b): Tourismus 2000: Von Boomfaktoren zu Megatrends und Zukunftsszenarien, Bonn.
Freyer, W. (1992): Umfeldanalyse als Teil der Marketingforschung, in: Studienkreis für Tourismus (Hrsg.): Marketing und Forschung im Tourismus, Starnberg, S. 9-25.
Freyer, W. (1995): Tourismus: Einführung in die Fremdenverkehrsökonomie, 5. erg. und aktual. Auflage, München.

Freyer, W. (1996): Tourismus-Marketing, München/Wien (im Druck).
Führich, E. R. (1994): Das neue Reiserecht nach der Umsetzung der EG-Richtlinie, in: NJW 1994, S. 2446 ff.
FVW International (1995): Fachreport »Studienreisen«, Beilage zu Heft 1/ 1995, Verlag Niedecken GmbH, Hamburg.
FVW International (diverse Jg.): Ausgaben Nr. 10 vom 25.04.1995, Nr. 12 vom 23.05.1995, Verlag Niedecken GmbH, Hamburg.
Garcia, S. (1993): Barcelona und die Olympischen Spiele, in: Häußermann/Siebel (Hrsg.), Festivalisierung der Stadtpolitik, Opladen, S. 251-277.
Gayler, B. (1991): Erwartungen und Bedürfnisse der Studienreisenden, in: Günter, W. (Hrsg.), Handbuch für Studienreiseleiter, Starnberg, S. 117-131.
Gayler, B., Gilbrich, M. (1993): Urlaubsreisen 1992: Kurzfassung der Reiseanalyse, Starnberg
Geipel, R./Helbrecht, I./Pohl, J. (1993): Die Münchner Olympischen Spiele von 1972 als Instrument der Stadtentwicklungspolitik, in: Häußermann/Siebel 1993: 278-304.
Gerken, G. (1991): Abschied vom Marketing, Düsseldorf.
Gerth, E. (1983): Die Systematik des Marketing, Würzburg.
Getz, D. (1991): Festivals, Special Events, and Tourism, New York.
Gold, J.R./Ward, S.V. (Hrsg.) (1994): Place Promotion: the Use of Publicity and Marketing to Sell Towns and regions, Chichester et al.
Goodall. B. (1988): How Tourists Choose Their Holidays. An Analytical Framework, in: Godall, B/ Ashworth, G. (Hrsg.), Marketing in the Tourism Industry, New York 1988, S. 1-17.
Goodey, B. (1994): Art-full places: public art to sell public spaces? in: Gold/Ward (Hrsg.), Place Promotion, S. 153-181.
Gottschling, S./Rechenauer, H.O. (1994): Direktmarketing, München.
Grümer, K. W. (1993): Wertewandel, in: Hahn, H., Kagelmann, H. J. (Hrsg.), Tourismuspsychologie und Tourismussoziologie, München, S. 226-229.
Günter, W. (Hrsg.) (1989): Kulturgeschichte der Reiseleitung, Bensberg.
Günter, W. (Hrsg.) (1991): Handbuch für Studienreiseleiter, Starnberg.
Haedrich, G., Kaspar, C., Klemm, K., Kreilkamp, E. (Hrsg.) (1993): Tourismus-Management, 2. völlig neu bearb. u. wesentl. erw. Aufl., Berlin, New York.
Häfner, T. (1989): Marktanalyse des Städtetourismus in Bayreuth als Grundlage eines Tourismuskonzeptes. (Arbeitsmaterialien zur Raumplanung und Raumordnung, Bd. 82), Bayreuth.
Hahn, H., Kagelmann, J. (Hrsg.) (1993): Tourismuspsychologie und Tourismussoziologie, München

Hall, C.M. (1992): Hallmark tourist Events: Impacts, Management and Planning, London.
Hansen, U./ Jeschke, J./ Schöber, P. (1995): Beschwerdemanagement - Die Karriere einer kundenorientierten Unternehmensstrategie im Konsumgütersektor, in: Marketing ZFP, Heft 2/1995, S. 77-87.
Hartmann, K. D. (1978): Erwartungen und Verhalten der Teilnehmer an Studienreisen, in: Studienkreis für Tourismus (Hrsg.): Studienreisen zwischen Bildungsanspruch und Vermarktung, Starnberg.
Hasse, J./Schumacher, F. (1990): Sanfter Tourismus, Bunderkee.
Hauser (Hrsg.) (1995): Die Welt und sich selbst erleben. Programmübersicht 1996/97, München.
Häußermann, H./Siebel, W. (Hrsg.) (1993): Festivalisierung der Stadtpolitik: Stadtentwicklung durch große Projekte, Leviathan, Sonderheft 13, Opladen.
Hebestreit, D., (1992): Touristik Marketing, 3.erw., überarb. Aufl., Berlin.
Heinrichs, W. (1993): Einführung in das Kulturmanagement, Darmstadt.
Heinzel, R./Zimmermann, M. (1993): Handbuch Umweltschonende Großveranstaltungen, 2. Aufl., Berlin.
Hellstern, G.-M. (1993): Die documenta: Ihre Ausstrahlung und regionalökonomische Wirkung, in: Häußermann/Siebel (Hrsg.), Festivalisierung der Stadtpolitik, Opladen, S. 305-324.
Hepp, G. (1995): Kulturtourismus-Thema Luther's Land Sachsen-Anhalt, Strategietage Luther-Thema und Terminplanung Lutherjahr '96 13./14. März 1995 in Wittenberg. Ergebnisse der Strategierunden Tourismusverband Sachsen-Anhalt. Internes Papier, Magdeburg, Bad Herrenalb.
Herbert, D. T. (1989): Does Interpretation help? In: Heritage Sites: Strategies for Management and Development, Herbert, D.T. u. a. (Hrsg.), Aldershot, S. 191-230.
Herger, P. (1991): Museen und PR, in: Museumskunde, Band 56, Heft 1, S. 27-35.
Hoffmann, H. (1988 a): Das wachsende Museum, in: Der Städtetag, Heft 8, S. 543-547.
Hoffmann, H. (1988 b): Heute noch Museen bauen? Museen als kulturelles Kapital, In: Materialien und Diskussionsergebnisse der gleichnamigen Fachtagung der hessischen Landeshauptstadt Wiesbaden und der kulturpolitischen Gesellschaft vom 13.-15. Mai 1987, Hagen, S. 63-80.
Hofmann, W. (1995): Die Flugpauschalreise, in: Mundt, J. (Hrsg.), Reiseveranstaltung, 2. Aufl., München, S. 111-140.
Hopfenbeck, W./ Zimmer, P. (1993): Umweltorientiertes Tourismusmanagement, Landsberg/Lech.
Hotel Restaurant, (4/95), Stuttgart.

Hummel, M. (1992): Wirtschaftliche Entwicklungstrends von Kunst und Kultur. Gutachten im Auftrag des Bundesministers des Innern, Schriftenreihe des Ifo-Instituts für Wirtschaftsforschung, Nr. 132, Berlin, München.

IfA 1978: Institut für Auslandsbeziehungen (Hrsg.) (1978): Tourismus und Kulturwandel, Stuttgart.

Ipsen, D. (1993): Bilder in der Stadt: Kunst und Stadtraum im öffentlichen Streit, Notizen zur documenta in Kassel, in: Häußermann/Siebel (Hrsg.), Festivalisierung der Stadtpolitik, Opladen, S. 325-339.

Isermann, Edgar (1994): Neuregelung zum Reisevertragsrecht, in: ZAP Nr. 20 vom 19.10.1994, S. 995

Jafari, J. (1982): Understanding the Structure of Tourism, in: AIEST (Hrsg.): Wechselwirkungen zwischen Nutzen und kosten des touristischen Angebots, Tagungsband Zadar, St. Gallen, S. 51-72.

Jafari, J. (1988): Tourism Mega-Events, in: Annals of Tourism Research, Heft 2/1988, S. 272f.

Jansen-Verbeke, M. C. (1988): Leisure, recreation and tourism in inner cities: Explorative case-studies. Dissertation. Nijmegen..

Jätzold, R. (1993): Diffenzierungs- und Förderungsmöglichkeiten des Kulturtourismus und die erfassung seiner Potentiale am Beispiel des Ardennen-Eifel-Saar-Moselraumes, in: Becker/Steinecke (Hrsg.), Kulturtourismus in Europa: Wachstum ohne Grenzen, Trier, S. 135-144.

Jungk, R./ Müllert, N. R. (1990): Zukunftswerkstätten. Berlin.

Kagelmann, H. J. (1993): Themenparks, in: Hahn, H., Kagelmann, H. J. (Hrsg.) Tourismuspsychologie und Tourismussoziologie, München, S. 407-415.

Kaltenbach, H. G. (1995): Anbruch einer neuen Marketingepoche, in Absatzwirtschaft, Heft 1/1995, Düsseldorf, S. 40-42.

Kaspar, C. (1991): Tourismuslehre im Grundriß, 4. überarb. Aufl., Bern.

Kaspar, C. (1995): Management im Tourismus, 2. vollst. überarb. u. erg. Aufl., Bern.

Kasper, G. (1994): Art. Wessen Pragmatik? Für eine Neubestimmung fremdsprachlicher Handlungskompetenz für die interkulturelle Kommunikation, in: AKS (Hrsg.), Fremdsprachen und Hochschule, Heft 41/1994.

Kaune, o.A. (1992): Das Modellstadtprogramm der Bundesrepublik Deutschland - bisherige Erfahrungen und weitere Aufgaben. In: Bundesminister für Raumordnung, Bauwesen und Städtebau (Hrsg.), Stadterneuerung in den neuen Ländern - Dokumentation des 2. Modellstadtkongresses Naumburg am 29. und 30. April 1992, Naumburg, S. 29-34.

Kinnebrock, W. (1993): Integriertes Eventmarketing, Wiesbaden.

Kirstges, T. (1994): Management von Tourismusunternehmen, München.
Klein, H.-J. (1981): Museum und Öffentlichkeit: Fakten und Daten, Motive und Barrieren, Berliner Schriften zur Museumskunde, Band 2, Berlin.
Klingenstein, M. A. (1995): Studienreisen, in: Mundt (Hrsg.), Reiseveranstaltung, 2. Aufl., München.
Knaur-Verlag (Hrsg.) (1985): Das deutsche Wörterbuch, erarbeitet von Ursula Hermann unter Mitwirkung von Horst Leisering und Heinz Hellerer, München.
Koch, H. M. (1995): Angebote auf Abruf etablieren sich in der Touristik, in: FVW, Heft 12/1995, S. 35-36.
Koch, M. (1993): Die touristische Nutzung kultureller Großveranstaltungen. In: Megatrend Kultur?, Becker/Steinecke (Hrsg.), Kulturtourismus in Europa: Wachstum ohne Grenzen, Trier, S. 31-41.
Köhler, U./Scharenberg, S. (1995): Das Sporttourismus-Angebot der Reiseveranstalter und -mittler, in: Dreyer/Krüger (Hrsg.), Sporttourismus, München, S. 189-202.
Kölnsperger, E. (1995): Fachreport »Studienreisen«, Beilage zur FVW International Heft 1/95, S. 13-14, Hamburg.
Kommunale Gemeinschaftsstelle für Verwaltungsvereinfachung (KGST) (Hrsg.) (1989): Die Museen, Besucherorientierung und Wirtschaftlichkeit, Hürth.
Kotler, P., Bliemel, F.W. (1992): Marketing Management: Analyse, Planung, Umsetzung und Steuerung, 7.Auflage, Stuttgart
Kotler, P./Haider, D.R./Rein, I. (1993): Marketing Places, New York/ Toronto.
Kötz, H. (1980): in: Münchener Kommentar zum AGB-Gesetz, München (zit.: MünchKomm/Kötz).
Kötz, H. (1988): Deliktsrecht, 4. Aufl., Frankfurt a.M.
Kramer, D./Lutz, R. (Hrsg.) (1993): Tourismus-Kultur, Kultur-Tourismus, Münster.
Kreuter, A.E. (1993): Event-Management im Tourismus, Diplomarbeit, Heilbronn.
Krippendorf, J. (1978): Fremdenverkehr in Entwicklungsländern, Bern.
Kroeber-Riel, W. (1990): Konsumentenverhalten, 4. Aufl., München.
Kubsch, W. (1991): Planung, Vorbereitung und Durchführung von Studienreisen, in: Günter (Hrsg.), Handbuch für Studienreiseleiter, Starnberg.
Kyrer, A. (1987): Der wirtschaftliche Nutzen von Festspielen, Fachmessen und Flughäfen am Beispiel der Region Salzburg, Regensburg.
Landesamt für Datenverarbeitung und Statistik NRW (1994): Tourismus in Nordrhein-Westfalen, Ergebnisse der Beherbergungsstatistik, Düsseldorf.

Lange, H. (1993): Stadt und Museum - Formen kommunaler Trägerschaft, Mitteilungsblatt Museumsverband für Nds. und Bremen, Heft 46, Dez. 93, Hannover, S. 9-13.
Leiper, N. (1990): Tourist Attraction Systems, in: Annals of Tourism Research, Vol.17, S. 367-384.
Lettl-Schröder, M. (1995): Reiseabsichten der Deutschen sind erneut gestiegen, erste Ergebnisse von Urlaub und Reisen, in: Fremdenverkehrswirtschaft International (FVW), Heft 7, S.51.
Lettl-Schröder, M. (1995): Fachreport »Studienreisen«, Beilage zur FVW International Heft 1/95, o. S., Hamburg.
Lindstädt, B. (1994): Kulturtourismus als Vermarktungschance für ländliche Fremdenverkehrsregionen. (Materialien zur Fremdenverkehrsgeographie, Bd. 29), Trier.
Lüem, T. (1985): Sozio-kulturelle Auswirkungen des Tourismus in Entwicklungsländern, Zürich.
Magrath, A. J. (1986): When Marketing Services, 4 Ps Are Not Enough, in: Bussiness Horizons, Vol. 29, May/June 1986, S. 44-50.
Mai, E. (1986): Expositionen. Geschichte und Kritik des Ausstellungswesens, München, Berlin.
Marris, T. (1987): The role and impact of mega-events and attractions on regional and national tourism development, in: Revue de Tourisme, Heft 4/1987, S. 3-12.
Maschke, J./ Feige, M./ Zeiner, M. (1992): Die qualitative und quantitative Bedeutung des Fremdenverkehrs für Hamburg, München.
Matt, A. (1995): Rufer in der Wüste, in: touristik management, Heft 3/1995, S. 36-38.
Meffert, H. (1991): Marketing: Grundlagen der Absatzpolitik, 7. überarb. u. erw. Aufl., Wiesbaden.
Meffert, H. (1992): Marketingforschung und Käuferverhalten, 2. vollst. überar. u. erw. Aufl., Wiesbaden.
Meffert, H. (1994): Marketing-Management, Wiesbaden.
Meffert, H., Bruhn, M. (1995): Dienstleistungsmarketing, Wiesbaden.
Meier, I. (1994): Städtetourismus. (Trierer Tourismus Bibliographien, Bd. 6), Trier.
Meier-Dallach, H.-P. et al. (1991): Die Kulturlawine. Zürich.
Mensendiek, J. (1993): Zusammenarbeit mit dem Tourismus - soll man wirklich?, Mitteilungsblatt Museumsverband Nds. und Bremen, Nr. 45, Hannover, S. 35-42.
Merkle, W. (1992): Corporate Identity für Handelsbetriebe, Göttingen.
Mertens, H.-J. (1980): in: Münchener Kommentar zum Bürgerlichen Gesetzbuch, Band 3, 2. Halbband (Schuldrecht Besonderer Teil), München (zit.: MünchKomm/Mertens).

Messing, M./Müller, N. (1995): Veranstaltungstourismus - deutsche Olympiatouristen in Barcelona, in: Dreyer/Krüger (Hrsg.), Sporttourismus, München, S. 237-256.

Mill, R.C./Morrison, A.M.: The Tourism System, 2. Aufl, London usw.: Prentice-Hall Int.

Montgomery, R.J./Strick, S.K. (1995): Meetings, Conventions, and Expositions: An Introduction to the Industry, New York et al.

Mose, I. (1992): Sanfter Tourismus konkret. Zu einem neuen Verhältnis von Fremdenverkehr, Umwelt und Region (Wahrnehmungsgeograph. Studien zur Regionalentwicklung, Bd. 11). Oldenburg.

Mrusek, H.-J. (1991): Romanik (Möbius/ Sciurie, Hrsg., Deutsche Baukunst, Bd. 9) Leipzig.

Much, S. (1995): Magisches Viereck, in touristik management, Heft 9/1995, S. 82-85.

Mues, F.-J. (1990): Information by event, in: Absatzwirtschaft, Heft 12/1990, S. 84-89.

Mundt, J. (1995): Reiseveranstaltung, 2. Aufl., München.

Musicals - Das Musicalmagazin, (zweimonatl.), München.

Nahrstedt, W. (1993): Von der Kulturreise zur Reisekultur? in: FVW-International, Heft 1/1993, S. 25f.

NGZ Service Manager (1995): Ausgabe vom 15.01.95, Frankfurt.

Niedecken, I. (1995): Neue Strukturen in den Ressorts, in: FVW, Heft 24/1995, Hamburg, S. 13.

Nieschlag, R. ,Dichtl, E., Hörschgen, H.(1994): Marketing, 17. neu bearb. Aufl., Berlin.

O.V. (1990): The Oberammergau Scandal,, in: Tour Guide News, Heft 1, München, S. 3.

O.V. - City - (1995): City-Trips: Der Boom nimmt kein Ende, in: Touristik Report 12/1995, S. 42-44.

O.V. - Grat - (1995): Auf schmalem Grat, in: Touristik Report 12/1995, S. 39-41.

O.V. - Marktbild - (1995): Uneinheitliches Marktbild - aber große Chancen für Bus-Flug-Kombinationen, in: RDA-aktuell: 7/95, S. 8-10.

O. V. - Spektrum - (1995): Breites Spektrum an Zielgruppen, in: Fachreport »Studienreisen«, Beilage zur FVW International Heft 1/95, S. 10, Hamburg.

O.V. - Städtereisen - (1995): Städtereisen im Spiegel der Untersuchung Urlaub+Reisen 1995: NeueTrends zu alten Zielen, in: FVW, Heft 10/1995, S. 59/60.

Opaschowski, H. W. (1989): Tourismusforschung, Opladen.

Opaschowski, H. W. (1992): Urlaub 91/92, Trendziele und Trendsetter im Tourismus der 90er Jahre, Hamburg.

Opaschowski, H. W. (1993): Freizeitökonomie: Marketing von Erlebniswelten, Opladen.
Palandt, Otto u.a. (1993): Beck'scher Kurzkommentar zum Bürgerlichen Gesetzbuch, 52. Aufl., München.
Patze, H. (1968): Thüringen. (Handbuch der historischen Stätten, Bd. 9), Köln.
Pflüger, H. (1993): Ergebnisbericht. Entwicklungschancen von Fremdenverkehr und Naherholung im Gebiet der Tourismusregion Halle-Saale-Unstrut e.V., Hildesheim.
Pille, K. (1995): Neue Medien - Geeignet als Vertriebsweg? In: Absatzwirtschaft Heft 3/1995, Düsseldorf, S. 108-111.
Pompl, W. (1994): Touristikmanagement 1, Berlin, Heidelberg.
Porter; M. (1992): Wettbewerbsvorteile: Spitzenleistungen erreichen und behaupten, 3. Aufl., Frankfurt am Main.
Porter; M. (1992a): Wettbewerbsstrategien: Methoden zur Analyse von Branchen und Konkurrenten, 7. Aufl., Frankfurt am Main.
Püttmann, M. (1989): Musik-Sponsoring, in: Hermanns,A. Hrsg.), Sport- und Kultursponsoring, München, S. 218-230.
Rauhe, H. (Hrsg.) (1994): Theorie und Praxis einer professionellen Kunst, Berlin, New York.
Reising, G. (1987): Das Museum als Öffentlichkeitsform und Bildungsträger bürgerlicher Kultur, in: Darmstädter Beiträge zur Kulturgeschichte, I, Darmstadt.
Richards, B. (1994): How to Market Tourist Attractions, Festivals and Special Events, 2. Aufl., Essex.
Rieger, K. (1994): Städtetourismus: Musik macht mobil, in: touristik management, Heft 9/1994, S. 38-44.
Ritchie, B./Yangzhou, J. (1987): The Role and Impact of Mega-Events and Attractions on National and Regional Tourism: A Conceptual and Methodological Overview, in: AIEST: 17-58.
Roche, M. (1994): Mega-Events and Urban Policy, in: Annals of Tourism Research, Bd. 21, S. 1-19.
Roth, P. (1989): Kultur-Sponsoring, Landsberg.
Roth, P. (1992): Grundlagen des Touristik-Marketing, in, Roth, P., Schrandt, A. (Hrsg), Touristik-Marketing, München.
Sauer, E. (1995): Events, in: Reise-Magazin, H. 11 (1995), S. 34-35.
Schaetzing, E. E. (1992): Managment in Hotellerie und Gastronomie, Frankfurt a.Main.
Scharf, A./ Schubert, B. (1995): Marketing, Stuttgart.
Schauer, P. (1993): Sportveranstaltungen der Vereine: Veranstaltungsmanagement, 3. Aufl., Wiesbaden.
Schild, W. (Hrsg.) (1994): Rechtliche Aspekte bei Sportgroßveranstaltungen, Heidelberg: Müller.

Schimak, G. (1993): Weltausstellung 1995 Wien - Budapest: Ursachen und Konsequenzen der Absage Wiens, in: Häußermann/Siebel (Hrsg.), Festivalisierung der Stadtpolitik, Opladen, S. 108-133.

Schimpf, E. (1995): Die Via Condotti verkommt zum Basar, in: Braunschweiger Zeitung, Ausgabe vom 22.11.1995, Braunschweig, S. 3.

Schlegelmilch, G. (1990): In: Haag, Kurt u.a. (Hrsg.), Der Haftpflichtprozeß. Mit Einschluß des materiellen Haftpflichtrechts, 20. Aufl., München.

Schmeer-Sturm, M.-L. (1992): Theorie und Praxis der Reiseleitung, 2. Aufl., Darmstadt/Berlin.

Schmidt, A. (1995): Clubs. Mit Karten Kunden ködern, in: werben & verkaufen, Heft 18/1995, S. 152-154.

Schneider, U. (1993): Stadtmarketing und Großveranstaltungen, Berlin.

Schrand, A. (1992): Tourismus 2000: Der Strukturwandel auf den Tourismusmärkten, in: Roth, P. und Schrand A. (Hrsg): Touristik-Marketing, München, S.1-20.

Schroeder, G., (1991): Lexikon der Tourismuswirtschaft, Hamburg

Schuck-Wersig, P. (1988 a): Wirksamkeit öffentlichkeitsbezogener Maßnahmen für Museen und kulturelle Ausstellungen, In: Materialien aus dem Institut für Museumskunde, Staatliche Museen Preußischer Kulturbesitz, Heft 21, Berlin.

Schuck-Wersig, P. (1988 b): Museen und Marketing. Marketingkonzeption amerikanischer Großstadtunternehmen als Anregung und Herausforderung, in: Materialien aus dem Institut für Museumskunde, Staatliche Museen Preußischer Kulturbesitz, Heft 37, Berlin.

Schwen, R. (1993): Der Imagetransfer im Sportsponsoring, Braunschweig.

Schwen, R. (1995): Trendmanagement im Sporttourismus, in: Dreyer/Krüger (Hrsg.), Sporttourismus, München, S. 105-122.

Schwerdtner, Peter (1991): in: Staudinger, J. von (Hrsg.), Kommentar zum Bürgerlichen Gesetzbuch, 12. Aufl., Berlin.

Seifert, S. (1993): "Auf Weimar aufmerksam machen ..." Fremdenverkehr im Spiegel der Geschichte. In: Fremdenverkehrsverein Weimar e.V. (Hrsg.), 100 Jahre Fremdenverkehr in Weimar, Weimar, S. 6-14.

Selle, K. (1993): Expo 2000: Ein Großprojekt als Mittel der Stadtentwicklung, in: Häußermann/Siebel 1993: 164-207.

Sommer, V. (1992): Feste, Mythen, Rituale - warum Völker feiern, in: GEO, Heft 11/1992, S. 12-34.

Spielmann, H. (1994): Museen und Galerien, in: Rauhe, H. (Hrsg.): Theorie und Praxis einer professionellen Kunst, Berlin, New York, S. 283-288.

Stamm, G. (1982): Die Nutzung historischer Anlässe aus der Sicht der Reiseveranstalter, in: Wagner.

Statistisches Bundesamt (Hrsg.): Statistisches Jahrbuch für die
   Bundesrepublik Deutschland, Jahrgänge 1971-1990, Wiesbaden.
Statistisches Bundesamt (Hrsg.): Tourismus in Zahlen (jährl.
   Veröffentlichung), Stuttgart.
Stauss, B. (1991): Dienstleister und die vierte Dimension, in: Harvard
   Manager, 13. Jg., Heft 2/ 1991, S. 81-89.
Stehr, I. et al. (Hrsg.) (1991): Freizeit bildet - bildet Freizeit?, Bielefeld.
Steinecke, A. (1994): Kultur und Tourismus: Aktuelle Forschungsergebnisse
   und künftige Forschungs- und Handlungsfelder. Zeitschrift für
   Fremdenverkehr, Heft 4/1994, S. 20-24.
Steinecke, A./Wachowiak, H. (1994): Kulturstraßen als innovative Produkte
   - das Beispiel der grenzüberschreitenden Kulturstraße "Straße der
   Römer" an der Mosel. In: Touristische Straßen - Beispiele und
   Bewertung (Arbeitsmaterialien zur Raumordnung und Raumplanung,
   Heft 137), S. 5-33, Bayreuth.
Steinecke A./Steinecke, R. (1991): Sanfter Tourismus als Herausforderung,
   in: Günter, W. (Hrsg.), Handbuch für Studienreiseleiter, Starnberg,
   S. 99-113.
Stiftung Warentest (1989): Zeitschrift der Stiftung Warentest, 24.Jg., Heft
   2/1989.
Stiftung Warentest (1993): Zeitschrift der Stiftung Warentest, 29.Jg., Heft
   5/1993.
Stillger, H. (1980): Der Fremdenverkehrswert einer Stadt. Entwicklung und
   Darstellung eines allgemeinen nutzwertanalytischen Verfahrens zur
   empirischen Ermittlung vergleichbarer touristischer Daten der
   deutschen Städte. Hrsg. Deutscher Fremdenverkehrsverband
   (Fachreihe Fremdenverkehrspraxis, Bd. 9), Frankfurt a.M.
Studienkreis für Tourismus (Hrsg.) (1987): Tourismus und Umwelt,
   Starnberg.
Teichmann, Arndt (1991): in: Jauernig u.a., Bürgerliches Gesetzbuch, 6.
   Aufl., München.
TourCon Hannelore Niedecken GmbH (Hrsg.) (1995): TID Touristik-
   Kontakt, 30. Aufl., Hamburg.
Treis, B. (1994): Marketing, Göttingen.
Ulrich, H. (1984): Management, Bern.
Ulrich, H. (1987): Unternehmungspolitik, 2. Aufl. Bern.
Unger, K. (1993): Festivals und Veranstaltungen als kulturtouristische
   Angebote. In: Kulturtourismus in Europa: Wachstum ohne Grenzen?,
   Chr. Becker; A. Steinecke (Hrsg.) Trier, S. 112-121.
*Verkehrs- und Reisebüro der Gemeinde Oberammergau, Abteilung
   Geschäftsstelle Passionspiele (Hrsg.) (1990):* Gäste-, Vermieter-,
   Arrangementinformationen.

Vetter, K. (1992): Studiosus: Durch Qualität zum Marktführer für Studienreisen, in Roth, P./ Schrand, A. (Hrsg.), Touristik-Marketing, München, S. 297 - 307.

Vogel, H. (1993): Reiseleiter, Reiseführer, in: Hahn, H./ Kagelmann, H.J. (Hrsg.), Tourismuspsychologie und Tourismussoziologie, München, S. 511-521.

Volkmann, R. (1993): Ein Standort wird durch Cats erst schön - Regionalpolitik für die Großstadt, Hamburg.

Vosberg, M. (1992): Nutzung und Wahrnehmung von Kulturdenkmälern am Beispiel der Stadt Weimar. Unveröffentl. Diplomarbeit an der Unversität Trier/Fachbereich VI. Trier.

Wagner, F. (Hrsg.) (1982): Fremdenverkehr und Geschichte: Die Nutzung historischer Anlässe im Tourismus, Starnberg.

Weinberg, P. (1992): Erlebnismarketing, München.

Wilkinson, D.G. (Hrsg.) (1988): The Event Management and Marketing Institute, Ontario.

Wolf, J./Seitz, E. (Hrsg.) (1991): Tourismusmanagment und -marketing, Landsberg/Lech.

Wolf, M./Horn, N./Lindacher, W. (1989): Kommentar zum AGB-Gesetz, München.

Wolter, Udo (1988): in: Münchener Kommentar zum Bürgerlichen Gesetzbuch, Band 3, 1. Halbband (Schuldrecht Besonderer Teil) 2. Aufl., München.

Wussow, Werner u.a. (1985): Unfallhaftpflichtrecht, 13. Aufl., Köln, Berlin, Bonn, München.

Zeit, Die (Hrsg.) (1994): 300 Top-Termine: Festspiele, Volksfeste und Sportveranstaltungen in aller Welt, die eine Reise wert sein können, Zeit-Magazin, Nr. 7.

Zentrum für Kulturforschung in Verbindung mit dem Arbeitskreis Kulturstatistik (Hrsg.) (1991): Institutionen und Medien im Kulturbetrieb, Kultur & Wirtschaft, Band 4, Berichte zur Kulturstatistik II.

Zimmer, A. (1994): Vereinigung als Modernisierungsschub. Das Museumswesen der vergrößerten Bundesrepublik, in: Kulturpolitische Gesellschaft e.V. (Hrsg.): Museen in der Krise, Kulturpolitische Mitteilungen Nr. 65, Hagen, S. 20-26.

Zundel, F. (1991): Die Zulassung politischer Parteien zu kommunalen öffentlichen Einrichtungen, in: JuS/1991, S. 472 ff.

Zundel, F. (1995a): Computersoftware, Entwicklung und Vermarktung durch Träger öffentlicher Verwaltung, Heidelberg.

Zundel, F. (1995b): Rechtsfragen im Sporttourismus, in: Dreyer/Krüger (Hrsg.), Sporttourismus, München.

Stichwortverzeichnis

A
Absatzweg, siehe Vertriebsweg
ADAC 125, 130, 197
Akkulturation 42
Allgemeine Geschäftsbedingungen **376ff**
Alltagskultur 336
Altstadtfest, siehe Stadtfest
Analyse, siehe Marktanalyse
Angebotskern, siehe Hauptleistung
Anzeige 201
Atlas 172
Atmosphäre 128
Attraktivitätsfaktoren
 - natürliche 53, 234
 - künstliche 53, 226, 234, 332ff
Aufwendungsersatz 366
Außenwerbung 201
Ausstattungspolitik 188
Ausstellungsmanagement 306, 317
Authentizität 46, 119, 218
Auto 44, 56f, 278, 341

B
Bahn, siehe *Deutsche Bahn*
Beherbergungsbetrieb 39, 109, 332
Beilage 201
Bekanntheitsgrad 38, 169, 199, 227
Beratung 55, 163
Beschwerdemanagement 173, **189**
Besucherfreundlichkeit,
 siehe Kundenfreundlichkeit
Bezugsgruppe 163
Bildung **121ff**, 249,
Bildungsreise 8, 21, 71f, 103, 125
Btx 205f
Buchungsverhalten 55, 174
Busreisen 59, 253, 264

C
CD-ROM 200, 205
Checkliste
 - zur Hotelauswahl 64
 - für Sprachreisen 116

Computerreservierungssystem 197, 261, 377f
Corporate Behaviour 158
Corporate Communications 158
Corporate Design 158, 200, 321
Corporate Identity 158, 200, 343

D
Dachmarke, siehe Firmenmarke
Data base-Marketing,
 siehe Direktmarketing
Datex-J 205f
Deckungsbeitrag 191
Destination 35, 108
 - Ziele 38, 228ff
Deutsche Bahn 44, 57, 173, 197, 276
Deutsche Fachwerkstraße 176
Deutsche Zentrale für Tourismus 7, 35, 129, 282
Deutschlandreise 9, 20
Dialogmarketing 170
Didaktik 10, 121, 306, 356
Dienstleistungskultur 42
Dienstleistungsprozesse 173, 185, 231f, 238
Direktmarketing 206ff
Direktvertrieb 194, 262
Direktwerbung 201
Distributionspolitik 134, **194ff,**
 siehe auch Vertriebsweg,
 Verkaufsförderung und Messe
Diversifikation 172
DZT, siehe Deutsche Zentrale...

E
Eigenvertrieb 194
Einkommen 162, 249
Eintrittskarte, siehe Ticketverkauf
Einzelmarke 182
Emotionen, siehe Käuferverhalten
Entschädigung 367
Entscheidungsprozeß,
 siehe Käuferverhalten,
Erlebnis 46, 129, 239f, 248, 353
Erlebnis-Marketing 208, 224
Ertragsmanagement,
 siehe Yield Management
Events 36f, 66f, 136, **212f**, 215
Event-Management **211ff**, 233ff, 343
Event-Marketing 208f

F
Ferienkultur 42
Festivals 37, 221, 267ff
Festspiele, siehe Festivals
Filmfestivals 37, 218ff
Finanzdienstleistungen 113
Finanzierungsquellen 203, 236
Firmenmarke 183
Flughafen-Marketing 209
Flugreise 44, 57
Fremdenverkehrsamt,
    siehe Stadtinformation
Fremdsprache, siehe Sprache
Fremdvertrieb 194
Freundlichkeit,
    siehe Kundenfreundlichkeit

G
Gastgeber 83
Gastronomie 62, 333
Gemeinschaftsmarke 184
Geschäftsprozesse,
    siehe Dienstleistungsprozesse
Gewährleistung 366, 369
Glaubwürdigkeit 199, 218
Goethe, siehe *Weimar*
Goslar 36, 224, 303
Gruppenreise 60, 76, 81

H
Haftung 368, 371, 374
Hamburg 25, 165, 250
Hauser Exkursionen 205
Historic Highlights of Germany 35
Hochkultur 336, 348
Hotellerie 62, 253
Hybrides Konsumentenverhalten 170

I
Identität
    - von Destinationen 7, 17, 47, 228f
    - von Unternehmen:
        siehe Corporate Identity
Image 38, **165**, 286
Incentive-Reisen 224
Indirekter Vertrieb 194, 262
"Innenmarketing" 228
Informationssysteme, siehe
    Computerreservierungssysteme

Innovationsstrategie 174
Internet 205, 207, 296
Involvement 165f

J
Jazzfestival 37, 270f

K
Kalkulation, siehe Preiskalkulation
Katalog 202
Käuferverhalten **159ff**, 160, 168
Kernprodukt, siehe Hauptleistung
Kirche 121, 130
Klingenstein + Partner 184
Kognitive Dissonanz 166
Kommunikationspoltik 135, 146,
    198ff, 265, 319f
Kommunikationsziele 199
Komponisten 245
Konditionenpolitik 191, 260
Konsumprozeß,
    siehe Käuferverhalten
Konzert 218ff, 363
Kooperation 62f, 175, 304, 321f
Kreditkarte 191, 197
Kultur
    - Begriff 42, 349
    - der Quellregion 46
    - der Zielregion 46, 337ff
Kulturreise **5ff**, 28, 353
Kulturtourismus
    - Arten 20ff
    - Begriff 26, 346, 349
    - Marktmodell 41
Kulturveranstaltung 36, **211ff**, 335
Kulturelle Identität,
    siehe Identität von Destinationen
Kunden-Club 197
Kundenfreundlichkeit 173
Kundenkarte 197
Kundenzufriedenheit 172

L
Last minute 192
Leistungspolitik, siehe Produktpolitik
Leitbild
    - einer Destination 155, 343
    - des Konsums 163
    - eines Unternehmens 157

Licensing/ Lizenzen 189, 295
Logo 131, 139, 294
London 181
L-Tur 205
Lufthansa 157, 175, 186
Luther 35, 117ff
Luzern 55

M
Magic 10 35
Management
 - Begriff 304
 - Prozeß 154, 307
Mangel 366f
Markenfamilie 183
Markenpolitik **182ff**
Marketing
 - instrumente 176, 317
 - Management **154**, 316
 - Mix 176
 - strategien **171ff**
 - Submix 176
 - ziele **169**, 255
Marktanalyse, bzw. -forschung 155ff
Marktmodell 41
Marktpotential 27
Marktsegmentierung,
 siehe Zielgruppen
Marktsegmentierungs-Kriterien 171, 330
Marktsegmentierungs-Strategien 171
Massenmedien 162
Massentourismus 44f
Me too-Strategie 175
Merchandising 189, 259, 294
Messen 134, 145f, **198**
Minderung 366f, 369
Mitgliedsgruppe 163
Mobilfunk 205
Mobilität 44f
Motive, siehe Reisemotive
München 229, 287ff
Mundpropaganda 108, 148
Museum 299ff, 340
 - Arten 39, 311, 340
 - Aufgaben 308f
 - Trägerschaft 312
 - Werbung 319
Musical-Marketing 255ff
Musicals 39, 187, 218, **243ff**, 244, 255

Musikfestivals 37, 218ff, 268ff

N
Nachfrageentwicklung 27, 84f
Nachfragerverhalten,
 siehe Käuferverhalten
Nachfragestruktur, siehe Zielgruppen
Nebenleistungen,
 siehe Zusatzleistungen
Neckermann Reisen 170, 183
Neue Medien 204ff
New Marketing 170
Nutzen 239

O
Oberammergau 272ff
Öffentlichkeitsarbeit,
 siehe Public Relations
Oktoberfest 287,ff
Opern-Festspiele 37
Orchester 258
Organisation,
 - von Veranstaltungen 235, 269, 274, 278, 291

P
Package **178ff**, 282
Pauschalangebot 178f
 - bei Sprachreisen 112
 - bei Städtereisen 67, 181
 - bei Themenreisen 133
Pauschalreise 178f
Personalpolitik 188, 235, 257
Präferenzstrategie 172
Preisdifferenzierung 192f, 260
Preiskalkulation 99, 191
Preis-Mengen-Strategie 172
Preispolitik 114, **191ff**, 259
Preiswerbung 193
Product Placement 204
Produktpolitik 177
 - bei Musicals 256ff
 - der Passionsspiele
  Oberammergau 275
 - bei Sprachreisen 106ff, 112
 - bei Städtereisen 68
 - bei Studienreisen 87ff
 - bei Themenreisen 132ff, 143f
Programmpolitik 68, 88, 177, 258

Prospekt 201
Prozeßkette 186, 231f
Prozeßpolitik,
    siehe Dienstleistungsprozesse
Psychologische Preispräsentation 193
Public Relations 135, **202**, 265, 295, 320

Q
Qualität 173
Qualitätsstrategie 172
Quellregion, siehe Kultur der ...

R
Rechtsprobleme 363ff
Recycling 194
Reisebüro, siehe Beratung und Reisemittler
Reiseentscheidung,
    siehe Käuferverhalten
Reisegruppe, siehe Gruppenreise
Reiseleitung 40, 65, 79, **94ff**, **345ff** 351, 374
Reisemittler 55
Reisemotive 13, 32, 33, 51, 72, 141, 165, 331
Reiseveranstalter 34, 180f, 237, 253, 366
Reisevertrag 62, 364ff, 376
Reklamation, siehe Beschwerde
Rewe 172
Risiko 166f
Rom 48
Romanik, siehe *Straße der Romanik*

S
Sachsen-Anhalt 16, 35, 118, **131ff**, **137ff**, 172
Saisonale Effekte 228
Sanfter Tourismus,
    siehe Umweltverträglichkeit
Schadensersatz 367
Schiffsreise 58
Service 173, **184ff**
Serviceleistung 110
Sicherheit 52
Sitdown Production,
    siehe Ensuite Musical
Situationsanalyse, siehe Marktanalyse

Sozialverträglichkeit 42, 82, 157
Sponsoring 203, 236
Sprache 102f
Sprachkompetenz 101
Sprachkurs 107
Sprachprüfung 111, 113
Sprachreise
Stadtentwicklung 301
Städtereise **28ff**, 44, **51ff**, 67
Stella 174, 243ff
Stadtfeste 37, 224, 287ff
Stadtinformation 179f, 207, 275
Standortreise 29, 353
START 179, 197, 206, 343
St. Moritz 54
Straße der Romanik 137ff
Strategische Allianz,
    siehe Kooperationen
Studienreisen 8, 21, 28, **31ff**, **71ff**
Studiosus 32, 84, 170f
Sympathie 174
Szenen 170

T
Teilnehmerzahl 77
Tele-Shopping 206
Telefax 205, 207
Telefonmarketing 188, **207f**, 261f
Telefonnummer des
    deutschen Fremdenverkehrs 207
Theater 25, 37, 187, 272ff, 370
Themenreise 27, 33, 80, 117ff, 137ff
Ticketverkauf 188, 246, 261, 276, 377f
TOEFL-Test 113
Total Quality Management 173
Touch Screen 207
Tourismusinformation,
    siehe Stadtinformation
Tourismusort, siehe Destination
Touristische Straße 137ff
TQM,
    siehe Total Quality Management
Transfer 178, 187
Trends
    - im Kulturtourismus 47f, 51
    - bei Museumsangeboten 300
    - im Musicalmarkt 254f
    - bei Studienreisen 86
Trendmanagement 170
TUI 30, 172f, 190, 197

U

Umweltverträglichkeit 42, 157, 167, 293
Unique Selling Proposition 174, 272
Uno actu-Prinzip 185, 231
Unternehmenphilosophie 155ff
Unternehmenspolitik 155
USP,
  siehe Unique Selling Proposition

V

Veranstalterhaftung 382ff
Veranstaltung, siehe Event
Veranstaltungsorganisation,
  siehe Organisation von ...
Verkaufsförderung 134, **196ff**, 263,f, 295
Verkehrsmittel 44, 56ff, 167
  - Kombination 60f
Verkehrssicherungspflicht 371ff
Verkehrsverein,
  siehe Stadtinformation
Verona 67
Versicherungsrecht 382ff
Vertrieb, siehe Distributionspolitik
Vertriebsorganisation 260
Vertriebsweg 134, **194f**, 204, 262f
Videotext 205
Vier-Kulturen-Schema 42f
VISA 197

W

Wahrnehmung 164
Wartezeit 187
Weimar 26, 325ff
WeimarCard 342
Weltkulturerbe 36
Werbemittel 147, 200
Werbeträger 200
Werbung **200ff**, 265
Werte 15
Wertewandel 12
Wettbewerbsstrategien 172ff, 268
Wirtschaftliche Effekte 148f, 230, 250f, 277, 288

Y

Yield Management 193

Z

Zeitmanagement **187**, 235
Zielgebiet, siehe Destination
Zielgruppen 170
  - des Münchner Oktoberfestes 289f
  - von Museen 313ff
  - von Musicals 248ff
  - der Oberammergauer Passionsspiele 280
  - von Sprachreisen 102, 105
  - von Städtereisen, 31, 329ff
  - von Studienreisen 32, 86, 93
  - von Themenreisen 118f
Zielpyramide 156
Zielregion, siehe Kultur der ...
Zielsystem 155
Zusatzleistungen 110, 178